本书获评"复旦大学哲学学院源恺优秀著作奖",由上海易顺公益基金会资助出版

编委会及主编名单

编 委 会：丁为祥　丁　耘　干春松　王中江　王学典
　　　　　方旭东　方松华　白彤东　朱汉明　孙向晨
　　　　　贡华南　杨国荣　杨泽波　李存山　李承贵
　　　　　吴根友　吴　震　何　俊　何锡蓉　余纪元
　　　　　余治平　张汝伦　张志强　陈卫平　陈少明
　　　　　陈　来　陈　赟　林宏星　郁振华　倪培明
　　　　　徐洪兴　高瑞泉　郭齐勇　郭晓东　唐文明
　　　　　黄　勇　梁　涛　彭永捷　董　平　景海峰
　　　　　曾　亦　谢遐龄

主　　编：陈来
副 主 编：吴震　曾亦
本辑主编：张子立

现代儒学 肆

复旦大学上海儒学院 编

儒释道思想的现代诠释

生活·讀書·新知 三联书店

Copyright © 2021 by SDX Joint Publishing Company
All Rights Reserved.
本作品版权由生活·读书·新知三联书店所有。
未经许可，不得翻印。

图书在版编目(CIP)数据

儒释道思想的现代诠释 / 复旦大学上海儒学院编.—北京：生活·读书·新知三联书店，2021.2
（现代儒学）
ISBN 978-7-108-07032-6

Ⅰ.①儒… Ⅱ.①复… Ⅲ.①儒家－研究－中国②佛教－研究－中国③道家－研究－中国 Ⅳ.①B222.05②B223.05③B948

中国版本图书馆 CIP 数据核字（2021）第 008875 号

责任编辑	杨柳青
封面设计	米　兰
责任印制	黄雪明
出版发行	生活·讀書·新知 三联书店
	（北京市东城区美术馆东街 22 号）
邮　　编	100010
印　　刷	常熟市文化印刷有限公司
版　　次	2021 年 2 月第 1 版
	2021 年 2 月第 1 次印刷
开　　本	720 毫米×1020 毫米　1/16　印张 23.5
字　　数	393 千字
定　　价	79.00 元

发刊辞

殷周之际，中国文化的基石逐渐奠定；孔子祖述尧舜，而有从周之志，更确定了中国文化的基本风貌，可谓圣之时者。此后两千多年，孔子以及儒家思想对中国文化传统影响之巨，远非先秦诸子所可比拟。"天行健，君子以自强不息；地势坤，君子以厚德载物。"这已然成为中国文化传统的精神特质。然明末以来，中国开始面对西方世界的种种挑战，更有现代性的步步进逼，遂有三千年未有之大变局。孔子以及儒家思想在中国的地位，亦受到强烈冲击。面对此种变局，仁人志士前赴后继，挽狂澜于既倒，扶大厦之将倾，然传统社会的现代转型，以至于西方思想的次第引入，渐为大势所趋。

自辛亥以至人民共和，各种现代性变革持续深入，由政治继而经济、社会，终之于文化及观念诸领域。新文化运动以建立新道德、新文化为鹄的；中国革命改变了中国社会的基本结构。百年来，现代中国各派思想，皆欲将现代性进行到底，儒家面临巨大压力，然亦不绝如缕，欲以存续先王之道，其声音常在或明或暗间缭绕。

一个健全的现代社会当以传统为根，更以文化自信立基。包括儒学在内的传统思想与学术在当代中国逐步复活，自是应有之义。20世纪90年代以来，越来越多的学者致力于儒学的现代复兴，成就斐然。复旦大学成立上海儒学院，其宗旨就在进一步推动儒家多元传统的研究，面向现代世界阐发儒家健朗的思想，更强调全球化时代的天下情怀。中华文明的伟大复兴，须在学术和思想上作新的奠基。故本刊之创办，欲以有此志焉。

复旦大学上海儒学院
二〇一六年八月

目 录

特稿

乾道后期道学理论的建构：以朱子及张南轩的太极解义为中心 ……… 陈　来 / 3

儒家思想的现代诠释

道德转化中的自我与他人：初探《荀子》中的自主（附英文版）………… 王　华 / 47
灵窍与天成——王阳明良知学与道教内丹心性论 ……………… 冯耀明 / 115
做天下第一等事：论儒学如何能为生民立命？ ………………… 林远泽 / 134
儒学作为现代立国之道——理性、民主、正义与多元差异议题 ……… 何信全 / 157
论朱子格物思想的发展——以罗整庵与湛甘泉对格物的理解进行
　　探究 …………………………………………………………… 陈佳铭 / 185
论儒家"生生"的现代诠释 ……………………………………… 张子立 / 206

道家思想的现代诠释

庄子论技与道 ………………………………………………………… 方万全 / 235
王弼《周易略例·明象》中的言意观 ……………………………… 才清华 / 262

佛教思想的现代诠释

从现象学还原法试探佛教五重唯识观的哲学意涵 ……………… 刘宇光 / 279
荆溪湛然《金刚錍》"无情有性"论探析 ………………………… 赵东明 / 319

会议综述

儒学与时代——复旦大学上海儒学院首届年会综述 …………… 何益鑫 / 343

2018上海儒学院"首届青年儒学研习营"在复旦举行 ········· 唐青州 / 347
今天我们为什么要重写《宋明理学史》 ············· 陈　瑜 / 吴　姝 / 354
宋明理学研究进入新时代的六个新动向
　　——复旦大学"宋明理学国际论坛"综述 ············· 张天杰 / 359

编后记 ··· 367
稿约和稿例 ··· 369

特稿

乾道后期道学理论的建构：
以朱子及张南轩的太极解义为中心

陈 来

朱子在乾道己丑春中和新说之悟后，立即着手本体论建构的准备，在当年刊行了《太极通书》的建安本后，开始写作对周敦颐《太极图说》和《太极图说解》的诠解，于次年春天完成初稿。初稿完成后即寄给时在严州的张栻和吕祖谦，相与讨论，并在乾道九年定稿。湖湘学派本来重视周敦颐，胡宏曾作《通书序略》，张栻在严州时也刊印了朱子编订的建安本《太极通书》。① 在收到朱子《太极解义》初稿后不久，张栻亦自作《太极图说解义》，朱子、张栻、吕祖谦等就此进行反复交流和讨论，共同完成了这一时期道学本体论的建构。

一、朱子《太极解义》的成书过程与文本修订

朱子在己丑之悟后，由于工夫宗旨的问题已经解决，故立即转向哲学理论的建构。他在次年即乾道庚寅完成了《太极解义》（即对周敦颐《太极图》和《太极图说》的注释），事实上，在己丑以前朱子已经关注周敦颐和《太极图》《通书》。如在己丑的前一年，他在答汪应辰书中说：

> 濂溪、河南授受之际，非末学所敢议。然以其迹论之，则来教为得其实矣，敢不承命而改焉？但《通书》《太极图》之属，更望暇日试一研味，恐或不能无补

---

① 胡宏《通书序略》和张栻《通书后跋》，皆见《周敦颐集》，北京：中华书局，1990年，第109、111页。

> 万分,然后有以知二先生之于夫子,非若孔子之于老聃、郯子、苌弘也。(《答汪尚书》五,原注十一月既望)戊子①

朱子在早年从学延平时已经关注周敦颐的《太极图说》,这里他劝汪应辰研究《太极图说》义,了解周程的学术渊源。次年己丑他又与汪应辰书说:

> 大抵近世诸公知濂溪甚浅,如吕氏《童蒙训》记其尝著《通书》,而曰"用意高远"。夫《通书》《太极》之说,所以明天理之根源,究万物之终始,岂用意而为之?又何高下远近之可道哉?近林黄中自九江寄其所撰《祠堂记》文,极论"濂"字偏旁,以为害道,尤可骇叹。②

在这里,他已经用"明天理之根源,究万物之终始"概括《太极图》及说的思想性质,为其《太极解义》打下了基础。

正是己丑年六月朱子完成对《太极图说》和《通书》的编订,刊行了二书的建安本。③ 两三年后,朱子再答汪应辰书,言道:

> 《太极图》《西铭》近因朋友商榷,尝窃私记其说,见此抄录,欲以请教。未毕而明仲之仆来索书,不欲留之,后便当拜呈也。然顷以示伯恭,渠至今未能无疑。盖学者含糊覆冒之久,一旦遽欲分剖晓析而告语之,宜其不能入也。(《答汪尚书》七)壬辰④

这是把他作的《太极图说解》及相关的讨论寄给汪应辰。他还特别说明,吕祖谦至今对其中的一些问题"未能无疑",并对此感到遗憾。

让我们从吕祖谦的回应开始。

---

① 《朱子文集》卷三十。此书年代可参看陈来,《朱子书信编年考证》(增订本),北京:生活·读书·新知三联书店,2007年。
② 《朱子文集》卷三十,此书原注己丑。
③ 《太极通书后序(建安本)》,《周敦颐集》,第42页。据朱子此序,建安本之前有长沙本,亦是朱子所编定,但该本太极图附于最后,《通书》用胡氏传本,缺分章之目,故又刻建安本。
④ 《朱子文集》卷三十,此书年代可参看《朱子书信编年考证》。

(一) 朱子《太极解义》成书过程中的朱吕交流

朱子《太极解义》成书与朱张吕三贤之交流密不可分。关于《太极解义》,朱子与张栻往来书,多次论及。而朱子与吕祖谦书,却未尝一及之。可幸的是,在吕祖谦与朱子书中,却屡屡提及《太极解义》,成为朱子《太极解义》成书年代以及朱张吕讨论《太极解义》的最好见证。所以让我们先来看吕祖谦文集。

《东莱吕太史别集》卷七《与朱侍讲》二:

> 某官次粗安,学宫无簿领之烦,又张丈在此,得以朝夕咨请……《太极图解》,近方得本玩味,浅陋不足窥见精蕴,多未晓处,已疏于别纸,人回切望指教。①

此书在乾道六年四月。② 书中所说的《太极图解》即《太极解义》。这是张栻和吕祖谦同在严州时所写的信。这表明朱子在乾道六年庚寅春夏间已经将《太极解义》寄给张吕二人,这个时间也就是他的《太极解义》初稿完成的时间。吕祖谦书中所说"多未晓处,已疏于别纸",《东莱吕太史别集》卷十六《与朱侍讲答问》中的《太极图义质疑》当即此书所说的"别纸"。下节将专论之。

《东莱吕太史别集》卷七《与朱侍讲》三:

> 某前日复有校官之除,方俟告下乃行,而张丈亦有召命,旦夕遂联舟而西矣。……《中庸》《太极》所疑,重蒙一一隽诲,不胜感激。③

此书当作于乾道六年五月,④照此书所说,朱子对其"别纸"应有回复,吕氏才会说"《太极》所疑,重蒙一一隽诲"。但今《朱子文集》中答吕伯恭诸书中却未见此种回复,应被编《朱子文集》者删削所致。此时张吕二人仍在严州,准备赴杭州任新职。这期间朱子与张吕书信,可在一月之间往复,较为快捷,应是由于张栻有守任严州使人的方便。

---

① 《吕祖谦全集》第一册,杭州:浙江古籍出版社,2008年,第397页。
② 杜海军,《吕祖谦年谱》,北京:中华书局,2007年,第72页。
③ 《吕祖谦全集》第一册,第398页。
④ 《吕祖谦年谱》,第73页。

《东莱吕太史别集》卷七《与朱侍讲》六：

> 周子仁义中正主静之说，前书所言仁义中正皆主乎此，非谓中正仁义皆静之用，而别有块然之静。人生而静，天之性也，乃中正仁义之体，而万物之一源也。中则无不正矣，必并言之曰中正；仁则无不义矣，必并言之曰仁义。亦犹元可以包四德，而与亨利贞具列；仁可以包四端，而与义礼智同称。此所谓合之不浑、离之不散者也。①

此书亦当在乾道六年。② 按吕氏《质疑》中主张"静者，中正仁义之主也"，这里吕祖谦再加申明，这并不是说中正仁义都是静之用，也不是说中正仁义之外别有独立的静。朱子答林择之书"伯恭亦得书，讲论颇详，然尤鹘突"，可能指的就包括吕祖谦此类质疑和讨论。朱子《太极解义》中有关仁义中正的解释，是吕祖谦主要提出意见的部分。

《东莱吕太史别集》卷七《与朱侍讲》七：

> 某以六月八日离辇下，既去五日，而张丈去国……《太极图解》，昨与张丈商量未定，而匆匆分散，少暇当理前说也。③

此书当在乾道七年夏。④ 此书证明，张吕六月去国，离开杭州，二人行前还曾讨论朱子的《太极解义》，并表示要继续讨论下去。

《东莱吕太史别集》卷七《与朱侍讲》十一：

> 示下《太极图》《西铭解》，当朝夕玩绎，若有所未达，当一一请教……⑤

年谱以此书在乾道七年十月。⑥ 此处所说的《太极图》疑指修改后的《太极解义》。

---

① 《吕祖谦全集》第一册，第 401 页。
② 《吕祖谦年谱》，第 88 页。
③ 《吕祖谦全集》第一册，第 403 页。
④ 《吕祖谦年谱》，第 93 页
⑤ 《吕祖谦全集》第一册，第 405 页。
⑥ 《吕祖谦年谱》，第 99 页

这可以从下书得到证明。

《东莱吕太史别集》卷七《与朱侍讲》十三：

> 某官下粗遣，第索居无讲论之益，恐日就湮废，殊自惧耳。向承示以改定《太极图论解》，比前更益觉精密。①

此书当在壬辰。盖下书即奔父病丧矣。可见此书所说"向承示以改定《太极图论解》"，应即上书所说的"示下《太极图》"，即朱子的《太极解义》。

《东莱吕太史别集》卷七《与朱侍讲》十五：

> 某罪逆不死，复见改岁……太极说俟有高安便，当属子澄收其板。②

则此书已在癸巳初。③ 此书所说的"太极说"，是指张栻在高安刊行的《太极图说解义》。他准备有便人去江西时请刘子澄协助收板，使其《太极图说解义》不再印行。

此事朱子也已经直接劝过张栻，如朱子答人书：

> 钦夫此数时常得书，论述甚多。《言仁》及江西所刊《太极解》，盖屡劝其收起印板，似未甚以为然，不能深论也。（《续集·答李伯谦》）壬辰④

盖张栻在收到朱子的《太极解义》后，自己也作了《太极解》，被人在江西高安刊行。朱子认为这未经仔细修改讨论，失于仓促，故劝张栻收起印板。吕祖谦也同意朱子的这一主张。

(二) 朱子《太极解义》成书过程中的朱张交流

以上是从吕祖谦文集看朱子与张吕论商《太极解义》的情形。下面来看朱子与张栻书信往来对此解义的讨论。

---

① 《吕祖谦全集》第一册，第407页。
② 《吕祖谦全集》第一册，第409页。
③ 《吕祖谦年谱》，第111页。
④ 《朱子文集》续集，此信之年参《朱子书信编年考证》。

> 得钦夫书论太极之说,竟主前论,殊不可晓。伯恭亦得书,讲论颇详,然尤鹘突。问答曲折漫录去一观。(《别集·林择之》十五)庚寅夏①

这是朱子与林择之书,这里所说的张栻"竟主前论",没有明确说明所指为何。朱子只是对张栻未接受他的意见表示难以理解,对吕祖谦的异议则更觉得"鹘突"。但是实际上朱子接受了他们的一些意见,对初稿做了相应修改。

来看朱子与张栻的书信:

> 《太极图》立象尽意,剖析幽微,周子盖不得已而作也。观其手授之意,盖以为唯程子为能受之。程子之秘而不示,疑亦未有能受之者尔。(《答张敬夫》二十)②

此书应在朱子寄《太极解义》给张栻之初,即在庚寅。后来朱子在乾道九年作的《太极解义注后记》中说:

> 熹既为此说,尝录以寄广汉张敬夫。敬夫以书来曰:"二先生所与门人讲论问答之言,见于书者详矣。其于西铭,盖屡言之,至此图,则未尝一言及也,谓其必有微意,是则固然。然所谓微意者,果何谓耶?"③

朱子这里引用的张栻答书中语,应即是对朱子答张敬夫二十书的回复,今张栻文集中已不可见。可见朱子答张敬夫二十书,应即是"录以寄广汉张敬夫"的信,时在庚寅春,而不能在后。(答张敬夫二十书乃数书杂列,无法更析论考。)

今存朱子与张栻书,只有两封是详论《太极解义》义理的,其一如下:

> 《太极解》后来所改不多,别纸上呈,未当处,更乞指教。但所喻"无极""二五"不可混说而"无极之真"合属上句,此则未能无疑。盖若如此,则"无极之真"自为一物,不与二五相合,而二五之凝、化生万物又无与乎太极也。如此岂

---

① 《朱子文集》别集,此信之年参《朱子书信编年考证》。
② 《朱子文集》卷三十一,此书原注壬辰冬,但为数书之合,上引之文应是朱子作《太极通书》解之初。
③ 《周敦颐集》,第10页。

不害理之甚！兼"无极之真"属之上句，自不成文理。请熟味之，当见得也。"各具一太极"，来喻固善。然一事一物上各自具足此理，著个"一"字，方见得无欠剩处，似亦不妨。不审尊意以为如何？（《答张敬夫》十三）乾道七年春①

对于朱子的解义，张栻的第一个意见是无极之真应属上读，作"各一其性，无极之真"而不是"无极之真、二五之精，妙合而凝"。朱子认为这在文字和义理上都说不通。张栻第二个意见是，"各具一太极"中的"一"字可去掉。朱子则坚持保留"一"字，认为这样似乎更好。从朱子所说《太极解》后来所改不多"，可以推知朱子在与张栻和吕祖谦讨论之后，在《太极解义》的主要义理方面所做的修改不多。朱子与张栻、吕祖谦主要的理论上的分歧，是围绕朱子对《太极图说》"圣人定之以仁义中正而主静"的解释。

朱子与张栻另一讨论《太极解义》义理的书信如下：

又《太极》"中正仁义"之说，若谓四者皆有动静，则周子于此更列四者之目为剩语矣。但熟玩四字指意，自有动静，其于道理极是分明。盖此四字便是"元亨利贞"四字（仁元中亨义利正贞），元亨利贞，一通一复，岂得为无动静乎？近日深玩此理，觉得一语默、一起居，无非太极之妙，正不须以分别为嫌也。"仁所以生"之语固未莹，然语仁之用，如此下语，似亦无害。不审高明以为如何？（《答张敬夫》十七）辛卯壬辰②

根据此书，张栻的主张是"中正仁义四者皆有动静"，张栻答吕祖谦书说"某意却疑仁义中正分动静之说"可以为证，认为不能以仁义属动，中正属静。这可能也就是朱子所说的"得钦夫书论太极之说，竟主前论，殊不可晓"。不过朱子在附辩中所说的"或谓不当以仁义中正分体用"，主要指吕祖谦，与此处张栻所说不同，附辩中并没有包括张栻这一观点的批评与对张栻的回应。此外，朱子初稿中应有"仁所以生"一句，今本已经不见，则是后来被修改删去。

由上面叙述可见，朱子的《太极解义》是在与朋友的反复讨论中，经不断修改考

---

① 《朱子文集》卷三十一，此书之年我曾以为在庚辰，今看应在辛卯。
② 《朱子文集》卷三十一，此书之年参《朱子书信编年考证》。

订而后成。而张栻的《太极图说解义》,后于朱子解义而作,却在乾道八年刻于江西高安。朱子觉得这失于仓促,故与张栻书言：

> 又刘子澄前日过此,说高安所刊《太极说》,见今印造,近亦有在延平见之者。不知尊兄以其书为如何？如有未安,恐须且收藏之,以俟考订而后出之也。(《答钦夫仁疑问》四十七)癸巳①

这就是前引吕祖谦与朱子书所说的"太极说俟有高安便,当属子澄收其板"之事。朱子希望张栻收回此板,等改订后再考虑印行。

朱子文集中还有与张栻一书论及太极者：

> 孟子明则动矣,未变也；颜子动则变矣,未化也。有天地后此气常运,有此身后此心常发,要于常运中见太极,常发中见本性。离常运者而求太极,离常发者而求本性,恐未免释老之荒唐也。(《答张敬夫问目》四十一)庚寅辛卯②

此书的意义是,朱子的太极论不仅有宇宙论意义,也有心性工夫论意义。其宇宙论意义是"明天理之根源,究万物之终始"；其心性工夫论意义是"要于常运中见太极,常发中见本性"。太极是天地运化的主宰,又是人心发动的本性,太极论就是要人在运动发见中认得太极。但是天地的主宰不能离开运化的过程,人心的本性也不能离开心的发动,这个关系应该即是"体用一源,显微无间",故应当即动静求太极,即已发求未发,即其运化发动之中求见太极和本性。这个结论应当既是朱张二人在长沙会讲达成的共识,也是二人在《太极解义》讨论中的基础。

张栻集中与朱子等人论朱子《太极解义》书也有数封。

> 某备数于此,自仲冬以后凡三得对……《太极图解》析理精详,开发多矣,垂诲甚荷。向来偶因说话间妄为他人传写,想失本意甚多。要之言学之难,诚不可容易耳。图解须仔细看,方求教。但觉得后面亦不必如此辩论之多,只于

---

① 《朱子文集》卷三十二,此书之年参《朱子书信编年考证》。
② 《朱子文集》卷三十二,此书之年参《朱子书信编年考证》。

纲领处拈出可也。(《答朱元晦》又)①

此书应在庚寅之冬十二月。②"《太极图解》析理精详,开发多矣,垂诲甚荷。""《图解》须仔细看,方求教。"这看起来是,虽然朱子在本年初夏早就把《太极解义》。寄给张栻,但张栻因政治活动频繁,未曾细观。另外,也有可能此书所说的《太极图解》是朱子的改本,如吕祖谦书所见,因为按理说张栻不会对朱子春天寄来的《太极解义》回应拖至冬日。张栻答吕祖谦:

> 元晦数通书讲论,比旧尤好。语孟精义有益学者,序引中所疑曾与商榷否?但仁义中正之论,终执旧说。濂溪自得处浑全,诚为二先生发源所自。然元晦持其说,句句而论,字字而解,故未免返流于牵强,而亦非濂溪本意也。观二先生遗书中,与学者讲论多矣,若西铭则再四言之,至太极图则未尝拈出此意,恐更当研究也。(《寄吕伯恭》)③

此书提及《论孟精义》,其年代当在壬辰。④ 其中提到朱子的数句,是指朱子没有接受张栻关于仁义中正的意见,"终执旧说"。张栻批评朱子的《太极解义》对周敦颐的原书"句句而论,字字而解,故未免返流于牵强",有失濂溪浑全本意。

其答吴晦叔云:

> 伯恭昨日得书,犹疑太极说中体用先后之论,要之须是辨析分明,方真见所谓一源者。不然,其所谓一源,只是臆度想象耳。但某意却疑仁义中正分动静之说,盖是四者皆有动静之可言,而静者常为之主,必欲于其中指两者为静,终有弊病。兼恐非周子之意,周子于主静字下注云无欲故静,可见矣。如云仁所以生,殊觉未安。生生之体即仁也,而曰仁所以生,如何?周子此图固是毫分缕析,首尾洞贯,但此句似不必如此分。仁义中正,自各有义,初非混然无别

---

① 《张栻集》四,北京:中华书局,2015 年,第 1100 页。
② 《张宣公年谱》,载《张栻年谱》,北京:科学出版社,2017 年,第 61 页。
③ 《张栻集》四,第 1134 页。
④ 朱子《论孟精义》成书在壬辰,《朱子年谱》"八年壬辰,四十三岁,春正月,《论孟精义》成"。

也。更幸见教。(答吴晦叔又)①

此书疑在辛卯②,吕祖谦写信给张栻,表示他对朱子《太极解义》体用先后说的不同意见。张栻则声明,他对朱子《太极解义》的体用先后论没有意见,而对其中的仁义中正分动静之说有所不满。这是张栻对朱子解义的主要批评意见。

(三) 朱子《太极解义》成书过程中与其他学者的交流

在张吕之外,朱子与其他学者也就《太极解义》做了广泛的交流,其中答杨子直书在思想上特别重要,杨子直是朱子的学生。书中说道:

> 承喻"太极"之说,足见用力之勤,深所叹仰。然鄙意多所未安,今且略论其一二大者,而其曲折则托季通言之。
>
> 盖天地之间,只有动静两端,循环不已,更无余事,此之谓易。而其动其静,则必有所以动静之理焉,是则所谓太极者也。圣人既指其实而名之,周子又为之图以象之,其所以发明表著,可谓无余蕴矣。原"极"之所以得名,盖取枢极之义。圣人谓之"太极"者,所以指夫天地万物之根也。周子因之而又谓之"无极"者,所以著夫无声无臭之妙也。然曰"无极而太极,太极本无极",则非无极之后别生太极而太极之上先有无极也。又曰"五行阴阳,阴阳太极",则非太极之后别生二五而二五之上先有太极也。以至于成男成女、化生万物,而无极之妙盖未始不在是焉。此一图之纲领,《大易》之遗意,与老子所谓"物生于有,有生于无"而以造化为真有始终者正南北矣。来喻乃欲一之,所以于此图之说多所乖碍而不得其理也。熹向以太极为体,动静为用,其言固有病,后已改之曰:"太极者,本然之妙也;动静者,所乘之机也。"此则庶几近之。来喻疑于"体用"之云,甚当。但所以疑之之说,则与熹之所以改之之意又若不相似。然盖谓太极含动静则可(以本体而言也),谓太极有动静则可(以流行而言也),若谓太极便是动静,则是形而上下者不可分,而"易有太极"之言亦赘矣。其他则季通论之已极精详,且当就此虚心求之,久当自明,不可别生疑虑,徒自

---

① 《张栻集》四,第1065页。
② 既云伯恭得书,则应在二人辛卯六月去国之后,否则以临安邻墙之近,二人必不用书札矣。

缴绕也。(《答杨子直方》一)辛卯①

这是这一时期朱子论《太极图说》思想最重要的一封信。据其中所说:"熹向以太极为体,动静为用,其言固有病,后已改之曰:'太极者,本然之妙也;动静者,所乘之机也。'此则庶几近之。"则朱子初稿中应有"太极为体,动静为用"的类似说法,后来改为"太极者,本然之妙也;动静者,所乘之机也"这一著名的表述。这一重要改动至少在乾道九年定本时已经出现。

朱子的学生廖德明来书请问:

> 德明伏读先生《太极图解义》第二章曰:"动而生阳,诚之通也,继之者善,万物之所资始也。静而生阴,诚之复也,成之者性,万物各正其性命也。"德明谓无极之真,诚也,动而生阳,静而生阴,动静不息,而万物继此以出与因此而成者,皆诚之著,固无有不善者,亦无非性也,似不可分阴阳而为辞。如以资始为系于阳,以正性命为系于阴,则若有独阳而生、独阴而成者矣。详究先生之意,必谓阳根于阴、阴根于阳,阴阳元不相离,如此,则非得于言表者,不能喻此也。

朱子回答说:

> 继善、成性分属阴阳,乃《通书》首章之意,但熟读之,自可见矣。盖天地变化,不为无阴,然物之未形,则属乎阳;物正其性,不为无阳,然形器已定,则属乎阴。尝读张忠定公语云:"公事未著字以前属阳,著字以后属阴。"似亦窥见此意。(《答廖子晦》一)甲午②

朱子所说的阴阳观,他在后来也保持不变。朱子《太极解义》附辩中说到几种对其解义的意见,其中有所谓"或谓不当以继善成性分阴阳",这应当就是指廖德明的意

---

① 杨方庚寅来学,朱子作此书时,《太极解义》已经有所修改,疑在癸巳。但论极字之义,未见于《太极解义》。
② 《朱子文集》卷四十五,此书之年参《朱子书信编年考证》。然若据附辩,则此书不当晚于癸巳。

见及类似廖德明的意见。

再来看朱子答程允夫有关《太极解义》的问目,只是这一答问应已在乾道癸巳朱子《太极解义》定稿之后了。

文集答程允夫载:(左边顶格段为程允夫问,其后退二格开始的段落为朱子答)

《太极解义》以太极之动为诚之通,丽乎阳,而继之者善属焉;静为诚之复,丽乎阴,而成之者性属焉。其说本乎《通书》。而或者犹疑周子之言本无分隶之意,阳善阴恶又以类分。又曰:"中也,仁也,感也,所谓阳也,极之用所以行也。正也,义也,寂也,所谓阴也,极之体所以立也。"或者疑如此分配,恐学者因之或渐至于支离穿凿。不审如何?

  此二义,但虚心味之,久当自见。若以先入为主,则辩说纷纭,无时可通矣。

"仁义中正",洵窃谓仁义指实德而言,中正指体段而言。然常疑性之德有四端,而圣贤多独举仁义,不及礼智,何也?

  中正即是礼智。

《解义》曰:"程氏之言性与天道,多出此图,然卒未尝明以此图示人者,疑当时未有能受之者也。"是则然矣。然今乃遽为之说以传之,是岂先生之意耶?

  当时此书未行,故可隐,今日流布已广,若不说破,却令学者枉生疑惑,故不得已而为之说尔。

濂溪作《太极图》,发明道化之原;横渠作《西铭》,揭示进为之方。然二先生之学,不知所造为孰深?

  此未易窥测,然亦非学者所当轻议也。

程子曰:"无妄之谓诚,不欺其次矣。"无妄是圣人之诚,不欺是学者之诚,如何?

  程子此段,似是名理之言,不为人之等差而发也。

  《近思录》载横渠论气二章,其说与《太极图》动静阴阳之说相出入。然横渠立论不一而足,似不若周子之言有本末次第也。
    横渠论气与《西铭》《太极》各是发明一事,不可以此而废彼,其优劣亦不当轻议也。(《答程允夫》)乙未后①

以上,问目第一段引用了《太极图解》的文句,也就太极之动属阳、太极之静属阴的说法有所质疑,并对中仁属阳、正义属阴的解释也有所怀疑。朱子让其虚心体味,不必辩说。

(四) 朱子《太极解义》庚寅初稿与通行本的异同

  《东莱吕太史别集》卷十六载与朱侍讲答问,中有《太极图义质疑》,如前所说,当作于乾道六年四五月间。其中所载录的朱子《太极解义》的文字,应为朱子的初稿,下附吕祖谦的疑问和讨论。② 虽然其中录载的朱子解义,乃是吕氏摘引朱子原文,并不是解义的全文,但仍有其价值。
  朱子答林择之书"伯恭亦得书,讲论颇详,然尤鹘突",所指应即吕氏《太极图义质疑》。《太极图义质疑》第一行是引朱子解义之文,下退两格开始的是吕氏的质疑。全文见下(黑体标明者是本文作者描黑,为朱子《太极解义》定本中已删去不见的字句),而我的评论则以"按"字出之,读者幸留意焉。

    无声无臭,而造化之枢纽、品汇之根柢**系焉**。
      太极即造化之枢纽、品汇之根柢也,恐多系焉两字。

  按:通行本《太极解义》作"上天之载,无声无臭,而实造化之枢纽,品汇之根柢也"。可见朱子定本吸收了吕氏的意见,去掉了"系焉"二字。

    所谓"一阴一阳之谓道"。诚者,圣人之本,物之终始,而命之道也。动而生阳,诚之通也,继之者善,万物之所资始也;静而生阴,诚之复也,成之者性,

---

① 《朱子文集》卷四十一,此书之年参《朱子书信编年考证》。
② 以下《太极图义质疑》引文皆见《吕祖谦全集》第一册,第589—591页。

万物各正其性命也。

  以动而生阳为继之者善,静而生阴为成之者性,恐有分截之病。《通书》止云"一阴一阳之谓道,继之者善也,成之者性也。元亨诚之通,利贞诚之复",却自浑全。

按:通行本《太极解义》作"所谓'一阴一阳之谓道'。诚者,圣人之本,物之终始,而命之道也。其动也,诚之通也,继之者善,万物之所资以始也;其静也,诚之复也,成之者性,万物各正其性命也"。定本把原作"动而生阳""静而生阴"改为"其动也""其静也",更为简练。

太极,道也。阴阳,器也。
  此固非世儒精粗之论,然似有形容太过之病。

按:通行本《太极解义》作"太极,形而上之道也;阴阳,形而下之器也"。定本增加"形而上"和"形而下"的定语,对道器的分别在哲学上界定得更为清晰,符合朱子的哲学思想。朱子解义《附辩》中说:"阴阳太极,不可谓有二理必矣。然太极无象,而阴阳有气,则亦安得而无上下之殊哉?此其所以为道器之别也。故程子曰:'形而上为道,形而下为器,须着如此说。然器,亦道也;道,亦器也。'得此意而推之,则庶乎其不偏矣。"这可以看作对这里改动理由的说明。

太极立,则阳动阴静两仪分。
  太极无未立之时,立字一语恐未莹。

按:通行本《太极解义》作"有太极,则一动一静而两仪分",不再用立字,这是吸收了吕氏的意见。

然五行之生,随其气质而所禀不同,所谓"各一其性"也。各一其性,**则各具一太极。而气质自为阴阳刚柔,又自为五行矣。**
  "五行之生,随其气质而所禀不同,所谓各一其性,则各具一太极",亦似未安。深详立言之意,似谓物物无不完具浑全。窃意观物者当于完具之中识统宗会元之意。

按：通行本《太极解义》作"然五行之生，随其气质而所禀不同，所谓'各一其性'也。各一其性，则浑然太极之全体，无不各具于一物之中，而性之无所不在，又可见矣"。可见朱子初稿中"则各具一太极"以下三句在后来定本中做了修改，虽然并不是依据吕氏的意见来修改的。

有无极二五，则妙合而凝。
二五之所以为二五，即无极也。若"有无极二五"，则似各为一物。阴阳，五行之精，固可以云"妙合而凝"，至于"无极之精"，本未尝离，非可以"合"言也。

按：通行本《太极解义》作"此无极、二五所以混融而无间者也，所谓'妙合'者也"。"妙合而凝"是周子原话，而在吕氏提出意见后，朱子《解义》不再用"妙合"，而用"混融无间"，亦不再用"有无极二五"的说法。

妙合云者，性为之主，而阴阳五行经纬乎其中。
阴阳五行非离性而有也。有"为之主"者，又有经纬错综乎其中者，语意恐未安。

按：通行本《太极解义》作"盖性为之主，而阴阳五行为之经纬错综，又各以类凝聚而成形焉"。朱子定本去掉"妙合云者"，"经纬"后加"错综"二字，应是接受了吕氏的意见。

男女虽分，然实一太极而已。 分而言之，一物各具一太极也。**道一而已，随时著见，故有三才之别，其实一太极也。**
此一段前后皆粹，中间一段似未安。

按：通行本《太极解义》作"自男女而观之，则男女各一其性，而男女一太极也；自万物而观之，则万物各一其性，而万物一太极也。盖合而言之，万物统体一太极也;分而言之,一物各具一太极也"。此段前后改动较大,而其所以修改之意,并非吕氏意见,应考虑到他人的意见,以及朱子自己的调整。初稿中"道一而已,随时著见,故有三才之别"数语见于定本《太极图说》最后一段的解义,应该是后来从此段中移去的。

生生之体则仁也。

体字似未尽。

按:生生之体则仁也,此句在定本中已删去,应是吸收了吕氏的意见。

静者,性之贞也。万物之所以各正性命,而天下之大本所以立也,中与仁之谓也。盖中则无不正,而仁则无不义也。

"中则无不正,而仁则无不义",此语甚善。但专指中与仁为静,却似未安。窃详本文云圣人定之以中正仁义而主静,是静者用之源,而中正仁义之主也。

按:通行本《太极解义》作"然静者诚之复,而性之真也。苟非此心寂然无欲而静,则又何以酬酢事物之变,而一天下之动哉?故圣人中正仁义,动静周流,而其动也必主乎静。此其所以成位乎中,而天地日月、四时鬼神,有所不能违也"。定本中"静者,性之贞也"已改为"静者诚之复,而性之真也"。而原本"静者,性之贞也"以下几句改动甚大,盖吕氏于中正仁义之理,提出异议较多且执,此即张栻所说"伯恭犹疑《太极说》中体用先后之论"。这应当是朱子后来对这一部分改动较大较多的原因之一。

五行顺施,地道之所以立也。中正仁义,人道之所以立也。

五行顺施,恐不可专以地道言之。立人之道曰仁与义,亦似不必加中正字。立人之道,统而言之,仁义而已,自圣人所以立极者言之,则曰中正仁义焉,文意自不相袭。

按:通行本《太极解义》作"阴阳成象,天道之所以立也;刚柔成质,地道之所以立也;仁义成德,人道之所以立也"。原稿以中正仁义为人道,吕氏提出不必加中正,只提仁义即可,朱子吸收了这个意见,定本中只说"仁义成德,人道之所以立也"。

（阳动图形)者,阳之动也,○之用所以行也。(阴静图形)者,阴之静也,○体之所以立也。(阳动图形)者,(阴静图形)之根也;(阴静图形)者,(阳动图形)之根也。**无极二五,理一分殊。**

理一分殊之语,恐不当用于此。

按:朱子《太极图解》初稿中有"无极二五,理一分殊"之说,吕氏不赞成用于对"一动一静,互为其根"的解释,朱子后来的定本删去了这八个字。

非中,则正无所取;非仁,则义无以行。

未详。

按:此数语在定本中已删去。

阳也,刚也,仁也,(阳动图形)也,物之始也。阴也,柔也,义也,(阴静图形)也,物之终也。

后章云"**太极之妙,阴中有阳,阳中有阴,动静相涵,仁义不偏,未有截然不相入而各为一物者也**"。此语甚善,似不必以阴阳、刚柔、仁义相配。①

按:吕氏这里所说的后章云云,不见于定本,吕氏认为这几句把阴阳、刚柔、仁义相配,是不必要的。朱子删去这几句,可能吸收了这个意见。

最后两段是论《太极图解》,不是《太极图说解》,其中有图形符号,○为太极的图形,而阳动和阴静的图形因不便印刷,故我们改以文字,这是需要说明的。

由以上对比可见,朱子虚心吸收了吕祖谦不少意见,对原稿进行了修改,这些意见有些属于修辞性的,有些属于义理性的。吕祖谦的意见和朱子对相关意见的

---

① 吕氏质疑,上引文用《朱子全书》本,盖《吕祖谦全集》本格式有误,朱注吕疑有混而不清处。唯最后一句,《朱子全书》本有衍文。

采纳,促进了朱子解义从义理到表述的完善。

(五) 朱子《太极解义》癸巳定稿与通行本的异同

最后来看保存在台北故宫博物院的淳熙本《晦庵先生文集》中的《太极解义》与后来流传的《太极解义》通行本的差异。淳熙本《太极解义》应是朱子淳熙末正式刊布的《太极解义》本,亦即是乾道九年定本。① 如果说通行本与淳熙本有所差异的话,那只能得出结论,淳熙本刊布后,自绍熙以后直至朱子去世,在这期间朱子还曾对《太极解义》有所修改,尽管修改的幅度并不大。

根据淳熙本的《太极解义》,其《太极图说解》与通行本的不同处如下:

1. 通行本《太极解义》云:

> 盖五行之变,至于不可穷,然无适而非阴阳之道。至其所以为阴阳者,则又无适而非太极之本然也,夫岂有所亏欠间隔哉?

淳熙本《太极解义》没有"至其所以为阴阳者,则又无适而非太极之本然也,夫岂有所亏欠间隔哉"三句。而"盖五行之变"作"盖其变"。通行本增加的这几句,还是重要的补充。

2. 通行本《太极解义》云:

> 五行具,则造化发育之具无不备矣,故又即此而推本之,以明其浑然一体,莫非无极之妙;而无极之妙,亦未尝不各具于一物之中也。盖五行异质,四时异气,而皆不能外乎阴阳;阴阳异位,动静异时,而皆不能离乎太极。至于所以为太极者,又初无声臭之可言,是性之本体然也。

淳熙本《太极解义》此段之首没有"五行具,则造化发育之具无不备矣,故又即此而推本之,以明其浑然一体,莫非无极之妙;而无极之妙,亦未尝不各具于一物之中也"数句。而此段之首作"**此据五行而推之,明无极二五混融无间之妙,所以生成万物之功也**",此为通行本所无。通行本段首增加的数句使义理的表达更加完整。

---

① 见朱子《题太极西铭解后》,《朱子文集》卷八十二,作于淳熙戊申二月。

3. 通行本《太极解义》云：

> 盖性为之主，而阴阳五行为之经纬错综，又各以类凝聚而成形焉。

淳熙本《太极解义》在"经纬错综"下有"乎其中"三字。这也是《太极解义》初稿中所原有的，见吕祖谦质疑所引。

4. 通行本《太极解义》云：

> 然静者诚之复，而性之真也。

淳熙本《太极解义》"真"字作"贞"。

5. 通行本《太极解义》云：

> 此天地之间，纲纪造化，流行古今，不言之妙。圣人作易，其大意盖不出此，故引之以证其说。

淳熙本《太极解义》没有此数句。通行本增加的这一段使得语意更足。

此外，淳熙本的《太极图解》亦与通行本有小差异，如淳熙本无"于是乎在矣"，而通行本"五气布"下淳熙本多"而"字等。

这证明，朱子在淳熙末年正式公布其《太极解义》，此后十年，至其病故，仍对《太极解义》做了一些修改，虽无关大义。今传通行本是其最后的修订本。修改的主要内容，是增加了三段文字，删去了一段文字。增加的部分使得义理的表述更加完善。

由此可知，朱子《太极解义》有三个本子，第一个本子是乾道庚寅朱子完成的初本，见于吕祖谦《太极图义质疑》，虽非全本，亦可窥见大概。第二个本子是乾道九年定本，淳熙末刊布，即淳熙本《晦庵先生文集》所载《太极解义》。第三个本子是今传通行本如《朱子全书》所载的《太极解义》，是朱子晚年最后改定本。其中最重要的是第二个本子的定稿，此本的定稿，曾广泛吸收张栻、吕祖谦的意见；其中根本性的理论贡献来自朱子，但它既是朱子本人在这一时期的理论成果，一定程度上也代表了乾道后期道学的理论共识。

二、朱子《太极解义》的哲学建构

朱子乾道己丑(1169)春中和之悟后,在将中和之悟报告张栻等湖南诸公的同时,立即开始了他的哲学建构。当年六月他刊行了建安本《太极通书》,接着写作《太极图解》和《太极图说解》,两者合称《太极解义》。次年春《太极解义》完成,他立即寄给当时在严州的张栻和吕祖谦,此后数年在与张吕的讨论中不断修改,至乾道癸巳(1173)定稿。

(一) 太极本体论

让我们先来看《太极图解》。由于图解的图形不易印刷,所以我们这里把代表太极、阴阳的图形直接转为概念,使得文句明白通贯,便于讨论。

对于太极图最上面的第一圆圈,朱子注:

> 此所谓无极而太极也,所以动而阳、静而阴之本体也。然非有以离乎阴阳也,即阴阳而指其本体,不杂乎阴阳而为言尔。[①]

这是说第一圆圈就是指代《太极图说》的首句"无极而太极",而落实在"太极",因为所谓"无极而太极"就是指"无形无象的太极"。朱子解义最突出的一点,就是明确把太极解释为"本体",朱子这里是把"本体"作为道学形上学的最高范畴。这一"本体"概念在图解中反复出现,成为《太极图解》哲学建构的突出特点。这也是二程以来道学所不曾有过的。照朱子的解释,太极是动静阴阳的本体,此一本体乃是动静阴阳的所以然根据和动力因。而这一作为本体的太极并不是离开阴阳的独立存在者,它即阴阳而不杂乎阴阳:"即阴阳"就是不离乎阴阳;"不杂乎阴阳"说明太极并不是阴阳,也不是与阴阳混合不分。这一"不离不杂"的说法开启了朱子学理解太极与阴阳、理与气的存在关系模式。

对于太极图的第二圆圈,就是所谓坎离相抱图,他以为左半边是阳之动,右半边代表阴之静,而包围在中间的小圆圈则是太极。他指出,太极"其本体也",意味

[①]《周敦颐集》,第1页。

着太极是阳动阴静的本体。又说,阳之动,是"太极之用所以行也";阴之静,是"太极之体所以立也"。这就区分了太极的体和用,认为阳动是太极之用流行的表现,阴静则是太极之体得以贞立的状态。按这里所说,不能说太极是体,阴阳是用,或太极是体,动静是用,也不能说阳动是太极之体,阴静是太极之用。因为,阴和阳同是现象层次,太极是本体层次,故不能说阳动是现象层次的用,阴静就是本体层次的体;只是说,阳动可以见太极之用的流行,阴静可以显示太极之体的定立。朱子答杨子直书说明,他一开始曾经以太极为体,动静为用,后来不再用体用的关系去界定太极和动静的关系。这也可以看出,在《太极解义》初稿写成的时期,朱子从《太极图说》文本出发,更为关注的是太极动静的问题,而不是太极阴阳的问题。阴阳是存在的问题,动静是运动的问题,本体与此两者的关系是不同的。

朱子总论自上至下的前三图说:

"五行一阴阳",五殊二实无余欠也;"阴阳一太极",精粗本末无彼此也;"太极本无极",上天之载无声无臭也。"五行之生,各一其性",气殊质异,各一其(太极)无假借也。①

这显然是依据《太极图说》的文字来加以解释,《太极图说》说"五行一阴阳也,阴阳一太极也,太极本无极也。五行之生也,各一其性"。《太极图说》本来就是阐发太极图的文字,朱子要为太极图作注,就不可避免地要引用《太极图说》本身并加以解释,于是就难免和他的《太极图说解》有所重复。这里"'太极本无极',上天之载无声无臭也",指明了"无极"的意思是"上天之载无声无臭",这比《太极图说》第一句的解释之所指更为清楚。

图解接着说:"乾男、坤女,以气化者言也,各一其性,而男女一太极也。"又说:"万物化生,以形化者言也,各一其性,而万物一太极也。"②这和《太极图说解》也类似:"自男女而观之,则男女各一其性,而男女一太极也;自万物而观之,则万物各一其性,而万物一太极也。"③不同的是,在图解这里的重点是区分"气化"和"形化"。

以下谈到圣人与主静:

---

① 《周敦颐集》,第2页。
② 《周敦颐集》,第2页。
③ 《周敦颐集》,第2页。

> 惟圣人者,又得夫秀之精一,而有以全乎(太极)之体用也。是以一动一静,各臻其极,而天下之故,常感通乎寂然不动之中。盖中也,仁也,感也,所谓(阳动)者也,太极之用之所以行也。正也,义也,寂也,所谓(阴静)也,(太极)之体所以立也。中正仁义,浑然全体,而静者常为主焉。则人(极)于是乎立。①

这里对圣人提出了新的理解,不是按照《太极图说》本文那样,只从"得其秀而最灵"的生理基础去谈圣人之所以为圣人,而是从"全乎太极之体用"的德行来理解圣人的境界。即是说,圣人之所以为圣人,是因为圣人能够完全实现太极之用,完全贞立太极之体。具体来说,是以中正仁义贯穿动静,而以静为主,于是"人极"便得以确立起来。人极就是人道的根本标准,人极与太极是贯通的,人能全乎太极便是人极之立。

(二) 太极动静阴阳论

现在我们来看《太极图说解》。

周敦颐《太极图说》本身,最重要的是七段话,朱子的解义也主要是围绕这七段话来诠释的。

1. 无极而太极。

> 朱子注:
> 上天之载,无声无臭,而实造化之枢纽,品汇之根柢也。故曰:无极而太极。非太极之外,复有无极也。②

这是以"上天之载,无声无臭"解释无极,用"造化之枢纽,品汇之根柢"解释太极。并且强调,无极只是太极无声无臭的特性,并不是太极之外的独立实体。这就从根本上截断了把《太极图说》的思想理解为道家的无能生有的思想的可能性。这也就点出,《太极图说》在根本上是一太极本体论体系或太极根源论体系。"枢纽"同中枢,"造化之枢纽"指世界变化运动系统中其主导作用的关键。"根柢"即根源,"品汇之根柢"指万物的根源。枢纽的提法表示,太极的提出及其意义,不仅是面对世

---

① 《周敦颐集》,第5页。
② 《周敦颐集》,第3页。

界的存在,更是面对世界的运动,这也是《太极图说》本文所引导的。值得注意的是,与《太极图解》第一段对太极所做的"本体"解释相比,《太极图说解》的第一段解释中却没有提及本体这一概念,也许可以说,在《太极图说解》中,"本体"已化为"枢纽"和"根柢"。前者针对动静而言,后者针对阴阳而言。

2. 太极动而生阳,动极而静,静而生阴。静极复动。一动一静,互为其根;分阴分阳,两仪立焉。

朱子注:

> 太极之有动静,是天命之流行也,所谓"一阴一阳之谓道"。诚者,圣人之本,物之终始,而命之道也。其动也,诚之通也,继之者善,万物之所资以始也;其静也,诚之复也,成之者性,万物各正其性命也。动极而静,静极复动,一动一静,互为其根,命之所以流行而不已也;动而生阳,静而生阴,分阴分阳,两仪立焉,分之所以一定而不移也。盖太极者,本然之妙也;动静者,所乘之机也。太极,形而上之道也;阴阳,形而下之器也。是以自其著者而观之,则动静不同时,阴阳不同位,而太极无不在焉。自其微者而观之,则冲漠无朕,而动静阴阳之理,已悉具于其中矣。虽然,推之于前,而不见其始之合;引之于后,而不见其终之离也。故程子曰:"动静无端,阴阳无始。"非知道者,孰能识之?①

朱子《太极解义》的主导思想体现在这一段的解释。他首先用《通书》的思想来解说太极的动静,把太极动而生阳、静而生阴理解为"天命流行"的过程,认为这个过程就是《系辞传》所说的一阴一阳往来变化的过程。他认为,这个过程也就是《通书》所说的诚之通和诚之复交替流行不已的过程,动是诚之通,静是诚之复,两者互为其根。

因此,《太极图说》的根本哲学问题,在朱子《太极解义》看来,就是太极和动静的关系。这是首要的和基本的,而不是像他晚年和陆九渊辩论时主张的只把太极和阴阳的关系问题看作首要的问题。这是符合《太极图说》本文脉络的。在这个前提下,太极和阴阳的问题也被重视。因此,《太极解义》中最重要的论述是"太极者,本然之妙也;动静者,所乘之机也。太极,形而上之道也;阴阳,形而下之器也"。这两句话,先讲了太极和动静的分别及关系,又讲了太极和阴阳的分别及关系。就太

---

① 《周敦颐集》,第3—4页。

极与动静的关系而言,《太极解义》的体系可称为太极本体论;就太极与阴阳的关系而言,此一体系可称为太极本源论。据朱子在写作讨论《太极解义》过程中与杨子直书,他最初是用太极为体、动静为用来理解太极与动静的关系,但后来放弃了,改为我们现在所看到的本然之妙和所乘之机的关系。那就是说,他以前认为,太极是体,动静是太极所发的用,两者是本体和作用的关系,这显然不适合太极与动静的关系。而本然之妙和所乘之机,是本体和载体的关系,把动静作为载体,这就比较适合太极和动静的关系了。本然之妙表示太极既是本体,又是动静的内在原因(动力因),"妙"字就是特别用来处理与动静关系、说明运动根源的,这也是中国哲学长久以来的特点。与《周易》传统以"神"为妙运万物的动力因不同,朱子以"道"即太极作为妙运万物的动力因。

"太极,形而上之道也;阴阳,形而下之器也"则明确用形而上和形而下来区别太极与阴阳,即太极是形而上的道,阴阳是形而下的器,两者有清楚的分别。把太极明确界定为道,这样就与把太极解释为理更为接近了。

"是以自其著者而观之,则动静不同时,阴阳不同位,而太极无不在焉。自其微者而观之,则冲漠无朕,而动静阴阳之理,已悉具于其中矣。虽然,推之于前,而不见其始之合;引之于后,而不见其终之离也。"著是显著的用,微是内在深微的体。从微的角度看,太极就是动静阴阳之理,在内在的体;从著的角度看,动静阴阳运行变化不同,是表现的用。所以,朱子认为太极和动静阴阳还是存在着体用的分别。特别是,这里直接以太极为理,为动静阴阳之理,提出理和动静阴阳始终是结合在一起的,强化了理的意义。朱子认为,既不能说从某一个时期开始理和动静阴阳两者才相结合,也不能说在某一个时期两者将会分离。太极始终是内在于动静和阴阳的。本来,在宇宙论上,动静就是阴阳的动静,但由于《太极图说》讲动而生阳、静而生阴,在这个意义上,相对地说,动静就成为先在于阴阳、独立于阴阳的了。

3. 阳变阴合,而生水、火、木、金、土。五气顺布,四时行焉。

朱子注:

> 有太极,则一动一静而两仪分;有阴阳,则一变一合而五行具。然五行者,质具于地,而气行于天者也。以质而语其生之序,则曰水、火、木、金、土,而水、木,阳也;火、金,阴也。以气而语其行之序,则曰木、火、土、金、水,而木、火,阳也;金、水,阴也。又统而言之,则气阳而质阴也;又错而言之,则动阳而静阴

也。盖五行之变,至于不可穷,然无适而非阴阳之道。至其所以为阴阳者,则又无适而非太极之本然也,夫岂有所亏欠间隔哉?①

如果说第二段的解释关注在动静,这一段的解释关注的中心则在阴阳。太极的动静,导致阴阳的分化与变合;有阴阳的一变一合,则产生五行的分化。"五行之变,至于不可穷,然无适而非阴阳之道。至其所以为阴阳者,则又无适而非太极之本然也。"这是一套由阴阳五行展开的宇宙生化论。与前面第二段不同,这里对太极的定义不是从动静的枢纽来认识太极,而是从阴阳的所以然之根据来认识太极。或者说,前面是从"所以动静者"来认识太极,这里是从"所以为阴阳者"界定太极。"所以为阴阳者"的视角就是存在的视角,而不是运动的视角了。至于"太极之本然",即是《太极图解》的"本体","所以动而阳、静而阴之本体也","即阴阳而指其本体"。"所以为阴阳者"的观念本来自二程,区分"阴阳"和"所以阴阳",认为前者是形而下者,后者是形而上者,这种思维是朱子从程颐吸取的最重要的哲学思维之一。对照张栻的《太极图说解义》和吕祖谦的《太极图义质疑》,可以明显看出朱子此时的哲学思维的优势,这也是何以张吕对朱子解义的意见只集中在"圣人定之以中正仁义而主静"一句上,而对其太极本体论、太极根源论、太极生化论并未提出意见的原因。

(三) 太极本性论

从第四段开始,由太极动静阴阳论转到太极本性论。

4. 五行,一阴阳也;阴阳,一太极也;太极,本无极也。五行之生也,各一其性。

朱子注:

五行具,则造化发育之具无不备矣,故又即此而推本之,以明其浑然一体,莫非无极之妙;而无极之妙,亦未尝不各具于一物之中。盖五行异质,四时异气,而皆不能外乎阴阳;阴阳异位,动静异时,而皆不能离乎太极。至于所以为太极者,又初无声臭之可言,是性之本体然也。天下岂有性外之物哉?然五行之生,随其气质而所禀不同,所谓"各一其性"也。各一其性,则浑然太极之

---

① 《周敦颐集》,第4页。

全体,无不各具于一物之中,而性之无所不在,又可见矣。①

前面已经说过,宇宙中处处是阴阳,而凡有阴阳处必有所以为阴阳者,这就是"无适而非阴阳","无适而非太极"。阴阳分化为五行,五行发育为万物,万物中也皆有太极,故说"无极之妙,亦未尝不各具于一物之中也"。各具于事物之中的太极即是事物之性,太极就是"性之本体",这就转到了万物的本性论。万物因气禀不同而造成"各一其性",即各异其性,各有各的性,互不相同。"各一其性"是说明万物由气禀不同带来的性的差异性。但朱子同时强调,太极无不具于每一物之中,这才真正体现出"性无所不在"的原理。这样朱子的解释就有两个"性"的概念,一个是"各一其性"的性,一个是"太极之全体"的性,前者是受气禀影响的性,现实的、差别的性;后者是不受气禀影响的本然的性,本体的、同一的性。故每一个人或物都具备太极作为自己的本性,但这种具备不是部分地具有,而是全体地具有。每一个人或物都具有一太极之全体作为自己的本性。这是朱子对《太极图说》自身思想的一种根本性的发展,即从各一其性说发展为各具太极说。

5. 无极之真,二五之精,妙合而凝。"乾道成男,坤道成女",二气交感,化生万物。万物生生,而变化无穷焉。

朱子注:

> 夫天下无性外之物,而性无不在,此无极、二五所以混融而无间者也,所谓"妙合"者也。"真"以理言,无妄之谓也;"精"以气言,不二之名也;"凝"者,聚也,气聚而成形也。盖性为之主,而阴阳五行为之经纬错综,又各以类凝聚而成形焉。阳而健者成男,则父之道也;阴而顺者成女,则母之道也。是人物始,以气化而生者也。气聚成形,则形交气感,遂以形化,而人物生生,变化无穷矣。自男女而观之,则男女各一其性,而男女一太极也;自万物而观之,则万物各一其性,而万物一太极也。盖合而言之,万物统体一太极也;分而言之,一物各具一太极也。所谓天下无性外之物,而性无不在者,于此尤可以见其全矣。②

---

① 《周敦颐集》,第4页。
② 《周敦颐集》,第5页。

上段最后讲性无不在,这里接着把无极二五混融无间也作为性无不在的证明。这就是说,气质所禀与二五之精相联系,太极本体与无极之真相对应,各一其性与各具太极混融无间,此即性无不在的体现。重要的是,此段明确声明,"'真'以理言,无妄之谓也;'精'以气言,不二之名也;'凝'者,聚也,气聚而成形也"。这就把无极之真,同时也就把太极解释为"理"了,把太极和理贯通,由此打开了南宋理气论哲学的通途。当然,太极也仍被确定为"性","性为之主"本是胡宏的思想,这里显示出湖湘学派把太极理解为性对朱子仍有影响。这里的性为之主,也从特定方向呼应了太极为造化之枢纽、品汇之根柢的意义。"以理言"和"以气言"的分析使得理气论正式登上道学思想的舞台。没有《太极解义》,朱子学的理气论就不可能发展起来,成为宋明理学的基本哲学论述。

对照《太极图解》可知,太极本性论是朱子《太极解义》的重要思想。朱子强调,男与女虽然各有其性,互不相同,但男与女所具的太极是相同的,这就是"男女一太极也"。万物各异其性,而万物所具的太极是相同的,这就是"万物一太极也"。尤其是,这里提出了万物各具的太极与宇宙本体的太极的关系,朱子认为,"合而言之,万物统体一太极也;分而言之,一物各具一太极也"。万物统体是万物的存在总体,其存在的根据是太极,而每一个人或物,也具有此一太极为其本性。每个人或物对宇宙总体而谒分,但每个人或物具有的太极并不是分有了太极的部分,而是全体,因为前面已经说过,"浑然太极之全体,无不各具于一物之中"。后来朱子在《语类》中反复申明这个道理。如朱子与张栻书所讨论的,朱子认为"各具一太极"的说法意在强调"一事一物上各自具足此理",用太极的概念来表达性理学的主张。

(四) 全体太极论

以下开始转到人生论。

6. 惟人也,得其秀而最灵。形既生矣,神发知矣,五性感动,而善恶分,万事出矣。

朱子注:

> 此言众人具动静之理,而常失之于动也。盖人物之生,莫不有太极之道焉。然阴阳五行,气质交运,而人之所禀独得其秀,故其心为最灵,而有以不失其性之全,所谓天地之心,而人之极也。然形生于阴,神发于阳,五常之性,感

物而动,而阳善、阴恶。又以类分,而五性之殊,散为万事。盖二气五行,化生万物,其在人者又如此。自非圣人全体太极有以定之,则欲动情胜,利害相攻,人极不立,而违禽兽不远矣。①

"全"或"全体"是《太极解义》后半部的重要概念,是属于人生境界与工夫论的概念。朱子认为,人物之生,皆有太极之道,此太极之道即人与物生活、活动的总原则,也是人与物的太极之性的体现。物所禀的气浑浊不清,故不能有心,亦不可能实现太极之道。只有人独得气禀之秀,其心最灵,才有可能使人不失其太极本性,体现天地之心,确立人极标准。然而在现实生活中并非人人皆能如此,唯有圣人能"全体太极",即完全体现太极,完全体现太极之道和太极之性,真正确立人极。这也就是下段所说的"定"和"立人极焉"。

7. 圣人定之以中正仁义,而主静,立人极焉。故圣人与天地合其德,日月合其明,四时合其序,鬼神合其吉凶。

朱子注:

> 此言圣人全动静之德,而常本之于静也。盖人禀阴阳五行之秀气以生,而圣人之生,又得其秀之秀者。是以其行之也中,其处之也正,其发之也仁,其裁之也义。盖一动一静,莫不有以全夫太极之道,而无所亏焉,则向之所谓欲动情胜、利害相攻者,于此乎定矣。然静者诚之复,而性之真也。苟非此心寂然无欲而静,则又何以酬酢事物之变,而一天下之动哉?故圣人中正仁义,动静周流,而其动也必主乎静。此其所以成位乎中,而天地日月、四时鬼神,有所不能违也。盖必体立,而后用有以行,若程子论乾坤动静,而曰:"不专一则不能直遂,不翕聚则不能发散。"亦此意尔。②

《太极图说》以太极为开始,以人极为结束,而人极的内涵是中正仁义而主静,中正仁义是基本道德概念,主静是修养方法,以人极而兼有两者,这在儒学史上是少见的。但《荀子》中也谈到静的意义,《礼记》的《乐记》本来强调"人生而静,天之性也",

---

① 《周敦颐集》,第5页。
② 《周敦颐集》,第6页。

故"静"在儒学史上也曾受到注意,尤其是《乐记》的思想在宋代道学中很受重视,在这个意义上,主静的提出不能仅看作受到佛道修养的影响。但对朱子和南宋理学而言,必须对主静做出新的论证。

根据六、七两段的朱子注,他提出,众人虽然具动静之理,即具有太极,但常常失之于动,其表现是"欲动情胜,利害相攻",即欲望、情欲的妄动,对私利的追逐,必须以人极"定"之。"定"是对于"失之于动"的矫正,也是使人不至失之于动的根本方法。所以在朱子的解释中,静与定相通。一定要分别的话,可以说静是方法,定还是目的,这就是"于此乎定矣"。

在第六段朱子注强调"不失其性之全","圣人全体太极";在第七段这里,又提到"圣人全动静之德","一动一静,莫不有以全夫太极之道"。"全体"就是全幅体现,是一实践的概念。这里所说的全动静之德,是特就人对动静之理的体现而言,全动静之德的人,就不会失之于动,而是动亦定,静亦定,行事中正仁义。因此全动静之德就是全太极之道,全体太极也就是全体太极之道,这是人生的最高境界。所以在第七段之后,朱子还说:"圣人太极之全体,一动一静,无适而非中正仁义之极。"我们记得,其在《太极图解》中也说过"全乎(太极)之体用也",这些都是相同的意思。

当然,由于《太极图说》本文强调主静,故朱子也同意"圣人全动静之德,而常本之于静","圣人中正仁义,动静周流,而其动也必主乎静"。为什么要本于静,主于静?照朱子说,这是因为"必体立而后用有以行",即是说,静是体,动是用,所以以主静为本。《太极图解》比《太极图说解》这里说得更具体:"盖中也,仁也,感也,所谓(阳动)者也,太极之用之所以行也。正也,义也,寂也,所谓(阴静)也,(太极)之体所以立也。中正仁义,浑然全体,而静者常为主焉。则人(极)于是乎立。"正是在这个问题上,朱子与张栻、吕祖谦做了反复讨论。此外朱子也指出,主静所指的这种"静"不是专指行为的,而是指心的修养要达到"此心寂然无欲而静"。这当然是合乎周子本人主张的"无欲故静"的。

应当指出,朱子《太极解义》中在论及主静时没有提到程颐的主敬思想,只在一处提及"敬则欲寡而理明",这对于在己丑之悟已经确认了"主敬以立其本,穷理以进其知"宗旨的朱子,是一欠缺。而张栻的《太极图说解义》则重视程门主敬之法,对朱子是一个重要补充。

(五)《太极解义》引起的哲学论辩

朱子《太极解义》文后有《附辩》,其中提到四种主要的反对意见(或谓)和三种次要的反对意见(有谓)。朱子简单叙述了这些意见:

> 愚既为此说,读者病其分裂已甚,辨诘纷然,苦于酬应之不给也,故总而论之。大抵难者:或谓不当以继善成性分阴阳,或谓不当以太极阴阳分道器,或谓不当以仁义中正分体用,或谓不当言一物各具一太极。又有谓体用一源,不可言体立而后用行者;又有谓仁为统体,不可偏指为阳动者;又有谓仁义中正之分,不当反其类者。是数者之说,亦皆有理。然惜其于圣贤之意,皆得其一而遗其二也。……①

所谓"读者病其分裂已甚",应是张栻的意见(见张栻《寄吕伯恭》)。四个"或谓"中,第一个或谓不当以继善成性分阴阳,应是廖德明的意见(见朱子《答廖子晦》一);第二个或谓不当以太极阴阳分道器,应是吕祖谦的意见(见吕氏《太极图义质疑》);第三个或谓不当以仁义中正分体用是吕祖谦的意见(见张栻《答吴晦叔》又);第四个或谓不当言一物各具一太极,应是张栻的意见(见朱子《答张敬夫》十三)。至于有谓体用一源,不可言体立而后用行者;有谓仁为统体,不可偏指为阳动者;有谓仁义中正之分,不当反其类者,应该都与张栻、吕祖谦的意见有关。

朱子在《附辩》中对这些意见做了回应:

> 夫善之与性,不可谓有二物,明矣。然继之者善,自其阴阳变化而言也;成之者性,自夫人物禀受而言也。阴阳变化,流行而未始有穷,阳之动也;人物禀受,一定而不可易,阴之静也。以此辨之,则亦安得无两者之分哉?然性善,形而上者也;阴阳,形而下者也。周子之意,亦岂直指善为阳而性为阴哉?但话其分,则以为当属之此耳。②

这是关于阴阳观的讨论,在朱子看来,阴阳变化流行,属于阳动;而成型固定,属于

---

① 《周敦颐集》,第7—8页。
② 《周敦颐集》,第8页。

阴静。认为这也就是《系辞传》所说的继之者善和成之者性的分别。所以把继之者善作为阳动,把成之者性作为阴静,这是很自然的。

> 阴阳太极,不可谓有二理必矣。然太极无象,而阴阳有气,则亦安得而无上下之殊哉?此其所以为道器之别也。故程子曰:"形而上为道,形而下为器,须着如此说。然器,亦道也;道,亦器也。"得此意而推之,则庶乎其不偏矣。①

太极是理,无形无象;阴阳是气,已属形象。两者有形而上和形而下的分别,这是二程哲学分析的主要方法之一,朱子完全继承了这一点。特别把道器的分别运用于理气的分析。

> 仁义中正,同乎一理者也。而析为体用,诚若有未安者。然仁者,善之长也;中者,嘉之会也;义者,利之宜也;正者,贞之体也。而元亨者,诚之通也;利贞者,诚之复也。是则安得为无体用之分哉!②

朱子认为,仁义中正如同元亨利贞,既然在《通书》中元亨属于诚之通,利贞属于诚之复,则四德之中,元亨与利贞之间就有体用之分。同理,中正仁义也就可以有体用之分。

> 万物之生,同一太极者也。而谓其各具,则亦有可疑者。然一物之中,天理完具,不相假借,不相陵夺,此统之所以有宗,会之所以有元也。是则安得不曰各具一太极哉!③

这是朱子用吕祖谦的意思回应张栻的怀疑。吕祖谦《质疑》云:"'五行之生,随其气质而所禀不同,所谓各一其性,则各具一太极',亦似未安。深详立言之意,似谓物物无不完具浑全。窃意观物者当于完具之中识统宗会元之意。"朱子吸取了吕氏的这一意见。

---

① 《周敦颐集》,第8页。
② 《周敦颐集》,第9页。
③ 《周敦颐集》,第9页。

> 若夫所谓体用一源者,程子之言盖已密矣。其曰"体用一源"者,以至微之理言之,则冲漠无朕,而万象昭然已具也。其曰"显微无间"者,以至著之象言之,则即事即物,而此理无乎不在也。言理则先体而后用,盖举体而用之理已具,是所以为一源也。言事则先显而后微,盖即事而理之体可见,是所以为无间也。然则所谓一源者,是岂漫无精粗先后之可言哉?况既曰体立而后用行,则亦不嫌于先有此而后有彼矣。①

张栻最重视体用一源的思想,张栻以"体用一源"反对"体立而后用行"的主张,认为如果体用有先后,就不是一源了。朱子也重视体用一源这一思想,认为这一思想讲的是理事关系。理是体,事物是用,一源是言体言理,无间是言用言事;言理体先而用后,言事先用而后体,两者角度不同。所以朱子认为,虽然从实存上说理即在事物之中,但两者在形上学上可分为先后。

> 所谓仁为统体者,则程子所谓专言之而包四者是也。然其言盖曰四德之元,犹五常之仁,偏言则一事,专言则包四者,则是仁之所以包夫四者,固未尝离夫偏言之一事,亦未有不识夫偏言之一事而可以骤语夫专言之统体者也。况此图以仁配义,而复以中正参焉。又与阴阳刚柔为类,则亦不得为专言之矣,安得遽以夫统体者言之,而昧夫阴阳动静之别哉?至于中之为用,则以无过不及者言之,而非指所谓未发之中也。仁不为体,则亦以偏言一事者言之,而非指所谓专言之仁也。对此而言,则正者所以为中之干,而义者所以为仁之质,又可知矣。其为体用,亦岂为无说哉?②

最后这点较为复杂。照"有谓仁为统体,不可偏指为阳动者"的质疑,这是反对把仁归属于阳动,认为仁是包含四德的统体,怎么能把仁只归结为一个特定方面呢?朱子的辩解是,太极图说以"仁"配"义",然后以"仁义"与"中正"相对,这说明图说中的仁不是专言包四德的仁,从而也就不是"统体"的仁,只是偏言的仁、分别而言的仁。这个仁是义之体,义是仁之质,具有体用的差别。朱子此段回应的对象不甚确定,

---

① 《周敦颐集》,第9页。
② 《周敦颐集》,第9—10页。

参与《太极解义》之辩的人中,只有吕祖谦《答朱侍讲》六提及仁包四德,但所论与这里所说并不相同。无论如何,这几条都和体用问题有关,而张栻颇注重体用之论,吕祖谦也就体用问题提出一些质疑,可见体用问题是《太极解义》之辩的一个重要的讨论。

总之,朱子的《太极解义》是他的太极本体论和太极本源论的建构之始,这一建构不仅把周敦颐的《太极图说》正式作为哲学建构的主要依据和资源,开发了《太极图说》的本体论和宇宙论意义,把太极动静阴阳论引向了理气哲学的开展,而且谋求太极与人极的对应、太极与人性的一致,更以"全体太极"为成圣成贤的新的内涵,从而形成了以太极为中心,集理气、性情、道器、体用为一体的一套哲学体系。这不仅使他自己在其后期思想发展中以此为基础实现更为宏大的发展,也使得北宋以来的道学,在理论上和体系上更加完整和完善。这是朱子对道学的贡献,也是他对儒学的贡献。

三、张栻《太极图说解义》及其与朱子解义之比较

张栻在收到朱子的《太极解义》后,亦自作《太极图说解义》,其后序云:"近岁新安朱熹尝为图传,栻复因之,约以己见,与同志者讲焉。"① 这里所说的"图传"即朱子的《太极解义》,因朱子此书当时并未正式定稿刊行,故时人有不同的称谓。② 由"栻复因之"可见,张栻是在朱子的《太极解义》之后自作了《太极图说解义》,时间应在乾道辛卯张栻离开杭州以后。应该说,从南宋道学总体发展来看,朱子的《太极解义》在相当程度上代表了朱子、张栻、吕祖谦经讨论后形成的共识,而张栻的《太极图说解义》则可视为朱子的《太极解义》的补充。两者学术宗旨相同,但诠释表述有异,毕竟朱、张、吕在共识之外还有其个人的认识特点。张栻的《太极图说解义》,三十年前我就曾依据北图存宋本《元公周先生濂溪集》做过说明③,近中华书局新印《张栻集》,收入"《太极解义》钩沉",即张栻的《太极图说解义》与《太极图解后序》。

---

① 《张栻集》五,第1610页。
② 如朱子门人林振亦云"窃读太极图传云⋯⋯"(《朱子文集》四十九《答林子玉》),可见朱子《太极解义》亦被其门人简称为图传,不独张栻为然。
③ 参见陈来,《朱子哲学研究》,北京:生活・读书・新知三联书店,2009年,第90页,注6。

现对之做一简要研究,以与朱子《太极解义》相对看。

(一) 朱张解义之略同者

首先,张栻所用《太极图说》,首句作"无极而太极",与朱子所用本相同,吕祖谦亦未提出异议,可见首句作"无极而太极"的本子是当时的通行本。即使是后来陆氏兄弟与朱子辩论《太极图说》,也从来没有提出首句的异文。所以,淳熙末年洪迈所用"自无极而为太极"的本子绝非通行本,不足以为据,这也是朱子坚决要求洪迈加以改正的原因。

其次,张栻对"无极而太极"的解释,根据"太极本无极",认为"非太极之上更有所谓无极也,太极本无极,言其无声无臭之可名也"。① 这就是说无极只是说无声臭可以名状,并非太极之上的另一个实体。这与朱子的解释完全一致。

其三,张栻亦以太极为理,如云"太极涵动静之理""太极之理未尝不存",都是把太极解释为理,这也是与朱子相同的。张栻还强调"太极之妙不可以方所求也"②,太极是理,理本身不是一个独立的实体。

其四,以无极而太极为宇宙的根源。张栻把"无极而太极"解释为"此指夫万化之源而言之也。……而必曰无极而太极者,所以明动静之本、著天地之根,兼有无、贯显微、该体用者也"。③ 这些说法也跟朱子的解释差别不大,如张栻所谓"万化之源""天地之根",朱子则谓之"上天之载,无声无臭,而实造化之枢纽、品汇之根柢也",两者基本相同。当然,朱子并不采用张栻的"兼有无、贯显微、该体用"的说法,可能朱子认为"兼有无"意味着太极既是有又是无,容易模糊太极"无形而有理"的特性。

其五,张栻亦采用理气论的分析,他在解释"无极之真,二五之精"时说:"非无极为一物,与二五之精相合也。言无极之真未尝不存于其中也。无极而曰真,以理言之也;二五而曰精,以气言之也。"④这也是与朱子一致的。朱子言:"真以理言,精以气言。"另外,朱子接受了吕祖谦意见,修改稿中不用相合,而说:"此无极二五所以混融而无间者也,所谓妙合者也。"而张栻更为明确强调不是两者相合,而是理永

---

① 张栻,《太极图说解义》,《张栻集》五,第1606页。
② 张栻,《太极图说解义》,《张栻集》五,第1605页。
③ 张栻,《太极图说解义》,《张栻集》五,第1605页。
④ 张栻,《太极图说解义》,《张栻集》五,第1607页。

远存在于气之中。

(二) 张栻解义之特有者

现在来看张栻解义中属于其特有而为朱子解义中所无者。

1. 莫之为而为

张栻的《太极图说解义》说:

> 曰无极而太极,其立言犹云"莫之为而为之"之辞也。①

其意思说,在本源的问题上,强调无极而太极,如同说"莫之为而为之"。按孟子云:"莫之为而为者,天也;莫之致而至者,命也。"意谓看不到做,却做出来的,这是天。没有去求,但自己来的,这是命。真正分析起来,张栻以"莫之为而为之"解释"无极而太极"并不贴切,因为无极而太极讲的是太极、理,而"莫之为而为之"讲的是天。太极是根源,天是主宰,《太极图说》强调的是根源是无声无臭的,而不是强调看不见的主宰之手。

2. 两端相感

张栻在注中提出"两端相感,太极之道然也"。② 两端指动静,以此解释"一动一静互为其根",阐明动能生静,静能生动;并认为这是太极之道使之如此。因此这个说法进一步表达了辩证的动静观及其法则,并归结为"此易之所以为道也",易是变动总体,其根据是太极之道。此种对"易"的强调和把握,为朱子解义所未见。

3. 天地之心

由于张栻的《太极图说解义》在朱子解义之后,与其《洙泗言仁录》的写作约同时,故《洙泗言仁》书中的"天地之心"概念也出现在其《太极解义》中:

> 然人也,禀五行之秀,其天地之心之所存,不为气所昏隔,故为最灵。③

这是主张人心的来源是天地之心,天地之心存于人即为人心,故"最灵"。这种人心

---

① 张栻,《太极图说解义》,《张栻集》五,第1605页。
② 张栻,《太极图说解义》,《张栻集》五,第1605页。
③ 张栻,《太极图说解义》,《张栻集》五,第1607页。

即天地之心的思想是《太极图说》本来所没有的。朱子解义则云:

> 人之所禀独得其秀,故其心为最灵,而有以不失其性之全,所谓天地之心,而人之极也。①

朱子把天地之心和人极作为辅助性观念,而以心、性为主体概念。朱子使用天地之心的观念当是受了张栻的影响,但朱子不直接说人心即天地之心,而把天地之心作为人性的辅助表达,重在性,不重心。

4. 未发已发

由于朱子写作《太极解义》时刚刚结束己丑中和之悟,而《太极图说》是以大易为系统的另一种思想体系,所以并没有将中和之悟的内容写入《太极解义》。两年后张栻作《太极图说解义》时,朱张二人已经在已发未发的理解上达成共识,张栻在其《太极图说解义》中把此共识写入"五行感动"的部分:

> 五行之性为喜怒忧惧爱恶欲者感动于内,因其所偏,交互而形异,于是有善恶之分,而万事从此出焉。盖原其本始,则天地之心,人与物所公共也。②

然后在"君子修之吉"下注:

> 修之之要,其惟敬乎! 程子教人以敬为本,即周子主静之意也。要当于未发之时,即其体而不失其存之妙;已发之际,循其用而不昧于察之功。③

这就把朱张二人关于中和未发的思想写入了其《太极解义》,并且强调了程门"以敬为本"的功夫宗旨。朱子的《太极解义》则没有强调相关的内容。

5. 诚通诚复

周子《通书·诚上》第一段说:"元亨,诚之通;利贞,诚之复。"张栻认为这是把元亨利贞四者分成"通"和"复"两个阶段,把宇宙变化看成这两个阶段的反复循环,

---

① 《周敦颐集》,第5页。
② 张栻,《太极图说解义》,《张栻集》五,第1607页。
③ 张栻,《太极图说解义》,《张栻集》五,第1609页。

即由通到复,由复到通,不断循环。

他又在《太极图解后序》中说:

> 先生诚通诚复之说,其至矣乎!圣人于天地同用,通而复,复而通,一往一来,至诚之无内外,而天命之无终穷也。君子修之,所以戒慎恐惧之严者,正以其须臾不在乎是则窒其通,迷其复,而遏天命之流行故耳。此非用力之深者,孰能体之!①

张栻的《太极图说解义》就是以此为理论框架,解释太极的动静,认为这个循环也可看作动和静的反复循环,从而认为,动属于诚之通,静属于诚之复。在朱子的解义中,也很重视周敦颐的诚通诚复之说,但没有像张栻这样以之为贯通整体的框架。另外朱子解释太极动静:"其动也,诚之通也,继之者善,万物所资以始也。其静也,诚之复也,成之者性,万物各正其性命也。"朱子在讲诚通诚复同时很重视用继善成性来加以分析,这是张栻所忽视的。

6. 中仁为体,正义为用

他又说:

> 动为诚之通,静为诚之复。中也,仁也,动而通也,始而亨者也。正也,义也,静而复也,利以贞者也。中见于用,所谓时中者也;仁主乎生,所谓能爱者也,故曰动而通也。正虽因事而可见,然其则先定;义必以宜而得名,然其方有常,故曰静而复也。中也仁也为体,而周子明其用;正也义也本为用,而周子则明其体。盖道无不有体用,而用之中有体存焉,此正乾始元而终贞之意。动则用行,静则体立,故圣人主静,而动者行焉。动者行而不失其静之妙,此太极之道,圣人所以为全尽之也。②

这是认为中、仁为动之通,属《通书》所说为元(始)而亨者。而正、义属静而复,属《通书》所说为利以贞者。这样,仁义中正四者,仁中为动,义正为静,这也就是仁义中

---

① 《张栻集》五,第1610页。
② 张栻,《太极图说解义》,《张栻集》五,第1608页。

正分动静。何以如此呢？按他的解释，仁主于生，生为能爱，所以属于动；中作为时中，在动中见中，故也属于动。正虽然因事之动而见，但正之规则已经先定，定是固定，则属于静；义虽然与"宜"相通，但义的意义乃是有方而常，方是原则，常是恒定，恒定之常属于静。

然而，张栻又认为，就人道的价值关系来说，作为诚通的仁中和作为诚复的正义，不是不断循环交替的关系，而是体用的关系。诚通的中仁是体，诚复的正义是用，而体用不是割裂的。中仁是体而要明其用，义正是用而要明其体，用中有体，体必有用。

不过，张栻这里就有一个矛盾，若按上述所说，诚通为体，诚复为用，则元亨为体，利贞为用；但他却说"乾始元而终贞……动则用行，静则体立"。本来中、仁作为动而通者是体，现在作为始，只能属于动则用行，是"用"了。本来，静而复者为用，作为静而复者的义，正是用，现在作为终贞则成为体，这就不一致了。由于动是用，静是体，故圣人要立体主静。他认为，圣人主静，但圣人之动而行，能不失其静之妙，这就是圣人能尽太极之道的地方，这也是他所说"太极之未尝不在者，有以通之故也"。

7. 太极体用

与朱子重视形而上下的区别不同，张栻不强调这种区别，而注重用体用的分别来理解世界，他说：

> 语其体，则无极而太极，冥漠无朕，而动静阴阳之理，无不具于其中。循其用，则动静之为阴阳者，阖辟往来，变化无穷，而太极之体各全于其形器之内。此易之所以为易也。①

朱子论太极阴阳，其《太极解义》初稿也曾用体用的方法加以展开，后来不再采用了。张栻此处所说，是以太极为体，以阴阳动静为用。朱子则以另一种方式来阐述："自其微者而观之，则冲漠无朕，而动静阴阳之理，已悉具于其中矣。""自其微者而观之"，即是张栻所说的"语其体"；"自其著者而观之"，就相当于张栻所说的"循其用"。但张栻更强调"体用一源"的方法分析太极动静的关系，而朱子在修改中则

---

① 张栻，《太极图说解义》，《张栻集》五，第1606页。

建立起新的诠释方式"太极者本然之妙,动静者所乘之机"了。这种本然和所乘的关系开辟了理气关系的一种新的模式。

(三) 南轩集中论《太极解义》者

张栻文集中保存了他与湖南学者吴晦叔等有关太极论的讨论,这些讨论与朱子的《太极解义》和他自己的《太极图说解义》有关。如:

> 垂谕太极之说,某妄意以为太极所以形性之妙也,性不能不动,太极所以明动静之蕴也。极乃枢极之义,圣人于易特名太极二字,盖以示人以根柢,其义微矣。若只曰性而不曰太极,则只去未发上认之,不见功用,曰太极则性之妙都见矣。体用一源,显微无间,其太极之蕴矣!……①

此书所说的"极乃枢极之义","太极二字,盖以示人以根柢",这些说法皆同于朱子解义,应来自朱子解义。但张栻特别强调太极作为性的意义,这是湖南学派一直以来的传统。

> 元晦太极之论,太极固是性,然情亦由此出,曰性情之妙,似亦不妨……太极之说,某欲下语云:易也者,生生之妙也;太极,所以生生者也。曰易有太极,而体用一源可见矣,不识如何?②

这里所说的"元晦太极之论"表面上似是指朱子的《太极解义》。观其所说,朱子太极论以太极为"性情之妙",但今本《太极图说解》中并没有这样的表述或说法。查《朱子文集》有答吴晦叔书:

> 夫易,变易也,兼指一动一静、已发未发而言之也。太极者,性情之妙也,乃一动一静、未发已发之理也。故曰"《易》有太极",言即其动静阖辟而皆有是理也。若以"易"字专指已发为言,是又以心为已发之说也。此固未当,程先生

---

① 《答吴晦叔》,《张栻集》四,第1054页。
② 《答吴晦叔》又,《张栻集》四,第1057页。

言之明矣。不审尊意以为如何?①

可知张栻与吴晦叔书所论,是指朱子答吴晦叔书,而此书所论并非直接讨论朱子《太极解义》,而是论易之已发未发等。他又与吴晦叔书云:

近连得元晦书,亦寄所解《中庸》草稿来看,犹未及详阅也。伯逢前在城中,颇疑某所解,太极图渠亦录去,但其意终疑"物虽昏隔不能以自通,而太极之所以为极者,亦何有亏欠哉"之语。此正是取渠要障碍处,盖未知物则有昏隔,而太极则无亏欠故也。②

以上数书,当皆在乾道辛卯壬辰之间。观此书之意,所说胡伯逢之疑者,应是对张栻的《太极图说解义》而发。"物虽昏隔不能以自通,而太极之所以为极者,亦何有亏欠哉"不是朱子解义的思想,而是张栻的思想,此句见于张栻解义对"惟人也得其秀而最灵"的解释。③

天可言配,指形体也。太极不可言合,太极性也。惟圣人能尽其性,太极之所以立也。人虽具太极,然伦胥陷溺之,则谓之太极不立,可也。……既曰物莫不皆有太极,则所谓太极者,固万物之所备也。惟其赋是气质而拘隔之,故物止为一物之用,而太极之体则未尝不完也。④

此书之意与上书相同。最后来看:

〈无极而太极〉,此语只作一句玩味。无极而太极存焉,太极本无极也。若曰自无生有,则是析为二体矣。⑤

---

① 《朱子文集》,卷四十二。
② 《与吴晦书》又,《张栻集》四,第1199页。
③ 《张栻集》五,第1608页。唯无"不能以自通"数字。
④ 《答周允升》,《张栻集》四,第1133—1135页。
⑤ 《答彭子寿》,《张栻集》四,第1241页。

张栻坚持首句既然为"无极而太极",则不是自无生有,而是说太极本来是无声无臭的。这与朱子是完全一致的。

(四) 乾淳主流理学的定位

张栻(南轩)是朱子学前期形成期的重要创始人之一。他曾从胡宏问学,聪明早慧,在青年时代已在理学上达到较高的造诣。乾道初年朱子曾数次就理学的中和已发未发问题向张栻请教,以了解湖湘学派在这种问题上的看法和结论。乾道三年朱子到长沙与南轩会面,共论太极中和之义,此后二人成为思想学术交往最深的友人。乾道五年之后,吕祖谦亦参与其中,形成朱、张、吕为核心的南宋道学的交往网络,而朱、张、吕的思想主张共同形成了乾淳道学的主流。朱、张、吕三人各有思想体系,但相通、相同处是主要的。张、吕二人在淳熙中早亡,朱子独立支撑南宋道学的后续发展,而终于建构、完成了代表乾淳理学的大体系。

这一体系习惯上以"朱子学"的名义为表达,并在后世历史上传承发展,取得了重大的影响。但我们必须看到,朱子学这一体系,在其形成过程中,张南轩是核心的参与者而且做出了重要的贡献。在这个意义上,以一个不太恰当的例子来比拟,正如"毛泽东思想"与"毛泽东的思想"不同,毛泽东思想是包含刘少奇、周恩来等共同参与的理论与实践,朱子的思想和"朱子学"也可有类似的差别。在这个意义上说,"朱子学"的成立包含东南三贤的共同参与,"朱子学"的概念可以有丰富的含义,这是我们今天论及张南轩和朱子学时不可不注意的。目前学界多关注把张南轩作为湖湘学派的代表,这是无可非议的。但也要指出,若只把张南轩定位于此,无形之中可能会只突出张南轩对地域文化的贡献,成为地域文化的代表,而容易掩盖、忽略他对主流文化——道学的贡献。当然,对湖湘学派也可以有两种理解,一种只是作为学术流派的简称,一种则是突出地域文化的特色。我们把张南轩作为朱子学前期创始人之一,把南轩与朱子学联结起来,而不把他限定在湖湘文化,正是为了突显他对乾淳主流理学的贡献。

就朱子与张栻对《太极图说》的诠释比较而言,朱子《太极解义》注重义理的哲学分析与综合,在本体论上具有优势。张栻《太极图说解义》注重工夫界定,这是朱子解义有所忽略之处。朱子所争者多在义理之铺陈,故张栻解义为朱子解义之补充,两者相结合乃构成道学在南宋中期的主流认识。

一般所说的朱张会讲,专指乾道丁亥朱子长沙之行。而广义来看,乾道五年至九年朱子与张栻多次由书信往还而进行的学术讨论,亦可谓朱张会讲的一种形式,如《太极解义》《知言疑义》《仁说》之辩等,都是朱张思想交流的重要事件,应一并放在乾道理学建构中予以考察。

儒家思想的现代诠释

道德转化中的自我与他人:初探《荀子》中的自主*

王 华

"他人"(others)对于成就儒家的理想自我(ideal self)极为关键:自我的发展与转化,以家庭为起点,先与家人——家里的"他人"——联系,继而推及社群,最终扩展至国家天下。儒家所理解的自我并不是独立的,而是与他人相互依存的。这个对"人我联结"的强调,在《论语·雍也》中表达得很清楚:"夫仁者,己欲立而立人,己欲达而达人。"杜维明对这个看法提出了很有启发性的说明,他指出:儒家强调的是"经由参与不断扩充之人际关联并与其交流,自身教化得以完成"①。对这个看法,吾人可能会问:他人以及自身与他人的关系,在儒家理想自我与自我转化中扮演着何种角色?再者,自我与他人在这个自我转化的说法中,是否存有紧张的关系?比如说,这个说法所强调的"人我关联",是否能与"自我是具反思性、自主性(autonomous)②的"这个当代广为接受的看法相容?

关于这些问题,学者在厘清孔子与孟子的看法上多有贡献③,专门讨论荀子见

---

* 本文之英文版已于《东吴哲学学报》第 36 期第 59—102 页发表,现附于中文版之后以作参照。本中文版已于《中国哲学与文化》第 15 辑第 31—62 页发表(中文版内容略有更改)。

① Tu Wei-ming, *Confucian Thought: Selfhood as Creative Transformation*, New York: SUNY Press, 1985, p. 128.

② 这里讨论的"自主"(autonomy)不限于康德式的"自律",以下的讨论将会厘清这个概念牵涉的不同意涵。

③ 重要的论文与专书包括 Chung-Ying Cheng(成中英)2004, Roger T. Ames 2010, Kim-chong Chong(庄锦章)2003 and Wei-ming Tu(杜维明)1985. Kwong-loi Shun(信广来),"Conception of the Person in Early Confucian Thought", in *Confucian Ethics, A Comparative Study of Self, Autonomy and Community*, edited by Kwong-loi Shun and David B. Wong, Cambridge: Cambridge University Press, 2004, pp. 183 – 202; Joel J. Kupperman, "Tradition and Community in the Formation of Character and Self", in *Confucian Ethics*, pp. 103 – 123; Chung-ying Cheng(成中英), "A Theory of Confucian Selfhood: Self-Cultivation and Free Will in Confucian Philosophy",(转下页)

解的文章则较少。虽然在大方向上荀子与孔孟对理想自我看法有相似之处,但荀子思想也有其独特之处:荀子不同意孟子"性善"的说法,而强调理想的自我——圣——是来自于"伪",即是对有可能导向"恶"的本始材质,人为地进行创造性与累积性的加工①。这个加工的关键,在于有意识地、努力地学习并实践儒家的礼,这样,人才可能逐渐转化成理想的自我。在这个转化过程中,一个人的心、性以及他人,均扮演十分重要的角色。荀子思想的特色,引发笔者有兴趣进一步探究自我与他人在《荀子》道德转化观之中扮演的角色,这也是本文关注的重点。

邓小虎近年提供了一个有说服力的论点,指出儒礼具现了一套包含规范个人行为与人际关系的规范性框架,而这套框架根植于文化与群众对人性的诠释。学习与实践礼,使吾人采纳甚至内化这套框架,进而理解到对自身整体来说的善(overall good)是什么,并得以整全自我②。邓小虎进一步立论:学习并实践礼,使人能完全"控制"自身与自己的人生,这便是现代理想"自主"(autonomy)③的展现。

笔者认同邓氏的基本立场,但对他强调"道德转化作为成就现代自主理想的一种方式",则有所斟酌。本文采取较为不同的立场:虽然儒家理想中个人具有"反思决断能力"而因此在某个意义上人是"自主"的,但《荀子》中的自我转化其实与强调"自我控制"和"独立"的"现代自主理想"(以及与强调"自我控制"的"实质自我控制"式自主)有着重要的差别;而且这份"自主"的根源——"反思决断力"——与儒家所强调的"人我联结",两者之间也有张力。这份张力存在于儒家对"自我"理解中的两个面向,笔者称之为"社会面向"以及"反思行动者面向"。笔者进一步论证:这份

(接上页)in *Confucian Ethics*, pp. 124 - 147; Roger T. Ames, "Achieving Personal Identity in Confucian Role Ethics: Tang Junyi on Human Nature as Conduct", *Oriens Extremus* 49 (2010): 143 - 166; Kim-chong Chong (庄锦章), "Autonomy in the *Analects*", in *The Moral Circle and the Self: Chinese and Western Approaches*, edited by Kim-chong Chong, Sor-hoon Tan and C. L. Ten, Chicago: Open Court, 2003, pp. 269 - 282; Tu Wei-ming, *Confucian Thought*.

① 越来越多当代学者同意荀子并不主张"性本恶"这个较强的看法,而是顺性则乱起恶生。可参考 Kim-chong Chong, *Early Confucian Ethics: Concepts and Arguments*, Chicago: Open Court, 2007; Donald Munro, "A Villain in the *Xunzi*", in *Chinese Language, Thought and Culture: Nivison and His Critics*, edited by Philip J. Ivanhoe, Chicago: Open Court, 1996, pp. 193 - 201; David Wong, "Xunzi on Moral Motivation", in *Virtue, Nature and Moral Agency in the Xunzi*, edited by T. C. Kline III and Philip J. Ivanhoe, Indianapolis: Hackett, 2000, pp. 135 - 154。

② Tang Siufu(邓小虎), "Self and Community in the *Xunzi*", *Frontiers of Philosophy in China* 7. 3 (2012): 455 - 470.

③ 邓的原文是 autonomy,本文翻成"自主"而非另一常见的翻译"自律",以免读者将"自主"的意义限缩为康德伦理学中的"自律"概念。

张力并不会让这两个面向互不相容,反而有利于成就理想自我。事实上,就是这份张力让一个人能持续完善自我,整合两个面向而"成己""成人"。

以下首先介绍儒家自我的"社会面向"和"反思行动者面向",以及两者之间可能存在的紧张关系;接着介绍邓小虎对礼与社群在自我转化中角色的论述,并承续其基本立场,发展笔者对《荀子》中理想自我与自我转化的诠释。笔者意图借由探讨这个诠释所牵涉的"自主"问题,研究在这个诠释中自我两个面向之间可能的紧张关系。首先厘清《荀子》中理想自我在何种意义下可称为"自主",以及此种自主(笔者称之为"实质性自我导正")、另一种笔者称为"实质性自我控制"式自主与"现代自主理想"三者间的差异;并进一步论证:"实质性自我控制"以及"现代自主理想"这类强调(强意义下的)"自我控制"或"独立"的自主,并非《荀子》中自我转化的重要目标,理想自我也不是这类"自主"理想的终极展现。诚然,荀子强调"心"的反省与主宰能力,但他对道德转化主要的关心并非在于达成完全的"自我控制",而是在于对自我加工,创造出一个美好的、与他人实质上紧密相连的自我。笔者最后指出,相对于强调"自我控制"的"自主"理想,在这个转化过程中,个人其实会在三个意义下失去自我。实际上,荀子的自我转化是透过失去自我和与他人联结而达成的。

一、儒家自我的两个面向与其间的紧张关系

许多学者已指出儒家将人视为社会性的存在,而儒家"自我"的概念牵涉到他人以及个人的社会角色。一些学者甚至认为,儒家对"自我"这个概念的理解总是牵涉到关系,没有可以孤立出来的"自我"[①]。

[①] Henry Rosemont 持此说法,见 Rosemont, "Why Take Rights Seriously? A Confucian Critique", *Human Rights and the World's Religions*, Boston University Studies in Philosophy and Religion 9 (1994): 177。Herbert Fingarette 在 "The Problem of the Self in the *Analects*" (*Philosophy East and West* 29[1979]: 129–140)一文中主张,根据儒家说法,人们不应强加个人意志,而应屈从于"道"——而在这个意义上人们"没有自我"。在他 1991 年对 Roger T. Ames 的回应中,他采取了一个相近的立场,主张西方自我概念牵涉"个人主义式、自利主义式以及特殊主义式的行动基础",并不适用于儒家(Herbert Fingarette, "Comment and Response", in *Rules, Rituals and Responsibilities*, edited by Mary I. Bockover [La Salle, IL: Open Court, 1991], pp. 169–220)。值得特别注明的是,本文讨论的"自我"概念并不预设此西方概念,而是前理论的、接近中文用法的日常概念。如"吾""自"(转下页)

对荀子而言,社会关系与社会规范对自我与自我转化亦极为重要。人类不仅对家人与朋友有自然情感,对食物、安适、荣誉、安定、利益等有自然欲望,人类也有特殊的潜能做社会关系上的区分,并遵守社会规范。[1] 由于人必然与他人活在一个资源有限的世界上,荀子特别强调这个区分能力的重要性;若不适当发展与应用这份能力,人类就会面临混乱与灾祸[2]。人们应参与社会关系、遵循社会规范、学习并实践礼,并依礼满足自己的欲望。最终人们应在社会脉络下依礼培养相关能力与品德[3],转化成美好的、理想的存在。

值得注意的是,儒家认为,遵循社会规范不应是盲目的。许多学者注意到儒家常强调"心"的反思能力,以及依据所思做决定、发动行为的能力。[4] 儒家一般认为,人心不但能做出评价,反思自身的选择与整体人生,也能根据这些评价与反思主导自身选择,不被外在因素所决定。[5] 荀子对心的看法似乎比这更强一些:在《荀子》中"心"作为智慧的主宰、形之君、神明之主,只发命令而不受命令[6];并且,"心"必然会对行动做评价与选择、发出许可,而其评价并不由欲望或其他外在影响所决定[7]。

(接上页)"己""吾身"(或"其身")等概念已经在先秦儒家文献如《论语》《荀子》中都可以看到,本文谈到的"自我"概念并不超出这些基本用法。

[1] 见《王制》K 9.19。(为节省篇幅,本论文引《荀子》中较长段落时,采 Knoblock, John 与张觉《大中华文库汉英对照——荀子》中的章节编号。《大中华文库汉英对照——荀子》,Knoblock, John 与张觉译,湖南人民出版社,2003年)。

[2] 例子可见《王制》K 9.20 与《富国》10.5。

[3] 荀子也提及其他学习的方式,比如跟随老师学习经典。然而,他特别强调跟随老师学习与实践礼对化性的重要性(如《修身》:"凡治气养心之术,莫径由礼,莫要得师,莫神一好。"),因此这也是本文的重点。

[4] 如 Shun, "Conception of the Person in Early Confucian Thought"; Cheng, "A Theory of Confucian Selfhood"。

[5] 同前注。亦见 Chong, "Autonomy in the *Analects*"; Joseph Chan, "Moral Autonomy, Civil Liberties and Confucianism", *Philosophy East And West* 52.3(2002):281 - 310。

[6] 《解蔽》:"心者,形之君也,而神明之主也,出令而无所受令。自禁也,自使也,自夺也,自取也,自行也,自止也。"依梁启超解释,"神明"指的是人之智慧。(见《荀子今注今译》,北京:商务印书馆,2010年)可见"心"是智慧的主宰。若智慧包括情,或统御情,则可看出心主宰情的关系。

[7] 邓小虎也采取这个看法(Tang, "Self and Community in the *Xunzi*", p.461),其他学者则有不同意见。比如 Eric Hutton 与 Bryan Van Norden 两位学者都主张"欲"本身足以造成行为,不需心的认可,心的评价也非必要。但是 Hutton 同时也承认,一般来说心在行动前会先评价、做出认可(虽不是总如此)(详见 Eric L. Hutton, "Xunzi on Moral Psychology", in *Dao Companion to the Philosophy of Xunzi*, edited by Eric L. Hutton [Dordrecht: Springer, 2016], pp. 201 - 227; Bryan van Norden, "Mengzi and Xunzi: Two Views of Human Agency", in *Virtue, Nature and Moral Agency in the Xunzi*, pp. 103 - 134)。由于邓小虎与笔者都接受心的判断在行动中扮演必要的角色,故本文不深入讨论这个问题。

诚然，荀子表明治乱的重点是在使人心之所可中理："心之所可中理，则欲虽多，奚伤于治？欲不及而动过之，心使之也。心之所可失理，则欲虽寡，奚止于乱？故治乱在于心之所可，亡于情之所欲。"(《正名》)

这反思决断能力不只让人能不陷在关系或既存的倾向中而能退一步思考行动的选择与适当性，也使人不受限于自身的社会地位，给人空间思索既存社会规范（如具体礼文）。《论语》中孔子便指出其时代中某些礼不合时宜，而这类勇于反思、不随众的例子也可见于《孟子》与《荀子》。这类反思并非无所根据地质疑社会规范，也并非从自利观点出发，而是被理想的社会关系、社会知识所引导。信广来做了一个很好的注解：这些反思是"根基于一种仅在不断演变的社会秩序中才得以实现的合理性"①。

根据以上讨论，吾人可区分儒家自我的两个重要面向：一个是社会性的、与他人相依的面向，一个是笔者称为"行动者"的面向。然而，这两个面向之间似乎存有紧张的关系。一方面，社会性自我是由个人所扮演的社会角色来理解的。个人应遵循社会规范，并随之转化。在这层理解下，一个人的自我似乎无法在脱离社会关系脉络、不在社会规范定义下被理解。另一方面，"反思行动者"这个面向的自我是有反思能力、能不限于实际社会关系与情境去做超越性思考的。在这层理解下，很明显存在一个不必然受任何他人或是任何既存社会规范界定或约束的超越性自我。因此，似乎这两个面向之间存在着一种紧张的关系，一个整合成融贯自我的困难：自我似乎很难同时是必然与他人联结、必须在关系中理解，又是在反思下超越任何社会规范与关系的。

对以上说法的一种可能反驳是，这表面上的紧张关系是源自对"既存社会规范"与"其背后的根本理由"之间的混淆，一旦对两者做了区分，紧张关系就会消解。某些人可能会同意前面所提到信广来的说法，而认为人们得以检视（并有时偏离）既存社会规范是根据社会秩序背后的"根本合理性"，而宣称：真正构成并限制自我的不是既存的社会规范以及事实上的人际关系，而是社会秩序背后不变且独立于他人与既存规范的"根本合理性"。这个反驳值得深思。对于这个反驳，吾人可能提问：此"根本合理性"的本质与来源为何？它又是如何构成自我？另外，这个看法还可能面对一个隐忧：在这个看法中，自我与他人的关系似乎相当单薄。他人（与

---

① Shun, "Conception of the Person in Early Confucian Thought", p. 191.

他我关系)对个人的重要性可能只是从这"根本合理性"衍生而来。果真如此,儒家的理想自我可能面对道德疏离的问题①。这真的是儒家(尤其是本文关心的荀子)对他我关系的看法吗?(笔者将于本文末阐释"仁"这个概念后回应这个问题。)

邓小虎提供了一个对《荀子》中自我与社群具启发性的说法②。本文检视这个说法,并进一步发展一套对《荀子》中理想自我的诠释,同时处理自我这两个面向之间的紧张关系问题。这个讨论,当有助吾人看出自我的两个面向如何能融贯地展现在荀子对道德转化以及理想自我的看法中。

邓小虎以及笔者的讨论都集中在儒礼的形成与功能上。因此,笔者先简介《荀子》中的礼。荀子认为,礼起源于人对生存与兴盛的追求。他指出人天生就有欲望并追求其满足,在这追求的过程中,若无规范,则内在欲望的冲突③与外在同他人之间的纷争便无可避免,而导致动乱。要解决这个问题,重点不是去除欲望或是减少欲望,而是要导正欲望(以及个人的判断与行动)④。导正后的欲望不会因为物质有限而无法满足,而物质也不会被导正后的欲望消耗殆尽,如《礼论》所言:"使欲必不穷于物,物必不屈于欲。两者相持而长,是礼之所起也。"可以看出,礼不只是在分配财物资源,更在养欲化性。的确,礼的设计就是要解决内在与外在的冲突与纷乱,并将人生导向较美好的境地。

二、邓小虎对《荀子》中自我与社群的说法

邓小虎于"Self and Community in the *Xunzi*"一文,重构《荀子》中对道德转化的说法,主要厘清礼和社群在道德转化中扮演的角色。人们经由道德转化而成为理想的行动者,以臻良好人生。据邓氏所言,在这个理想状态,人们的欲望获得满

---

① 这是当代对公正无差等的道德理论(如康德伦理学、结果主义等)相当有名的一个批评,称为"疏离问题"(the alienation problem)。Peter Railton 为这个问题提出清楚的说明,并论证这对结果主义不必然是一个挑战(Peter Railton, "Alienation, Consequentialism and the Demands of Morality", *Philosophy and Public Affairs* 13.2 [Spring 1984]: 134-171)。这个问题颇为复杂,在当代伦理学也有相当多的讨论。由于本文篇幅限制,笔者无法更详细解释这个问题或为儒家伦理学提出一套完整的回应,但在本文后段将根据对儒家核心美德"仁"的讨论而提出简要的回应。
② Tang, "Self and Community in the *Xunzi*".
③ 如见《礼论》K 19.3。
④ 如见《正名》K 22.11, 22.12。

足,又享受到社群中的人际关系,最重要的是得以整合自己而成为"自主"的行动者——成为能控制并主导自己人生与行动,而不仅是被自身一时冲动的欲望驱动的存在。邓小虎表明,道德转化的终极目标之一可视为成就"现代自主理想"①。

这份良好人生与"自主"的成就,来自在社群中实践儒礼。邓小虎指出,儒礼具现了一套包含规范个人行为与人际关系的规范性框架,实践儒礼有助于养欲,并使得人们能在社群中和谐地生活。并且,社群本身也扮演了重要的角色。邓氏说明:"社群"对荀子而言不是随便一群人的组合,而是"由礼架构起的一群人"②。可以得知,社群在这个理解下是儒家规范性框架的具体成果。邓氏强调:"最好的养欲只有在人们受社群教化下才有可能。"③

除了规范关系与养欲外,邓小虎尤其强调礼和社群在人们自我实现为"整全"与"自主"行动者方面所扮演的关键角色。他指出:"是经由这样的规范性框架,一个人才能组织自己成为一个整全的自我,才能评价并控制他自己一时冲动的欲望。"④理由是经由采纳并内化此规范性框架,吾人理解到对自身整体来说善是什么,而能评价欲望,区别重要与不重要的欲望。由此,吾人对自身与自己的人生有了真切的了解,而不再被一时冲动或不重要的欲望"控制"或"奴役"⑤。

笔者认为邓氏的重构相当具启发性。在此重构中,可看到"他人"(以及他我关系)在个人转化中扮演的两个关键角色。首先,自我转化中必要的一步——儒家规范性框架的采纳与内化——很明显牵涉他人。这框架的采纳是来自践礼,而礼最大的作用便在于维持与他人的规范性关系。并且,此规范性框架的习得必须在社群脉络内进行,而社群(如之前已提)是由礼所架构起的,包括自我与他人的群体。在此条件下进行的道德转化,必然引领个人将自己认同为关系中的、社群中的一分子。

再者,根据邓氏所言,这套框架根植于"文化与群众对人性的诠释"⑥。由于自

---

① 邓氏认为,成就自主是道德转化的一个终极目标(Tang,"Self and Community in the *Xunzi*," p. 455);在更近期的著作中也表明类似的主张(邓小虎,《荀子的为己之学:从性恶到养心以诚》,北京:北京大学出版社,2015年)。另外,他也认为(至少对于今天的人们来说)儒家礼的价值确实就在于它在成就"现代自主理想"中所扮演的必要且关键的角色(Tang,"Self and Community in the *Xunzi*," p. 468)。
② Tang, "Self and Community in the *Xunzi*", p. 459.
③ 同前注,第467页。
④ 同前注,第456页。
⑤ 转化前一个人被自己的欲望所"控制"和奴役这个主张值得斟酌,本文稍后检视邓氏所主张的"自主"时会讨论。
⑥ Tang, "Self and Community in the *Xunzi*", p. 455.

我转化需采纳并内化此框架,不仅仅是个人与他人的规范性关系会构成转化后的自我,他人对人性与人生的诠释也会是构成转化后自我的一部分。诚然,邓先生强调:"社群与其背后的传统对人类自我具有本质性与建构性的重要性。"①

本文后段会指出,这些"他人"在自我转化中扮演的角色,为自我的两个面向所带来的张力。笔者先进一步厘清这套框架是在何种意义下"根植于"文化与群众对人性的诠释:这里不应解释为群众对人性的诠释"决定了"这套框架,因为这样的解释忽略了荀子赋予圣贤在制礼上的创造性工作。荀子明确主张,为了解决冲突与纷乱,圣贤创制了礼。② 吾人有理由认为这个过程历时长久,经过许多试误阶段,礼才渐趋稳定而形成长期运作的准则。这期间的试误过程,亦需在一个具体的文化脉络下与众人智慧中进行。因此可以推断,儒礼是在较弱、非决定性的意义下奠基于一个文化与群众对人性的诠释。此外值得一提的是,并非"任何"文化与群众对人性的诠释皆是适当的:在礼的创制与选择的过程中,某种智慧(如圣贤之智)以及实践上的成功亦为必要,如此跟随者才可能对礼原则上的正确性与可行性有基本的信心,而这也阻挡了部分关于相对主义的可能质疑。

笔者相当认同邓小虎对《荀子》中道德转化的基本重构:经由实践儒礼,个人采纳并内化其背后的规范性框架;经由这个过程,个人得以转化其自然欲望,做出更好的判断,感受与行动也都更加合宜,并活出与他人共享的和谐人生。笔者也认为邓氏对儒家规范性框架具个人整合功能的说法对理解《荀子》相当有帮助。诚如其言,这透过礼整合自身人性与社群和谐生活,是荀子对礼的说法的一个重点,也使礼更富有吸引力。③ 然而,邓先生在重构中强调"自主"或是"现代自主理想"——一种对自我的完全控制——作为道德转化的目标,是笔者认为值得斟酌的,以下详论。

三、对"自主"的强调:一些厘清

邓小虎主张,道德转化的一个终极目标在成就"现代自主理想",使人们成为

---

① Tang, "Self and Community in the *Xunzi*", p. 466.
② 如见《王制》K 9.3, 9.18,《礼论》19.1,与《乐论》20.1。
③ 荀子在《礼论》中对这个看法也多有提及。

"自主的行动者"。针对这个主张,吾人可问三个问题:(一)"现代自主理想"的意义为何?(二)荀子式道德转化是否能算是"现代自主理想"的一个成就?(三)成就"现代自主理想"又是否真是荀子道德转化的终极目标?以下探讨这三个问题。

(一) 现代自主理想

"自主"(autonomy)最一般的意义为"独立""拥有或创造规范自身的律法""自治""依循自身意愿的自由""个人自由"等。① 而与自主高度相关的概念则包括"对自身完全掌握""自由""个人主义""与他人区别""权利"以及"理性"②。"自主"一词可使用于不同脉络,笔者的焦点则放在与本文最相关的"个人自主"这个概念上③。庄锦章为"个人自主"提供了一个基本的解释:"个人有能力与自由去实现对自身认同重要的计划。"④笔者以这个解释为起点进行探讨。以下先做一些初步的厘清工作⑤。

第一,这里讨论的自主理想关涉庄锦章所称之"积极自主"——是关于对自身

---

① 这些解释都可以在《牛津英语词典》中找到。
② 这些相关概念可见于 John Christman, "Autonomy in Moral and Political Philosophy", in *Stanford Encyclopedia of Philosophy* (https://plato.stanford.edu/entries/autonomy-moral/), 2015; Rosemont, "Why Take Rights Seriously? A Confucian Critique"; Chan, "Moral Autonomy, Civil Liberties and Confucianism"。
③ 邓小虎关心的也是个人自主(如见"Self and Community in the *Xunzi*"第 466 页的讨论)。由于对儒家来说,理想的转化就是道德转化,而成为有德之人(或"成人")被视为个人自我认同的关键,因此在这个讨论中谈到的"个人自主"和道德自主(对个人道德生活具主导性)不但不应互为敌对,而且其外延应该是一致的;也就是,一个"个人自主"的人也会是"道德自主"的,反之亦然。
④ Chong, "Autonomy in the *Analects*", p. 269.
⑤ 这里的讨论可先排除两种"自主"形态的可能。陈祖为做了四种道德自主元素的区分:对道德的自愿支持、对道德人生的反思参与、道德来自自己立法的自律,以及道德作为个人意志的极端自由展现。其论证是,前两种元素可在儒家伦理中找到,而后两种不但找不到,也与儒家思想不相容。第三种元素,即道德自我立法,指的是康德伦理学中道德律来自我立法这个说法:康德认为道德律源自一个人的普遍理性(非一个人的天性、情感或文化),也因此是有效的。第四种元素,即极端自我展现,指的是"道德与道德的选择是由个人自我做成——这个自我是存在意义上的,而非理性意义上的自我,后者并不真的代表个人"。这种"自主"的意义在于个人为自我立道德律,但根据的不是普遍理性,而是个人"根据自身欲望、期许以及个人状况所做出的反思"。陈氏指出,儒家伦理并不接受这两个元素,因为对儒家而言,伦理并非由普遍理性或是自由选择立法,道德是"根植于人性或是天,而这两者其实同为一体"。(详见 Chan, "Moral Autonomy, Civil Liberties and Confucianism")笔者基本上同意陈氏排除第三、第四自主,不过想进一步指出,根据本文重构的荀子理论,规范性框架根植于一套文化与群体对人性的诠释。这套框架来自他人(以及自己)的功夫与努力。这提供了另一个排除这两种"自主"形式的理由:两者都强调由"自我""立法",但这与荀子理论不合。

行动与人生的控制"来源"的讨论,而非关涉"消极自主"(不受外在束缚的行动自由)①。

第二,这里讨论的"自主"是一种成就(而非基本能力)。它牵涉到转化过程中长期训练下所成就的高超技能(expertise)。换句话说,笔者的讨论聚焦在"一个人具有某些高超技能,能主导自己依对自我认同深切相关的计划或价值而行动",这样的人具有"个人自主"。

第三,"自主"这个西方概念本身包含不同的意义;或者说,不同的西方"自主"理论,对这个词的说法与着重点都不同。然而,"自主"这个概念还是牵涉到一些核心特征或是相关现象。庄锦章和信广来的两篇相关论文,其重要工作便是在指出儒家伦理学重要特色中与西方"自主"概念的关键面向相关联之处②。庄锦章聚焦在儒家对"志"的发展、成就一个整全自我以及自我主导所需下的功夫等的说法,与"自主"概念的关联。信广来则讨论儒家所强调的人类做社会区分、反思及评价个人行动与人生等能力;并指出个人的社会背景与作为社群一分子的这个身份会影响其思考与评价,而这反思与判断的能力独立于外在控制,可视为"自主"的一种展现③。在本文中笔者跟随庄、信二氏的做法,讨论荀子理论中与"自主"概念相关联的部分,但也将同时指出荀子理论与"自主"概念中不完全相融贯的部分。

"自主"概念的核心特征为何?庄锦章着重于一个人主导自身,依对自我认同深切相关的计划或价值而行动的能力;信广来则强调不被外在因素决定的反思判断。可看出这两位学者注意到"自主"概念牵涉到一个人依自己判断而行的"胜任能力"(competency),以及此判断与计划应可归属于自身的"本真性"(authenticity)④。John Christman 进一步为这两个自主概念核心条件提出简要说

---

① Chong, "Autonomy in the *Analects*", p. 277. 庄氏这个区分是比照 Isaiah Berlin 对积极自由与消极自由的区分。庄氏的论文集中讨论积极自主,意图探讨吾人"想主导自己人生的内在深层欲望"。
② Chong, "Autonomy in the *Analects*"; Shun, "Conception of the Person in Early Confucian Thought".
③ Shun, "Conception of the Person in Early Confucian Thought", p. 193.
④ 庄、信两位对"自主"的说法,与 John Christman 在 *Stanford Encyclopedia of Philosophy* 中"Autonomy in Moral and Political Philosophy"一文对"个人自主"这个概念的看法不谋而合。Christman 也认为"胜任能力"与"本真性"这两个能力在这个概念中扮演核心的地位:"最简单来说,自主就是自己做主,能够由可被视为本真自我(one's authentic self)的一部分的(而非由外加诸的)考量、欲望、情况与特质所主导。"(第 2—3 页)文中 Christman 也介绍了"理想自主"概念,内容与本文提到的"成就"概念类同:"一种可以立志作为目标的、一个人最大程度展现本真性而免于操控或使自我扭曲的影响的成就。"(第 4 页)

明:"胜任能力条件包括了有理性思考、自我控制所牵涉的各式能力,以及能够免于使人衰弱的病理原因、系统性自欺等不当影响。""本真性条件则常包含反思自身欲望、价值等,并为其背书(或认同)的能力。"①

可以看出,自主概念强调的是个人自身的反思与独立于外在影响因素的重要性。并且,如同 Christman 所指出,"在判断一个人是否自主时,并不规定相关欲望或价值等的内容应该为何"。也就是说,自主概念的重点在于一个人的行动(或是计划、人生等)与自我认同之间的关系,它是价值中立的。另外,与接下来讨论相关而值得一提的是,如果我们仔细检视自主概念的这两个核心条件所牵涉的能力,会发现它们都是个人的内在资源,而且主要是与理性相关的能力。

以这些厘清为前提,下文接着探讨邓小虎重构理论中理想行动者在何种意义下是"自主"的行动者。笔者将论证:邓先生所主张的"自主"与以上笔者分析的当代自主理想两者间有重要的不同点。

(二) 邓小虎主张的"自主"

邓氏所指的"自主"是否只是指"心"的基本反思抉择能力? 如前所提,荀子认为一个人的行动必然先经过他的"心"评价与认可,而心的评价并不被"欲"或其他因素决定。值得注意的是,这"反思行动者"面向的自我并不是道德转化的成就,而是在转化前即已存在。在转化前,由于缺乏适当的规范性框架,心的判断会有"不中理"的情况,而欲望可能会对个人的决定与行动有很大的影响力②。但是,即使在这个情况下,仍是"心"做出评价与选择,而并非被"欲"控制或驱迫,个人的行动也不应被理解为被自身的欲望控制或决定——这是因为"做出评价""发出认可"本身就包含采取一个反思立场、与欲望或外在因素保持形式上的距离而不必然被其决定等意涵。若"自主"指的就是这种根据反思而支持自身选择与行为的能力,荀子应该会认为,至少所有反思能力正常的成年人都是自主的。

邓小虎对自主的看法,很明显比心的基本反思决断能力强。自主是一种成就,而根据邓氏所言,一个自主的行动者,其"人生是由一个整全的自我来指挥与主导的",而这个行动者"根据自己的计划积极地主导自己的人生"③。这里的自主概念

---

① Christman,"Autonomy in Moral and Political Philosophy",p. 6.
② 如见《荣辱》K 4. 12。
③ Tang,"Self and Community in the *Xunzi*",p. 460.

符合笔者之前所提:"一个人具有某些高超技能,能主导自己去从事对其自我认同深切相关的计划。"

邓氏又做了进一步要求:"自我的整全(integrity)与人生的自主只有在自我与人生都被一个规范性框架所架构的情况下才有可能。"① 这个要求使他主张的"自主"在意义上比"具基本反思性"或"根据自身的计划行动与生活"更强:人们必须采纳并内化一套规范性框架来整合自我,而其计划与目标也应符合这个规范性框架。

值得注意的是,虽然这个意义下的"自主"比"具反思性"或"根据自身的计划行动与生活"更强,但目前为止这还仅是一种形式上的要求,并没有对规范性框架的内容做特定约束。很明显,满足了"具反思性"和"依规范性框架整合自身计划、行动与生活"这些形式条件,并不保证一个人就会依据儒家观点进行"正确的"思考与行动。因此,吾人很自然会问:一个满足这些形式条件,但是依循一个不同于儒家思想的规范性框架(比如采取了道家框架或是自利框架)的人,是否也算邓小虎主张中的"自主"的人? 换句话说,人们是否有可能采纳不同规范而达成邓氏所谓的"自主",而儒家只是提供其中一种规范?②

邓小虎未在文章中直接处理这个问题,但有理由认为他会持否定态度③。对他来说,接受儒家规范性框架(或非常类似的框架)对于达成"自主"而谓必要的,原因是"自主"要求人对自己有"扎实的掌控",而这只有在我们真的知道自己是谁、自己真的想要什么的情况下才能达成④。他认为,儒礼提供了对人性最好的诠释,因此只有经由实践儒礼,吾人方得到这类知识与掌控。他指出,儒家规范性框架并非发现于外在世界,也并非由人性直接导出,而是"由吾人的行动与人性互动中建构而成,其作用在于掌握最佳展现人性的行为模式"⑤。从这些说法可以推论,邓小虎不会认为儒家规范性框架只是一种对人性可能的诠释,而会认为它是将人性紧密地纳入考量而为人类整体的善提供最佳说法的诠释。儒家规范性框架,是以人性作为框架发展起点与约束来源,采纳它所达成的"自主"不只是一个形式上的整合,而是由人性与其潜力作为内容,以和谐、满足的社群生活为方向的实质整合。

---

① Tang, "Self and Community in the *Xunzi*", p. 466.
② 感谢王荣麟教授提出这个问题,促使笔者做此讨论。
③ 值得一提的是,邓氏在论文中并未打算完整论证对儒家规范性框架的采纳是成就自主的必要条件,但他确实主张儒家规范性框架提供一个相当合理的说法。
④ Tang, "Self and Community in the *Xunzi*", p. 468.
⑤ 同前注,第 465 页;亦参考第 466 页。

从此可看出，邓氏所考虑的"自主"是一种有力而实质性的（而非形式性的）自身控制，因此比之前介绍的"现代自主理想"在意义上丰富许多。这种"自主"除了要求一个人要形成整全的自我，更要求对自我有"真确知识"以便对自身能有扎实的掌控，而且其中经历不断反思的规范性框架，所根据的是一个特定的、文化上与群体间对人性、自我、人际关系的诠释。这个诠释具有实质的价值内容：要求人们将自身"作为人""作为关系与社群的一部分"这些身份视为核心身份，并以养欲、共善以及和而不同的社群生活为目标。

从某些特定观点来看，儒家这套诠释的确可被视为至今对人性的最佳诠释。然而，一个值得思考的问题是，是否所有合理的、考虑到人类处境的规范性框架，都应接受儒家诠释中对人性、自我与人际关系的预设？简要来说，我们可以观察到以下几点预设，而每一点都颇具争议性：

1. 人们应将自身"作为人"视为其核心身份，而所谓"人"包含了儒家对人性的特定看法[①]。
2. "自我"应作为社群中的一分子，在关系中被理解。
3. 人们应以共善为目标，而共善构成了个人的善[②]。
4. 善并非来自于人性，而是来自于圣贤根据文化与众人对人性的诠释所做出的创造性活动（如制礼）。即使人们有成善成圣的潜能与条件，但努力并不保证必然成就，道德转化需依赖圣贤的智慧。（此点尤其是荀子思想的特色。）
5. 善德如仁、义等应在合于礼的意义下来理解。也就是说，这些价值与规范被理解为深植于文化与体制之中，在概念上与文化和群体对人性的诠释相联结[③]。（此点尤其是荀子思想的特色。）

邓小虎所主张的这种"自主"值得考虑。这个主张中有两个明显的特色："实质价值预设"与"自我控制"。笔者用了一些篇幅讨论前者，现在简短厘清后者。邓氏如何

[①] 邓小虎在《荀子的为己之学》所提出的诠释比这个预设似乎更强一些：在为成就自主所做的人性诠释中，人性不仅应被列入考量，甚至不应被部分忽略或否定（见邓小虎：《荀子的为己之学》，第十章）。
[②] 这点许多学者都有论述，比如 Shun, "Conception of the Person in Early Confucian Thought", p. 195。
[③] 这个看法在《荀子》中出现多次，比如《大略》K 27. 22。

理解"自我控制"？前面已经讨论过的反思决断能力、对自身行动与计划的主导能力、根据规范性框架形成整全的自我，以及对自我有所谓"真确知识"（儒家诠释）以便对自身能有扎实的掌控等，都明显包含在内。但吾人应如何理解"对自我的主导"与"扎实的掌控"的内涵？由于邓氏未有进一步说明，笔者认为这部分便留下了诠释的空间。

第一个可能的诠释是，邓小虎所主张的"荀子式自主"中的"控制"概念，援引了"现代自主理想"中所使用"强意义下的自我控制"概念：强调控制来自"本真的自我"而非他人，并多半以个人的"内在理性资源"达成。笔者称这类"自主"为"实质自我控制式"自主，以反映出这个主张中强调"自我控制"与"实质价值预设"两个特色。如之前的讨论中显示，邓氏不但认为满足"荀子式自主"的理想行动者会满足现代自主理想的基本形式要求——具有某些高超技能，能主导自己去从事对其自我认同深切相关的计划——而因此也许能成为现代自主理想的一个例子。（以下笔者会提出这方面的疑虑。）也许他甚至有更高的期望：认为满足"实质自我控制"的行动者就算不成为现代自主理想的唯一典型，也会成为一个模范①。由于邓氏将"荀子式自主"与"现代自主理想"如此紧密联结，行文中讨论到自我控制时也常使用"现代自主理想"的相关概念，笔者认为这个诠释有其可能。

第二个可能的诠释则是，虽然邓氏将"荀子式自主"与"现代自主理想"紧密联结，但他使用"控制"概念时其实并未援引"现代自主理想"中所使用那么强的"自我控制"概念，只是指某种较弱意义下的"自我主导"。笔者并不排除此一可能性②。在这个情形下，邓氏的看法与笔者之后将说明的荀子式道德转化中所牵涉的自我丧失，也有可能相容；而吾人可将"实质自我控制式"的自主，视为一个可从邓小虎

---

① 这是一个设想性的问题，但邓小虎可能的确有比较高的期望，认为接纳儒家规范性框架是成就自主的唯一典型，或至少是模范。毕竟，假若他所持的是较弱的看法，认为儒家的理想行动者只是自主的"一个例子"，行动者可以采纳许多其他规范性框架而成就自主，此时"儒礼"对于成就自主的重要性就大幅减低，而他以下的主张就较难理解："假若有一现代人问荀子，为何他要依随儒礼。荀子大抵会这样回答：儒礼构成了一个规范性框架，借着这个框架，吾人得以成就一整全之自我，并成为一自主的行动者。荀子大抵也会指出，作为一个当代的理想，'自主'只有在吾人牢牢掌控自我之后方能实现。只有吾人在明白我之为何、我所欲为何之后，方可自主地行动。"（Tang, "Self and Community in the Xunzi", p. 468; 笔者中译。）

② 但是应注意：这第二个诠释会让邓小虎所诠释的"荀子式自主"与"现代自主理想"的差别，变得比第一个诠释更大。如笔者接下来所述，"现代自主理想"与"实质价值预设"已经难以相容，如果在"自我控制"上，"荀子式自主"与"现代自主理想"也使用不同概念，那两者很难说有重要的关联性，前者很难成为后者的范例。

既有说法而开展出来的立场①。

以下笔者对以上第一个诠释(视"实质自我控制"的自主为"现代自主理想"的范例)提出两点疑虑。这两点疑虑主要都是关于其"实质价值预设"的主张。(关于这类自主中强意义的"自我控制"这个主张,笔者将在之后提出质疑,指出荀子式道德转化与这类"自我控制"并不相容。)

第一,儒家规范性框架是否能作为对人的"真知",本身即有争议。如前所论(这也是邓小虎的立场),儒家规范性框架并不由人性决定,也不由某种宇宙规律或是人作为理性存有而决定,而是根植于一套对人性具创造性、累积性的诠释。根据荀子的立场,世界的状态并不事先决定道德,这由他强调"天人之分"与"礼成于伪"便可看出②。在这个立场中,儒家的框架只是根植于一个文化中众人对人性的诠释(虽然它可能根据某些预设、从某个观点来说是最佳诠释),这个诠释做了一些具争议性的预设而不见得会被广泛认为是最佳诠释;另外,吾人亦无法确知这个诠释是否"真确"的知识;而且,原则上这个框架(至少在礼的设计上乃如此,而仁义又在概念上与礼相联结)很可能会因为人的处境与文化的改变而有所调整③。

第二,这种强调"实质自我控制"的自主,与西方现代自主理想的基本概念,事实上难以协调。西方"自主"的基本概念,如前所提,是关于自我主导、独立,以及免于外在限制的自由。这个基本概念蕴含着一个想法,就是个人具有基本的能力(或充足资源)来反思个人处境并理性选择自己的目标,因此对个人目标内容基本上是采取价值中立的态度。基于这个原因,强调"实质自我控制"的自主与此基本概念有两个不协调之处:首先,"实质自我控制"的自主预设一个很特定的理论观点为真(儒家对人的诠释),而这个预设与"自主"的基本价值中立观点有冲突。举 Bernard

---

① 非常感谢匿名审查人敦促笔者厘清这一点。
② 在《荀子》中,"伪"这个概念常用来与"性"相对,而至少有两义:一指心的选择与行动(如《正名》:"心虑而能为之动谓之伪。"),一指经由累积的工夫所达成的能力与成就(如《正名》:"虑积焉,能习焉,而后成谓之伪。")。本文只谈第二义。圣与常人之性同,差别在于他们累积的工夫(伪),而荀子认为,儒礼便来自圣累积的工夫而非天生,因此礼并非来自性。冯耀明在《荀子人性论新诠——附〈荣辱〉篇23字衍之纠谬》中(《台湾政治大学哲学学报》,2005 年 7 月第 14 期,第 169—230 页)对"伪"这个概念提出非常清楚的分析。
③ 值得一提的是,邓小虎也认为我们并不知道人性最佳的表现为何,只能对它做出诠释。他并未要提供一个对儒礼作为最佳诠释的证明,仅想展示:对人来说什么是善?儒礼是一个相当可信的看法。(见 Tang, "Self and Community in the *Xunzi*", p. 468.)

Williams 所用的著名例子①来说,虽然一个为了完成自身对艺术的追求而抛弃家庭的画家也许会被认为是不道德的,但他的自主性一般来说却不会受质疑——毕竟他就是依循定义他自身认同的"根本计划"(ground project)而行!但是根据"实质自我控制"的看法,这个画家却不是自主的。针对这个例子,邓小虎可能的回应是,这个画家其实对自己没有"真知",因此他所依循的计划并不是根据他"真正的自我认同",也因此不具本真性(此计划并非真是"他的")。但这个回应彰显了这部分讨论的一个隐忧:计划的本真性(或行动的自主性)难道不是由行动者对自身的反思理解来决定,而是根据文化以及群体对人性的诠释来决定的?若是如此,在自我认同上对他人的依赖与现代自主理想中对独立的强调,两者会产生冲突。

再者,在这个立场中,人们自身并未拥有所有达成"自主"的必需资源或能力,而必须向外(文化、社群)学习儒家规范性框架。由此可见,这个道德转化理论在自主、个人独立性、个人自由等面向其实有其限制:儒家框架作为一个文化与群体对人性的诠释,虽不是完全不能修改的,却也无法为个人差异性量身定做。一个采纳这个规范性框架的人,在某种意义上要准备好放弃自己定义自我、表现自我的独创性②。

至此吾人应可看出,荀子理论中的理想行动者虽然在某些意义上是自主的,但这种强调"实质价值预设"的自主与西方意义下的自主还是不完全一致的,有不协调之处。因此,荀子式道德转化很难算是"现代自主理想"的一个成就。两者的比较,不仅展现出《荀子》与西方自由主义中对行动者看法的不同,同时也提供了一个机会,深入探索儒家自我观的两个面向之间的关系与张力。

在讨论这点之前,笔者先回答本节一开始提到的第三个问题:"自主"对于荀子来说是否是道德转化最重要的目标?笔者将论证不必然如此。从前面的讨论我们可以看出,"实质自我控制"这种自主十分强调"自主"作为对自身扎实的、全面性的控制,而即使对现代自主理想,"独立"与"自我控制"也是很核心的特征。但是对儒

---

① 见 Bernard Williams, *Moral Luck*, Cambridge: Cambridge University Press, 1981。
② Herr 对这一点做了深入的讨论,他强调由于仁必须透过礼来表达,而礼本质上是根据群体共识所建立的主体间规范,这并未为个体自发性留下足够空间(Ranjoo Seodu Herr, "Is Confucianism Compatible with Care Ethics? A Critique", *Philosophy East & West* 53.4[2003]: 471 - 489)。笔者在另一篇文章较深入地讨论这个议题,请见 Ellie Hua Wang, 2016.04, "Moral Reasoning: the Female Way and the Xunzian Way", *The Bloomsbury research handbook of Chinese philosophy and gender*, Bloomsbury academic, pp. 141 - 156。

家而言,转化的目标是使人成为一个美好的自我,过着仁与义的道德生活。自主可能可以有助达成这样的生活,或是这样的生活包含某种意义下的自主,但是"独立"或强意义下的"自我掌控"本身在荀子理论中并不明显有内在的价值或作为终极目标①。以下笔者将在讨论荀子理论中的理想自我后,指出在道德转化以及理想存在中,其实有三种意义下的自我丧失——这将削弱行动者厚实意义下的"现代自主理想",以及邓小虎所强调的"全面自我掌控"。基于这个原因,与其说荀子认为转化在于实现现代自主理想,或是"实质自我控制",不如说是在实现"实质自我导正"以美化自我。

四、比"自主"更重要的目标:美化自我

邓小虎"采纳儒家规范框架以助于自我整合"这个说法相当具启发性,也使儒礼更具说服力。然而,《荀子》中道德转化并不仅是关乎在社群内调养并满足个人的自然欲望,或是让吾人自我整合成为自主的行动者②。道德转化有更进一步的目的:美化自我。荀子在《劝学》中有言:"古之学者为己,今之学者为人。"③此"为己"的学习目标是什么?在什么意义下是"为己""为人"?荀子接着说明:"君子之学也,以美其身;小人之学也,以为禽犊。"荀子认为学习重点并非为了被人所知、得到他人赞美,从他人获取名利或是自我满足,而是为了提升自己,"美其身"。换句话说,道德转化在于将个人的存在境界往美善的方向提升。以下笔者将做进一步说明。

在儒家论述中,"美"的概念常伴随"德"与"善",而与恶相对④。荀子除了主张君子之学在于美其身,也明确指出"性不能自美"⑤,这种学习必涉及有意识的、长久累积的努力("伪")。他进一步说明,这种学习牵涉到整个人的转变,包括心、身,并

---

① 陈祖为也提出类似的看法(Chan,"Moral Autonomy, Civil Liberties and Confucianism", p. 299)。
② 邓小虎强调,制礼的原因与好处在于养欲并整合自我。这部分笔者十分同意,但认为荀子的理想并不仅如此,而更在于提升存在境界。另外,若考虑圣贤的存在面貌,我们会发现他们并不再把注意力放在满足自身欲望,或攸关自我的考量(如是否自我整合)。他们关怀的是他人的福祉、全体和谐美好的生活。这让我们思考:即使荀子有时会为道德转化提供攸关自我的理由(如满足欲望等),这些很可能也只是为未转化的心灵所提供的理由,让人们受到吸引,却不是道德转化的终极目标。
③ 此言亦可见于《论语·宪问》,意义相近。
④ 如见《解蔽》《性恶》。
⑤ 如见《礼论》K 19.15。

展现在人的言行中①。诚然，荀子在《正论》中对圣人的形容就是"圣人备道全美者也"。

这种须经由此类学习才可能达成的存在样态是何种面貌？在何种意义下它是美的？我们已知，在《荀子》中道德转化必须经由学习并实践儒礼。荀子认为，人有自然的情感与欲望，而正确的教化不在于去除这些自然的倾向，而是在精炼、修饰它们。礼的实践不仅在于使人每日的活动（如吃喝）有节制且和谐，使人的意志与行为合乎理，使人的态度与情感适当，且将文化带入一个人的容貌、举止与气度，使人不至于"夷固僻违，庸众而野"②。这种教化牵涉到一个人原初能力的发展，以及自然情感与欲望表现的优化：不仅适时予以引发或停止，也适时调节强度，同时赋予其适当的意义③。经由这样的教化与学习，一个人不只行为受到调节，心的判断合于理，他的自然倾向也经转化而变得优雅合宜，他所成就的德与善也展现在他美好与喜乐的存在中④。

礼的本质，在于顺人情以调节人际关系。荀子认为，在礼中情感和态度的改变应足以表明关系的亲疏贵贱⑤。这对人际关系的引导调节以解决潜在或实际上的（包括内在或外在的）冲突相当关键，对道德转化来说也是不可或缺的。的确，对荀子（或普遍儒家）而言，道德转化主要经由调节导正个人与他人的关系而实践，而理想的自我状态——圣——便是在人际关系中臻于完美的状态⑥。对儒家来说，最基本也最被强调的德行与善——仁——便关涉人对他人的态度与人际关系。一个人转化后的美，在重要的意义上来说，便展现在他与他人的关系中。笔者稍后会根据儒家"仁"的概念进一步说明这种美好的存在状态。

现在先简短总结：到目前为止，笔者承袭邓小虎的基本立场而发展出来的荀子理想自我的主张，笔者称之为"实质自我导正"：《荀子》中的理想自我，是经由学习

---

① 如见《劝学》K 1.9。
② 如见《修身》K 2.2。
③ 如见《礼论》K 19.13,19.14。其意亦与孔子"文质彬彬"之说契合。
④ 许多重要著作，如 A. S. Cua 的 "Dimensions of Li (Propriety): Reflections on an Aspect of Hsün Tzu's Ethics" (*Philosophy East and West* 29.4[1979]: 373 - 394)和庄锦章的 *Early Confucian Ethics*，都为这部分讨论提供许多宝贵资源。笔者也在本期刊另一篇文章谈论礼乐化性如何可能，以及一些相关问题，请见王华, 2016.07,《礼乐化性：从〈荀子〉谈情感在道德认知与判断中扮演的角色》,《中国哲学与文化》第13辑, 第39—67页。
⑤ 如见《礼论》K 19.14,19.18,以及《儒效》8.24。
⑥ 如见《解蔽》K 21.15。

与实践儒礼,对有导致恶的倾向之本始材质不断有意识地加工形塑所达成的美好成果。这加工形塑根据一套文化与群体对人性的诠释,目的在转化人的自然状态并为所有人带来和谐的生活。人心本有反思能力,能对自身欲望与行动做出评价与选择。经由对自身的加工形塑,人心逐渐采纳儒礼背后的规范性框架,而能做出合乎理的评价与选择。此外,人的其他原初能力(如做社会区分、形成社会关系)与基本情感倾向等也获得培养与引导。这些能力与倾向的表现受到文化调养,整个人的存在状态获得提升,变得美好而喜乐。

之前提到儒家自我的两个面向,都在这个主张中扮演重要角色。人心具有反思与判断能力,扮演着反思行动自我的角色。这个角色对自我转化极其重要:心会对自身欲望、倾向与行动做出评价与选择,但是这个判断并非没有依据。转化前,可想见人已经置身在某种文化之中而得以汲取某些判断依据[①];更重要的是,经由学习,心得以采纳儒家规范性框架,能对自身选择、自身社会关系,甚至个别社会规范进行进一步反思,判断其是否符合儒家规范性框架,而做出自我导正。并且,儒家规范性框架根据的是一种对人性的诠释。这个诠释本身也可能依据反思(尤其是圣贤的反思)而进行调整修正、自我导正。这些都是自我"反思行动者"面向的展现,对自我道德转化是不可或缺的。

另一方面,荀子认为人必群居,人必须发展并妥善运用其做社会区分与形成社会关系、社会规范的原初能力,最终学习儒礼以转化自我,才能达成和谐与共善。经过这个评价、采纳与实践规范性框架的过程,人们才能一起建构最符合身处环境以及既存文化的对人性的诠释:儒礼。诚然,儒家对人性的诠释,根源于群体在文化中的互动,而人必须透过实践儒礼,以采纳这个由自己与他人共同建构、涉及社会关系的儒家规范性框架。经过这个过程所产生的理想自我,必然将自己视为社群的一分子、社会关系与社会秩序中的一部分,并据此规范自己。在这个意义下,一个人在社会关系与社会秩序中的地位,构成了人的核心身份,而这就是社会性自我的形成;也就是说,经由道德转化,反思行动面向的自我逐渐接受甚至支持自身慢慢由社会性自我所形塑。在这个理解下,自我的两个面向之间可以合理并存,并

[①] 如前所述,儒礼根植于文化,因此在转化前人们已处于文化之中。信广来对这点提出有启发性的说明:"中国思想家将其听众视为具体的个人,并拥有由其成长中深植的社会秩序所形塑而因此与他们一定程度上相同的关怀与观点。"(Shun, "Conception of the Person in Early Confucian Thought," p. 194 笔者中译)

没有不良的紧张关系。①（以上是笔者"实质自我导正"说的第一步说明。这个看法与前述"实质自我控制"说法的差别，在下一段对自我丧失的讨论中会更清楚。）

至此可见，理想自我与他人之间的关系是规范性的，这个关系是经由众人接纳与实践礼而建立起的。这个说法中自我与他人之间联结的重要性看来像是衍生自个人所接纳的规范性框架。也许有人会担忧：他人，对于自我而言，是否只是这个规范性框架的化身？然而，以上并不是笔者对儒家他我关系的完整看法。笔者认为，道德转化改变一个人的意识状态，使转化后的自我与他人有更亲密而直接的联结。笔者在讨论"仁"之后会对这个转化有进一步的说明。

五、实质自我导正：经由自我丧失来形塑自我

根据笔者对《荀子》中理想自我的说法，很明显可看出其中的"自我"并非一种恒定不变的存在——在自我形塑的过程中，自我是不断变动的。笔者接下来论证：荀子式的自我转化是经由自我丧失以及与他人相连所达成的。在这个自我形塑的过程中，人在三个意义下会丧失自我：1. 人会丧失部分其天生的倾向（也就是荀子所理解的人性）与世界互动中所自然形成（或至少未被导正）的表象，虽然这些表象有可能被这个人认同为（过去）自我的一部分。2. 人在历经礼的训练与实践过程中，会失去对自身"扎实、全面的掌控"。这是因为在这段过程中，人其实无法具体而全面地了解礼的教化是如何在自己身上产生作用的，他也无法预测转化后的自我有何确实的存在样态。3. 转化后，人会失去原本在意识中以自我为中心的倾向，他的自我会与他人实质相连。笔者"实质自我导正"这个主张因为观察到上述三个面向的自我丧失，故此应与前述"实质自我控制"式自主以及"现代自主理想"区别开来。这部分的论文以文本辅助，初步探索这些意义上的自我丧失。

（一）自我之"状"的改变

荀子强调礼在化性中的重要角色。他对"化"的说法是："状变而实无别而为异

---

① 此一支持本身也可能是反思的产物，但不应是无中生有，或是从一个更高、更超然的立场而来，而应该经由一个接近反思平衡的方式得出。

者,谓之化。"①"状"可以理解为"表现出的状态",如"老幼"或是"蚕蛾"皆是一物不同之状;"实"则为"本体",如幼变为老,蚕变为蛾,但其实对其物来说同一无别。②那在化性之中,何者为"状",何者为"实"? 可以注意:荀子在《正名》中对"性"其实有不同的说法,第一为"生之所以然者谓之性",第二为"性之和所生,精合感应,不事而自然谓之性"。对此二句的解释,常见的说法是,"生之所以然者"是指天生的"生理之性";"性之和"为人之"心理能力",有生长之力、知能之具;"精合感应"则是耳目等与所闻见之外物相结合而产生感应所自然形成的倾向或状态。③ 笔者在另一篇文章提供了文本分析来讨论礼乐化性的问题,并论证第一用法中的性应理解为天生的官能、不具体的生理与心理趋力、倾向等,也就是性之"实",笔者称之为"狭义性",是不能改变的天性。第二用法中的性应理解为包括"狭义性"与其作用于日常生活经验"自然"产生,由耳目感官、心理能力与外物"精合感应"而培养出的较具体倾向与表现,也就是性之"状",笔者称之为"广义性"。"状"则是可能经由"伪"(人心的思虑学习与长久努力的累积)而改变。对荀子来说,那些自然形成、尚未被导正的"状"是人性在其所处环境的自然表现,而它多半导致争夺与混乱,因此有礼乐化性的必要。"化性"便是由于礼乐等对"(狭义)性""加工",导致源于"(狭义)性"并经过一般生活经验所自然形成的心理结构与行为(也就是广义性、"状")的改变,成为理想自我。

可以看出,在自我形塑的过程中,一个人逐渐失去自身基于天性(狭义性)在与世界互动中自然形成、尚未被导正的自我,而转变成理想的"伪"、理想自我。形塑出来的理想自我,便是转化后的"状",部分由狭义性构成,部分由伪(包括礼的实践以及对儒家规范性框架的采纳)所构成。也因此,道德转化会令人失去某一部分的自我,不只是某种自我表述或是跟自我有关的内容,而可能是自我的一部分——可以想见,虽然只是表象,一个人在转化前仍可能将此表象视为自我认同的一部分,而依据这部分的自我理解世界,透过行动与世界互动。

另外,这种状的改变也牵涉到一种自我控制的丧失:如前所述,荀子理论的一个特色,在于这个构成理想自我的规范性框架主要是由他人(圣贤、社群)所提供。

---

① 《正名》K 22.6。
② 此解可见于《荀子今注今译》,第519页。
③ 此解可见于《荀子今注今译》,第512页。王先谦,《荀子集解》,台北:艺文印书馆,1973年。

将自我托付在这个主要由他人提供的规范性框架中而成就新的自我,便是放弃了自我作为自我控制与自我诠释的充分来源。这种自我丧失与之前所提及的本真性与原创性的问题相关,也因此,从强调自主(或自我控制)的观点来看,在一些例子中(如 Williams 的艺术家例子)这类自我丧失可能会被视为是需要斟酌的①。但这类自我丧失,对荀子来说,是一件好事。

(二) 朝向未知的旅程

上一段谈到的自我丧失相信是相当符合常识、容易理解的。接下来笔者论证:由于道德转化牵涉到对礼的学习与实践,这种转化可被理解为一趟朝向未知的旅程。将自己委身于这样一趟旅程,也是一种意义下的自我丧失。在这个状况下,一个人同样无法宣称自己对自我拥有厚实意义下的完全控制。

不同于其他形式的道德教育(如跟随老师研习经典、学习思辨),礼的实践(以及乐的陶冶——另一种荀子强调的教育形式)直接牵涉到人类情感、动机与身体倾向。如前所述,礼的实践作用在调节、优化整个人的各个层面。荀子认为礼可以调养人认知、情感与感官等能力。实践礼的经验帮助人培养品味,改变人的信念与判断,澄清一个人的志向,并调节人的情感、欲望及其表达。②

值得指出的是,即使礼的设置是根据一种对人性的诠释,不过在转化之前人们对礼的作用及个中原因并没有清楚的认识。荀子在《礼论》中解释了许多重要礼仪的缘由,但是要完全掌握礼,人们还是必须跟着老师亲身学习并实践礼。荀子多次指出跟随老师与礼的实践对道德教育的重要性,比如《劝学》中这一段便非常清楚:"学之经,莫速乎好其人,隆礼次之。上不能好其人,下不能隆礼,安特将学杂识志,顺《诗》《书》而已耳。则末世穷年,不免为陋儒而已……不道礼宪,以识《诗》《书》为之,譬之犹以指测河也,以戈舂黍也,以锥餐壶也,不可以得之矣。故隆礼,虽未明,法士也;不隆礼,虽察辩,散儒也。"如果一个人在学习中不跟随老师指导而想依赖

---

① 除了 Williams 的艺术家例子,Peter Railton 提到"好论断的艾德"(judgmental Ed)的例子也与此十分相关。在这个例子中,艾德决定采纳一个规范性框架,依其判断并行动。但是从此衍生出的论断与态度其实与他原初的情感倾向(关怀他人)有冲突。此时问题是,哪一些倾向与态度对艾德来说才是"他的"、更称得上是"本真"的?(Peter Railton, "Normative Guidance", in *Oxford Studies in Metaethics*, vol. 1, edited by Russ Shafer-Landa [Oxford: Oxford University Press, 2006], pp. 3 - 34)

② 如见《礼论》K 19.2 与《乐论》20.9。

自身的想法来做,根据荀子的说法,就是如同"以盲辨色,以聋辨声",是完全行不通的①。诚然,荀子认为虽然大部分的人试着遵守礼,其实并不了解礼。②

因此,对礼的实践虽然会改变一个人的认知、情感和身体倾向,人们却不知道这个改变如何发生。事实上,除了一些经典(如《论语》《荀子》)中对圣人与德的笼统描述外,人们也无法确定这个改变具体来说意味着什么。从这里可以清楚看出,不但一个人的理性与感性能力不足以为自己提供自我诠释或创造自身的规范(如前所述,这造成转化中第一个意义下的自我丧失),这些能力甚至不足以在一个人的转化中引导自我。一个人立志跟随老师学礼、实践礼,可谓将自我委身于自己的老师以及儒家规范性框架下,开放自己身心灵让整个人随之改变,踏上未知的旅程。③ 此时,虽然道德转化也许是自愿的,也是反思下的决定,但他可谓对儒家规范性框架与他人(包括制礼的圣贤、文化背后的群体,以及所跟随的老师)让出了对自身的掌控。这是转化中第二意义下的自我丧失④。

(三) 意识的扩张:在关系中丧失自我

在转化的过程中,一个人开放自身的身心灵,让礼乐来调节甚至重塑自己的各种倾向。可以合理推测,在这个过程中,人的意识状态也随之改变。⑤ 有鉴于上一段对未知旅程的讨论,笔者并不打算宣称自己真确知道圣人的心理状态。然而,儒家经典仍提供了许多材料,让吾人思考探究。笔者在此集中讨论儒家的核心德性:仁。之前提过,"仁"关涉到人对他人的态度行为以及人际关系,是儒家最基本也是

---

① 请见《修身》K 1.12,K 2.11。
② 《法行》:"礼者,众人法而不知,圣人法而知之。"
③ 杨儒宾在《恍惚的伦理——儒家观想工夫论之源》(《中国文化》2016 年第 1 期,第 1—19 页)一文中,指出祭礼之前的斋戒礼仪是影响一个人的意识状态,使人有机会放松维持日常人格同一性的心理机能,而进入恍惚之境,得到新的经验。本文这里讨论的情感与身体的开放性(vulnerability)也许可以以此方法理解。
④ 先前提到,对荀子来说,不是任何文化与群体对人性的诠释都可能成为儒家规范框架,而必须是圣贤所生的设计。这里的讨论也进一步提供这个坚持的理由。
⑤ 值得注意的是,社会心理学与脑神经科学目前有越来越多研究表明,东西方不同文化塑造了不同的自我建构方式(例见: S. Han and G. Northoff, "Understanding the Self: A Cultural Neuroscience Approach", *Progress in Brain Research* 178. C [2009]: 203 - 212);也有研究发现,东西方不同的生活方式(西方较强调独立、东方较强调互相依存)形成脑部活动的差异(例见: M. de Greck et al., "Culture Modulates Brain Activity during Empathy with Anger", *Neuroimage* 59. 3 [2012]: 2871 - 2882)。这些都是相关的有趣发现,但由于篇幅考量,本文不多加讨论。

最被尊崇的德行善性。理想自我的美的一个核心表现就在其仁德。采纳儒家规范性框架并将其内化,如何能转变一个人的意识状态从而成就仁的表现?笔者的论证是,道德转化改变一个人的意识状态,使其焦点得以扩张——在个人的意识中,他人会结构性地与自我联结,成为自我关注的对象,而一个人对自身的关注也会被重塑,当中包含对他人的觉知与关怀。笔者主张这便是理想转化中第三意义下的自我丧失。

孔子认为"仁"不只是可能的,也是对每个人易于接近的德性。他说:"仁远乎哉?我欲仁,斯仁至矣。"(《论语·述而》)然而,如曾子与颜渊的感慨所示,易于接近并不表示能轻易达成。① 仁人的境界为何?为什么"夫仁者,己欲立而立人,己欲达而达人"?

"仁"调节个人对他人的态度和人际关系,在《荀子》中被视为核心价值与品德。仁的基本概念是对人关怀、爱人。② 然而这种爱与关怀并非一视同仁没有分别,而是有亲疏差等,并有其适当的表达方式。仁展现于一个人的想法、言语、行为与情感中,其表现应由礼、义来引导与节制。荀子在《大略》中明言:"亲亲、故故、庸庸、劳劳,仁之杀也;贵贵、尊尊、贤贤、老老、长长,义之伦也;行之得其节,礼之序也。仁,爱也,故亲;义,理也,故行;礼,节也,故成。仁有里,义有门。仁非其里而处之,非仁也;义非其门而由之,非义也。推恩而不理,不成仁;遂理而不敢,不成义;审节而不和,不成礼;和而不发,不成乐。故曰:仁、义、礼、乐,其致一也。君子处仁以义,然后仁也;行义以礼,然后义也;制礼反本成末,然后礼也。三者皆通,然后道也。"③

荀子视仁义为最重要的德,认为两者皆应由礼义引导并展现于礼。然而,仁与义的作用并不完全相同。荀子在《不苟》中言:"君子养心莫善于诚,致诚则无它事矣。惟仁之为守,惟义之为行。诚心守仁则形,形则神,神则能化矣;诚心行义则理,理则明,明则能变矣。"这段话不容易理解,有许多不同的诠释。④ 比较没有争议的部分是,"诚"一般解为诚其意、不自欺,是养心的首要工作;诚心后,还应守仁行

---

① 请见《论语·泰伯》。
② 《大略》:"仁,爱也,故亲。"
③ 荀子多次表明,"仁"以及其表达必须以礼义为规范。另一例为《臣道》K 13.8—9。
④ 西方学者如 Knoblock 和 Hutton 也提出非常不同的翻译。参见张觉,《大中华文库汉英对照——荀子》(John Knoblock and Zhang Jue, *Library of Great Chinese Classics Bi-lingual Version in Both Chinese and English:Xunzi*),长沙:湖南人民出版社,2003 年;Eric L. Hutton, *Xunzi: The Complete Text by Xunzi*, Princeton:Princeton University Press,2014。

义才能转化。注意到这里心对于仁在于"守",而行为应该"合于义"。吾人可推测,"仁"在这里比较类似动机,而"义"比较类似行为应符合的规范。那么,仁作为关怀、爱、动机,具体来说表现为何?

由于"仁"是关爱众人,虽然君子自然便会关怀自己的家人,但他会在这个自然的基础上,依循礼义的引导,将他的关怀扩展至他人——这是他的价值选择的结果,是志于道的表现。对于一个转化后的人,对他人合宜的关怀便是他的基本态度。他不再仅专注于自身或是个人利益,因为这些不是他最重要的考量。荀子常使用"恭""敬"来形容仁人的态度①,这可以理解成仁人对道的恭敬之心,也可看出他不再以自己为中心而将他人放在自身之前的态度。荀子在《性恶》中,将这种经由"伪"的转化而改变个人的注意焦点说得很清楚:"今人之性,饥而欲饱,寒而欲暖,劳而欲休,此人之情性也。今人见长而不敢先食者,将有所让也;劳而不敢求息者,将有所代也。夫子之让乎父,弟之让乎兄,子之代乎父,弟之代乎兄,此二行者皆反于性而悖于情也。然而孝子之道,礼义之文理也。故顺情性则不辞让矣,辞让则悖于情性矣。用此观之,人之性恶明矣,其善者伪也。"②

在转化后,这种注意焦点不同的意识状态是自然发生而非有意而为的——这会成为个人意识结构性的一部分:当我进入一个情境时,会知觉到情境中的他人;当我考虑不同的行动可能性时,会想到情境中的他人会如何受影响;某些在逻辑上是可能的选择(如将自身放在首位而忽略他人),可能不会出现在我的意识中成为选项;而一些其他可能的选择(如虽然对自己无利但是对他人有利的行动),则可能开始出现。我的关怀及于他人,而我的意识的焦点扩张了:在我的意识中,他人会结构性地与自我联结,成为我的焦点。

这里笔者借讨论孔子"夫仁者,己欲立而立人,己欲达而达人"这句话的意涵,进一步阐明此意识结构性的改变。对这句话一个常见的诠释是仁人以自身为例,将一己所欲施予人。这个诠释相当合理,也令我们认为孔子也许不只是专注于一般被视作较为被动的"己所不欲,勿施于人"的教导,只求不带给别人困扰磨难,而也积极追求他人的利益福祉。然而,这句话还有一个面向也值得注意:仁人在想成就自身的福祉时,会先为他人而行。为什么?一个值得考虑的理由是,这时,在他

---

① 《荀子》中多次提到这点,如《不苟》《臣道》《正名》等。
② 荀子在《荣辱》与《性恶》其他段落中也有类似说法。

心中，他人的福祉其实构成了自身的福祉。此时仁人并不是因为希望追求自身福祉，而视达成他人福祉为此目标的手段或工具，进而先勉力成就他人；也不是在心中对他人和自身的福祉做一个衡量与比较，而决定他人的福祉可以优先。对仁人而言，他人的福祉"构成"或"就是"自身的福祉的一部分。在这个意义上，他人在意识中结构性地与仁人自我联结，成为注意的焦点。

另外，在转化的过程中，一个人不只注意焦点扩张、转移了，他对自己的想法和对情境的理解也会因为加入关系的结构而产生改变。转化前，人将自我与他人区别，只关怀自己，满足自身的欲望。然而，由于礼特别强调人际关系与个人在关系中的角色①，礼的实践让一个人渐渐将自己视为关系中的一部分，例如儿子、晚辈、朋友或者社群中的一员。他此时不仅觉知到他人，也觉知到自己与他人的关系。他对自身的意识及关注被重塑而包括对他人的觉察，以及和他人相连的自己。他不再是一个独立于他人的存在。在他接受了儒家规范性框架而转化后，他整个人接受了新的世界观而与他人紧密联结起来。此时，他失去了他过去的自我，那个独立的、与他人分离的、被他视为优先的一种存在。杜维明把这种转变说得很清楚："儒家礼仪的一个明显特征，在于在一个人的自我养成中不断地深化与扩大对他人存在的知觉。"②这便是第三个意义下的自我丧失。

值得注意的是，前两种意义下的自我丧失主要关于自我认同和自我控制，而这个意义下的自我丧失关于意识中自我的改变。这个意义下的自我丧失，是强调自我应是独立的、与他人区隔开的那类思想（如现代自主理想）所不乐见的。

厘清这部分的转化的意涵后，我们可以回头讨论一个之前提出的问题：对于仁人来说，他人对自我的重要性是否仅由儒家规范性框架衍生而出？如笔者之前所论，仁人对于他人的关怀是有差等的，这份关怀也必以合礼义的方式表达。对于仁人而言，他人是否仅是其所遵循的规范性框架的化身，只是刚好扮演了关系中另一方的角色，而仁人的关怀仅在于好好扮演自己的角色？如果真是这样，仁人与他人之间的关系似乎相当薄弱：他对他人的感受、与他人之间的关系，都有其道德信念作为中介，而与他人没有真正厚实而亲密的关系。这种情况下，仁人其实可能面对道德疏离的问题。

---

① 荀子在《礼论》与《大略》章对此有许多说明。
② Tu, *Confucian Thought*, p. 114.

若本文的重构正确,《荀子》中的理想自我并不会有道德疏离的问题。这是因为对仁人而言,他对每一个人的关怀都是真实而具体的。这份关怀的表达的确会受到礼义的引导与约束,但是关怀的背后是对对方真实的情感,真心地视人如己。如笔者所指出,仁人对他人和自己的看法都在转化中改变了,这份变化在于仁人意识状态的结构已然不同。他人与自我之间的关系这时表现在何为他的注意焦点,他如何思考和感受自身行动,以及如何看待他人与自己。一个转化后的人,与他人的关联是实质紧密的。这份联结并非成圣的手段,而是圣人存在状态本身。

六、结论

本文探讨了他人与他我关系在《荀子》自我转化与理想自我中扮演的角色。笔者介绍了儒家自我的两个面向:反思行动者面向与社会面向,并指出两者之间似乎存在的紧张关系;接着检视邓小虎对礼与社群在自我转化中扮演角色的说法,并以其基本立场为基础,发展出对《荀子》自我转化与理想自我的诠释。笔者意图借由对这个诠释所牵涉到"自主"问题的探讨,探究在这个诠释中自我的两个面向之间可能的紧张关系。笔者先厘清"自主"的不同意义,讨论《荀子》中理想自我在何种意义下可称为"自主",以及此种自主的特殊性。荀子式自主有别于"现代自主理想"与"实质自我控制",应被理解为一种"实质自我导正"。笔者进一步论证,"自主"中常被强调的"独立"与"自我控制"等特征,其实并非《荀子》中自我转化的终极或重要目标;虽然荀子强调"心"的反省与主宰能力,但他对道德转化主要的关心并非在于达成独立的、完全的自我控制,而是在于对自我加工,形塑出一个美好的、与他人实质上紧密相连的自我。在这个转化过程中,个人在三个意义下失去自我。

根据笔者的诠释,在自我转化中,一个人将自己托付给儒家规范性框架,而此框架根植于文化与群体对人性的诠释。在这个过程中,人将失去其人性与世界互动自然形成的表象以及自我诠释,失去对自身完全的掌控而踏上朝向未知的旅程;也失去以自我为焦点的意识结构,而建立与他人的紧密联结。这些意义下的自我丧失,制造了自我与他人之间,以及自我的两个面向之间的紧张关系。然而,这份紧张关系不必被视为一个问题,反而是理想自我动态式的、辩证式的形成中必要的张力：它让我们保持开放与灵活。荀子强调：在礼中仍应思索①，礼者顺人情也②，而文理情用应相为内外表里③。这份自我与他者之间的张力，让我们与世界有真实的联结，也让我们有机会接触到更理想的感受与更适当的想法，而不会陷于抽象的规范、纯粹的意识形态，以及孤独的自我。对于荀子而言，这是成为人的必经之道。

（作者单位：台湾政治大学哲学系）

Crafting the Self through Losing the Self: Exploring Xunzi's Ideal Self and the Role of Others

Wang Hua

One may think that the best strategy to survive and to flourish, especially during hardship, is to focus on oneself and to strive for one's own benefit. Indeed, this is one piece of advice Elie Wiesel got on his arrival at Auschwitz: "Listen to me, boy. Don't forget that you are in a concentration camp. Here every man has to fight for himself and not think of anyone else. Even of his father. Here there are no fathers, no brothers, no friends. Everyone lives and dies for himself alone."④ However, this is not the only advice he got. He also got a contrary warning: "We are all brothers, and we are all suffering the same fate. The same smoke floats over all our heads. Help one another. It is the only way to survive."⑤ The person holding this latter view is not alone. In fact, a survivor of the camp at

---

① 例见《礼论》《大略》。
② 例见《大略》。
③ 例见《礼论》《大略》。
④ *Night* (1969: 122) by Elie Wiesel.
⑤ Ibid, p. 52.

Treblinka recalls, "In our group we shared everything; and the moment one of the group ate something without sharing it, we knew that it was the beginning of the end for him."①

These contrary comments may stem from two conflicting views, egoism and altruism. However, they also express different views about the self and its survival: the first isolates one's self from others and focuses on one's own benefit; the other view implies a strong other-relatedness of the self. In this latter view, helping others is not just being altruistic, but it is only when one connects with others so tightly — as fathers and sons, as brothers, as fellow sufferers — that in one's considerations one does not isolate oneself from others and prioritize oneself, that one can survive and maybe even flourish.

Many have pointed out that the Confucian concept of the ideal self and self-transformation significantly involve others, starting with the connection with one's family, extending to community and ultimately to people in general.② In an important sense, for the Confucians, the ideal self is not independent, but interdependent on others. This emphasis on the connectedness and interdependence between the self and others can be clearly seen in Confucius' well-known comment: "the person of ren 仁 (the ideal person in Confucianism), wishing himself to be established, sees that others are established, and wishing himself to be successful, sees that others are successful."③ Wei-ming Tu puts this view nicely: Confucianism emphasizes "self-cultivation through communication with and sharing in an ever-expanding circle of human-relatedness."④

To this view, one naturally asks: What is the role of others and one's relation with others, in the Confucian account of self-transformation and the ideal self? Also, is there any tension between the self and others in this view of self-

---

① *The Survivor: An Anatomy of Life in the Death Camps* (1976: 96) by Terrence Des Pres.
② For example, Wei-ming Tu, 1985.
③ The *Analects* 6.30, with my own translation. All references to the *Analects* in this paper follow standard section numbers as in, for example, Lau 1992.
④ Tu 1985: 128

transformation? For example, is this relation between the self and others compatible with the view that the self is (or should be) reflective and autonomous?①

Valuable work has been done based on Confucius' and Mencius' views to address these questions.② However, I know of less work in this vein regarding Xunzi's account. In contrast with Mencius, who puts strong emphasis on the heavenly endowment in human nature and cultivation, Xunzi takes the ideal state of the self, i. e., sagehood, to be an artifice resulting from doing inventive and accumulative work on the originally crude (if not bad)③ human nature. The crucial part of this work involves learning and practicing Confucian li (礼) (rituals). It is through such intentional effort that one gradually crafts oneself into an ideal self. In this transformation process, one's heartmind (xin 心), human nature (xing 性) and others all play significant roles. Given Xunzi's strong emphasis on rituals and human creative activities, even though there are important similarities among Confucian philosophers' views on the idea of self, his view on the ideal self is worthy of further attention. The aim of this paper is thus to explore Xunzi's account of the ideal self, self-transformation and the roles others play in this account.

Tang (2012) argues convincingly that Confucian rituals instantiate a normative framework containing norms for interpersonal relationships and personal behavior. This normative framework is based on a cultural and collective interpretation of our nature. Through adopting this normative framework, one achieves an

---

① The term "autonomous" here is not limited to the Kantian notion. Later in this paper I discuss different senses of this term.
② Just to name a few: Kwong-Loi Shun (信广来) 2004, Joel J. Kupperman 2004, Chung-Ying Cheng (成中英) 2004, Roger T. Ames 2010, Kim-chong Chong (庄锦章) 2003 and Wei-ming Tu (杜维明) 1985.
③ The traditional interpretation of Xunzi is that he thinks human nature is originally bad. However, more and more contemporary scholars argue that by saying human nature is bad (性恶), Xunzi does not mean that it is originally bad; rather, he meant that disorder results from unregulated human interaction in an environment with limited resources. See, for example, Kim-Chong Chong 2007; Donald Munro 1996; David Wong 2000.

understanding of one's overall good, and a unified and other-related self. Tang further argues that the agent, through learning and practicing rituals, gains "control" over himself and his life, which Tang considers to be an ultimate expression of the modern ideal of "autonomy".

I am sympathetic to Tang's basic position, and I find his emphasis on the moral transformation as an achievement of the modern ideal of autonomy worthy of further investigation. I argue that, even though the ideal agent is autonomous in some sense, the ultimate goal of the Xunzi an self-transformation is in some ways in tension with the modern ideal of autonomy. Even though, as I argue, this does not render the two aspects of the Confucian self, the social aspect and what I call the "reflective agent" aspect, incompatible — in fact, this tension is part of what keeps one improving and flourishing as human.

In the following I will first introduce the two aspects of the Confucian self I just mentioned and the apparent tension between them. I then examine Tang's account of the role rituals and community play in self-transformation, and develop an account of the ideal self and self-transformation following Tang's basic position. Then I explore the possible tension between these two aspects of the self in this developed account. I do this by addressing the issue of autonomy. I explore the sense of autonomy that is attributable to Xunzi's ideal self (and the senses that are not) and the particularities of such autonomy. I then argue that autonomy is not an ultimate goal of self-transformation. As we will see, even though Xunzi emphasizes that the heartmind has the reflective capacity and is the master, his concern for moral transformation is not so much for the complete control of the self (or the heartmind) or one's life; rather, it is to craft the self into a beautiful and substantially (instead of merely normatively) other-related existence. I argue that in this self-crafting process, one unavoidably loses oneself in three senses. Indeed, Xunzi's self-transformation is through self-loss and the connectedness to others.

Ⅰ. Two Aspects of the Confucian Self and the Apparent Tension

Many have pointed out that, according to the Confucians, human beings are primarily social beings, and that the Confucian notion of self primarily involves others and the social roles one occupies. Some go as far as claiming that, for the Confucians, given that their conception of one is always in relations with others, "there can be no me in isolation".①

For Xunzi, social relations and social norms are also crucial to the self and self-transformation. Human beings not only have natural affection for family and friends, natural desires for food, comfort, honor, security and profit, but we have a unique capacity to draw social distinctions, and to follow social norms developed from such distinctions.② Given that humans necessarily live with others in a world with limited resources, Xunzi urges that this capacity to draw social distinctions is important, and it needs to be developed and applied well; otherwise there will be chaos.③ One is to participate in social relations and follow social norms, to learn and practice rituals, and to satisfy one's basic desires accordingly. Furthermore, one should cultivate abilities and states of character in social contexts through ritual

---

① Henry Rosemont, "Why Take Rights Seriously? A Confucian Critique", 1994: 177. Herbert Fingarette, in his "The Problem of the Self in the Analects" (1979), argues that according to the Confucian teaching, "we must have no self" in the sense that we do "not impose our personal will", and just yield our will to the Way. In his response to Roger. T. Ames (Fingarette, 1991), he takes a similar position and argues that the western notion of self, which involves "individualistic, egoistic, particularistic grounds for action", is not applicable to Confucianism. It is also worth noting that the idea of "self" discussed in this paper is not tied up with this aforementioned "western notion of self"; rather, it is a pre-theoretical, commonsensical idea, and it is based on the understanding of self in Chinese. Chinese expressions of such commonsensical "self" such as "吾""自""己", already appear in pre-Qing Confucian texts such as the *Analects*, the *Xunzi*, etc. The idea of the "self" at work in this paper does not exceed this basic understanding of self.

② K 9.19. The translations of the *Xunzi* used in this paper are from Knoblock 2003 and Hutton 2014. I use "K" to refer to translation from Knoblock, and also provide the chapter and section numbers for the reference. I use "H" to refer to translation from Hutton, and also provide the chapter and line numbers for the reference.

③ K 9.20 and 10.5 for example.

practices①, so that one can be transformed and beautified, and ultimately fully instantiate an ideal human.

One, however, does not follow social norms blindly in this process. Many have noted the Confucian emphasis on the capacity of reflection of one's heartmind, as well as its capacity to issue decisions and actions according to its reflection.② In the Confucian account, the heartmind is capable of reflecting on one's choices and one's life, making evaluations, and directing one's life based on such reflection without being determined by external influences.③ Xunzi may be understood to hold an even somewhat stronger view of the heartmind. Xunzi is very clear on the idea that the heartmind is the "lord" of the body④ and the "spirit"⑤. It issues commands but does not receive commands.⑥ Moreover, in Xunzi's account, one's heartmind does not just have a capacity to be reflective and to evaluate actions; rather, it plays a crucial role in *any* judgment or action: the heartmind necessarily evaluates desires and decides whether to approve of the relevant action, and "actions must be mediated by the heartmind's approval".⑦ Xunzi contends, "order and disorder lie in what the heartmind permits and not with the desires", and thus moral education lies not in reducing desires, but in getting what the heartmind permits to coincide with correct principles (li 理).⑧

---

① Xunzi also mentions other forms of learning, such as studying classics with a teacher. However, Xunzi puts special emphasis on ritual practices and learning (K 2. 4 for example), so this is what I focus on in this paper.
② For example, Kwong-Loi Shun 2004 and Chung-Ying Cheng 2004.
③ E. g., Cheng 2004, Shun 2004, Chong 2003, Chan 2002.
④ K 17. 4
⑤ K 21. 9
⑥ K 21. 9
⑦ Tang also accepts this view (2012: 461); however, some argue otherwise. For example, Hutton (forthcoming) and B. Van Norden (2000) both argue that a desire itself is sufficient to cause an action without the approval of the heartmind, the mediation of the heartmind's evaluation is not necessary. (Hutton did, however, concede that *generally* [instead of universally] the heartmind evaluates and issues approval prior to actions.) Since Tang and I agree that the heartmind necessarily evaluates desires and its approval is necessary for action, I do not address this controversy here, but I will discuss it in another paper.
⑧ Li(理)can be known and acted according to by human. It is often understood as the objective order/pattern of the world, and it is also translated as the "rational principles" by Knoblock. Xunzi thinks that li(理) is something one can guide one's xin with (e. g., K 21. 11).

Such reflective capacity not only allows one to step back from one's existing inclinations and actions, and reconsider their propriety; it also allows one to step back from one's place in the social order, and reconsider the propriety of the existing social norms such as the rites. In the *Analects* Confucius argues that certain rites are not appropriate for the time, and this readiness to reevaluate and deviate from traditional norms can also be seen in the *Mencius* and the *Xunzi*. It is worth noting that, in these cases, one need not examine social norms from a view from nowhere or from a purely egoistic perspective; rather, such deviations (and adaptations) can be socially informed and guided. As Kwong-loi Shun nicely puts it, they are "based on a certain rationale underlying the social order that can only be realized in this evolving order".[①]

We may thus distinguish two important aspects of the Confucian self: one is the social or other-related aspect, and the other is what I call the "reflective agent" aspect. However, an apparent tension between these two aspects may arise upon closer consideration: on the one hand, the self in the first aspect is to be understood by the social roles it occupies. One is to follow social norms, and to transform oneself accordingly. In this picture, it is not clear how one may see oneself as a 'me' that is not embedded in any social relations or defined by the social norms. On the other hand, the self in the second aspect is understood to be reflective, being able to step back from one's actual social relations and to rise above one's current situation. In this "reflective agent" picture, there is clearly a 'me' that is not necessarily bound by others or by the existing social norms. It thus seems that it is difficult to have a coherent account of the self with both aspects, where the self is at the same time other-related and can only be understood in relations, as well as reflective and transcending all existing norms and relations.[②]

---

① Shun 2004: 191.

② An anonymous reviewer suggests the possibility of framing this tension that I see between the two aspects of the self in terms of "perspectives". I appreciate this suggestion as I think this is indeed a good way to see the tension: these two aspects involve two apparently contrasting perspectives the agent may adopt in seeing herself, and also involve two different ways she engages the world (through deliberations, etc.) The latter also constitutes who she is, that is, her self.

Some may argue that this apparent tension only stems from a lack of distinction between existing social norms and the underlying rationale. Following Kwong-loi Shun's comment that one's examination of and deviation from the existing social norms is based on the rationale underlying the social order, some may conclude that what really constitutes and binds the self is not the existing social norms and actual people/relations, but the underlying rationale that is unchanging and independent from others and the existing norms. This reply is worth considering. One may wonder: what is the nature and the source of such a rationale, and how does it constitute the self? Moreover, one worry may arise: in this view, the self-other relation seems quite thin — others (and one's relation with others) seem crucial to the self only as a derivative of such a rationale. If this were the case, one might be argued to suffer from a form of moral alienation from others.[①] Is this how the Confucians, Xunzi in particular, conceive of the self-other relation? (I address this problem at the end of the paper after I elaborate the Confucian ideal of ren.)

Tang (2012) provides an insightful account of Xunzi's ideas on self and community. In this paper, I examine this account and further develop a view of Xunzi's ideal self to address this apparent tension. It helps us see how the two aspects of the self may coherently figure in Xunzi's account of moral transformation and Xunzi's conception of the ideal self. Tang's discussion focuses on the formation and the function of Confucian rituals. So, before turning to Tang, I first briefly introduce rituals in Xunzi's account.

Xunzi understands rituals to arise from the human need to survive and flourish. Xunzi's view is that humans are born with desires they seek to satisfy. In this process of seeking, internal conflict among desires[②] and external struggles with

---

[①] This is a criticism against impartial moral theories such as Kantian ethics and consequentialism, often called "the alienation problem". Peter Railton (1984) gave a clear account of this problem and argued that consequentialism does not suffer from this problem. This problem is quite complicated and generated a lot of discussion in ethics. Given the limitation of space and the topic, I do not aim to give a full account of the problem or the Confucian solution here, but I will address the problem based on my discussion of ren.

[②] K 19.3 for example.

others unavoidably arise if no regulations are imposed, and this causes chaos and impoverishment. To address this problem, Xunzi argues that it is not to rid oneself of desires or reduce the number of desires; rather, desires (as well as judgments and actions) need be guided.① Rituals are devised to resolve (internal and external) conflict and chaos, and bring human lives to a better and more beautiful state. Indeed, rituals are not only to divide things among people, but to nurture one's desires by transforming them. The effect is that the transformed desires are never dissatisfied due to the limitation of the material goods, and material goods are never to be depleted by the transformed desires: "In this way the two of them, desires and goods, sustained each other over the course of time. This is the origin of ritual principles."②

II. Tang's view of the self and community in the *Xunzi*

Tang provides an account of the roles rituals and community play in Xunzi's view of moral transformation as he reconstructs it. Through moral transformation, people become ideal agents and attain the good life. According to Tang, in this ideal state people's desires are satisfied, they enjoy human relationships within the community, and most importantly, they become integrated and autonomous agents — people who can control and direct their lives, and are not just driven by their momentary desires. One ultimate goal of this moral transformation is the achievement of the modern ideal of autonomy.③

---

① K 22.11, 22.12 for example.
② K 19.1 for example.
③ Sometimes Tang seems to suggest that the achievement of autonomy is the most important goal of moral transformation. For example, Tang (2012: 455) (with my emphasis): "If human beings are controlled by momentary desires, they live like beasts and cannot act as autonomous agents ... Through Confucian rituals a person can not only satisfy desires properly, but can also enjoy human relationships within the community. *Most importantly, it is through these Confucian rituals that a person realizes himself as an agent who can control and direct his own life.*" The view that (转下页)

This attainment of the good life and autonomy is achieved through practicing Confucian rituals in the community. Confucian rituals, Tang points out, instantiate a normative framework containing norms for interpersonal relationships and personal behavior. Practicing Confucian rituals helps to nurture our desires and allows people to live harmoniously in a community. Moreover, community also plays an important role here. A community for Xunzi, notes Tang, is not just any group of people, but is "an assembly of people structured by rituals"①. A community is thus the embodiment of the normative framework aforementioned. Tang argues, "the best nourishment of desire ... is only possible when the person is cultivated by the community".②

Besides regulating relationships and nourishing desires, Tang especially emphasizes the crucial roles rituals and community play in people's "self-realization" as integrated and "autonomous" agents. Tang argues, "community and its embodied tradition are essential to and constitutive of human selfhood"③, and "it is through such a normative framework that a person organizes himself into a unified self that can evaluate and control his own momentary and spontaneous desires."④ Tang's reason is that, through adopting this normative framework, one achieves an understanding of one's overall good, and one can thus evaluate desires and distinguish important desires from insignificant ones. The person adopting this framework thus achieves an understanding of himself and his life, and he is no

---

(接上页) the achievement of an integral self (整全自我) (which he identifies as autonomy in Tang [2012]) is an ultimate goal of moral transformation is also clearly expressed in Tang (2015). Moreover, Tang also suggests that the value of Confucian rituals (at least for people in the modern world) indeed lies in its crucial role in achieving autonomy. "If a person in the modern world were to ask Xunzi why he should follow Confucian rituals, Xunzi would probably answer that Confucian rituals constitute the normative framework through which we gain an integral self and become an autonomous agent. He would point out that autonomy as a modern ideal is possible only when we have a firm command of the self. Only when we know who we truly are and what we truly want can we act autonomously." (2012: 468)

① Tang 2012: 459.
② Tang 2012: 467.
③ Tang 2012: 466.
④ Tang 2012: 456.

longer "controlled" or "enslaved" by momentary and insignificant desires.①

We can already see two ways in which others (and one's relations with others) are crucial to one's ideal transformation in Tang's account. (As we will see later in this paper, this presence of others in the self-transformation process gives rise to an interesting tension between the two aspects of self.) First, a necessary step of this self-transformation, i.e., the adoption of the normative framework, significantly involves others: this adoption is through learning and practicing rituals, which is to maintain normative relationships with others; moreover, it needs to take place in a community, which, as noted, is an assembly of self and others structured by rituals. This transformation clearly leads one to identify oneself as relational to others and as part of the community.

Secondly, according to Tang, this normative framework is based on "a cultural and collective interpretation of our nature".②Given that one's ideal transformation requires adopting this normative framework, it is not just one's normative relations with others that form the transformed self, but *others' interpretation* of life and human nature which also constitutes the transformed self (through one's adoption of the normative framework). Indeed, Tang holds that "community and its embodied tradition are essential to and constitutive of human selfhood"③. I find this point inspiring, and later I will argue that the fact that others play significant roles in self-transformation brings tension between the two aforementioned aspects of the self. Here I will only clarify the sense in which the normative framework is "based on" a cultural and collective interpretation of our nature.

It should not mean that a collective interpretation "determines" the normative framework, since this omits the important role sages play in the invention of the rituals. Xunzi explicitly claims that rituals are established by the sages to resolve

---

① The idea that one is controlled by one's desires before transformation is worth further discussion, which I will address later in this paper.
② Tang 2012: 455.
③ Tang 2012: 466.

the problem of conflict and disorder.① It is reasonable to think that this process took a long period of time, through much trial and error, for rituals to stabilize as a long-standing practice. This trial and error process also needs to be embedded in a specific cultural context and collective wisdom. It is thus reasonable to think that the Confucian rituals result from the cultural and collective interpretation of our nature in a weaker, non-determinant sense. Moreover, it should be noted that it cannot just be *any* cultural and collective interpretation, but some kind of wisdom (e.g., sagehood) and success in practice also need to be involved in the invention and the selection process for the followers to have confidence in the general correctness of the rituals, and to an important extent, to avoid falling prey to relativism.

I am sympathetic with Tang's basic position: one achieves the ideal self by learning and practicing Confucian rituals and taking up the underlying normative framework; through this process, one transforms one's natural desires, makes better judgments, feels and acts more in line with what is appropriate, and can live harmoniously with others. Moreover, I find Tang's emphasis on the person-unifying function of the Confucian normative framework helpful. Indeed, this unification — of one's nature and one's harmonious existence with others achieved through following Confucian rituals — is a significant attraction of Xunzi's account of rituals.② However, Tang's emphasis on autonomy as a form of complete control of the self and the goal of moral transformation requires further investigation.

---

① For example, K 9.3, 9.18, 19.1 and 20.1. Clearly, this claim gives rise to questions such as how did the sages become sages before the rituals, and whether it was the work of one sage or many sages. The solution that more and more scholars adopt is that the ancient kings, in trying to resolve the conflicts among people, started instituting rituals, and by following the rituals themselves, the kings develop love for the rituals in themselves and transform into sage kings. The rituals then are past down in culture. See, for example, Nivison 2000: 186.
② K 19.3.

III. The Emphasis on Autonomy: A Clarification

Tang argues that one ultimate goal of moral transformation is the achievement of the modern ideal of autonomy: for people to realize themselves as autonomous agents. To this position, two questions may arise: (1) What is the modern ideal of autonomy? Is the Xunzian moral transformation indeed the achievement of this ideal? (2) Is "autonomy" indeed the goal of moral transformation in Xunzi's account? I address these two questions in the following sections.

1. The Modern Ideal of Autonomy

In the most general terms, "autonomy" means "independence", "having or making one's own laws", "self-government", "liberty to follow one's own will" and "personal freedom".① Related concepts clustered around it include "self-mastery", "freedom", "individualism", "separateness", "rights" and "rationality".② This term is used in various contexts, and here I focus on the most relevant concept: *personal autonomy* (or individual autonomy, instead of political autonomy, for example).③ Chong (2003) provided a basic account of personal autonomy: "The

---

① We can find these meanings in the *Oxford English Dictionary*.
② For example, Christman(2015), Rosemont (2004) and Chan (2002) talk about these concepts.
③ Tang is concerned with personal autonomy as well. For example, Tang (2012: 466). It should be noted that given that, for the Confucians, the ideal transformation is moral transformation, and becoming an ethical human being should be crucial to one's own identity, personal autonomy and moral autonomy (i. e. , self-directedness of one's moral life) are not only not in antagonism in this discussion, but they have the same extension. Notice that in Chong's discussion of autonomy in the *Analects*, he does not distinguish between "personal" and "moral autonomy" for the same reason: for doing so "unnecessarily assumes an antagonism from the outset, which is alien to ... the *Analects*." (Chong 2003: 269) Chan (2002), on the other hand, distinguishes moral autonomy from personal autonomy due to his interest in discussing what Chong calls "the negative conception of autonomy", and he finds personal autonomy provides better support "for civil and personal liberties", since "personal autonomy requires the availability of options that the agent regards as valuable ... including options of career, marriage, education, association and religion — options that are normally protected in international human-rights charters."(Chan 2002: 299) Given that my concern is with what Chong calls the positive conception of autonomy, I do not address this distinction Chan makes.

individual's ability and freedom to realize projects that are important to his or her own identity."①I take this as my starting point. Some preliminary clarifications are in order.

First, the ideal discussed here is concerned with what Chong calls the "positive conception" of autonomy②— the kind of self-directedness that is concerned with the source of control over one's actions and one's life, rather than with the "negative conception" of autonomy, which is concerned with the freedom from external constraints on actions.③

Secondly, the sense of "autonomy" in question is an achievement concept.④It involves expertise that results from long-term training during the transformation process. So, my focus is on one's expertise at directing oneself to act on projects (including desires, values, etc.) that can count as "hers", or as Chong puts it, on projects that are important to her own identity.

Thirdly, it should be noted that the western notion of autonomy admits different senses; or to put it differently, different theories of autonomy depict this notion differently and have their respective emphases. However, this is not to say that there are not some core features or a range of phenomena that are associated with the notion of autonomy. Indeed, the valuable work Chong (2003) and Shun (2004) did was to focus on features of Confucian ethics that connect with essential aspects of autonomy. Chong focused on the Confucian emphasis on the development of aspirations （志）, achieving the integral self, and the effort required for self-directedness and how these features connect with the notion of autonomy. Shun addresses the Confucian emphasis on human capacities to make

---

① Chong 2003: 269.
② Chong 2003: 277.
③ Ibid. Chong follows Isaiah Berlin's distinction between the negative and the positive conceptions of liberty and makes this distinction. His focus on the positive conception of autonomy aims to explore our "deep-seated desire for directing our own lives". (Chong 2003: 277)
④ Chong (2003: 277) makes this point clear: "For self-directedness to obtain, strength of character and effort are required to maintain an integral sense of self together with the ideals which form an important part of this self. In this sense, autonomy is an achievement concept."

social distinctions, to reflect and assess one's action and one's life, and how one's reflection is informed by one's social background and one's identity as a member of the community. Shun suggests that this capacity to make reflective decisions is independent of external control, and thus counts as a form of autonomy.① Here I follow Chong and Shun's work in pointing out features of Xunzi's account as Tang reconstructed it that connect with essential aspects of autonomy, but later I also address the aspects of Xunzi's account that may be in tension with the thick notion of autonomy.

What are the essential features of autonomy? Chong's and Shun's respective views provide insights. Chong addresses one's ability to direct oneself to act on projects (including desires, values, etc.) that can count as "hers". Shun addresses the importance of reflective decisions that are not determined by external influence. Their shared emphasis is on one's competence to act on one's project and the authenticity of one's projects. ②John Christman provides a brief summary of the competency conditions and authenticity conditions involved in the conception of autonomy: "Competency includes various capacities for rational thought, self-control and freedom from debilitating pathologies, systematic self-deception and so on … Authenticity conditions often include the capacity to reflect upon and endorse (or identify with) one's desires, values and so on."③

---

① Shun 2004: 193.

② This matches John Christman's introduction to the idea of individual autonomy: "In the western tradition, the view that individual autonomy is a basic moral and political value is very much a modern development. Putting moral weight on an individual's ability to govern herself, independent of her place in a metaphysical order or her role in social structures and political institutions is very much the product of the modernist humanism of which much contemporary moral and political philosophy is an offshoot … Put most simply, to be autonomous is to be one's own person, to be directed by considerations, desires, conditions and characteristics that are not simply imposed externally upon one, but are part of what can somehow be considered one's authentic self." See John Christman, "Autonomy in Moral and Political Philosophy", in *Stanford Encyclopedia of Philosophy* (https://plato.stanford.edu/entries/autonomy-moral/, p. 2 - 3) Christman also introduces the "ideal autonomy" that fits the achievement concept of autonomy I just mentioned: "an achievement that serves as a goal to which we might aspire and according to which a person is maximally authentic and free of manipulative, self-distorting influences". (ibid, p. 4)

③ ibid, p. 6.

It is important to note that this conception of autonomy emphasizes one's own reflection and independence from external influence. Moreover, as Christman points out, there is "no stipulations about the content of the desires, values and so on, in virtue of which one is considered autonomous ..."① In other words, this conception of autonomy focuses on the internal relation between one's action/project/life and one's identity, and is thus in a strong sense value-neutral. For my purposes (which will become clear soon), it is also worth noting that, if we look carefully at the capacities that are involved in both of these conditions, we can see that they are mainly concerned with one's rational capacities, which are one's internal resources.

With these clarifications of the modern ideal of autonomy, I explore the sense in which the ideal agents in Xunzi's account as Tang reconstructed it may be autonomous agents. I will point out that Tang's view of autonomy is in fact much stronger than and in tension with the modern ideal of autonomy as I just put forward.

2. Tang's View of Autonomy: Substantive Self-Control

Tang recognizes that for Xunzi, one's heartmind necessarily evaluates one's actions and issues approvals, and its evaluation is not determined by desire or other influences. This reflective aspect of the self exists before moral transformation. Even though due to the lack of a proper normative framework, one (or one's heartmind) may approve of certain actions without following the correct principles, one is not driven or "controlled" by these desires (even though these desires may have strong influences on the heartmind's decision②) — since to evaluate and to approve by definition is to adopt a reflective stance and to endorse the result of reflection, and is thus not determined by desire or external influences. If "autonomy" refers to the capacity to reflectively endorse one's actions (or that one in fact does), we can safely assume that (at least) any normal adult is "autonomous" in this basic sense in Xunzi's account.

---

① ibid, p. 7.
② In K 4. 12, Xunzi states that without teachers and proper models, one's heartmind is like one's mouth and stomach, just aiming at feasting oneself to satisfaction and not know ritual principles.

Clearly Tang's view of autonomy is stronger than this. An autonomous agent, according to Tang, has "a life commended and directed by a unified self"①, where the agent "actively directs her life and lives it according to her plans and projects".② This notion of autonomy matches what I formulated earlier: one's expertise to direct oneself to act on projects (including desires, values, etc.) that can count as "hers".③

However, Tang makes a further requirement of autonomy: "The integrity of the self and the autonomy of one's life are only possible when the self and the life are structured by a normative framework."④ Understood in this way, Tang's "autonomy" is stronger than being reflective or acting and living according to a plan that renders her recognizable as a unified agent: one needs to adopt and to be unified according to a normative framework, with plans and projects in accordance with this normative framework.

Notice that, even though the conception of autonomy depicted so far is stronger than the agent simply being reflective or living in accordance with her plan, it is still a formal depiction, without special constraint on the content of the normative framework. Clearly, being structurally "reflective" (where evaluation and approval is necessary in the process) and being unified with a plan and normative framework does not mean one will be able to reflect and act "properly" according to the Confucian perspective. One naturally asks, can someone, matching the criteria so far presented, adopt a different normative framework from the one instantiated in Confucian rituals, say, an egoistic framework or a Daoist framework, and still be an "autonomous agent" in Tang's account? That is, is it possible that the Confucian teaching just provides one possible way to achieve Tang's idea of autonomy?⑤

---

① Tang 2012: 460.
② Ibid.
③ This also matches Christman's depiction of ideal autonomy mentioned in the earlier footnote. It is worth noting that the influential account of authenticity by Frankfurt also requires similar elements: that the freedom of the will should involve second-order volition and wholeheartedness.
④ Tang 2012: 466.
⑤ I would like to thank 王荣麟 for his questions that inspired this discussion.

Tang views the adoption of the Confucian normative framework (or something very similar to it) provides a very plausible answer (if not necessary) for achieving autonomy — not just any normative framework will do. ①Tang views autonomy as "a firm command of the self", and we can only have that if we "know who we truly are and what we truly want"②. According to Tang, we gain such knowledge and command through Confucian rituals, since it plausibly provides the best interpretation of human nature. He argues that the Confucian normative framework is not "discovered externally in the world", and not "derived directly from our nature". ③ It is, rather, "constructed through the interplay between our actions and our nature; they are meant to capture those patterns of behavior that best express and actualize our nature". ④ He argues, "[the] Confucian interpretation of human nature is represented in the Way of humans as understood by Xunzi". The Way of humans allows two things: to "live harmoniously with one another in a unified community", and "[enabling] the best nourishment of our desires". ⑤ From these comments, we can gather that Tang would likely say that the Confucian normative framework is not just one possible interpretation, but it is the interpretation that takes our nature into account closely and provides the best account of the overall good of humans. With human nature as its starting point and its constraint, the adoption of the Confucian normative framework is more than a formal unification, but has human nature and potential as its content, and has the harmonious and content community life as its direction.

---

① It should be noted that Tang does not try to give a full proof that the adoption of Confucian normative framework is necessary for autonomy, but he does think it provides a very plausible answer. In his book (Tang 2015, ch. 5), he further argues that the adoption of the Confucian normative framework (or something similar to it in emphasizing norms for interpersonal relations) is necessary for the achievement of autonomy, since the necessary condition for an autonomous individual involves the ethical abilities to understand and express emotions and desires, and such framework provides cultivations for such abilities. Due to the limitation of space, I will not address this further argument here.
② Tang 2012: 468.
③ Tang 2012: 465.
④ Ibid.
⑤ Tang 2012: 465 – 466.

From this, we can see that the kind of "control" Tang proposes is strong and substantive (instead of merely formal), and thus the form of autonomy is much stronger than the modern notion of autonomy I discussed earlier. It requires "true knowledge" of oneself and the normative framework that is being adopted and acted from as "true knowledge" is based on a specific, cultural and collective interpretation of human nature, the self and interpersonal relations, and treats the nourishment of desires, the common good and a harmonious communal life structured by distinctions as the aim. It clearly has substantive value content.

This Confucian interpretation is endorsed by some, and from a certain perspective, to be the best interpretation available. However, it is unclear all reasonable normative frameworks with accounts of human conditions need to accept its assumptions, and certainly reflective minds may disagree with one or more of them. Specifically, this interpretation presumes the following:

(1) One treats humanity as one's core identity, and humanity here refers to a specific view of human nature. ①
(2) The self should be understood in relations and as part of a community.
(3) One's aim should be at the communal good, which constitutes individual good. ②
(4) (Particular to Xunzi's view) Goodness does not come from human

---

① Based on Tang's interpretation of Xunzi in his book(《荀子的为己之学》) we can add that based on this interpretation, human nature should not be partially neglected or rejected in achieving autonomy. (Tang 2015, ch. 10)

② Shun makes this point clearly: "While some Confucian thinkers, such as Xunzi, do regard the social setup as in part serving the purpose of preempting potential conflict among people in the pursuit of their basic needs, they also emphasize its other functions such as beautifying the emotions. More importantly, even in relation to the function of the social setup in enabling people to satisfy their basic needs, the focus of Confucian thinkers when viewing the legitimate claims that an individual has on others is less on how the claims serve to protect that individual, but more on how they are part of a social setup that is to the communal good … The important point, which both Ihara and Wong highlight in their respective chapters in this volume, is that Confucian thinkers regard such claims as based on an understanding of the social dimensions of human life rather than on a conception of human beings as individuals who need protection in the pursuit of their individual ends."(2004: 195) nature, but from the sage's creative invention based on a cultural and collective interpretation of human nature. Even though people have the relevant resources to become good, there is no guarantee that people will achieve goodness even if they try, and they need to rely on the sage's inventions in the transformation process.

(5) (Particular to Xunzi's view) Goodness such as ren (仁) and rightness (义) are understood in terms of ritual propriety (礼). That is, these values and norms are conceptually tied to a cultural and collective interpretation of humanity, and thus deeply embedded in culture and institution.①

This is a form of autonomy worth considering. Given the strong emphasis on self-control and the substantive value presumptions involved in this account, I call Tang's view of autonomy "substantive self-control". Presumably the ideal agent in this account will fit the formal depiction that she has the expertise to direct herself to act on projects (including desires, values, etc.) that can count as "hers", she serves as an *example* of the modern ideal of autonomy. However, Tang's view seems stronger than that. He may think that the ideal agent serves as the *paragon* of autonomy, if not the only example of autonomy.②

Here I address two concerns I have with this substantive self-control as an example (or the paragon) of the modern ideal of autonomy. First, we may question whether the Confucian normative framework indeed counts as "true knowledge" of oneself. As we know, in Xunzi's view the Confucian normative

---

① This idea is especially clearly expressed in K 27. 22.
② After all, if Tang holds the weaker view that the ideal agent in this case is just one example of autonomy, that there are many other normative frameworks that can be adopted to be autonomous, there seems much less point for him to claim that "If a person in the modern world were to ask Xunzi why he should follow Confucian rituals, Xunzi would probably answer that Confucian rituals constitute the normative framework through which we gain an integral self and become an autonomous agent. He would point out that autonomy as a modern ideal is possible only when we have a firm command of the self. Only when we know who we truly are and what we truly want can we act autonomously." (468)

framework is not determined by (or the direct derivative of) human nature, by cosmic order or by one's capacity as a rational human being; rather, it is an interpretation through creative and cumulative effort. Indeed, according to Xunzi's position, there are no predetermined moral facts given how the world is (or woven into the fabric of the universe, so to speak) — thus his emphasis on wei 为, the creative and cumulative effort, for the invention of the Confucian rituals.① The Confucian framework, given this position, is just a cultural interpretation of human nature (even though it may be the best, given the assumptions mentioned earlier). Epistemologically we cannot know whether it is the "true" answer, and in principle it may change if the situation we face or the culture changes.②

Second, as I pointed out, this form of autonomy that Tang describes clearly involves substantive value content: the Confucian (in this case, the Xunzian) interpretation of human nature and the ultimate good. However, there is tension between this form of autonomy and the basic western notion of autonomy. The basic idea of autonomy, as I discussed earlier, is about self-directedness, independence from others, and freedom from external constraints. It implies that individuals have the capacities (or at least all the resources) to reflect on their situation and rationally choose their own ends, and it carries the idea of value neutrality toward that end. However, Tang's view of autonomy is not only stronger, but is in tension with this basic idea in two ways. To start with, it is only

---

① The concept of "wei" in Xunzi's text is contrasted with human nature, and is explained in two different ways: one refers to the choices and action of the heartmind, and the other refers to the activity and achievement achieved through cumulated effort and practice. Wei in this second sense carries a positive connotation. (K 22.1 Yiu-Ming Fung [冯耀明] provides a close analysis of the idea of "wei" in his seminal paper.[《荀子人性论新诠——附〈荣辱〉篇 23 字衍之纠谬》,2005 年]) My use in this paper of "wei" is limited to this second sense. The sages are different from others not because they have different natures, but because of "wei". According to Xunzi, rituals come from the accumulated effort of the sages, and are not inherent in human nature. (K 23.7)

② For example, consider how the world may drastically change when political structures and technology advance, and how this may affect the changes in conditions of human relationships and in culture. We can see these thought experiments in many scientific novels.

attributed to a particular theoretical perspective (the Xunzian idea of the Way of humans), and this conflicts with the common claim to value neutrality in the attribution of autonomy. For example, the artist Gauguin depicted by Bernard Williams[①] may usually be counted as immoral for abandoning his family for his artistic pursuits, he may still be counted as an autonomous agent, given that he is acting from his ground project (which, by definition, is tied up with his identity as he conceives it). But in Tang's stronger view of autonomy, he is not. Tang might argue that, in this case, Gauguin does not have true knowledge of himself (since his belief about himself obviously does not match the Confucian interpretation), thus his project is not authentically his, given that it is not based on his "true identity". This reply raises my worry exactly: should the authenticity of a project not be determined by a person's reflective understanding of himself, but instead by the cultural and collective interpretation of presumed human nature? This dependence on others in connecting with our own identity seems to clash directly with the modern ideal of autonomy.

Moreover, in this account one does not already have all the capacities or resources guaranteeing one to be "autonomous", but has to learn from the culture and the community to adopt the Confucian normative framework. Indeed, this account of moral transformation has its limitations regarding autonomy and individual independence and freedom: as a cultural and collective interpretation of human nature, though not completely closed to revision, the Confucian framework is not something best tailored to individual differences. A person taking up the normative framework needs to in some ways be prepared to lose her complete originality in expressing her individuality.[②]

It should thus be clear that the ideal agents in Xunzi's account are "autonomous" in certain ways; however, this autonomy is in tension with the

---

① Bernard Williams, *Moral Luck*, Cambridge: Cambridge University Press, 1981.
② Herr, for example, emphasizes that ren must be expressed through li, which is essentially "a body of intersubjective prescriptions based on communal consensus", and thus there is not much room for individual spontaneity. See Herr, Ranjoo Seodu, 2003. I address this issue further in another paper.

modern ideal of autonomy. The comparison between the modern ideal of autonomy and substantive self-control shows the difference between the liberal(as well as the Kantian) idea of agency and that of Xunzi. It also provides us a way to see the relation (and the tension) between the two aspects of the self in Xunzi's account. Before I move to address that issue, an elaboration of the goal of Xunzi's moral transformation is crucial.

Now I turn to the second question I raised in the beginning of this section: is "autonomy" (including the modern ideal of autonomy and substantive self-control as Tang suggests) the ultimate goal (or at least one ultimate goal) for moral transformation in Xunzi's account? I argue that it is not. For Confucians, autonomy is good because the ethical life of ren (仁) and rightness (义) is the aim, and autonomy helps one transform and live such an ethical life. This life also involves some form of autonomy. It is not clear, however, that autonomy itself is intrinsically valuable in Xunzi's account, or is one ultimate goal.[①] In fact, I argue that there are ways in which one loses oneself during moral transformation and in the ideal life. This undermines the agent's autonomy in the thick sense, as well as the complete "control" of the self that Tang emphasized. In the following I first address the nature of the ideal existence and the role of others in this account. I then move to address three ways of self-loss in this account.

Ⅳ. More than Autonomy: a Beautiful Self

I find Tang's emphasis on the self-unifying function of the adoption of the Confucian normative framework inspiring. Indeed, the substantive self-direction Tang argues for is a significant attraction of Xunzi's account of rituals. However, moral transformation is not just about nurturing and satisfying our desires in the

---

① Chan (2002: 299) makes the same point about Confucianism.

community, or unifying us as autonomous agents.① It serves a further aim: it aims at beautifying the self.②Xunzi says, "In antiquity men undertook learning for the sake of self-improvement (or "for theirselves", which is a more direct translation for "为己"); today people undertake learning for the sake of others." What is involved in self-improvement? (Or we can ask, following the direct translation, in what sense is it for one's self?) What does "for the sake of others" mean? Xunzi immediately answers these questions: "The learning of the gentleman is used to beautify his whole person（美其身）. The learning of the petty man is used like ceremonial offerings of birds and calves."③So according to Xunzi, learning is not used for gaining fame or profit from others.④ Rather, the most crucial aspect of moral transformation is to beautify the self, or to what I call "raise up one's whole

---

① As Tang argues convincingly, Xunzi does see nurturing human desires and forming integral agents as important reasons and benefits for the design of the rituals. However, I do not see that Xunzi works very hard at stressing the unique problem with the lack of autonomy, but his emphasis is on gaining perspective, thinking carefully and in the long term, and having proper values. Moreover, if we consider the ideal state of existence in Confucianism (sagehood), we notice that the sages do not focus on trying to satisfy their own self-concerned desires or trying to be a unified person so much anymore. They think about the welfare of others instead. This observation gives me reason to think that a lot of self-concerned reasons Xunzi provides for achieving sagehood are more for the untransformed minds: they are to convince the untransformed people there are good reasons for doing it, but they need not convey the whole or the most important goal for moral transformation.
② Xunzi uses the word mei"美" in his characterization. This word has the aesthetic connotation that means more than moral goodness. Some translate it to be "refined" (e. g., Knoblock), which does capture the "cultured", "elegant" and "fine" aspect of the term "美". However, "refined" also has a "purified" connotation that I do not think is fit for an interpretation of Xunzi. As I argued earlier, there is no "pure" self before transformation in Xunzi's account. Some translate it to be "fine" (Hutton), which does capture the "excellent" aspect of the term "美", but it does not seem to express the aesthetic aspect as well. While the term "beautiful" not only captures the aesthetic aspect of the term, but captures the "fine", "excellent" and "pleasing" aspect of "美". Indeed, Xunzi (and Confucius) connects the state of the sage to pleasure or happiness. (K 21. 12 for example)
③ K 1. 10 with some of my own translation. Knoblock translates "美其身" to be refine his character. I change "refine" to "beautify" for consistency, and change "his character" to "his whole person" to match what Xunzi says in K 1. 9.
④ We can also see here that Xunzi is not (at least not directly) concerned with self-control. Moreover, from his comparison with the cases where people learn to gain fame or profit, it is clear that he does not think learning should be for self-satisfaction. I appreciate an anonymous reviewer's suggestion to clarify this point.

state of existence" (at least from the Confucian perspective). ① Here I elaborate on this point.

In Confucian discourses (and in Chinese culture in general), the concept of beauty is often linked with the concept of virtue and goodness, and is contrasted with the concept of moral badness. ② We saw that Xunzi's view of the learning of the gentleman is to beautify himself. Also, he clearly states that without such accumulative effort, wei (伪), human nature cannot beautify itself. ③ He further describes such learning as involving the change of one's whole person, including one's heartmind as well as one's body, and it will manifest itself in one's activity and words. ④ Indeed, Xunzi describes a sage as someone who thoroughly perfects himself in the Dao and is a person of complete beauty. ⑤

What kind of existence can one achieve through such learning? In what sense is it beautiful? As Tang has pointed out, the learning and the practice of rituals play a crucial role in Xunzi's moral transformation. Xunzi thinks that we have natural affections and desires, and a proper guidance is not to rid ourselves of such natural dispositions, but to refine them. The point of the ritual practice is not only to render one's daily activities (such as eating and drinking) harmonious and measured, to bring order to one's aspirations and ambitions and render one's actions reasonable, as well as one's attitudes and emotions befitting the situations, but it is also to bring culture to one's manner and appearance, so one does not seem "arrogant and obstinate, depraved and perverted, utterly commonplace and savage". ⑥ This guidance involves the transformation of one's raw capacities and the refinement of the expression of natural emotions and desires — regulating when

---

① It is worth noting that, the expression "raise up one's whole state of existence" is from the ethical and aesthetic perspective, not the metaphysical perspective. Thanks for an anonymous reviewer's suggestion for clarification.
② This use can also be found in Xunzi's text. For example, K 21 and K 23.
③ K 19.15.
④ K 1.9.
⑤ K 18.2.
⑥ K 2.2.

to enhance them and when to stop them, and also induce them and provide them with meaning when appropriate.① Through such learning, not only is one's behavior regulated, but one's heartmind and one's natural dispositions are refined and transformed, and the achieved virtue and consummate goodness is manifested in an existence that is regarded as joyful and beautiful.②

The essence of ritual is about guiding human relations. Xunzi says, the changes of emotion and manner should be sufficient to make clear that the rank is high or low and that the relation is near or distant, and rituals are to provide guidance. The use of rituals "ornaments social relations. They provide distinctions between the obligations due near and far relations and the eminent and humble."③ The guidance for human relations is crucial for resolving potential or actual (internal as well as external) conflicts as well as bringing about the transformation of the self. Indeed, for Xunzi (and Confucians in general), transformation is largely through regulating and changing one's relation with others, and the ideal selves — the sages — are people who are perfect in human relations.④ Moreover, the fundamental as well as the most exhorted virtue and consummate goodness in Confuciansim is ren (仁), a virtue regarding one's attitude toward others and personal relations. In an important sense, the beauty of the transformed self is manifested in one's relation with others. Later I will elaborate on the nature of such a beautiful existence based on the Confucian idea of ren (仁).

Before that, I briefly summarize my proposal of Xunzi's ideal self so far, a view I have developed from Tang's account. I call it the "substantive self-correction" view: an ideal self, in Xunzi's account, is an achievement by learning and practicing the Confucian rituals and adopting the underlying normative

---

① K 19.13 and 19.14. We can also see that this idea corresponds with Confucius's idea of "文质彬彬".
② A. S. Cua's seminal paper "Dimensions of Li (Propriety): Reflections on an Aspect of Hsün Tzu's Ethics" (1979) and Kim Chong Chong's insightful book *Early Confucian Ethics* both provided important discussion of this topic. I also developed a more detailed view of the transformation process in Xunzi's account in another paper.
③ K 19.14, 19.18 and 8.24.
④ K 21.15.

framework. This self-crafting process requires intentional and accumulative effort. The Confucian rituals are also creative designs from accumulative effort. They are based on a cultural and collective interpretation of human nature and aim at nurturing human's natural state and bringing harmonious living for all. One's heartmind is reflective by nature, and through this self-crafting process, one's heartmind adopts a proper normative framework and is able to evaluate and decide according to correct principles. in this process one's raw capacities to make social distinctions and form social relations also develops, and one's natural affections and desires are guided and nurtured, their expressions refined, and one's whole existence is thus cultured and beautified.

The aforementioned two aspects of the Confucian selves both play crucial roles in this account: it should be clear that the heartmind plays the role of the reflective agential self, and this role is crucial for the transformation of the self. It necessarily adopts a reflective stance toward one's existing desires and inclinations, however, this reflective agential self does not reflect from a perspective of nowhere. Even before transformation, conceivably one is already immersed in the surrounding culture and absorbs certain kind of basis for judgment.① More importantly, through learning, the heartmind can adopt the Confucian normative framework, correct oneself, and also evaluate this framework piecemeal.②

Moreover, Xunzi thinks that humans are bound to live with others, and the only way humans can satisfy their desires and prosper is by developing and making good use of their capacity to make social distinctions and form social norms and relations, and ultimately adopt Confucian rituals and transform themselves. Indeed, through this process of adopting and evaluating normative frameworks, collectively people establish an interpretation of our human nature that best fits our

---

① Shun makes this point clearly: "The hypothetical figure of the egoist does not play a role in Chinese ethical thought and Chinese thinkers see their audience as concrete individuals who already share to some extent the concerns and perspectives shaped by the social order within which they have been brought up." (Shun 2004: 194)

② I discuss the details of how transformation may work through ritual practices in another paper.

environment and our existing culture: the Confucian rituals. The ideal self, achieved through learning and practicing rituals, identifies oneself as part of this community life and social order, and regulates oneself accordingly. In this case, one's place in social relations and social order deeply constitutes one's conception of oneself, and that is the formation of the social aspect of the self. In this case, there is no problematic tension between the two aspects of the self I mentioned earlier. Rather, through moral transformation, the reflective agential self becomes constituted by the social self, and the former accepts or even endorses this.①

This is my initial account of Xunzi's view of the ideal self, the substantive self-correction view. Next I will show how this view may be different from the substantive self-control account (and the modern ideal of autonomy) I mentioned earlier. Before that, I would like to flag a potential worry for my view: clearly the ideal self in this view is related to others in a normative sense — through one's adopting and practicing rituals. One's connection with others may, however, seem derivative from one's normative framework. Others, to the self, seem to be merely the embodiment of the normative framework. This may be a cause for concern. It is worth noting that this initial account I just provided is not a complete depiction of the self-other relation in Confucianism. My view is that the transformed self also connects with others in a much more intimate way. I argue for this view after I elaborate on the nature of the ideal self based on the Confucian idea of ren 仁.

V. Substantive Self-Correction: Self-Crafting Through Self-loss

It should be clear that in the substantive self-correction view, the self is not a

---

① This endorsement may even be reflective, but presumably not from a higher perspective or from the vacuum, but through a method similar to reflective equilibrium.

static existence. Rather, it goes through changes in the self-crafting process. I argue that, in the self-crafting process there are three senses in which one loses one's self: 1. One loses one's naturally formed (or at least before-corrected) expressions of one's nature, which one may identify as part of one's (old) self. 2. One loses one's firm control of oneself by going through the training of rituals, with no clear prediction of how it works or what the transformed self will be. 3. The unified ideal self is also substantially other-related: one loses the focus on oneself in one's consciousness, and structurally connects with others. These three senses of self-loss mark the distinction between my view and the other two views of self-directedness aforementioned: "the modern ideal of autonomy" and "substantive self-control".[①] This part of the paper is mainly exploratory and preliminary, but I try to provide textual support for the discussion.

1. The change of one's appearance

Xunzi emphasizes the importance of rituals in the transformation of human nature. He characterizes 'transformation' as follows, "where the appearance undergoes metamorphosis, but there is no distinction in the reality, yet they are deemed different, it is called 'transformation'."[②] In the transformation of human nature, what is the "appearance", and what is the "reality"? Xunzi points out two

---

① A cautionary note is in order: as I pointed out earlier, Tang puts a lot of emphasis on the idea of "control" in his discussion of autonomy. However, it is unclear from his discussion whether he uses expressions such as "control and direct his own life", "firm command of the self", a good life is a life "actively directed by that person", and "live according to one's plans and projects", etc., to associate with the modern ideal of autonomy (which, as I pointed out earlier, has a strong emphasis on control by oneself and not by others, especially through one's rational capacities), or he simply means to talk about *some sort of self-directedness*, and may implicitly accept the three sense of self-loss I talked about in Xunzi's ideal self. I do not wish to decide on this issue in this paper. I accept the possibility of the latter, and in that case, my project here should be understood as pointing out the difference between my substantive self-correction view from a view one may develop from Tang's expressions, the substantive self-control view. I appreciate an anonymous reviewer's suggestion for this clarification.

② K 22.6.

uses of "human nature"①: let's call "what characterizes a man from birth" his "nature $_1$"; and call "what is produced out of the harmony of inborn nature, out of the sensibilities of the organ tallying as the senses respond to stimuli, and what from birth is effortless and spontaneous" his "nature $_2$". I discussed this passage (and some other issues concerning moral transformation) elsewhere based on a close textual analysis.② Here I will just rehash the main points to facilitate discussion: "nature $_1$" is something that cannot be changed, and the "nature $_2$" is what is formed without cumulative and good effort — this is the part that can be transformed (huazing 化性) and should be contrasted with the idea of "wei" (伪). (cumulative and good effort or what is formed by it, e.g., rituals. See fn. 63 for further explanation.) According to Xunzi, when people follow their natural state, then (internal as well as external) conflict and disorder arise, and rituals are designed to resolve this problem through a transformation of people; the difference between sages and others is not in their nature, but in wei.③ Following these ideas, we may understand "reality" to be referred to "nature$_1$" or the entity with "nature $_1$", the appearance before transformation (that may lead to chaos) to "nature $_2$" (maybe with the help of some human artifice), which is not formed or corrected by rituals (or the Confucian normative framework) and the appearance after transformation to "wei", or the virtuous existence, the crafted self.

It should be clear that, in the self-crafting process, one loses one's naturally formed states (nature $_2$, states prior to "correction") in the sense that such states are transformed into "wei". For Xunzi, such natural states are just appearances or expressions of human reality (nature $_1$). This natural expression leads to bad consequences, so rituals are designed to guide and correct it. Conceivably, even

---

① K 22.1.
② One anonymous reviewer suggested some interesting issues regarding how moral transformation occurs for further investigation, including "what self-interpretation involves, what it is about the normative structure that can transform an agent from passive to active, how the normative structure works with patterns of human nature", etc. I appreciate the suggestion. I address some of these issues in another paper, but more needs to be done for us to understand the Xunzian moral transformation more fully.
③ K 23.7.

though it is just an appearance, one may still identify it as part of oneself, and before transformation, act accordingly. One (or more specifically, one's reflective self or one's heartmind) is urged to see the bad consequence of such expression of oneself (self as nature $_1$), and transform oneself (self as nature $_2$).① One's new and crafted self, one's appearance after transformation, is partly constituted by one's nature (nature $_1$), and partly constituted by the effortful, constitutive activity — ritual practices and the adoption of the Confucian normative framework.

Thus, in this transformation one loses one's naturally formed expression of one's nature, which one may identify as part of one's (old) self. It is worth noting that this form of self-loss involves a loss of self-identity, it is thus not just the loss in the expression of the self (or content of the self), but it also involves the loss of one's own (previous) way of interaction with the world (including one's understanding of and reaction to the world). Moreover, it involves the loss of one's control over oneself: recall that what is particular to Xunzi's account is that this transformation is through adopting a normative framework that is essentially provided by others (the sages or the community). Entrusting oneself to this normative framework and form such new existence is, in a way, to give up the self being the source of control and self-interpretation. This form of self-loss can thus be connected with the issue of originality and authenticity I discussed earlier, and in some cases (e.g., Williams' Gauguin case) such self-loss may be considered problematic from a concern for autonomy — especially from the modern ideal of autonomy, but also from the general idea that emphasizes strong self-control.② This self-loss according to Xunzi, however, is a good thing.

---

① One's evaluation of options and one's attitudes will change after the adoption of the Confucian normative framework. This is noted in many places in the *Xunzi*.

② Besides Williams' Gauguin case mentioned earlier, also consider Peter Railton's judgmental Ed in Railton 2006. In that story, Ed decides to take on a normative framework and issues judgments and acts accordingly, but such judgments (criticizing and treating others harshly) are in conflict with his original emotional inclinations (caring about others). The question arises: what is more authentic to Ed?

2. The journey to the unknown

Next I argue that, given that the transformation process involves ritual practices, such transformation is in a way a journey to the unknown. Entrusting oneself to such a journey is also, in a sense, a loss of self. In this case, one cannot really claim to have complete control of oneself in a different sense.

Different from other forms of moral education, such as following teachers to study classics and to deliberate, ritual practices (and music, another form of education strongly emphasized in the *Xunzi*) engages one's emotions, motivations and body directly. As mentioned earlier, ritual practices work to tune and refine one's whole person. Xunzi thinks that rituals can nurture one's cognitive, affective and sensory faculties. Through the experience of ritual practices, one can develop taste, change one's beliefs, clear one's aspiration,[①] and regulate one's emotions and desires, and their expressions.

It is worth noting that, even though rituals are designed as an interpretation of human nature, before transformation one does not really have a clear understanding of why and how exactly they may work. Xunzi does explain in the chapter *Discourse on Ritual Principles*(《礼论》) the rationale for some important rituals, but one needs to learn and practice rituals with a teacher to truly master them. Xunzi clearly states the necessity of teachers and ritual practices in moral education: "If you can neither be devoted to a man of learning nor exalt ritual principles, how can you do more than learn unordered facts or merely mechanically follow the Odes and Documents? In this case you will never, even to the end of your days, escape being nothing more than an untutored Ru … one who exalts ritual principles, though he may never gain a clear understanding of them, will be a model scholar, whereas one who does not exalt them, though he undertakes investigations and makes discriminations, will remain only an undisciplined Ru."[②]

---

① K 19.2 and 20.9.
② K 1.12.

If one does not follow the teacher in ritual practices but tries to rely on one's own notion, according to Xunzi, it is like "to employ a blind man to differentiate colors".① Indeed, according to Xunzi, most people (except for sages) do not understand rituals even though they form the normative framework for them.②

Therefore, even though the practice of rituals change one's cognitive, affective and bodily inclinations, one does not know how exactly this change works, or what exactly this change entails, except for the more general remarks of the state and virtues of the sages that can be found in the classics (such as the *Analects*). It should be clear now that not only one's original capacities are not sufficient to provide an interpretation of oneself and create one's norms (which causes the first sense of self-loss), but these capacities are not even sufficient to guide oneself in one's transformation. By adopting the Confucian rituals and transform, one basically entrusts oneself to one's teacher and to this framework, and allows one's own psyche to be open to changes.③ In this way, even though one may voluntarily and reflectively decide to transform morally④, one can also be said

---

① K 2.11.

② K 30.1.

③ The openness and vulnerability of one's emotional and bodily condition may be what allows ritual practices to change one's consciousness and induce new experiences and meaning. I discuss relevant changes through ritual practices in another paper. Yang (2016) also addressed this issue.

④ For Xunzi, agents may (and probably need to) have voluntary and reflective endorsement in (pursuing the path of) moral transformation. This idea can be seen in, e.g., K 2.10. Chan (2002) also offers a more thorough discussion on this issue. He discusses what he calls "four elements" of moral autonomy: the voluntary endorsement of morality, a reflective engagement in moral life, morality as self-legislation and morality as the radical free expression of the individual's will. Chan argues that the first two elements can be found in Confucian ethics, while the last two cannot, and they are in fact incompatible with Confucian ethics. The third element, self-legislation, refers to the Kantian idea that the moral laws are self-legislated: it is one's Reason (inherent in humanity) alone — not human nature, emotions or culture — that originates and validates the moral law. The fourth element, radical self-expression, refers to the idea that "[morality] and moral choices are made by one's self — the existentialist, not the rationalist self — for the latter does not truly represent the individual". In this case, one "legislates" the moral law for oneself, not by universal reason, but by "one's own reflection based on one's desires, ambition and personal circumstances". (Chan 2002: 285-6) Chan points out that Confucian ethics does not accept these two elements given that, according to the Confucians, morality is not legislated by reason or one's free choices, but is "grounded in human nature or heaven, which are two parts of the same whole". (Chan 2002: 290) I agree with Chan's view.

to yield one's firm control of oneself to the Confucian framework and to others (the sages, the collective and the teachers) by going through the training of rituals with teachers and adopting the Confucian framework, with no clear prediction of how it works and what the transformed self will be. This is the second sense of the loss of self.[①]

3. The expansion of consciousness: self-loss in relation

Opening up one's psyche allows ritual practices and music to refine and to some extent even reshape one's affective and sensory dispositions. Understandably it also changes one's states of consciousness.[②] Given my argument for the journey to the unknown, I do not claim that I have a full knowledge of the sages' mental states. However, the Confucian texts provide plenty of material for thought. I focus, in particular, on the Confucian ideal of ren. I mentioned earlier that the fundamental as well as the most exhorted virtue and consummate goodness in Confucianism is ren 仁, which is a virtue regarding one's attitudes toward others and personal relations. In an important sense, the beauty of the transformed self is manifested in the virtue of ren. How does the adoption of the Confucian normative framework change one's states of consciousness to be a manifestation of ren? I argue that, through transformation, one's consciousness is changed in the sense that its focus is expanded: others structurally relate to the self in one's consciousness as one's focus, and one's focus on oneself is reshaped to include an awareness of others. This is, I argue, the third sense in which the process of crafting the self is losing the self.

Ren, for Confucius, is not only possible, but is easily accessible for everyone.

---

① This is an important reason why, for the Confucians, the Confucian normative framework cannot just be *any* cultural and collective interpretation of human nature, but must be a design of the sages.

② In fact, studies in social psychology and neuroscience show differences in self-construal styles between western and east Asian cultures. E. g., S. Han & G. Northoff 2009. Studies also find differences in brain activities due to different life styles (e. g., the eastern interdependent style and the western independent style). E. g., M. de Greck et al. 2012. However, due to the limitation of space, I do not address empirical studies in this paper.

He says that, "Is ren indeed so far away? As soon as we want it, we should find that it is at our very side." (*Analects* 7.29) However, we should not mistake "by our side" for "easily attainable". Indeed, ren can be difficult to attain, as Confucius' disciples Zengzi and Yan Yuan both proclaimed.① What is the state of a person of ren? Why is it that "the person of ren, wishing himself to be established, sees that others are established, and wishing himself to be successful, sees that others are successful"?

Ren regulates human relations and one's attitudes toward others, and is regarded as a fundamental virtue in the *Xunzi*. The basic idea of ren is care and love for all②, however, it is not love for all without distinction or regulation. Rather, it is care with gradation and regulated with proper expression. Ren is manifested in one's ideas, words, behavior and emotions, and it is guided by rituals and expressed in behavior in accordance with rightness (yi 义, the other fundamental virtue in the *Xunzi*). For example, Xunzi said, "to treat relatives as is appropriate for relatives, to treat old friends as is appropriate for old friends, to treat servants as is appropriate for servants, to treat laborers as is appropriate for laborers — these are the gradations in ren", and "to extend kindness without correct principles (li 理) does not constitute ren. To follow correct principles without proper regulation does not constitute rightness… The gentleman dwells in ren by means of rightness, and only then is it ren."③

Xunzi takes ren and rightness to be the two most fundamental virtues, and both are guided by and manifested in ritual propriety. However, ren and rightness do not work in the same way. Xunzi says, "For the gentleman to nurture his mind, nothing is more excellent than truthfulness. If a man has attained perfection of truthfulness, he will have no other concern than to cling to ren and to carry out

---

① See the *Analects* 8.7 and 9.11.
② H 27: 115, "Ren is care and so it makes for affection."
③ K 27.22. The idea that ren and its expression must be constituted by ritual propriety and rightness is also shown in K 13.8-9. Here for discussion I just focus on the relation among ren, rightness and ritual. Xunzi's view of ren is even more complicated than this. For Xunzi, ren connects with not just ritual and rightness, but also musicality (乐).

rightness in conduct. If you cling to ren with a heartmind of truthfulness, then you will come to embody it. If you embody it, then you enter a unified state called shen. Being in this state, you can then transform. If you carry out rightness with a heartmind of truthfulness, then you will become well-ordered. If you are well-ordered, then you will become enlightened, and then you can adapt to things."① This passage is not easy to understand, and there are different translations and interpretations.②The Chinese word Knoblock translated as "truthfulness" is cheng (诚). Cheng means sincerity and truthfulness in Chinese, but it can also mean achieving a clear awareness of oneself and integrity. Notice that the elements of autonomy we find in Xunzi's account earlier, such as reflective awareness and acting in accordance with one's own value, fit the idea of cheng well. For Xunzi, being truthful and having integrity is just the starting point of nurturing the heartmind. One still needs to cling to ren and to carry out rightness in one's conduct, then one may transform. Notice that ren is something the heartmind should cling to and embody, it works more as a form of motivation and emotion, rather than a constraint.③

Given that ren is care, a kind of affection for all, we can see why even though the gentleman naturally loves his family④, he aims at extending his care and affection to others (though with distinction) from the basis of his natural emotion, with rightness and ritual propriety regulating his conduct. This is a devotion based on a conscious choice of value. For a transformed person, the care for others with propriety is thus her basic concern. She no longer puts herself or her own benefit at the center of consideration, given that for her, it is not the most driving motivation. Xunzi often uses the term "humble" or "respectful" to describe a

---

① K 3. 9.
② Knoblock and Hutton, for example, give very different translations. My translation is based on my idea of the ultimate condition of transformation — a unified state of the whole person, which is also suitable for translating the other appearance of cheng in K 1. 2, 2. 4 and 8. 13.
③ On the other hand, rightness is something the heartmind should carry out in one's conduct, which may serve more as a form of constraint or regulation. This idea matches Xunzi's idea in K 27. 22.
④ K 19. 18.

person of ren.① We may understand this to mean that a person of ren respects Dao, but we may also see that she puts others before herself — she no longer focuses on herself. Xunzi makes this change from the original self-prioritized view to the other-prioritized view clear: "Now, it is the inborn nature of man that when hungry he desires something to eat, that when cold he wants warm clothing, and that when weary he desires rest — such are essential qualities inherent in his nature. But when in fact a man is hungry, if he sees one of his elders, he will not eat before his elder does; rather, he will defer to him ... It is the Way of the filial son and the proper form and correct principles contained in ritual principles and moral duty. Thus, to follow inborn nature and feelings is not to show courtesy or defer to others. To show courtesy and to defer to others contradicts the feelings inherent in his inborn nature."② And, after transformation, this change of priority may not be an intentional decision any more, but becomes the structure of her consciousness: when she encounters a situation, she sees the people present in the situation. When she considers different options, she thinks of how people may be affected. Some options (e.g., the ones that prioritize oneself and neglect others) may automatically be silenced, and some other options (e.g., the ones that do not benefit oneself or even harm oneself, but benefit others) start to appear. Her care is extended to others, and her focus is expanded: structurally, others relate to her in the sense that they become the focus of her consciousness.③

I elaborate on this structural change further by considering Confucius' remark that I mentioned in the beginning of this paper: "The person of ren (仁), wishing himself to be established, sees that others are established, and wishing himself to be successful, sees that others are successful." One common interpretation of this sentence is that one should resort to oneself as example, and try to do unto others

---

① K 3.4, 3.10 and 21.12.
② K 23.6, also see K 23.7.
③ For example, Xunzi often talks about how one does not have courtesy or defer to others by nature, but only learns these attitudes and develops concerns for others through ritual practices. (E.g., K 4.12, 23.2, 23.6)

what one wants oneself. This is a helpful interpretation, and it provides reasons to think that Confucius is not just focusing on the Confucian Golden Rule (which might be considered less active), do not do unto others what you do not want others do unto you, but also recommend the Christian Golden Rule.① However, there is another aspect of this remark worth pointing out: in this case, upon thinking of one's welfare, one acts for others before one acts for oneself. Why is this? My interpretation for this idea is this: for a person of ren, other's welfare becomes one's own, not just derivatively, and not just instrumentally. That is, when she helps others attain their welfare, it is not simply because she takes their welfare into consideration, and assigns them equal (or more) weight to her own. It is, more importantly, because she *identifies* their welfare as hers. In the person of ren's view, others' welfare is not an instrumental good (attaining it is good for me) or derivative good (I care about you so I care about your welfare), but it *constitutes* her welfare. This is the sense in which others structurally relate to her and become the focus of her attention.

Moreover, notice that after transformation, it is not just that one's consciousness is expanded, but one's understanding of the situation becomes structured by relations. Before transformation, one separates oneself from others, and one's concern is focused on oneself and on satisfying one's own desires. However, due to rituals' emphasis on relations and roles②, through ritual practices one starts to see oneself more and more as a part of a relation — a junior of the group, a daughter to the family, a friend to her friends, a person to her fellow people. One does not just become aware of others, but one becomes aware of others in relation to oneself. Indeed, her consciousness of herself and her focus on herself, is reshaped to include an awareness of others and an awareness of the self as related to others. A person of ren is no longer a separate existence from others.

---

① JeeLoo Liu provides a nice summary of the discussion as to whether there is a difference between these two rules in her book, *An Introduction to Chinese Philosophy: from Ancient Philosophy to Chinese Buddhism*, ch2.
② For example, K 27.22 and 19.12.

After she adopts the Confucian normative framework and transforms, she is tightly related to others in the new worldview she adopts with her whole person. In this way, she loses her (older) self, the independent, separate, prioritized existence she once took herself to be. Tu puts it well: "A distinctive feature of Confucian ritualization is an ever deepening and broadening awareness of the presence of the other in one's self-cultivation."① It is worth noting that the previous two senses of self-loss are more about the loss of self-identity and more importantly, that of self-control, while this sense of self-loss is about the change in one's consciousness regarding the self. Allowing or even encouraging this sense of self-loss is against the idea that the self is independent and separate from others, which is (as I pointed out earlier) an ideal of the self highly related (if not presumed in) the modern ideal of autonomy.②

It is time to address a question I raised earlier: in Xunzi's account, is the importance of others to one only derivative from one's normative framework? As I mentioned, a person of ren's care for others is with distinction, and its expression is constituted and guided by rightness and ritual propriety. Could it be that others, for the person of ren, are just people who happen to be occupying the roles they play in the relation with her, and her aim is just to play her role well? If this is the case, the relation between the person of ren and others seems pretty thin: one's feelings for and relation with others is mediated by one's moral beliefs; one does not have a robust and intimate connection with others. In this case, one may be argued to suffer from a form of moral alienation from others.

Xunzi's account of the ideal self, as I have developed it here, does not suffer from this problem. This is because, for the person of ren, her care for each and every one is real and particular. Such care is indeed regulated and manifested through conduct in accordance with ritual propriety, but this does not change the

---

① Tu 114.
② I appreciate an anonymous reviewer's suggestion to clarify this point. My view is also that the independence of the self is also presumed in the general idea of autonomy that emphasizes on strong self-control, but I will not argue for it here.

fact that care is real affection. Moreover, as I pointed out, her conception of others and herself is changed through transformation, and such change lies in the structural changes of her consciousness I mentioned earlier. The relation between the ideal self and others is manifested in how she thinks and feels about her actions, about others and about herself. We may thus say, she substantially relates with others. This other-relatedness is not instrumental to her sagehood: it constitutes her sagehood.

Ⅵ. Conclusion

In this paper I explore the role of others and one's relation with others, in Xunzi's account of self-transformation and the ideal self. I introduced two aspects of the Confucian self, the reflective agential self and the social self, and point to the apparent tension between them. I then examine Tang's account of the role rituals and community play in self-transformation, clarify the role of the heartmind, and develop an account of the ideal self and self-transformation following Tang's basic position. Then I explore the possible tension between these two aspects of the self in this developed account. I do this by addressing the issue of autonomy and self-loss in the transformation process. I showed that autonomy is not an ultimate goal of self-transformation. In fact, the ultimate goal of the Xunzian self-transformation is in some ways in tension with (some senses of) autonomy. I argue that, even though Xunzi emphasizes the reflective capacity of the heartmind, his concern is not so much with the complete control of the self (or the heartmind) or one's life; rather, it is to craft the self into a beautiful and substantially (instead of merely normatively) other-related existence with the virtue of ren. I argue that in this self-crafting process, one unavoidably loses oneself in various senses, and address three such losses in the paper.

According to my account, during self-transformation one entrusts oneself to the adoption of the Confucian normative framework, which is based on a cultural and collective interpretation of human nature. One loses one's naturally formed expression of oneself, loses complete control of oneself (and the desire to do so) by taking the journey to the unknown, and loses the focus on oneself in one's consciousness in the substantial relation with others. Such losses of self create tension between the self and others, and between the two aspects of the self. However, this tension should not be considered a problem. In fact, this tension between the self and others (and the two aspects of the self) is necessary in the *dynamic* and *dialectic* formation of the ideal self: it is what keeps us open and flexible. Xunzi emphasized that one needs to be able to reflect on rituals[1], that rituals should be in accordance with facts about human beings[2], that the form of rituals and the emotions experienced and expressed need to match[3]. This tension between the self and others gives us a true connection with the world, allows us to be in touch with more ideal feelings and better ideas, and not be locked in abstract norms, pure ideology and an isolated self. This is how, at least according to Xunzi, we may flourish as human.

---

[1] For example, K 19.8 and 27.50.
[2] For example, K 27.20.
[3] For example, K 19.9 and 27.49.

灵窍与天成

——王阳明良知学与道教内丹心性论

冯耀明

在王阳明的著作和语录中,他常称良知为"虚灵""精灵""灵明""灵能""明觉""虚灵明觉""昭明灵觉""天植灵根""造化的精灵""灵昭不昧处""发窍之最精处"及"圆明窍"等。此"发窍之最精处,是人心一点灵明"(《王阳明全集》,上海:上海古籍出版社,1992年,第107页),故可概括为"灵窍"一词。王门高弟王龙溪和钱绪山则直接以"灵窍"称谓良知,龙溪更有"灵气""灵机""玄机""天根""性之灵源""人身灵气""一点虚明""一点灵机""真阳种子""第一窍""天然之灵窍""先天灵窍"及"虚窍灵明之体"等种种称谓。

就个人所知,阳明之前似无儒者以"灵窍"或"发窍"等一系列词语来称谓本心或良知。但在医书与道教著作中则不乏类似的词语出现。医书常有"发窍"之说,而阳明之前的道教著作虽无直接以"灵窍"立论,却有类似的概念出现。道教内丹术语中有"玄关""玄窍""关窍""祖窍""归根窍""先天道窍""虚无一窍",更有"虚灵一点""真知灵知之体""灵机"及"真阳种子"。相传尹真人高弟所著而于万历年间初刻的《性命圭旨》则有"灵关""灵关一窍"及"灵明一窍"等用语。从这些阳明之前及稍后的道教内丹著作中有关"玄窍"或"灵窍"的概念群之发展,可知阳明及其高弟所言良知之"发窍"或"灵窍"之说或多或少是渊源于道教内丹心性之学的。

本文将探讨道教内丹心性论对王阳明良知学之影响,及王阳明的天成观念与其良知学的关系。

一、王阳明的"良知"并非知性概念

"良知"是王阳明哲学中的一个至为重要的概念,但历来对此一概念之解说纷纭,且缺乏善解。由于它不可被理解为知觉思虑或见闻之知,不少学者遂以良知为一种非感性、非经验或超经验的知识或认知能力。但"非经验"或"超经验"之意为何?一些有超越主义(transcendentalism)倾向的学者为了说明此点,会断定此既不是感性直觉,也不是分解智性的能力及知识,并构想其必为一种非感性的直觉(non-sensible intuition)或智的直觉(intellectual intuition),以此直觉为与物无对者。一些较少或没有超越主义倾向的学者则以良知之能力在其能发动道德践履,故可视为一种如何之知(how-knowing)或技能之知的能力。但我认为,前者是值得置疑的,因为其说与主张人心有一种吊诡性或不可说之神秘精神力量的神秘主义十分接近。后者也是难以被接受的,因为其说并不能说明何以王阳明相信良知是"无知而无不知"的及"草木瓦石也有良知"等说法,更遑论有关"性即气""心外无物"及"知行合一"等说法。一般而言,二说皆不能回应从文本中提出的问题。

我认为这些不同的诠释都是错误的,这不仅是因为诸说不能提供一令人满意的解说,更且因为它们并不是在正确的进路上。要给王阳明的良知说一个融贯而完备的解释,必须摆脱上述这些观点所共有的心灵主义的(mentalist)或知性的(epistemic)进路,不管是超越主义还是非超越主义的类型。不同观点的学者都会认同,良知并不是一种感觉经验的知识或理论认知的能力,但大家没有注意到更重要的一点,即对"良知"概念之理解不是或不仅仅是基于其所指者之非经验或非感性、非知性或非辩解的特性,而是基于此说背后有一深层的结构。以下,我将尝试展示此一深层结构,并论证良知不能只被描述为非经验的或非感性的,非知性的或非辩解的,更重要的是不能被界定为任何种类的知识和认知能力、觉悟和体悟能力,或智的直觉和神秘感受等。究其实,"良知"并不是一个知性概念(epistemic concept)。将之理解为一种知性的机能或心灵能力,将会远离王阳明哲学列车的轨道。

(一)以人为天地之心的宇宙观

依照王阳明的宇宙观或世界观,宇宙或世界并不是在物理规律下静态的和机械的,而是在一种规范秩序下动态的和有机的一个场域。天或太虚(《王阳明全集》,第 95、96、106、211、1299、1306 页)乃是一个内具规范秩序或理序方向的宇宙场域。此理序乃是能轨范其中的万物万事之天理或道,而天理之轨范是凭借其体现(realization/embodiment/manifestation)于万物万事中而得以实现。正因天之虚,故它能借天理之体现于万物万事之中,而无所不包容。此即天理之发生流行。当其发生流行,太虚中无一物可为其障碍。(《王阳明全集》,第 106、211、1299 页)

天理或道作为一种普遍的规范力或规范性能够在宇宙场域中流行发用,换言之,它有点类似亚里士多德所说的形式因(formal cause),能够体现于各种由气化而成的特殊的物事中而发生作用。此内在(immanent)于各特殊物事中的理可名之为"性"。但所有这些体现只能由万物之灵的人之参赞化育或裁成辅相才能直接地展示出来或启动起来。(《王阳明全集》,第 861 页)对王阳明来说,这是因为人是天地的心(生命作为中心),而且只有人才有心(心灵作为中心)。(《王阳明全集》,第 336 页)心乃是人身内的一种灵能或虚灵明觉,它由至清至灵的气所构成,并能储存太虚中的规范力或规范性,此即所谓生生不息之仁(《王阳明全集》,第 26、36、976 页)或天机不息处(《王阳明全集》,第 91 页)。当内具此生生不息之性理的心起用时,它能传达或引发此性理至身内、身上及身外之物事。换言之,心作为一种精神能量是本源地赋予此性理的,并能传达或引发此性理之功能性至外在世界的物事上去。当心在持续的虚明状态下发出心灵作为(mental act)或由心灵作为而生出意向性行动(intentional action)时,性理之功能性便能由此而被展现或显现出来,此过程及状态可称为(良知之)"呈现""发见(现)""发生""发用""运用""妙用""流行"或"充塞"等。(《王阳明全集》,第 6、15、21、26、35、36、69、71、72、85、101、106、111、118、145、971、978、1176、1361 等页)

心所隐含者乃天之规范秩序或理序方向在心中处于寂然的本体状态或本来体段("本体"表示"original state"而非"substance")。此序向乃一性能,其所体现或发用于心所起动的心灵事件乃是此一序向或性能在心中处于感或已发的状态。对于心灵事件的发生,此理序或性能之作用有点类似亚里士多德所说的形式因(formal cause),而作为气之灵的心之作用则有点类似亚里士多德所说的质料因(material cause)。用王阳明的话说,这便是天理的发用流行。简言之,天理(太虚中的生生理序)、性(天理内存于人中的性能)或良知(天理内存于人中的灵能)乃是对同一生生性能或此性能在不同状态下形成的连续相或连续体之不同描述(《王阳明全集》,第 15、84、86、95、96、254、263、266、267、1303 页):它是宇宙中生而又生过程中之自然的并且规范的秩序或理序的方向,也是天地间万物所内具的性能或生力;对人而言,更是人心所内含的灵能之本来体段,或能体现于心灵作为及由此作为所生之道德实践或意向性行动(包括发动心灵至觉悟状态)中的生生之仁。

心作为气之灵可名之为"人心";心内含此太虚性能或宇宙精神可名之为"本心",即从本以来天所赋予此性能的本来体段。就此本体的心而言,可谓之"灵能"或"灵窍"。由于它能借感官之窍("外窍")而接触或触动外在世界,故亦可称之为"发窍"或"窍中窍"。① 由此灵窍,人便能传输太虚中之性能至人身之内,并由身内之性能去触动身外之物,贯通小宇宙与大宇宙而为一体。若无私欲之阻隔蔽障,此天地万物一体的生生之仁是无所不在的。人为天地的心,人可以借其心灵活动去触动或激活外物,由此感而得彼应。(《王阳明全集》,第 50、64、77、114、124、801、853、354、978、1176、1281、1295、1587、1600 页)所谓"感应",乃是人之灵能所参赞于天理的发用流行之化育过程、裁成辅相。人以外的万物和人一样,都潜具天命之性,但只有人才能借其内具的灵能去触动或激活外物,从而使其潜具的天命之性得以"一时明白起来",否则无感无应之内外二方只有"同归于寂"。正如纸、木皆潜具可燃(flammable)之性,但只有借火种(人心之发窍)才能使之燃烧(flaming)起来。换言之,物所内具的天命之性只是在倾向(dispositional)状态之性,而人所内具的天命之性乃是在本具(intrinsic)状态之性,此乃人物之别,亦人之所以异于禽兽者。

当灵能发用或天理流行于身内的念虑情意的活动中,便是致其灵知于心灵作为中而有思虑之正、意念之诚、情发中节及行为中理之效。用今天哲学的语言说,这里所谓心灵作为(mental act)其实只是大脑神经的活动事件(neural event),可以说前者的心灵描述(mental description)随伴着(supervenient on)后者的物理描述(physical description)。用王阳明自己的话说,致其灵知于念虑情意的心灵作为(即心念之为)乃是一种心灵描述之所指,而其物理描述则是指气之流通。(《王阳明全集》,第 124 页)就心灵作为所触动的外在行为而言,此行为之物理描述乃是有关其

---

① 就我所知,这一系列的概念如"虚灵""精灵""灵明""灵能""明觉""虚灵明觉""昭明灵觉""天地根""天植灵根""造化的精灵""灵昭不昧处""发窍之最精处"及"圆明窍"等,经常出现在王阳明及其弟子的著作中,但从未出现在王阳明以前的儒家论著中。但相关概念却为大多数王阳明以前的道教著作,特别是内丹的论著所使用。例如王阳明的"圆明窍"一词(见吴震编,《王畿集》,南京:凤凰出版社,2007年,第 460 页)乃是从内丹著作中借用过来。王龙溪和钱德洪经常使用的概念如"灵窍""灵气""灵机""玄机""天根""性之灵源""人身灵气""一点虚明""一点灵机""真阳种子""第一窍""天然之灵窍""先天灵窍"及"虚灵灵明"之体等,大都来自或引申自内丹的一个基本概念,即"玄窍""灵关一窍"或"玄关一窍"。详论见拙作《王阳明"心外无物"说新诠》,《清华学报》2003 年第 10 期,第 65—85 页。

发出言行的身体动作之物理移动(physical movement),而其心灵描述则可理解为意向性行动(intentional action)。我们亦可以说,意向性行动之心灵描述是随伴着身体动作之物理描述的。王阳明称此内外之互动为"感应"。用我们的心理语言(mental language)去描述,此可称为从先在意向到意向性行动的心灵因果(mental causation from prior intention to intentional action);用我们的物理语言(physical language)说,此亦可称为从大脑神经的活动事件到物理移动的物理因果(physical causation from neural event to physical movement)。

(二) 二域三层之架构

王阳明的宇宙观隐含着一理论架构,我们可以称此架构为一"内外(身内/身外)二域和(理/气/人与物)三层"之架构。兹图示如下:

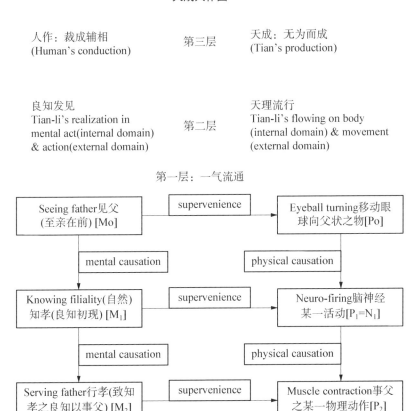

从宏观和物理的角度看,人可被理解为在天地间一种具有物质形体的对象;但从微观看,人不过是气聚而成之物。当这些气在流动的状态中,可称之为"气";当其在凝结浓缩的状态中,可称之为"精";当其在聚合成形的状态中,可称之为"物"。(《王阳明全集》,第62页)但若从心灵的角度看,人乃是具有心灵活动的个体,乃是借其窍中窍以体现天理于身内,并从而借其外窍以使天理流行于身上及身外。由此内外二窍而感通外在世界,可说是良知由发用而充塞于天地之间。身内的心灵作为可被理解为随伴着(supervenient on)身内的物理的大脑神经事件(neural event);身上或身外的意向性行动可被理解为随伴着身上或身外的物理的生理事件(physiological event)。而借着由心灵作为至意向性行动生发的心灵因果(mental causation),或由大脑神经事件至物理的生理事件生发的物理因果(physical causation),体现在窍中窍的天理便可以出窍而流行充塞至身外之万物,使之由"可燃"(flammable)转化为"燃烧"(flaming)的状态。其"点燃"(turn on the ignition)此"灵火"(spiritual fire)之功唯人才能,亦即只有人才能裁成辅相、参赞天地之化育也。①

此三层架构中的底层乃是世界在现象之中的(phenomenal)或形而中的面相,即充满于天地之间的或流动或凝聚的气。第二层乃是世界在现象之下的(sub-phenomenal)或形而下的面相,即人所创造的心灵内容或此心灵内容所随伴着的物理内容,而此物理内容乃是气所凝结或形聚而成者。最上层乃是世界在现象之上的(super-phenomenal)形而上的面相,即生生之性能或自然往复的生序。生生之仁就其本身而谓没有现实性(actuality)或实现其自我的独立的存有角色,它的实化(actualization)不能离开第一或第二层的事物。它必须在气之流变之中及在心灵作为和意向性行动的生发之中,才能体现(realized)或呈现(manifested)出来。在没有私欲阻隔或气质蔽障的情况下,知觉运动等心灵作为能为良知所发用,为天理所流行。此所体现于心灵作为中者,乃是天理于身内之构造体现(constitutive

---

① 简言之,身内的心灵作为(mental act)是随伴着大脑神经事件(supervenient on neural event),而其生发的意向性行动(intentional action)则是随伴着物理移动(supervenient on physical movement)。对前者言,天理由窍中窍而构造地体现(constitutively realized)在身内;对后者言,天理则出窍而因果地体现(causally realized)在身上或身外。有关此两种体现(realization),详见拙作"Wang Yang-ming's Theory of *Liang-zhi*: A New Interpretation of Wang Yang-ming's Philosophy",见 *Tsing Hua Journal of Chinese Studies*,Taiwan Tsing Hua University,vol. 42, no. 2 (June 2012), pp. 261 – 300。

realization);当由此知觉运动等心灵作为生发一意向性行动或外部行为时,此所体现于行动或动作中者,乃是天理于身上及身外之因果体现(causal realization)。第二种体现之发生,乃是凭依由身内所造的心灵作为之原初意向性(original intentionality)至心灵所及之外部行动的导出意向性(derived intentionality)之间的心灵因果关系之过程。没有此一心灵因果(mental causation),内与外便无感通,外行和外物与内在的我便同归于寂,而良知天理也就无从发用流行于外。一旦感通无碍,内外贯通,外物潜具的"灵火"(spiritual fire)就可以被"点燃"起来,此时亦可谓"心外无物""性外无物"及"天地万物一体"矣!

这两种体现(即 constitutive realization 和 causal realization)可以用以下的类比例子来说明:

计算机的软件和硬件的关系:我们可以说,软件作为形式化程序(formal program)与硬件作为物理设备(physical equipment)是不同的,虽然前者必须安装在后者中才能使计算机运作。用人工智能(Artificial Intelligence)的计算机语言说,软件借硬件所做的物理动作而提供计算机以语义内容(semantic content)或意义(meaning)。虽然在笼统意义上说,当计算机开动时其程序在运行(the program is running),但严格言之,软件程序既不能说是"running",也不能说是"not running"。说它在"moving"或"not moving"都是范畴误置(category-mistake)。[①] 只有硬件才可被形容为"running"或"not running","moving"或"not moving"。良知天理之体现(realization)、(embedding)或化身(embodiment)在人的心灵作为或心灵事件中,和软件之装嵌在硬件中一样,都是一种构造体现(constitutive realization)。因此,良知天理就其本来体段言,既不能说"动",也不能说"静";既不能说"先",也不能说"后"。由于软件程序借硬件活动而显其功能,故可间接地说软件程序之"运行",实质上是"运而无运","行而不行"。同样地,良知天理借心灵作为而显其性能,借思虑情意而有所谓"知感",实质上是"知而无知","感而无感"。此即以"良知"为"无知而无不知"。(《王阳明全集》,第 109、113、1360 页)相对于此种构造体现(constitutive realization),良知天理借心灵作为所生发的意向性行动而体现者,乃是其因果体现(causal realization)。因为这体现是透过身内至身上及身外的原因

[①] 王阳明认为,"良知"是"无起无不起","无知无不知","无照无不照"(《传习录中》),"无前后内外而浑然一体者也","无分于有事无事也","无分于寂然感通也"(《传习录下》)。

(causation)才得以完成。换言之,前者(心灵作为)的被体现者(realizee [i. e., what is to be realized])是其体现者(realizer [i. e., what is to realize])之构成内容之一,而后者(意向性行动)之被体现者(realizee)则不是原始的被体现者(original realizee),而是派生意义上的被体现者(realizee in a derived sense),它是由原因(causation)"点燃"起来的。王阳明所说的"良知未尝不在"和"良知本有",乃是指天赋于身内的良知天理;其所谓"良知流行"和"良知充塞"于身上或身外之物,乃是指由人心以贯通内外而激活万事万物所潜具的良知天理。人心若能贯通内外,此时之知,乃是"真知";此时之物,乃是"真物"。(《王阳明全集》,第1600页)

用王阳明的话说,体现(特别是第一种体现或构成体现)可理解为体与用的关系:"体在用中,用在体中。"(《王阳明全集》第31、61、266页)在某一意义下,这本体之物颇类似G. E. Moore的"善"(goodness)理念。他认为"善"(goodness)是一种简单的非自然属性(simple non-natural property),其本身是不可界定的,而且是非感觉经验所能及者。但他又认为"善"(goodness)之被确认是不能不透过相关的那些可为感觉经验所能及的自然属性(natural properties)而获取的。① 类似地,天理、良知或性体之为体是形而上的,即超乎物理形体之上,但其功能之确认却不能不透过物理事件而得。

基于上述的二域三层的架构,所有看似吊诡、反常及不可理解的王阳明用语("无x而无不x")都可以得到合理的解释。例如他说的"无知而无不知""性即气"及"心外无理"都可理解为构成体现(constitutive realization);而"草木瓦石也有良知""心外无物"及"心外无事"都可理解为因果体现(causal realization)。此外,王阳明之所以认为人心之作用于外在世界不能无气,亦可理解为心灵活动或心灵事件是随伴着(supervenient on)物理活动或物理事件的。②

---

① 见 G. E. Moore, "The Conception of Intrinsic Value," in G. E. Moore, *Philosophical Studies* (Harcourt, Brace & Co. Inc., 1922), p. 261。一般学者认为"善"(goodness)与其相关的自然属性(natural properties)之关系是随伴(supervenience),我则认为将之理解为体现(realization)更恰当。
② 王阳明不只以心不外于气,他亦同意朱熹所说的"心者气之灵"。比喻地说,心像耶稣一样,他不只是一个人,他同时也是一个赋有上帝化身(God's incarnation)的人。换言之,他不只是肉身(the body of flesh),他也是"道成肉身"(the body of flesh which realizes the God's essential nature),即其圣灵(holy spirit)。同样地,心在血肉之躯中乃是由气所成,但心作为窍中窍也能体现天理的这种宇宙的精神性(cosmic spirituality)。心作为气之灵可以做出心灵活动和心灵事件,而这些心灵活动和心灵事件乃是随伴着(supervenient on)物理活动和物理事件的。此乃"第一义的心"。由于心是唯一能储存或体现天理的这种宇宙的精神性(cosmic spirituality)之窍,我们可以转而称此所储存或体现者(即天 (转下页)

(三)"性即气"与"心外无物"说的解释

性虽不等同于气且不是由气所构成,然依王阳明之说,两者乃是不可分离的。所以他说:"然性善之端须在气上始见得,若无气亦无可见矣。恻隐、羞恶、辞让、是非即是气。"(《王阳明全集》,第 61 页)①"良知不外喜怒哀乐……除却喜怒哀乐,何以见良知?"②为什么性或良知只能在气或气所成之物中发现?这是由于性或良知乃是一种生生之功能性,它能发生或发用于经验事件的随伴性质(即心灵性质)之上。此外,性或良知也能流行或充塞于意向性行动之中。基于心灵作为或事件是行动产生的原因此一事实,及性或良知能发用于心灵作为或事件之中,我们可以说行动是依从性或良知而出现的。故王阳明总结地说:"若晓得头脑,依吾良知上说出来,行将去,便自是停当。然良知亦只是这口说,这身行,岂能外得气,别有个去行去说?……气亦性也,性亦气也,但须认得头脑是当。"(《王阳明全集》,第 101 页)此"头脑"或"主宰"非他,正是那能构造体现于身内及因果体现于身外的天理、良知。然而,没有体现的载体(即气或物),头脑亦不能借其体现而得其主宰。

一如附注所论,王阳明的"心"有二义。就其第二义言,"心不是一块血肉"。所以他说:

> 所谓汝心,亦不专是那一团血肉。若是那一团血肉,如今已死的人那一团血肉还在,缘何不能视听言动?所谓汝心,却是那能视听言动的,这个便是性,便是天理。有这个性才能生。这性之生理便谓之仁。这性之生理,发在目便会视,发在耳便会听,发在口便会言,发在四肢便会动,都只是那天理发生。以其主宰一身,故谓之心。这心之本体,原只是个天理,原无非礼。这个便是汝之真己,这个真己是躯壳的主宰。若无真己,便无躯壳。真是有之即生,无之

(接上页)理或良知)为"心",此即"第二义的心",亦即所谓"本心",而非"气之灵的心"。依此二义,王阳明乃可说良知"无所不在"(《王阳明全集》,第 217 页),"良知……便是太虚之无形。……天地万物俱在我良知的发用流行中"(《王阳明全集》,第 106、1306 页),"良知是造化的精灵"(《王阳明全集》,第 104 页)等。我认为将良知理解为某种智性直观(intellectual intuition)或非感性的体悟和理解为任何其他知识概念(epistemic concept)都是错误的。当王阳明说"无知无不知"(《王阳明全集》,第 109、113、1360 页)时,他认为良知不是认知的机能,故直接说是无知的;但当它体现在思虑、意念、七情或知觉运动之中,它又间接地可说是无不知的。(《王阳明全集》,第 146 页)

① 王阳明此说与牟宗三先生以恻隐为非感性或不属于气之说相悖。
② 水野实、永富青地、三泽三知夫校注,张文朝译,《阳明先生遗言录》,《中国文哲研究通讯》8 卷 3 期。

即死。(《王阳明全集》,第 36 页)

如果人的物理躯体只是一团血肉,那就不能有视听言动。这是因为它没有一个真己或真吾作为头脑。一若一台计算机,如果它只有硬件,没有装上软件,那就不算是一台能行的计算机。同样地,缺少了心、良知、性或天理的一团血肉,便不能有感知与行动,及由感知而涉及对象,由行动而产生事件。换言之,没有真吾便没有真物。王阳明相信:真我扩充其良知以体现于身躯和行为之中,从而得以正物或格物。物则借此过程而由死物转化为真物。此乃由良知至物之应迹。故说:"此处致得,方是真知。此处格得,方是真物。今日虽成此事功,亦不过一时良知之应迹。"(《王阳明全集》,第 1600 页)例如,当依礼而视听言动时,亦即依于天理所体现在规范之中的形式而有视听言动时,人身的每一部分便成得个真正的人身部分。亦即:"若为着耳目口鼻四肢时,便须思量耳如何听,目如何视,口如何言,四肢如何动,必须非礼勿视听言动,方才成得个耳目口鼻四肢,这个才是为着耳目口鼻四肢。"(《王阳明全集》,第 35、36 页)此语的意思是,没有被体现者(realizee),便没有体现者(realizer)。同样地,没有体现者,也没有被体现者。所以当九川疑曰:"物在外,如何与身心意知是一件?"先生曰:"耳目口鼻四肢,身也,非心安能视听言动?心欲视听言动,无耳目口鼻四肢亦不能,故无心则无身,无身则无心。"(《王阳明全集》,第 90、91 页)

然而,以下一段似有贝克莱(Berkeley)的主观唯心论之嫌:

> 先生游南镇,一友指岩中花树问曰:"天下无心外之物,如此花树,在深山中自开自落,于我心亦何相关?"先生曰:"你未看此花时,此花与汝心同归于寂。你来看此花时,则此花颜色一时明白起来。便知此花不在你的心外。"(《王阳明全集》,第 107、108 页)

如果细读原文,可知此段并非主观唯心论之说。其意是,当人的感知不做意向性的活动时,那作为感知的头脑主宰的生生之性便不会体现于那花之上,而那花亦不能显示或生发那生生的性能。虽然那外在的光秃秃之物(bare object)仍摆在那里,它只是和那未起用的良知或心同处于"寂"的状态,但为何那生生的性能必须借人的心灵作为和外部行动而起动或发用?一般而言,这是因为人是天地万物之心,而人的良知或本心乃是此宇宙中心中的灵窍,它能存藏太虚中的生生的性能,及借人的心灵作为和外部行动而运转此生生的性能至宇宙万物之中。由于人和其他事物都在一气之流通之中,故可合成一体而不可分。(《王阳明全集》,第107、124页)以底层一气之流通为基础,中层的心灵作为和外部行动便可贯通内外二域,并扩展身内所体现的天理或良知(上层)而转运至身外。体现于身内心灵活动的生生之性就好像是一个精神火种,而身内与身外之间在感应之几上的互动则使外物为此火种点燃着。类比言之,在有机的宇宙中外物虽然本具此精神之火,但此只属可燃性(flammable),而非实在的燃烧(flaming)。只有当人透过身内的内窍即灵窍而发出"初火"(first spark),才能点燃那些身外的可燃之物事。

基于此二域三层的架构,我们便能说明心、性之无内外。(《王阳明全集》,第1173页)因为心或性是构成地体现(constitutively realized)在身内,及透过心灵因果(mental causation)而因果地体现(causally realized)于外物之中。只当外物借人的心灵活动而体现宇宙中的生生之性能时,才能有真物。故云:"人不得(道)焉,不可以为人;而物不得焉,不可以为物。"(《王阳明全集》,第861页)及"有是意即有是物;无是意即无是物。"(《王阳明全集》,第47、1295页)此二段的意思是,没有先在的意向,便没有意向性的行动;没有良知、天理或道体现于意向之中,便没有借心灵因果(mental causation)而使良知、天理或道体现于行动之中。因之,外物也就不能成得个真物。由于心诚之体乃良知,而心不诚便不能使良知体现于外物中,故可说"不诚无物"。(《王阳明全集》,第35页)

总而言之,"心/性外无物"与"心/性外无事"是建基于"性即气"之说而成立的。后者包括以下两种关系:在内域中,良知(存藏于心这灵窍中的宇宙生生之性能)能使其自己构造地体现于四端之情、思虑及知觉(诸心灵作为及事件)之中。而这些心灵作为及事件则是随伴在(supervenient on)某些由气所成的大脑神经活动及事件之上。此乃"性即气"之原义。在外域中,良知能借意向性行动的因果关系而因果地体现于行动及行动所涉及的对象之中。而这些行动则是随伴在(supervenient on)某些身体动作之上。此乃"性即气"之引申义。

(四)"知行合一"说的解释

依王阳明之说,要将每个人的明德显明出来,必先要将那遮蔽心之原初体段的私欲隔断现象去除。如是,人才能体现那生生之德或复其天理本然之性。但如何能去除私欲隔断？简单的答案便是做道德实践的工夫。对大人言，他要做的工夫乃是以仁爱民。如果他能扩充其仁爱至每一事物，由君主、臣下、丈夫、妻子、朋友，以及山河、鬼神、鸟兽、草木，他便能达至"以天地万物为一体"之境。（《王阳明全集》，第220、968页）

透过心灵作为与外部行为之间的心灵因果关系，生生之仁或天理这种内存于灵窍中的宇宙的精神生力便能体现于道德实践或行动之中。这些实践或行动又进而可以对人心发生影响，从而加强或巩固内存的天理、良知的状态。当进行道德实践之前，人的良知在思绪中部分隐现，人因之而可以借着去掉私念或私欲以建立一先在意向。这便是王阳明所说的"行之始"。而因应外在某一处境的道德行动之产生乃肇因于此一有良知部分隐现于其中的先在意向。这过程可谓是"感物而动"。人的内在心灵对外在某一处境的迎接乃是"感"，此乃形成先在意向的必要条件。而其后由内在对外在的行动反应乃是"应"，这是做出行动的充分条件。此来回二程之发生可以称之为"随感随应"。当应之时，良知便能全体体现于人的心灵状态之中，并扩充至外部行动之中。此乃王阳明所说的"知之成""知至"或"尽性"。

对王阳明来说，知与行是不可分的。两者的关系可谓是内外"交养互发"或本末"一以贯之"的。也可说是"知行并进"。可是他也说"工夫次第能不无先后之差"。顾东桥以为此说有矛盾。但王阳明却指出这并非真有矛盾。他认为心灵程序可分两层：一层是纯粹内在的心灵作为和心灵状态；另一层是由内而外的意向性行动。由内而外，当有先后次序。例如："欲食之心即是意，即是行之始矣。"但"食味之美恶待入口而后知"。换言之，由人的先在意向所及之味乃是尚未成实感之味；只有透过实在的进食行为才能真有品味的经验。此一最后进食的阶段，亦即到达品味的实有经验的阶段，才是知味的"知之成"。同样，就如称某人知孝，某人知悌。"必是其人已曾行孝行弟，方可称他知孝知弟"。此外，王阳明也说："无孝亲之心，即无孝之理矣。"（《王阳明全集》，第1294页）当良知体现于人的心灵作为中，心灵作为便有力量使一道德行动产生。例如由思虑而生一欲要明白《论语》中的道理之意向，此意向便会推动一儒家学者去拿起《论语》一书来阅读。于此，天理、良知不仅体现于意欲阅读《论语》一书的心灵作为中，亦体现于阅读的行动中。此心灵作为作为一种活动（第一义的"行"）是系于良知之体现，故可谓之（第一义的）"致良知"（于阅读的意向中）。因此，借着心灵作为，良知之呈现不能离开推致之活动，故曰知（良知）与行（心灵作为）是合一并致的。此乃第一义的"知行合一"。此外，当此心灵作为之发生(透过修炼以克服意志软弱)有足够的力量,它便会自发地推动人去做阅读的行动。当行动发生时,透过由心灵作为施加于外部行动的意向性,良知便能体现于行动之中。此行动作为一道德实践是用以矫正不当的行为的。王阳明称之为"正物"或"格物"。"格物"作为一种引至良知呈现的行动(第二义的"行")可被理解为(第二义的)"致良知"(于阅读的行动中)。然而,与第一义比较,第二义的"致良知"不只使良知显现于心中,亦使良知发用于行动中。依第二义,可说是良知流行的最后阶段,或曰"知之成"或"知至"。而良知呈现于其中的心灵作为则可被理解为"行之始"。在第一义的"致良知"活动中,良知或天理发生或发见于内在心灵之中;在第二义的"致良知"活动中,良知或天理流行或充塞于外在世界之中。如果我们以一种实体一元论来连接心灵与物理之间的鸿沟,可以说意欲阅读的心灵作为是随伴着(supervenient on)某一大脑神经活动的事件(亦即气之某一形态的活动事件),而肇因于此阅读的心灵作为之阅读的行动则是随伴着某一肌肉收缩和眼部移动的物理事件(亦即气之另一形态的活动事件)。王阳明清楚知道:在行动发生之前,即使良知可体现于心中的作为,但在尚未致良知时,良知之呈现是不稳定的,亦即可以被意识到,亦可以隐藏于潜意识之中。但当致良知时,良知必定是在呈现的状态中;否则使无内在的力量以推致之,一若没有种子便不能有植物的生长。依A由B构成的意义,可说A和B是合一的(此如上述第一义的知行合一)。

依王阳明之说,性是无内外的。性作为一种内在的生生之性能或心灵创造性之本质是可以体现于人的心灵作为之中的。借着心灵作为在意向性行动上的因果性,性亦可以体现于外部行动之中。王阳明说:"功夫不离本体,本体原无内外。只为后来做功夫的分了内外,失其本体了。如今正要讲明功夫不要有内外,乃是本体功夫。"(《王阳明全集》,第92页)他的意思是,真正的道德修养工夫必然内外兼及。不管是心灵作为的实践或意向性行动的实践,本然状态之心,即本心、良知,是可以体现于内外两种活动之中的。由内而外虽有先后之差,但就两种体现言,内外之实践实俱可说是知行合一的。

若一心灵作为或事件没有因果地产生外部行动,则是处于一种潜隐的状态:生生之性、天理或良知只或隐或现地体现于某一内在作为或事件之中。依王阳明的观点,若只探求于内而不落实于行动中做工夫,则会产生"玩弄光景"的情况。(《王阳明全集》,第1170、1279页)然而,如果人有足够的心灵力量,性或良知便不只可以体现于心灵作为或事件中,亦能体现于心灵作为所因果地产生的意向性行动或事件中。依此,便可说性或良知是"无内外"的。换言之,知(良知或性)之可与行(心灵作为)合一(第一义),在于良知可以构造地体现于(constitutively realized in)心灵作为之中;而透过心灵作为至意向性行动之因果关系,良知又可以因果地体现于(causally realized in)意向性行动之中,此亦知(良知或性)与行(意向性行动)之合一(第二义)。

综上所述,对于"知行合一"的问题,我们认为亦可以用体现(realization)和随伴(supervenience)这一双概念来说明。当王阳明说"一念发动处,便是知,便即是行"(《王阳明全集》,第1172、96页),他说的是"第一义的知行合一",即指在身内天理良知构造地体现于(constitutively realized in)心灵作为的行动中的意义。当他说"知至者,知也;至之者,致知也。此知行之所以一也"(《王阳明全集》,第189、278、971、999页),他说的是"第二义的知行合一",即指天理良知借心灵因果(mental causation)而因果地体现于(causally realized in)身上的知觉运动及身外的行为事物。至此,致知之极致乃是知之成矣! 兹图示如下:

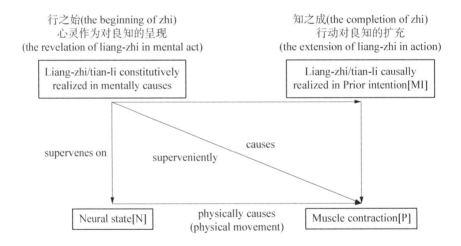

(五)"灵窍说"的解释

王阳明的"万物一体"说固然与泛神论(pan-theism)或泛心论(pan-psychism)的解释不悖,但接受泛神论或泛心论的解释却要付出一个背离儒学基本精神的代价,即宇宙心灵(universal mind)吞噬个体心灵(individual mind)的代价,则道德个体的自由意志便难以确立。相对来说,本节提出的"灵窍说"的解释则或不必付此代价,仍可说明"万物一体"之义。这里所谓"灵窍",乃是我们用来标示王阳明的机体性世界观的一个概念。在阳明的著作和语录中,他常称良知为"虚灵""精灵""灵明""灵能""明觉""虚灵明觉""昭明灵觉""天植灵根""造化的精灵""灵昭不昧处""发窍之最精处"及"圆明窍"等。此"发窍之最精处,是人心一点灵明"(《王阳明全集》,第107页),故可概括为"灵窍"一词。王门高弟王龙溪和钱绪山则直接以"灵窍"称谓良知,龙溪更有"灵气""灵机""玄机""天根""性之灵源""人身灵气""一点虚明""一点灵机""真阳种子""第一窍""天然之灵窍""先天灵窍"及"虚窍灵明之体"等种种称谓。就个人所知,阳明之前似无儒者以"灵窍"或"发窍"等一系列的词语来称谓本心或良知。但在医书与道教的著作中则不乏类似的词语出现。医书常有"发窍"之说,而阳明之前的道教著作虽无直接以"灵窍"立论,却有类似的概念出现。道教内丹术语中有"玄关""玄窍""关窍""祖窍""归根窍""先天道窍""虚无一窍",更有"虚灵一点""真知灵知之体""灵机"及"真阳种子"。相传尹真人高弟所著而于万历年间初刻的《性命圭旨》则有"灵关""灵关一窍"及"灵明一窍"等用语。①

从这些阳明之前及稍后的道教内丹著作中有关"玄窍"或"灵窍"的概念群之发展,可知阳明及其高弟所言良知之"发窍"或"灵窍"之说或多或少是渊源于内丹心性之学的。当然,王学与道教内丹心性之学有关"发窍"或"灵窍"之说也许有根本差异之处,例如有关致知成善与返虚成丹之异;但二说亦不无类似的地方,此即阳明所谓,"不可诬"的"上一截同者"。(《王阳明全集》,第18页)如此假设成立,则或可证阳明受道教之影响并不比佛教的为少也。

我们知道,道教因受《黄帝内经》及医家之说的影响,肯定天地之大宇宙和人体之小宇宙之间有互相感应及相通的关系。例如白玉蟾的《阴阳升降篇》有云:"人受冲和之气以生于天地之间,与天地初无二体。天地之气,一年一周;人生之气,一日一周。自子至巳,阳升之时,故以子时为日中之冬至,在易为复。自午至亥,阴降之时,故以午时为日中之夏至,在易为姤。阴极阳生,阳极阴生,昼夜往来,亦有天地之升降。人能效天地橐籥之用,冲虚湛寂,一气周流于百骸,开则气出,阖则气入,气出则如地气之上升,气入则如天气之下降,自可与天地齐其长久。"②这是以天地

---

① 更早出现"一点灵明"与"灵窍"概念的,是在金朝全真道道士刘处玄(1147—1203)的诗中。他在《仙乐集》中说"一点灵明是主"。和"剔开灵窍虎龙交"。
② 《宋白真人玉蟾全集》(台北宋白真人玉蟾全集辑印委员会,1976年),第104、105页。

与人本一体,即所谓"一点圆明等太虚",人生以后不识一体之本,"只因念起结成躯"。① 王阳明所谓随"躯壳起念"、为"私欲间断",以致不能"复其天地万物一体之本然"(《王阳明全集》,第968页),实亦与此有类似的意思。白玉蟾认为"人之有生,禀大道一元之气",而此元气是可"与天相接"的②,故可借炼养以"归根复命",与道为一。王阳明虽不必认同此一"逆化"之说,却并不反对"天地万物与人原是一体"之原因在一气之流通,故云:"只为同此一气,故能相通耳。"(《王阳明全集》,第107页)

大宇宙与小宇宙本为一体而相通,关键在于一气之流通;而两者后来转变为二体而相隔,原因则在形躯及有我之私之蔽。要使天人复归相通而为一,必须倚靠一种去蔽的修复工夫;而此工夫之可能则在于人身之内有一开关的通道及发动的机能,以使人所禀之一元之气可复通于天之太虚。此一开关的通道与发动的机能,道教内丹著作称之为"玄关""玄窍""玄关一窍""灵关""灵明一窍"或"灵关一窍"等。白玉蟾在《玄关显秘论》中认为此归根复命的"玄关""乃真一之气,万象之先。太虚太无,太空太玄。杳杳冥冥,非尺寸之所可量;浩浩荡荡,非涯岸之所可测。其大无外,其小无内。大包天地,小入毫芒。上无复色,下无复渊。一物圆明,千古显露,不可得而名者。圣人以心契之,不得已而名之曰道。以是知心即是道也"③。此心即是玄关,它可以"会万化而归一道",亦即"一点圆明等太虚"。人能借炼养而体会得此,便知"心外无别道,道外无别物"。④ 如果我们将上述这些说法所牵涉的有关精、气、神的炼养过程略去,这种作为"玄关""玄窍""灵窍"或"一点圆明"的"即道之心",不是与王阳明的作为"发窍之最精处"或"圆明窍"的"良知"甚为相似吗?丹道以此心为万物一体之机体性的宇宙之机栝,故为"造化之根""天地造化之龠"。而阳明也以良知为"造化的精灵""乾坤万有基"。丹道的"心外无别道,道外无别物"涵蕴"心外无(别)物",无疑是一种以宇宙为有机整体的观点,即以有机整体内任何部分都不能离开机体性之机能而独存。阳明言"心外无物"也是以"万物一体"的机体性观点为前提,故当人的精灵游散而与物同归于寂时,所谓人与物皆为死物,已不是阳明以"生生之仁"来规定的道德性的宇宙机体之成分。李道纯的《中和集》以此即

---

① 《宋白真人玉蟾全集》(台北宋白真人玉蟾全集辑印委员会,1976年),第504页。
② 《宋白真人玉蟾全集》,第105页。
③ 《宋白真人玉蟾全集》,第105页。
④ 《宋白真人玉蟾全集》,第415页。

心即道之玄关为"中",而"所谓中者,非中外之中,亦非四维上下之中,不是在中之中"。阳明亦以"未发之中"说心体,以"性无内外"(《王阳明全集》,第1173页),并认为"人必要说心有内外,原不曾实见心体"(《王阳明全集》,第76页)。张继先在《心说》中认为心为"真君","其大无外,则宇宙在其间,而与太虚同体矣。其小无内,则入秋毫之末,而不可以象求矣"①。阳明亦说:"良知之虚,便是天之太虚;良知之无,便是太虚之无形。日月风雷山川民物,凡有貌象形色,皆在太虚无形中发用流行,未尝作得天的障碍。圣人只是顺其良知之发用,天地万物,俱在我良知的发用流行中,何尝又有一物超于良知之外,能作得障碍?"(《王阳明全集》,第106页)王唯一的《道法心传》说:"夫玄关一窍,内藏天地阴阳、日月星宿、三元八卦、四象五行、二大四气、七十二候,风云雷电雨,皆在其中矣。"②阳明亦以良知本体"廓然与太虚而同体",此"本体只是太虚。太虚之中,日月星辰、风雨露雷、阴霾饐气,何物不有?而又有何一物得为太虚之障?人心本体亦复如是"(《王阳明全集》,第1306页)。陈虚白的《规中指南》以"太虚之中一灵为造化之主宰"③;而阳明亦以良知为"造化的精灵"(《王阳明全集》,第104页)。上举种种对比只是其中一隅,实质丹道的"玄窍"与阳明的"灵窍"皆为人心一点灵明,虚灵不昧,而与太虚同体。两家皆以天地万物为一有机整体,皆为一气之流通,而只有得天地一点灵光或灵明的人才能逆反或修复一体之本然,以贯通天人。

如果我们试用"磁力现象"来比喻阳明的"一体气象",也许可以"磁力"喻"心(能)"或"良知",以"磁场"喻"太虚",以"磁性"喻"性(理)",以"磁场中的带磁性之物"为"真物"。依此,"良知即太虚"可表示"磁力不离磁场";"心、性、天为一"可表示"磁力、磁性、磁场三者不离";"心外无物"则可表示"磁力的作用之外无带磁性之物",或曰"无真吾即无真物"。所谓"心无内外",即以心能之作用不限于己身(小宇宙)与身外(大宇宙),可喻为"磁力之作用不限于磁石本身,亦及其他铁物"。如此比喻不误,阳明的道德化的宇宙机体中的"灵窍",便可被理解为人人同具的生生之仁的机能,它是可以用来维系或修复机体性之一体之本然的关窍。

---

① 《三十代天师虚靖真君语录》卷一《心说》,《正统道藏》正一部。
② 《道法心传》,《正统道藏》正一部"席"字号。
③ 《规中指南》,《正统道藏》第十册,第44页。

(六)"天成说"的解释

这种机体性的观点可以在王阳明年谱中记录的《天成篇》中找到更明显的描述。其说云:

> 吾心为天地万物之灵者,非吾能灵之也。吾一人之视,其色若是矣,凡天下之有目者,同是明也;一人之听,其声若是矣,凡天下之有耳者,同是听也;一人之尝,其味若是矣,凡天下之有口者,同是嗜也;一人之思虑,其变化若是矣,凡天下之有心知者,同是神明也。匪徒天下为然也,凡前乎千百世已上,其耳目同,其口同,其心知同,无弗同也;后乎千百世已下,其耳目同,其口同,其心知同,亦无弗同也。然则明非吾之目也,天视之也;听非吾之耳,天听之也;嗜非吾之口,天尝之也;变化非吾之心知也,天神明之也。故目以天视,则尽乎明矣;耳以天听,则竭乎听矣;口以天尝,则不爽乎嗜矣;思虑以天动,则通乎神明矣。天作之,天成之,不参以人,是之谓天能,是之谓天地万物之灵。(《王阳明全集》,第1338页)

此篇之主旨在说明耳目心知具有客观性及灵通性,及是发自人心,而复归根于天地万物之机体中的一点灵能。此一灵能可透过人与天地万物同体之"发窍之最精处"(即所谓"人心一点灵明")显发出来,由之而成就的耳目心知之现象,乃可说是"天作之,天成之"的。此篇在年谱上未有明言作者是谁,与年谱引录文字的一贯做法不同。此篇似隐含道教的思路,钱绪山也许不欲明言其为师作或己作。此篇所言确与阳明的良知与万物一体之说一致,阳明与其高弟如王龙溪等亦曾一再使用"天成"一概念于各人语录中。此篇揭示于嘉义堂上,钱绪山作为此一祀先师的书院之主讲,亦有可能是承师说以作此文。日本《阳明学大系》辑有是篇,标示《钱绪山遗文抄》。但此文亦有可能是师作而非绪山之作,因为此篇出现于年谱中,年谱为绪山所作,而此篇未标作者名,日人也许就此推断为绪山之作,故做如是处理。此外,年谱中凡有引录文字,都注明"洪作"(钱德洪作)或"畿作"(王畿作),何以此篇之作者不予注明呢?也许此篇隐含道教观点,故绪山不欲明言为师说,此一可能实亦不可排除也。

李道纯的《中和集》有一很好的譬喻,他说:"傀儡比此一身,丝线比玄关,弄傀儡底人比主人公。一身手足举动,非手足动,是玄关使动;虽是玄关动,却是主人公使教玄关动。"①这"主人公"为何？正是与人人同具之"玄关"相即的"本来真性"②，也就是即"心"之"道"。这种身体活动、玄关、本来真性之三元关系，在王阳明的机体性的宇宙观中便转为视听言动、心、真己(作为性之生理的仁体)之三元关系。故阳明可说："这性之生理，发在目便会视，发在耳便会听，发在口便会言，发在四肢便会动，都只是那天理发生。以其主宰一身，故谓之心。这心之本体，便只是个天理，原无非礼，这个便是汝之真己。"(《王阳明全集》，第36页)没有这个真己为躯壳的主宰或头脑，那便是死物，便不是"精神流贯，志气通达"的，不是"元气充周，血脉条畅"(《王阳明全集》，第55页)的生命机体，亦不是与天地万物为一体的感应机体。就生理或真性对于宇宙万物之作用言，那是"天之所叙"，直接谓"天未有为也"；就大人之心或玄窍对宇宙万物之主宰言，那是"自我立之"，间接谓"天已有为也"。此天无为而人有为之间的关系，又可说是"暗符""默契"或"吻合"的。此即阳明所谓"裁成辅相"之义也。(《王阳明全集》，第844页)此义即为"自然天成"与"自立人为"之一致。白玉蟾说："天地本未尝乾坤，而万物自乾坤耳"，"大造无为"而"风自鸣，籁自动"，正因为"天地本无心"。③ 王阳明亦认同"天地本无心"，但"以人为心"，故天成而不为，而人宰则有为。天成与人宰本对立，若为一致，便须有人心之灵窍来调和贯通，也才可以避免泛神论所面对的"气质命定论"的挑战。④

（作者单位：香港科技大学）

---

① 《中和集》卷二第十一，《正统道藏》第七册，第201页。
② 《中和集》卷三第三，第206页。
③ 《宋白真人玉蟾全集》，第415、419页。
④ 有关"气质命定论"的挑战，可参阅冯耀明：《超越内在的迷思：从分析哲学观点看当代新儒学》(香港：香港中文大学出版社，2003年)。

做天下第一等事：论儒学如何能为生民立命？

林远泽

一、前言

"识时务者为俊杰"这个中国俗谚，表达了中国人一个很清楚的观点，那就是"识时务"最多只能算是"为俊杰"之事，唯独读书学习"做圣贤"才称得上是做天下第一等事。① 然而，处境尴尬的是，在一个世俗化的现代社会中，不仅学做圣贤已经很难作为现代公民的理想，凡事都要求应依一种"全面性的学说"来作为政策决定的依据，更难免会被批判干犯了民主多元的价值。在今日，儒学实不宜以儒教的身份而被复兴。但如此一来，教人学做圣贤的儒学，在当代社会中似乎真的只能被当作游魂，仅栖身在学院的抽象讨论中。儒学在今日仿佛不立为国教，就得沦为游魂。这种窘境，经常逼使我们必须提问，儒学在今日如何还能践履它的理论等等之类的问题。

然则，一个文化系统的重要意义，并非因为它能在经济、政治系统中发挥作用，而是在于它必须能为社会最终的行动意义生产动因。② 一个文化系统若不能为社会成员提供行动最终有意义的动因，那么这个社会即将因行动意义的匮乏，而产生社会失序与存在无意义的动因危机。从这个角度看，儒学是否还能在社会中践履它的理论，这个问题就等于是，儒学作为一种文化系统的建构，它是否还能为社会

---

① 如同《王阳明年谱》所载，王阳明幼年即说："登第恐未为第一等事，或读书学圣贤耳。"
② 关于文化系统的作用在于必须能生产足够的行动意义，以避免社会发生动因危机的观点，请参见：哈贝马斯，《合法性危机》（台北：时报出版社，1994年）一书的详细讨论。

生产行动意义的最终动因。如果我们这样理解儒学的社会实践作用,那么儒学"为天地立心,为生民立命"的自我期许,即使在今日,对于社会就都还具有不可或缺的实践作用。因为传统儒学自许应能"为生民立命"的理论任务,以今日的语言来说,即是已经清楚地意识到儒学作为一种文化系统,应能为人类行动的有意义性提供最终动因的基础。本文因而将尝试从儒学如何能为生民立命的观点,来说明儒学在今日社会中,应当如何践履它的理论。

二、儒家天道性命相贯通的宗教意识①

"为天地立心,为生民立命,为往圣继绝学,为万世开太平。"张载这句千古名言,实有儒家源远流长的传承,它来自孟子所说的:"尽其心者,知其性也,知其性,则知天矣。存其心,养其性,所以事天也。殀寿不贰,修身以俟之,所以立命也。"(《尽心篇上》)"立命"必须透过尽心、知性、知天的实践工夫,这种天道性命相贯通的道德意识,主导了儒学日后的理论与实践的发展。

在天道性命相贯通的道德实践意识中,中国历代的儒者总是相信规范人类行为的道德法则与掌管宇宙运行的自然法则之间,应具有相互平行或一致性的关系。儒学因而一直有各式各样的"天人合一"论。像董仲舒的天人感应论,就尝试透过"人副天数"的类推,来论证"天人一也"。他说:"人有三百六十节,偶天之数也;形体骨肉,偶地之厚也;上有耳目聪明,日月之象也。"②一旦我们能透过数字与形象的类比,证明"物疢疾莫能偶天也,唯人能偶天地",那么我们就能将传统的"民受天地之中以生"的讲法,理解成"天地之精,所以生物者,莫贵于人。人受命乎天地,故超然有倚"。③ 这一方面强调了人有"受命乎天地"之高于动物性存在的超然地位;但在另一方面,他的行为法则也必须与受阴阳五行规范的自然法则相一致。董仲舒将阴阳五行的法则,视为道德行为所应遵守的客观规范,他因而说:"凡物必有合……阴者阳之合,妻者夫之合,子者父之合,臣者君之合。物莫无合,而合各有阴阳……

---

① 本文本节以下的内容,主要引用自拙著,《儒家后习俗责任伦理学的理念》,台北:联经出版事业有限公司,2017年,第201—238页,但内容稍有增删。
② 董仲舒著,苏舆注,《春秋繁露义证》,《人副天数第五十六》,北京:中华书局,2012年,第354—355页。
③ 董仲舒著,苏舆注,《春秋繁露义证》,《人副天数第五十六》,第354页。

是故仁义制度之数,尽取之天,天为君而覆露之,地为臣而持载之……王道之三纲可求于天。"①以借此而为两汉的伦理性儒家建立礼教之规范正当性的基础。

相对于伦理性儒家以阴阳五行之经验-科学的理性,来解释在古代宗教中鬼神不可测的意志与命令,宋明的道德性儒家则以《易传》的"生生之德"与《中庸》的"不诚无物",来取代佛教将人伦世界视为假名幻有的主观观念论解释,以反过来将存有世界的实在性基础,奠定在道德自主的理性事实之上。张载作为宋明儒学的开创者之一,他首开辟佛论述的《正蒙》,即被认为意在批判"浮屠以心为法,以空为真,故《正蒙》辟之以天理之大"②。而程颢也批评:"佛言前后际断,纯亦不已是也,彼安知此哉?子在川上曰:'逝者如斯夫,不舍昼夜。'自汉以来儒者不识此义。此见圣人之心,'纯亦不已'也……'纯亦不已',此乃天德也。"③他又说:"'生生之谓易',是天之所以为道也。天只是以生为道。"④宋明新儒家既主张,天的创生之德("天只是以生为道")与道德实践的无穷努力("圣人之心,纯亦不已")是相一致的,那么他们据此自不能接受"前后际断""以空为真"的佛教存有论。

但受到佛教"万法唯识"之观念论式的存有论影响,道德性儒家也试图从道德本心或本性来论证世界真实存在的主体性基础。这正如王阳明所说:"夫人者,天地之心,天地万物本吾一体者也。"⑤天人既为一体,若要知道天理的真实内涵,那么只需返回道德自觉中的良知呈现即可。他因而说:"良知只是一个天理自然明觉发现处,只是一个真诚恻怛,便是他本体。故致此良知之真诚恻怛以事亲便是孝,致此良知之真诚恻怛以事兄便是弟,致此良知之真诚恻怛以事君便是忠。只是一个良知,一个真诚恻怛。"⑥由此可见,王阳明虽然也认为"天地万物本吾一体",但对于在人伦常道中,将事亲之孝与事君之忠的行为法则视为天理一般的自然法则,却必须转由致良知之真诚恻坦的明觉来呈现,而不是反过来让人的行为法则被宇宙的法则所决定。宋明新儒家即使有朱熹的"性即理"或王阳明的"心即理"之说的差别,他们也都能意识到应革新两汉儒家的宇宙论论述,使天人合一的可能性基础不被建立在神秘的术数理论之上,而是建立在良知自我立法之实践理性的自律之上。

---

① 董仲舒著,苏舆注,《春秋繁露义证》,《基义第五十三》,第350页。
② 张载,《张载集》,《正蒙》范育序,北京:中华书局,2006年,第5页。
③ 程颢、程颐,《二程集》,第141页。
④ 程颢、程颐,《二程集》,第29页。
⑤ 王阳明,《传习录》,卷二《答聂文蔚》,《王阳明全集》第一册,杭州:浙江古籍出版社,2010年,第86页。
⑥ 王阳明,《传习录》,卷二《答聂文蔚》,《王阳明全集》第一册,第92页。

宋明新儒家的这种转化,在当代新儒家的诠释中,又得到更为清楚的理论架构表达。对于熊十力在《新唯识论》中,尝试以儒家的本心与《易传》的创生之德来转化佛教虚妄唯识的存有论①,牟宗三则借助康德哲学与德国观念论,主张儒家应能在天道与性命相贯通的圆善实践中,建构一种以"无执的存有论"为特色的"道德的形上学"。②

三、自然法平行论假定的道德发展理论解说

然而,值得注意的是,深信天道与性命相贯通,或认为"我们对于正义或道德法则的意识,是与我们对那些统治更伟大、超人类的、宇宙的秩序之终极力量与法则的意识,相平行或和谐一致的"③,这种确信并非儒家所独有,而是中西圣哲在道德实践中都能共同感受到的。在道德发展理论中,科尔伯格即以苏格拉底与金恩博士为例,指出:

> 他们愿意为道德原则而死,部分是因为他们信仰道德原则即是人类理性的表现,部分则是因为他们信仰那种有宗教加以支持的正义。这种支持并不是来自于将较高的法则等同于神的命令的神律论,而是来自于他们视正义原则不仅是在一个市民社会中用来解决冲突的社会契约,而是反映出那种内在于人性与自然或宇宙中的秩序。④

这种相信道德法则应有宇宙秩序的法则来支持的道德-宗教意识,科尔伯格称之为"自然法平行论的假定"。他解释说:

---

① 熊十力在《新唯识论》第一章《明宗》即说:"今造此论,为欲悟诸究玄学者,令知一切物的本体,非是离自心外在境界,及非知识所行境界,唯是反求实证相应故。"参见熊十力,《新唯识论》,台北:河洛图书出版社,1974年,第1页。这显然仍是一种观念论的观点,只是他所主张的本心已非唯识的阿赖耶识。
② 牟宗三的说法请特别参见《心体与性体》(台北:正中书局,1985年)第一册《综论》,以及《圆善论》(台北:台湾学生书局,1985年)之附录《"存有论"一词之附注》。
③ Kohlberg, *The Philosophy of Moral Development*, New York, M: Harper & Row, 1981, p. 319.
④ Kohlberg, *The Philosophy of Moral Development*, p. 318.

> 自然法的假定,并非指我们要致力于从事实的一般化法则推演出道德法则,而是假定说,透过科学或形上学所知的自然秩序,与透过道德哲学所知的道德秩序之间,具有某些共同享有的特性……自然法平行论假定我们的道德直觉(或道德秩序感),是与我们对于自然秩序的形上学或宗教直觉相平行的……从这个观点来看,道德原则仍是自律的,它们不能从在形上学陈述中的自然法则推演出来,也不能化约成它们……总而言之,我们论证说,从对于道德原则及其发展之结构发展的研究中,可以得出结论说,介于良好发展的道德直觉与关于自然或终极实在的宗教直觉之间,具有平行的关系。宗教直觉为一般的自然法则引入一存有论的导向,并支持了正义的原则。①

从科尔伯格以上这两段话,可以看出,即使对西方的圣人来说,在"杀身成仁,舍生取义"的道德确信中,他们也都相信我们的道德决定是由"内在于人性与自然(或宇宙)中的秩序"所支持的。这种基于道德直觉而来的"关于自然或终极实在的宗教直觉",能为"一般的自然法则引入一存有论的导向,并支持了正义的原则"。这显然与上述儒家对于天道性命相贯通的意识是一致的。相信天道与性命相贯通,因而这不是中国人独有的道德世界观,而是有其在人性上的普遍基础。我们因而可以透过道德心理学的研究,来检讨儒家基于"自然法平行论的假定"这种道德体验的事实,即试图提出"天人感应论""良知即天理"或"道德的形上学"这些构想,是否是合理且必要的。

苏格拉底与金恩在他们的道德实践中,都不容自已地产生自然法平行论的真实体验,但科尔伯格并不认为,我们可以借此而研究心性或天道的本体内容是什么,而是应先研究人类是在什么情境之下,才会产生道德正义应有宇宙法则加以支持的内在实践要求,以使我们能对道德与宗教之既有区别,又应能互相辅助的意义所在,做出明确的说明。借镜科尔伯格的研究进路,对于传统儒学基于"大人者与天地合其德"的天人一体感,而对天道与性命的内容所做的各种解释,我们究竟应采取在先秦儒学中,像孔子"知而不言"的态度或孟子要求尽心知天以立命的进路;抑或采取后儒的解释,像汉儒采取阴阳五行的天人感应论或宋明儒家的良知即天理等观点?在对这些理论进行批判反思,以断定何者为宜之前,我们应先澄清以下

---

① Kohlberg, *The Philosophy of Moral Development*, pp. 320-321.

三个问题。这三个问题与科尔伯格在道德发展理论中所发现的,介于道德与宗教之间一直存在自然法平行论之假定的现象有关,我们因而应先问:

(1) 相信吾人道德应然的决定,必定如同它有宇宙法则的秩序支持一般,这种相信天道与性命相平行而一致的意识,究竟在什么意义下,对于道德实践是必要的?

(2) 吾人在实践行动中,最终相信道德法则应与自然法则相一致,或者说我们能体验到人的德性是与天命相贯通的,这种内在而超越的信仰意识或与无限存有者一体的感受,如何能在道德人格的提升中产生出来?

(3) 即使预设道德法则与宇宙法则一致,是我们在道德实践上必要的,但我们是否即能超越道德自主的领域,去对掌管自然秩序的绝对者之存在方式或行动法则提供知识性的说明,或者能由此去肯定我们有超越经验知识之智性直观的认知内涵?

我们下面即尝试依道德发展理论的分析,来分别回应这三个问题,以作为我们理解儒家宗教意识的理论参考。

(一) 道德的最终奠基与生命的终极关怀

我们可以先回应第一个问题。针对道德发展理论,科尔伯格认为我们不应只限于研究道德判断能力的发展,而应进一步探讨道德行动能力的发展。道德行动所在的现实生活情境,并非是假设性的理想情境,因而难免会面临生命存在的各种界限情境。能够克服这些限制与阻碍,而使道德的实践具有可行性,这要求我们应有更高的道德能力,及与其相应更高的心理发展。科尔伯格因而主张,我们若要超越以自律与正义为主的道德第六序阶,以能在道德判断能力之上,发展出更高的道德行动能力,那么我们首先即需确定,为何实行道德的要求本身就是一件有意义的事。以至于我能有足够的理据作为实践道德的动机,而不只是知道道德对错的判断而已。可见,要为道德判断找到行动实践的动机基础,以能为道德实践的可能性进行最终的奠基,我们就必须彻底地追问"我为何要行道德"的问题。

"我为何要行道德"这个问题,同时具有后设伦理学与心理学的意义。在后设伦理学上,当我们问"我为何要行道德"时,这即已表示,道德并不能为它自身提供最终的基础,它需要在道德之外的奠基,以使它本身的实践能被视为有意义或值得做的;在另一方面,"我为何要行道德"不仅是理论的问题,而且同时涉及人类生命存在的意义问题。因为唯当我对道德实践感到怀疑或绝望时,我才会问我自己"我为何要行道德",否则我们就只是在考量"行道德有何好处"的利害关系,但这种利害考量绝非是高于自律道德的道德能力发展。从后设伦理学与心理学两方面来看,"我为何要行道德"的问题,最终都涉及宗教的问题。因为一旦在后习俗的序阶中,我们已经理解到,道德行为并非是为了利益的满足,那么对于为何行道德的理由,就并非是为了利害得失的考量,而是为了理解这样做对于我们的生命是否有意义。针对道德与宗教在后设伦理学上的关系,科尔伯格因而说:

> "为何行道德"的问题是后设伦理学的问题,它预设道德之规范性结构(或序阶)的存在,已经受到质疑。道德判断的存在与发展,对于后设伦理学的判断与理论而言,因而是必要的预设。但它仍不是充分的,因为后设伦理学的理论,或对于"什么是道德"与"为何行道德"的问题所做的回答,并不是从道德原则本身就可以推演出来的,它们需要额外的社会-科学的、形上学的与宗教的预设。①

相对于康德强调宗教意识出于追求德福一致之最高善的实践预设,柯尔伯格认为宗教对于道德的作用,并不在于它能让我们设想回报的可能性,而在于它能说明为何道德实践是使人类的生命存在有意义的活动。道德对于宗教的需求,并非起源于要求德福一致的福报思考,而是出于对人类生命存在之意义虚无感的真实回应。道德之所以需要宗教,其真正的理由在于,道德其实并没有办法充分证成,为何实践道德本身最终仍是一项有意义的活动。特别是当我们在穷尽道德的一切努力之后,却发现我们仍无法不处在一个遭忧受苦、充满不正义的世界,这时我们就难免会面临生命的努力终归枉然的虚无主义危机。面对这种生命意义的虚无感,"我为何要行道德"的强烈质疑将挥之不去。科尔伯格因而针对道德与宗教在生命存在意义方面的关系说:

> 即使我们能省察到我们在成年早期所获得的普遍的正义原则,但还是不

---

① Kohlberg, *The Philosophy of Moral Development*, p. 337.

能排除会有绝望的可能性;的确,它会让我们更感到要在这个世界中找到正义的困难。即使我们已能清楚地觉察到普遍的伦理学原则,而能有效地对抗一般怀疑论的质疑,但是却还会有一个怀疑论的质疑会被最大声地呐喊出来,亦即"为何要行道德","为何在一个大部分都不正义的宇宙中我们还要行事正义"。在这个层次上,对于"为何要行道德"的回答,包含了"为何要活着"的问题,以及相平行的"如何面对死亡"的问题等等。因而最终的道德成熟要求能对生命意义的问题提出成熟的解决方法。我们因而争论说,这本身几乎不是道德的问题,而是存有论与宗教的问题。不仅这问题不是道德的问题,它甚至不是单纯在逻辑与理性的基础上可以被解决的问题。①

"我为何要行道德"的质疑,突显出正是在道德实践穷尽之处,才产生出生命意义之终极关怀的宗教问题。此时我们不是要质疑道德之自律判断的正当性,而是想要理解,在充满遭忧、受苦与不正义的世界中,行道德为何仍是一件有意义或值得做的事。在"我为何要行道德"的质疑中,道德立法在现实世界的实践有效性,已被生命意义的虚无感悬搁起来,除非我们能找到有说服力的回答,否则道德实践的可能性即将成为问题。科尔伯格认为我们在此时需要宗教信仰的解释,因为当我们无语问苍天时,我们就只能把生命意义的终极关怀交给宗教去进行形上学的说明。道德最终需预设宗教意识的发展,或者说道德发展最终需以宗教信仰的终极关怀为基础,这并非主张我们应以宗教取代道德领域的自律性,否则我们的道德发展就又会回退到只服从神令的他律道德中。宗教对于生命的终极关怀之所以具有伦理学的功能,在于它说明并支持了为何遵行道德是一件有意义的行动,而非它对道德议题的讨论提供了道德原则的实质规定。科尔伯格因而说:"宗教是对于追问道德判断与行动之终极意义何在的一种有意识的回应与表达。宗教本身的功能不在于提供道德的命令,而在于支持道德的判断与行动是一项有意义的人类活动。"②

(二) 内在而超越的道德第七序阶

其次回应第二个问题。科尔伯格主张道德序阶的最高发展,必须有一宗教最

---

① Kohlberg, *The Philosophy of Moral Development*, pp. 344 – 345.
② Kohlberg, *The Philosophy of Moral Development*, p. 336.

高序阶的发展,来超越并支持它。乍看之下,这虽然像是把道德义务之应然实践的伦理学问题,与安顿存在性绝望或意义虚无感的心理学问题混淆在一起。但在道德能力的发展中,我们应预设有一种超越道德的宗教阶段,这种发展的必然性却可以直接从道德发展的内部逻辑来加以说明。因为绝望或无意义这些心理学的体验,事实上是基于我们对道德规范有不断分化与统整的要求,才使我们必然会面临人类的有限性与道德要求的无限性之间的冲突,而必须进一步寻找宗教性的超越解决。从科尔伯格的道德发展理论来看,他将道德发展的过程区分成三个层次六个序阶。在这六个序阶中,道德的更高发展即意指行为者对于道德原则能达到更高的"分化"(differentiation)与"统整"(integration)的能力。① 道德判断的分化,系指我们愈来愈能在实然与应然之间做出区分,而不会混淆两者之间的界限。而所谓的统整,即指我们愈来愈能要求有效的规范必须能够普遍地适用,而不允许因例外所造成的不公平。

道德发展的序阶性提升,若是以道德判断的"分化"与"统整"程度为衡量的标准,那么道德意识的发展即逻辑地涵蕴,我们必须不断地面对实然与应然之间的价值割裂,以及在要求道德规范必须具有无条件限制的普遍性或普遍的可应用性时,我们即难以避免必须面对人类处境的有限性与道德要求之无限性之间的不一致。因而当我们坚持道德的自律,但却面对"受苦、不正义与死亡"的绝望危机,以至于发出"我为何要行道德"的质疑时,这时负责解答的宗教意识,即必须针对道德对于实然与应然的分化,提供最终能弥合德行与幸福之不一致的基础,并对包容他人(甚至万物)的统整性要求,提供我们最终能"泛爱众而亲仁"、能肯定"天下归仁焉"或最终能获得天人合一、与万物为一体的形上学直觉。超越道德序阶的宗教思考,因而内在地具有形上学的认知倾向,因为它必须构想出一种能弥平一切差别对立,而使我们能处身在万物与我为一的本体-宇宙论的观点中。科尔伯格据此指出,我们在道德实践中,之所以会普遍产生出人类的道德秩序应有宇宙秩序加以支持的自然法平行论假定,即是因为我们在道德发展的每一序阶中,都会因为想为自己证成道德行为是使生命最终能有意义的活动,而会尝试在该序阶的发展中,去寻找相应的、具有宇宙与本体论等形上学认知内涵的宗教观,来支持我们的道德实践。

对此他引用福勒(James W. Fowler)的观点作为支持。福勒受到田立克(Paul

---

① Kohlberg, *The Philosophy of Moral Development*, pp. 135,161.

Tillich)以终极关怀界定"信仰"(faith)之本质的影响,他认为每一种形态的道德推理都必须有一信仰作为基础。因为:

> 每一道德观点,不论它是处在哪一个发展阶段,都必须安顿在一更广泛的信念或忠诚的系统中。每一种道德行动的原则都是为某些价值的核心在服务。即使诉诸自律、理性或普遍性作为道德第六序阶的证成,但这些也不优先于信仰。它们反倒是信仰的表现,亦即是对自律、理性或存在的普遍福祉之有价值的理想之信任、忠诚与视之为有价值的表现。因而,我相信总有一套信仰的架构,涵盖并支持了遵行道德与运用道德逻辑的动机。①

福勒在这个观点上把科尔伯格道德发展的六个序阶,重构成信仰发展的六个序阶,以说明各个道德发展阶段所必须预设的价值核心体系。科尔伯格则再进一步,运用他在认知与道德的平行结构中的说明,来解释宗教与道德序阶发展的平行提升关系。科尔伯格指出,如果说宗教本身的功能在于支持道德判断与行动是一项有意义的人类活动,那么福勒以信仰为道德实践提供价值核心的说法,就应该倒过来说宗教意识的发展其实预设了道德实践之最终奠基的要求。

宗教意识的序阶性发展虽然必须预设道德意识的发展为其可能性的条件,但是道德发展毕竟只是宗教发展的必要但非充分条件。这意指说,宗教意识虽然必须有内在的道德性作为思考推理的基础,但是宗教相对于道德判断的原则却更具有超越性。这是因为在每一个道德阶段中,道德的观点都无法自行回答"我为何要行道德"的问题,以至于道德需要宗教信仰为它回答必须坚持这样做的理由何在。"我为何要行道德"的问题,无法只以该序阶所认可的道德理由作为回答,因为这个问题是以整个道德行为的有无意义性作为质问的对象,而非以特定对象对我们而言是否具有价值(价值的判断)或个别规范要求是否是我们应践履的行为(规范的判断)作为要质疑与回答的问题。它要求能对生命的终极意义何在做出回答,而这正是宗教信仰的终极关怀所试图要提出解释的。

在这些以道德发展为必要条件的宗教发展阶段中,每一个先前阶段的宗教观事实上都会被更高发展的序阶所取代。因而在宗教的第一至第五序阶中的宗教推

---

① 转引自 Kohlberg, *The Philosophy of Moral Development*, p. 335。

理,在原则上都不能超出道德的正义原则,以终极地回答我为何要行道德的问题,反而是可以(甚至应该反过来)被更高的道德发展阶段所取代。例如在交易互惠的道德第二序阶中,我们以上帝是能接受我们丰厚祭品之祈祝,而赐福于我们的。这确立了我们在这个道德阶段中,以互惠的方式进行人际互动的最终意义。但这种以灵验与否作为人与终极存有者之关系的界定,是可以被物质性酬报的价值所取代的。这种观点一旦发展到道德第三序阶,即当我们不再把道德价值定义为实质的利益,则这种宗教观就失去支持我们依此序阶的道德原则而行的意义基础。换言之,以道德序阶一至五所发展出来的宗教推理,并不能使宗教相对于道德而具有独立的地位。它在事实上并不能超越道德,而是可以被更高的道德观点所取代。①

直到宗教第六序阶的发展,才是既预设了道德最高阶段(序阶六)的发展,但又加以超越。宗教的发展随着道德发展的最高序阶而进一步发展出来,它最终超越了道德的界限,而成为说明人类整个道德实践活动的最终意义基础。它提出一套形上学-宇宙论来说明人与无限存有者的绝对合一的可能性,因而具有很强的形上学关怀。但这种形上学的兴趣并不是出于理论知识的兴趣,而是要透过形上学的超越构想来为生命的终极意义进行奠基。且从发展心理学的观点来看,吾人在这个阶段之所以会追问"我为何要行道德"的问题,是因为我们遭遇到生命无意义的虚无主义危机。此即艾力克森(Erik H. Erikson)所谓的,在中年晚期所遭遇到的整合与绝望的危机。我们在道德中被要求依正义原则而行事,然而我们却发现充满在世界中的"受苦、不正义与死亡",会令我们产生存在性的绝望。对于不可抗力的天灾地变、对于不可掌握的祸福命运、对于终难避免的疾病与死亡,我们的道德实践能力看来是太有限了。我们必须重新整合我们的世界观,超越有限的观点去进行形上学的思辨,以设想正义即内在于宇宙的秩序中,或者去认同我们与所有人类或与世界全体、无限存有者之间,具有全体平等之普遍一体性的观点。以面对我们以道德理想超越现实性所造成的实然与应然之间的鸿沟,而得以在一体性的无限感中,弥补一切存在之有限性的缺憾。

科尔伯格因而发现,我们在从道德第六序阶过渡到宗教第六序阶的道德人格

---

① 正如科尔伯格所指出的:"在序阶一中,可以诉诸有权威的人,而非神圣的权威和神的惩罚。在序阶二中,可诉诸个人自利的需求。在序阶三中,则可诉诸他人的赞许。第四序阶,则诉诸个人权利的保障,以便在照顾到他人的权利和福祉下,追求个人自己的幸福或是社会的福利。"Kohlberg, *The Philosophy of Moral Development*, p. 334.

发展过程中,会经历一个非常独特的"道德第七序阶"。这个序阶即是既超越而又内在的道德-宗教意识:它是超越的,因为它超出道德领域,而包含宗教的超越性向往。但相对于真正走入宗教第六序阶而言,这个序阶又还是内在的。因为它并不去宣称能对宗教直观的内容有任何的实质知识,而只是相信它终能为道德奠定有意义性的基础。对此"内在而超越"的第七序阶,科尔伯格在《道德发展、宗教思考与第七序阶的问题》这篇论文中,曾提出一段非常精辟的说明。他说:

> 在"道德发展"的第六序阶,普遍的伦理学原则并不能直接被人类社会秩序的现实所证成。这样的"道德性"因而独特地要求一种宗教导向的最终阶段,并促动人们朝向它而发展。我们知道,我以前把这种为普遍的道德原则所要求的宗教导向称为"序阶七"。这个用语是隐喻性的,因为它预设由道德的序阶六所产生出来的冲突与问题。它相当于福勒所称的信仰第六序阶,或我们所称的宗教推理的第六序阶。这个宗教导向基本上并不改变在道德的第六序阶所发现的普遍的人类正义原则的定义,而是把这些原则与对于生命的终极意义之观点整合起来。"序阶七"(stage 7)的部分概念系来自于艾力克森对于在生命周期中的最终阶段的讨论。在这个阶段中我们寻求整合但也终究会遭遇到绝望。即使我们能省察到我们在成年早期所获得的普遍的正义原则,但还是不能排除会有绝望的可能性;的确,它会让我们更感到要在这个世界中找到正义的困难。即使我们已能清楚地觉察到普遍的伦理学原则,而能有效地对抗一般怀疑论的质疑,但是却还会有一个怀疑论的质疑会被最大声地呐喊出来,亦即"为何要行道德","为何在一个大部分都不正义的宇宙中我们还要行事正义"。在这个层次上,对于"为何要行道德"的回答,包含了"为何要活着"的问题,以及相平行的"如何面对死亡"的问题等等。因而最终的道德成熟要求能对生命意义的问题提出成熟的解决方法。我们因而争论说,这本身几乎不是道德的问题,而是存有论与宗教的问题。不仅这问题不是道德的问题,它甚至不是单纯在逻辑与理性的基础上可以被解决的问题。虽然如此,我们仍然使用"序阶七"这个隐喻性概念,以为这些问题之有意义地解决提供一些建议,以能与理性的普遍伦理学兼容。所有这些解决的特性,是它们都涉及一种对于各种非二元论主义的冥思体验。这种体验的逻辑虽然有时候表现在与上帝一体的有神论用语中,但不一定要这样。它的本质是感受到成为生命整

体之一部分,因而采取了一种相对于普遍的、人文主义的序阶六的宇宙论观点。①

在科尔伯格的道德发展理论中,道德发展的最高阶段是普遍的原则伦理学阶段,代表这个阶段的伦理学立场即是康德的自律伦理学与罗尔斯的正义理论。但从以上的引文中可以看出,科尔伯格在他自己中、后期的理论发展中,却明确地主张依自律理念而奠基的正义原则并不代表道德发展的最高阶段。道德发展的最高阶段是宗教性的。在他所称的"序阶七"中,我们必须面对正义原则所无法解决的"受苦、不正义与死亡"的存在性绝望,并尝试把"普遍的正义原则"与"生命意义的终极关怀"的问题整合在一起。生命的意义本身,并不是道德或理性所能回答的问题,这需要超越的形上学-宇宙论的解释。但是科尔伯格却仍试图在我们走向宗教的冥想体验之前,设想一个能与理性的普遍道德兼容的宗教导向,以作为超越正义观点,但又使整个道德实践活动最后能获得有意义性的依据。科尔伯格试图指出:在我们的道德意识中有一个超越道德进入宗教的独特领域,它不仅使我们能为道德进行"最终的奠基",同时也说明了宗教对于生命意义的终极关怀,以及它们对于生命的一体性这种形上学-宇宙论思考对于道德实践所具有的意义。

科尔伯格就此将超越原则道德进入宗教的第六序阶,称为隐喻性的道德第七序阶。此即表示,在这个不再能被道德意识取代的宗教发展阶段中,宗教对于生命的终极关怀为在道德序阶六中由存在性的绝望所产生的生命无意义的虚无主义危机提供回答。从而使我们能肯定实践道德的生命终极意义所在,而能无视于在现实世界中"受苦、不正义与死亡"的逼临。对此科尔伯格说:

> 宗教提供一种无视于由道德理想与现实的鸿沟,以及由受苦、不正义与死亡的存在所产生出来的暧昧不明,而接受一实在为终极可信任者的方式。宗教所处理的问题因而是由道德推理的界限所产生出来的。这些问题的独特性在于,它们虽然属于道德的领域,但却不是道德的讨论所能回答的。就像我们讨论过的,这些问题以"为何要行道德"的诸种形式提问。因而宗教的结构预

---

① Kohlberg, *The Philosophy of Moral Development*, pp. 344-345.

设道德的结构,但在寻找答案的时候,却又超越了它们。①

科尔伯格主张道德发展是宗教发展必要但非充分的条件,这个说法确立了道德与宗教各自的定位。他因而说"道德思考的功能在于依据规范或原则解决个人之间相冲突的主张,而宗教推理的首要功能则是联系于超越的、无限的根据或整体感以肯定生命与道德"②。可见,宗教意识虽然超越道德的正义原则,但我们却不能以它的思考判断来取代道德的正义原则,因为正义原则对于道德问题的解决有其自主的领域;同样地,道德虽然是宗教意识发展的必要条件,但我们也不能主张以道德的发展来替代宗教的独立发展,因为宗教在为道德行动的终极意义提供基础时,它所做的形上学-本体论的构想,赋予我们愿意行事正义以取得生命终极意义的基础。反过来说,一旦确立"宗教推理的伦理学功能在于支持道德推理的结构"③,那么以是否具有伦理学的功能来为宗教定立其理性思考的基础,这种与道德平行发展但又超越正义原则的宗教序阶,才能因为它为道德的第七序阶奠定最终的基础,而在人类的理性思考中具有不可取代的独立地位与其独特的思考内容。道德的第七序阶这个介于道德与宗教之间的特殊领域,体现了道德行为者在其道德实践中所体验到的超越形上学的向度,但这种超越意识事实上也为人类宗教意识的发展,定立了一个内在的道德向度。在道德第七序阶中,透过对于生命意义的终极关怀,宗教思考与道德要求产生了交集,而这也使得我们的道德意识得以再向上提升到一个既超越而又内在的发展阶段。

(三) 天人合一的冥契论与对道德神学的批判

最后我们回应第三个问题。自然法平行论的假定既是出于内在而超越的道德第七序阶而来的真实体验,它的作用就仅限于为道德提供它作为有意义的生命活动的最终基础。就此科尔伯格说:"宗教是对于追问道德判断与行动之终极意义何在的一种有意识的回应与表达。宗教本身的功能不在于提供道德的命令,而在于支持道德的判断与行动是一项有意义的人类活动"④,"道德思考的功能在于依据规

---

① Kohlberg, *The Philosophy of Moral Development*, pp. 322.
② Kohlberg, *The Philosophy of Moral Development*, p. 321.
③ Kohlberg, *The Philosophy of Moral Development*, pp. 343 – 344.
④ Kohlberg, *The Philosophy of Moral Development*, p. 336.

范或原则解决个人之间相冲突的主张,而宗教推理的首要功能则是联系于超越的、无限的根据或整体感以肯定生命与道德"①。在此非常值得注意的是,科尔伯格将内在于道德第七序阶中的宗教内含之功能,限定在"联系于超越的、无限的根据或整体感以肯定生命与道德"。包含宗教意识在内的道德第七序阶,如果仍能被设想成可与理性的普遍伦理学兼容,那么这就必须预设说:"所有这些解决的特性,是它们都涉及一种对于各种非二元论主义的冥思体验。这种体验的逻辑虽然有时候表现在与上帝一体的有神论用语中,但不一定要这样。它的本质是感受到成为生命整体之一部分,因而采取了一种相对于普遍的、人文主义的序阶六的宇宙论观点。"这因而与我们在宗教第六序阶中,允许它能对德福一致或万物一体的可能性提供形上学的猜测不同。

对于科尔伯格而言,如果有所谓"单在理性范围内的宗教",那么这种在道德第七序阶内的宗教意识,就只能是一种冥契主义的经验,而不能是已经跨入宗教第六序阶的道德神学信仰。因为科尔伯格虽然主张道德必须预设宗教作为最终奠基,但他却不认为我们因而能对超越的世界进行形上学的猜测。对此科尔伯格解释说:

> 在宗教著作中,迈向序阶七乃始于绝望,这种绝望关涉到宇宙观点的开始。当我们从某种更为无限的观点,将生命视为有限的,那么我们就会感受到绝望。在面对死亡时,我们生命的无意义性,即是从无限的观点而来的有限性之无意义性。那称之为序阶七的绝望之解决,即代表我们采取那种始于绝望之宇宙观点的连续过程。它代表了在某种意义上的从外貌到底据的转移,在绝望中我们是从宇宙或无限的距离来看自我。在我们隐喻地称之为序阶七的心境状态中,我们将自己等同于宇宙或无限的观点本身。我们从它的观点来评价生命。在此时,通常作为背景的东西现在变成前景,自我也不再是对于底据而言的外貌。我们感受到整体的统一,感受到我们是这个统一中的一部分。这种统一的经验,经常被错误地视为突发的神秘感觉,但在序阶七中,它其实是与存有论的结构与道德的信念联结在一起的。②

---

① Kohlberg, *The Philosophy of Moral Development*, p. 321.
② Kohlberg, *The Philosophy of Moral Development*, p. 345.

> 冥契经验表现出序阶七的精神性成分,但我们有必要以这个序阶的其他特色作为脉络,来看这种冥契经验。冥契经验虽然也可以经由药物或冥想的训练等各种不同的方式来引发,但唯有当存有的一体性能被揭露,与主客的对立性能被克服,那么这种冥契经验才具有宗教性的意义。这种经验从而代表一种在情感上极有力量的对于实在性的直观掌握,而形上学对此却只能很有限地以概念的方式来加以表达。①

自律与正义的道德第六序阶,因其分化与统整的道德判断能力要求,而产生实然与应然、有限与无限的紧张对立。这在生命的界限经验中,透过虚无主义危机的挑战,使我们必须借助宗教的生命终极关怀,来重构道德第六序阶的原则,以能适应在现实生活情境中的道德行动需求。道德第六序阶因而最终预设了宗教的第六序阶,在宗教的第六序阶中,我们允许宗教能在其形上学的猜测中,去建构让我们能相信德福一致、有限而可以无限的种种说法。但在我们跨越道德进入这些以道德神学为内涵的宗教第六序阶之前,那种仍能与理性的普遍伦理学兼容的却只有道德的第七序阶。在这个既超越又内在的序阶中,道德的宗教内涵只能允许我们有天人一体的冥契经验与对生命意义的终极关怀。科尔伯格对于道德第七序阶的说明,因而隐含了他对康德基于圆善论之道德神学的批判。

康德认为实践理性即是一种道德自律的能力,这是因为道德自律正是理性之普遍合法则性的主体自我立法。对康德而言,如果我们能依据正当性的理由来决定我们自己的行动,那么我们的行动即是自由的。至于我们如何能确定一个行动理由是具有义务正当性的,这即需要进行可普遍化的测试。在可普遍化的思考实验中,我们必须能站在别人的立场,来思考我们应该怎么做才是大家都能同意的做法,以使得这种原属于我个人设想的主观行为格律,能成为大家都愿意遵守的客观实践法则。我们能站在别人的立场上,来决定自己应该怎么做,这种可普遍化的思考意味着我们不断脱离自我中心的思考,亦即不再以我们个人爱好的满足来作为行动决定的依据,而是根据对他人人格的尊重来限制自己的自私自利。遵守具正当性的义务,即必然同时要求我们应抛弃一切个人爱好的考虑,仅出于对道德法则的敬畏而实现道德义务的要求。这与科尔伯格主张道德发展的过程即是"统整"与

---

① Kohlberg, *The Philosophy of Moral Development*, p. 369.

"分化"的过程是一致的。

道德法则是我们透过可普遍化的过程而自我立法的,我们会敬畏道德法则,显然不是因为我们害怕上帝的惩罚或出于感激上帝的恩宠。在道德实践中,我们遵守义务的行为,使我们能证明我们是不受欲望(或本能)的因果法则所决定的存有者,我们的人格尊严因而系属于我们在道德自律上的自由。我们有自由选择的可能性,但我们若不选择道德自律,而是随顺人类的欲望去选择恶的格律,那么在为恶(或不遵守道德要求)的当下,我们即同时会发现,我们事实上已经又把自己贬低成受本能冲动或欲望偏爱之因果法则决定的动物性存在,从而丧失了作为具有人格性的人的尊严。这种对自我人格尊严的贬损,产生出道德的羞愧感。相对于这种羞愧感,道德法则的义务性要求其代表人格尊严的崇高,即成为我因选择不遵守道德法则之根本恶而堕落的罪恶感所敬畏在前的对象。

在康德的义务论伦理学中,一个行为的道德价值不在其后果的好坏,而在存心或意图的善恶。一个出于善意志的意图,不论其行为结果的好坏都不影响这个行为本身的道德价值。这种强调存心的伦理学,并非说我们的行动可以完全不管后果,而是在于我们必须先能澄清,我们行动的决定依据到底是出于能产生出好结果的利害考量,还是仅出于它是有正当性理据的义务要求。行为仅出于义务而行,而非计较结果所可能面临的牺牲或所能获得的利益,那么这个行为才称得上是道德的行为。我们要求行为的决定根据不被后果的考虑所影响,但这并不表示我们的行为是没有目的或对象的。人类行为的对象当然还是善的实现,而在经验上这即指幸福的达成。一个行为若是依据善的意志而决定,其结果并能达成幸福,那么这就是一种圆满的善。康德因而认为,虽然善意志是道德性的唯一依据,因而在最高条件的意义上,善意志是最高善,但在最完满的意义上,却唯有达到德福一致才是最高善。

实践理性在进行道德决定时,必须排除幸福的考虑,但在追求它的实践对象时,却唯有德福一致的最高善,才是实践理性的最高理想,因而产生了实践理性的二律背反。这个背反是理性所无法解决的,因为我们能做自律的道德决定,这预设了智思世界的自由,但我们的行为能否因而产生幸福的后果,则落入现象世界之因果法则决定的领域。人类自己无法保证有德者必有福,因为我们无法以我们的自由介入受因果法则决定的现象世界,从而实现使有德的人必能配得相应的幸福。但若德福一致是不可能的,那么作为我们实践理性之理想的最高善,即无法有实践的一天,这将违反我们实践理性的内在要求。因而我们最终仍需假定上帝、灵魂不朽与来世的存在,这样我们才能借助上帝的全能、全善,为每一个人的德行配与等比例的幸福。并肯定我们有德的行为,即使在此生未能获得幸福的回报,但至少我们还是能相信,我们的灵魂不朽,因而我们的善行终将在来世获得应有的回报。康德因而即在这个意义上,宣称信仰上帝存在、灵魂不朽与来世,即是我们实践理性的设准。

从康德的"实践设准论"我们可以很清楚地看到,康德对道德与宗教之间的关系仍存在两方面的问题:一是对道德需要宗教奠基的错解,因为他显然仍认为,在道德神学中宗教的核心即在于上帝能确保信仰者有恰如其分的回报。这作为对民间信仰的理解或许是对的,但对真正的宗教精神则不一定是恰当的。他虽然一再强调道德行为不是从是否能获得幸福的后果来决定,但在实践理性之最高善的理想中,却仍念念不忘德行的回报。为了能确保德行一定能有幸福的回报,康德主张必须将上帝存在当成实践理性的设准,然而这似乎正如伏尔泰所嘲讽的:如果没有上帝,那么我们就应该赶快虚构一个出来。在此,宗教对于道德的作用,将只限于它能满足人类要求行为必须有回报的需求。但依科尔伯格的道德发展理论,一个超越道德第六序阶的宗教意识,显然不能回退到只重视幸福的回报。

二是他因而超越人类知识的限度,允许对形上的本体世界进行没有根据的猜测。最高善的实践设准使我们不能限制在现象世界的经验知识领域,但对于上帝存在、灵魂不朽与来世这些超感性世界的内容,却也不是我们在理性的范围内所能够肯定的。康德在超越道德的第六序阶之后,即直接跳入宗教的第六序阶。他对于在道德第六序阶中的道德神学的说明,显然是接受基督新教的习俗观点。因为我们很可以从其他宗教的道德神学中,看到其他说明德福一致的可能性与沟通有限与无限存在者的不同方式。如同科尔伯格在前述引文中所说的:"所有这些解决的特性,是它们都涉及一种对于各种非二元论主义的冥思体验。这种体验的逻辑虽然有时候表现在与上帝一体的有神论用语中,但不一定要这样。它的本质是感受到成为生命整体之一部分,因而采取了一种相对于普遍的、人文主义的序阶六的宇宙论观点。"换言之,在道德第七序阶中,像预设天人合一、物我一体这种"非二元论主义的冥思体验"是实践理性必要的预设,但假定需要有上帝存在、来世与灵魂不朽,却并非是实践理性必要且唯一的设准。①

四、原始儒家之宗教意识的理性内涵

康德的实践设准论使宗教意识停留在福报意识,并因而容许我们对宗教的彼岸世界做形上学的猜测。但道德若最终建立在这种基础之上,那么我们将不可能达到后习俗道德层次的启蒙。相对地,柯尔伯格则认为宗教对于道德的作用,并不在于它能让我们设想回报的可能性,或因而允许我们能对本体世界做形上学的猜测,而仅在于它能说明为何道德是人类生命存在之究竟有意义的活动。透过科尔伯格对于内在而超越的道德第七序阶的分析,我们即能了解,那些面对生命界限经验的打击却仍坚持道德实践的圣贤,为何会在自然法平行论的假定中,产生出生命终极关怀的信仰意识与物我一体的冥契经验。这些道德实践的真实体验具有跨文化的普遍性,正如陆象山所说的:"东海有圣人出焉,此心同也,此理同也。西海有圣人出焉,此心同也,此理同也。"②生命的终极关怀与物我一体的冥契经验作为在实践理性范围内的宗教内涵,并不会与人类追求的理性启蒙相冲突。它甚至是实践理性的必要预设。因为它在事实上已经将传统宗教的神圣权威,转化成支持人类能够不断实践道德的永恒动力根源。

科尔伯格在道德发展理论中,对于以生命的终极关怀为主的道德第七序阶与以道德神学为主的宗教第六序阶的区分,也极有助于我们理解儒学的宗教意识。因为它能合理地解释孔子在遥契天道的冥契感受中,对天命保持知而不言的态度,也能支持孟子面对生命的界限经验,主张应透过尽心知性知天的方式,来存心养性事天,从而为道德实践的无穷努力提供"立命"之生命终极关怀的基础。但科尔伯格对于宗教与道德之功能的区分,也使我们有理由不赞同在冥契天道的天人同体的感受之外,还去对天道实体进行与实践无关的形上学猜测。在这个意义上,天人

---

① 牟宗三在《圆善论》中,也透过"人格化的上帝一概念之形成之虚幻性",来批判康德在道德神学中预设上帝存在的不当。他说:"必须肯定一'无限存有'来负责存在,这也未尝不对,但是这无限存有若人格化而为一无限性的个体存有,这却有问题……说到存在,必须涉及无限的智心,但是无限的智心并非必是人格化的无限性的个体存有。"参见牟宗三,《圆善论》,台北:台湾学生书局,1985 年,第 243 页。
② 陆九渊著,王宗沐编,《陆象山全集》卷三十六《年谱》,台北:世界书局,1979 年,第 317 页。

感应或良知即天理只应限于在道德第七序阶中冥契物我一体或天人合一,而不应由此论断我们能对宗教第六序阶的宇宙-本体论内涵具有任何智性直觉的知识。在这个意义上,以孔孟为代表的先秦儒家之宗教意识,才最能恰当地为道德提供最终的奠基,而不逾越人类理性的启蒙。因为孔子与孟子显然正是在"道不行"的生命界限经验中,才特别肯定我们在道德实践的最终奠基中,需要宗教提供生命的终极关怀,以使我们在各种打击与挫败中,都始终具有不断实践道德的动力。但他们并不因而即进一步去构想在宗教的第六序阶中的道德神学,或对其联系在一起的宇宙-本体论内容做任何的形上学猜测。在这个意义下,孔子对于性与天道的思考内容,的确是不可得而闻也的。

宋明新儒家以"理学"为名,他们扬弃汉儒在天道性命相贯通的道德-宗教意识中,将自然法平行论的假定解释成以阴阳五行的宇宙论法则为基础的天人感应论;并以强调"天理之大"的"性即理"或"心即理"的道德形上学观点,来批判与取代佛教的存有论。宋明儒学相对于中国汉唐中古世纪的宗教国教化,对于道德自律的觉醒,确实具有高举实践理性之启蒙作用的现代性意义。但在两个意义上,却仍未完成先秦儒家已经开展的文化启蒙:一是,其未能维持先秦儒学在"道不行"的生命界限经验中所发觉的道德第七序阶,以使宗教意识能保持在实践理性的范围内,反而试图把冥契天道的经验,实体化成为可以知见的宇宙-本体论内涵;二是,也未能在宗教意识作为道德实践的根源动力基础上,将天道性命相贯通的超越意识,转型成支持礼治之外王实践的行动意义系统,反而尝试超越生命终极关怀与物我一体的冥契经验,而试图把世界的存有建立在道德应然的法则上,并把规范的正当性基础仅建立在个人的内在主体性之中。这不仅使西方现代之科学的世界解释与民主的规范讨论没办法发展出来,更使得在先秦儒家原即有基于正名论的沟通对话,以致力于礼治理想之实现的想法,无法得到进一步的发展。

然而,相对于汉儒与宋儒以天道与性命相贯通作为神圣统治之合法性的证成与道德形上学的存有论奠基,原始儒家对于天道性命相贯的自然法平行论假设,却只视之为支持道德实践之无穷努力的生命意义基础。原始儒家之所以没有回退到传统习俗与宗教权威的他律宰制,而是能将宗教命令的神圣效力转化成为道德实践的根源性动力,这与他们不断面临"道不行"的生命界限情境,因而更能反思道德实践最终的意义基础何在,有着非常密切的关系。面对外在世界的各种打击,要能坚持"造次必于是,颠沛必于是"的道德实践,必须有深刻的信仰,才有可能取得超越并抗衡经验实然的理想性确信。对于众人都已丧失信心而准备放弃的实践理念,一个仍愿鼓舞人类坚持道德实践的人,必同时产生"知我者,其天乎"的信仰意识,因为他必然深刻地确信,即使在不断的失败与挫折中,道德实践都是使人类生命具有意义的基础,而这一点最终必能获得最高存有者的肯认。

孔子"逐于鲁,削迹于卫,伐树于宋,穷于陈蔡"①,却仍然"知其不可而为之"的生命界限经验,使他充分理解人类实践能力之虽有限但却又可无限的可能性。他自己"五十而知天命",并教导学生"不知命,无以为君子"。这显示,即使子贡说"夫子之文章,可得而闻也;夫子之言性与天道,不可得而闻也"(《论语·公冶长》),但孔子对于天道与性命的问题却显然有极亲切的理解。对此孟子即透过仁心无限推扩的努力,来指点每一个人应如何去体证超越的上帝原即内在于人的本心之中。在透过尽心而知性知天的体证中,性命与天道显然不是知识的问题,而是实践的问题。上帝所命令于人的应然法则,因而也不是阴阳五行的自然法则,而正是心性主体自我立法的道德法则。无视于外在的困难,人类能在实践道德义务的活动中,肯定自己的生命具有最终而无限的意义。这种"殀寿不贰,修身以俟之"的无忧无惧,即是君子能认取自己最本真之生命主体所在的"立命"基础。

五、结语

原始儒家在外王实践的受挫中,面对生命的界限经验,感受到道德实践的无穷可能性需要天道下贯而为性命的肯定。这种转化宗教意识为道德最终奠基的洞见,日后在宋明理学中,进一步发展出"性即理"或"心即理"的新儒学建构。直到当代新儒学,牟宗三更依据康德的圆善论,称儒家透过天道性命相贯通的道德实践意识所建立起来的"道德的形上学",是一种基于无限智心的"无执存有论"。但这种诠释却很可能超出孔子与孟子将宗教意识转化成支持道德实践之最终奠基的用意,而使儒家从面对真实生活情境的道德实践,走向存心伦理的绝对价值领域。以至于道德性儒家在转化宗教意识成为支持实践行动的意义系统后,应进一步再往

---

① 吕不韦著,陈奇猷校释,《吕氏春秋新校释》上册《孝行览·慎人》,上海:上海古籍出版社,2002年,第810页。

礼治理想发展的责任伦理与文化启蒙无法接续地进展。

汉儒天人感应论的阴阳五行之说与宋明儒学性即理或心即理的道德形上学，都超出道德的领域，而对宗教的内涵进行形上学的猜测，这在历史上已分别遭到王充在《论衡》中的知识论批判[①]，以及叶适等人在事功上的批判[②]。伦理性儒家的启蒙辩证与道德性儒家未完成的启蒙，使得儒家基于人伦常道的礼治理想，要不就是僵化成三纲五常的权威宰制，要不就是私人化成为个人内心的善。它们都没有在尽伦尽制中，真正达到个人道德自我的实现完成与良序的社会团结整合。而在叶适等人之后的反理学思潮，似乎也未能完全超越理学的问题向度，而得以为实践理性的文化启蒙做进一步的开展。儒学若有再出发的方向，那么问题就不在于追溯理学在反理学思潮下的发展，以及它在当代新儒家中的复兴，而是应重返先秦儒学。借助超越道德第六序阶的后习俗责任伦理学理念，重新解读儒家"仁学"与"正名论"的理论意义[③]，以在孔子与孟子将传统宗教的神圣权威转化成支持道德实践使生命有意义的最终奠基之后，不再像后儒走入任何形式（不论是理学还是气论）的形上学臆测中，而是去思考儒学在宗教意识的启蒙之后，如何能继续走向道德实践所在的生活世界，以追求内圣尽伦、外王尽制之礼治理想的实现。

对于儒家立命之道的理论反思，因而并不会使儒家在今日只是学院里的游魂。澄清儒学作为"为天地立心，为生民立命"的道德信仰，将有助于我们面对在现代政治、经济系统宰制下所产生的行动意义虚无之危机。我们不必（更不应）立儒学为国教，因为儒学在其尽心、知性、知天之终极关怀的信仰意识中，原即能为中国文化的未来发展提供作为行动实践之意义基础的最终动因。对于儒学进行彻底的理论批判与反省的工作，仍是儒学在今日能发挥实践作用的主要基础。若不能在这一

[①] 王充在《论衡·感类篇》曾对阴阳五行的天人感应说提出经验主义的批判。他说："阴阳不和，灾变发起，或时先世遗咎，或时气自然。贤圣感类，慊惧自思，灾变恶征，何为至乎？引过自责，恐有罪，畏慎恐惧之意，未必有其实事也。"参见王充著，黄晖校释，《论衡校释》卷十八，北京：中华书局，2006年，第787页。

[②] 理学在南宋即遭到强调事功的"永嘉学派"的批判，例如陈亮（1143—1194）的思想即被陈傅良总结为："功到成处，便是有德；事到济处，便是有理。"参见陈傅良，《止斋先生文集》，收录于《四部丛刊初编》集部237，卷三十六《答陈同父》，上海：商务印书馆，1936年，第186页。而叶适（1150—1223）则主张："既无功利，则道义者乃无用之虚语尔。"参见叶适，《习学记言序目》，北京：中华书局，1989年，第324页。

[③] 请参见拙著，《儒家后习俗责任伦理学的理念》（台北：联经出版事业有限公司，2017年）第六章与第七章的讨论。

点上去"为往圣继绝学,为万世开太平",那么舍儒学之本,求儒教之末,才真是无助于儒学的实践。

(作者单位:台湾政治大学哲学系)

儒学作为现代立国之道*

——理性、民主、正义与多元差异议题

何信全

一、引言

政治是儒家的志业,在中国传统社会脉络之中,政治基本上局限在"学而优则仕"的进路,儒者透过取得政府职位展现德能以实现政治理想。不过,在现代社会,政治的意义不限于狭义的从政为官,而应该从广义的观点,只要关心并积极参与公共事务,不论是从政为官或知识分子论政,"是亦为政,奚其为为政"(《论语·为政》)。就此而言,儒家的政治思维,用现代术语说即是一种公共哲学(public philosophy)。① 此一儒家的公共哲学,就终身以发扬儒学为职志的当代新儒家张君劢(1886—1969)来说,即是儒学作为一种"立国之道"②。

儒家传统的政治志业,基本上围绕"内圣外王"之格局,在政治上寄望于克里斯

---

* 本文初稿曾发表于"中国再起与两岸儒学半世纪的省思"学术研讨会,台湾大学人文社会高等研究院、弘道书院、北京大学儒学研究院合办。台北:台湾大学,2016 年 10 月 29 日。笔者依循会议主题,分别探析儒学与普遍理性观、民主、正义以及多元差异等公共议题之理路关联,并提出若干反思。

① "公共哲学"一词,以政治哲学非限于抽象的概念分析,而是致力于探讨理论与实践(公共议题)之间互动引发的反思,并据以阐明公共议题之哲学论述。See Michael Sandel, *Democracy's Discontent: America in Search of a Public Philosophy*, Cambridge, MA: Harvard University Press, 1996, preface; pp. 3 – 4. See also Michael Sandel, *Public Philosophy: Essays on Morality in Politics*, Cambridge, MA: Harvard University Press, 2005. 此一政治哲学研究的思维面向,与儒家强调经世致用的实践观点颇为贴近。

② 参见张君劢,《立国之道》(台北:商务印书馆,1971 年)一书之书名。事实上,张君劢正是以儒学作为中国"立国之道"的目标,致力于当代新儒学的建构。

玛式的圣贤人物,本乎格致诚正修齐治平之进路,由内圣而外王。期待圣君贤相治平天下之"人治"理念,似乎始终被奉为圭臬。不过正如上述,从现代政治观点看,儒家传统"内圣外王"的人治思维,应该透过重新诠释在理论上进行创造性地转化。质言之,如何从儒家立基于人道(humanity)的长远政治哲学传统中,挖掘深厚丰沛的观念资源,以应对现代各种政治议题,并勾勒儒学在当代的崭新意义,乃是检视儒学能否作为现代立国之道的核心课题。

本文将从当代新儒家的观点出发,依循晚近政治哲学的主要发展脉络,一方面审视当前世界重要的政治及社经文化议题,一方面透过对儒家义理的重新诠释,勾勒儒学作为现代立国之道,如何在各种公共议题冲击之下,建构崭新的理论图像。当代新儒家对儒学的诠释,基本上乃奠基于儒学传统中的普遍人性观点。此一观点,具体展现在由张君劢、牟宗三(1909—1995)、唐君毅(1909—1978)、徐复观(1904—1982)四人联名发表的《为中国文化敬告世界人士宣言》,从人的普遍理性观展现儒学与现代政治文化思潮之会通。① 普遍理性观、民主、正义以及多元差异议题,乃是晚近政治文化思潮的主要议题。本文将依循这些议题脉络,剖析儒学作为现代立国之道的哲学理路,并检视其间的相关问题。

二、儒家的普遍理性观

诚如吾人所知,当代新儒学的产生,乃是为了因应中国现代化过程中的困局,透过儒学传统吸纳并消融西方现代思潮,将中国推向现代化的社会。中国近现代的历史文化情势,基本上决定了当代新儒学的哲学企图,乃是一个追求现代化的哲学计划。当代新儒家哲学继承宋明儒学传统,并且在宋明儒学中采取陆王心学进路,进行儒家哲学传统的重建。此一陆王心学进路的儒学诠释,决定了当代新儒学主体主义的哲学性格,沿循孟子性善论、陆象山"心即理"、王阳明"致良知"的论述脉络,建构主体主动成己成物之心性哲学。② 在此一主体主义的心性哲学基本架构

---

① 此一宣言于1958年新年同时发表于《民主评论》与《再生》,并收入张君劢,《中西印哲学文集》,台北:台湾学生书局,1981年。此处相关主张,参见第866—883页。以下简称《宣言》。
② 关于当代新儒家主体主义与普遍理性观的哲学论述,笔者在拙作《张君劢的新儒学启蒙计划:一个现代VS后现代视角》(《台湾东亚文明学刊》,第8卷第1期,2011年6月),《牟宗三哲学中的 (转下页)

之下,当代新儒家并援引德国哲学家康德、黑格尔的唯心论哲学以发挥儒学,彰显儒家心性之学在主体主义基础上所展现的普遍理性观(universal conception of reason),推尊人类的普遍理性,并在人人皆有理性这一基础上,建构规范人类政治社会的公共哲学。当代新儒家这一哲学建构,在使儒学与西方启蒙传统以来的现代性思维接榫,以期开展以民主与科学为内涵的"新外王"志业。的确,在儒家本乎与时推移精神的长远发展中,当代新儒家扣紧普遍理性观以开展儒学与现代性之融通,可谓理路分明、视野宏观,为儒学在现代的发展做出了重大贡献。

以向西方世界引介中国哲学著称于世的陈荣捷教授,在他的《中国哲学资料书》中将儒学发展分为三个脉络:一是唯心主义儒学(idealistic Confucianism),以孟子、程颢、陆象山、王阳明与熊十力为代表;二是自然主义儒学(naturalistic Confucianism),以荀子为代表;三是理性主义儒学(rationalistic Confucianism),以程颐、朱熹与冯友兰为代表。[①] 此一对儒学发展脉络的描绘,可谓颇中肯綮。当代新儒家在开创者熊十力(1885—1968)的定位之下,进行儒家哲学传统的重构,其普遍理性观的理论根源,依循孟子以迄宋明儒学中陆王之心学进路。陆象山主张"心即理",乃是依据孟子性善论所谓人心所同然的四端之心。孟子的性善论,为宋明以迄当代新儒家人性论述的根源。孟子性善论立基于人禽之辨,亦即作为分辨人与其他动物衡准的四端之心。孟子指出:

> 恻隐之心,人皆有之;羞恶之心,人皆有之;恭敬之心,人皆有之;是非之心,人皆有之。恻隐之心,仁也;羞恶之心,义也;恭敬之心,礼也;是非之心,智也。仁义礼智,非由外铄我也,我固有之也,弗思耳矣。(《告子上》)

孟子认为人人皆有四端之心,包括恻隐之心、羞恶之心、恭敬之心与是非之心,亦即吾人内在本有的仁、义、礼、智之善性,此其一。其次,人之四端之心,并非由经验外铄形成,而是我固有之,此其二。孟子此说,确立了儒家式道德主体的先验性格。

(接上页)道德主体:一种康德式的自我观?》(收入《第四届国际汉学会议论文集:视域交会中的儒学——近代的发展》,台北:"中央研究院"中国文哲研究所,2013年)二文中,曾对其间的理路建构与相关议题进行分析探讨。

[①] See Wing-tsit Chan, trans. and comp., *A Source Book in Chinese Philosophy*, Princeton, NJ: Princeton University Press, 1963.

依孟子之意,要认识固有的四端之心,必须透过"思",亦即心的作用。孟子将吾人之官能区分为大体与小体,大体是心之官,小体则是耳目之官。孟子认为:

> 从其大体为大人,从其小体为小人。……耳目之官,不思而蔽于物;物交物,则引之而已矣。心之官则思,思则得之,不思则不得也,此天之所与我者。先立乎其大,则其小者不能夺也,此为大人而已矣。(《告子上》)

依孟子之意,小体耳目之官是一般生理欲求层次;能思的大体心之官,则是指能够作为道德判断之主体。孟子认为仁义礼智虽为我所固有,却有待以心思之才能呈现。人若能经由心之思的作用将四端扩而充之,使仁义礼智皆得以实现,即能达到理想的圣贤道德境界。孟子性善之说,其后由陆象山的"心即理"得到进一步的发挥。陆象山发挥孟子性善之说,他指出:

> 孟子曰:心之官则思,思则得之,不思则不得也。又曰:存乎人者,岂无仁义之心哉?又曰:至于心,独无所同然乎?……四端者,即此心也;天之所以与我者,即此心也。人皆有此心,心皆有此理,心即理也。①

陆象山一方面指出"心即理",一方面亦强调人人"心同理同"之说,以现代的哲学术语言之,亦即一种普遍的理性观。陆象山认为:

> 东海有圣人出焉,此心同也,此理同也;西海有圣人出焉,此心同也,此理同也;南海北海有圣人出焉,此心同也,此理同也;千百世之上有圣人出焉,此心同也,此理同也;千百世之下有圣人出焉,此心同也,此理同也。②

从"心即理"到"心同理同"之说,可以说把孟子的性善论与"人人皆可以为尧舜"的论述,发挥得淋漓尽致。陆象山的"心即理",至王阳明而发展为"致良知"之说。王阳明所谓致良知,来自对《大学》格物致知之说的新解。王阳明指出:

---

① 陆象山,《象山全集》卷十一,台北:世界书局,1979年。
② 《象山全集》,卷三十三。

> 所谓致知格物者,致吾心之良知于事事物物也。吾心之良知,即所谓天理也。致吾心良知之天理于事事物物,则事事物物皆得其理矣。致吾心之良知者,致知也。事事物物皆得其理者,格物也,是合心与理而为一者也。①

王阳明讲大人之学,他依循程明道"仁者以天地万物为一体"的论述脉络,认为性善的个人透过"致良知"的修为,可以达成不分你我的万物一体之境。王阳明倡导致良知之说,其所谓良知,即孟子人人皆有之的四端之心,亦即天理。盖"天理即是良知,千思万虑,只是要致良知"②。

要之,尽管中西哲学体验与思辨的进路有别,陆象山"人皆有此心,心皆有此理,心即理也"之说,一方面指出"心即理",一方面亦倡导人人皆"心同理同"之说。以现代的哲学术语言之,陆象山此说乃是一种普遍的理性观。至于王阳明所谓"良知",对应于西方哲学术语即是"理性"。人人皆有良知,亦即西方启蒙传统所揭橥的人人皆有理性,亦即一种普遍理性观。由上述可以看出,当代新儒家继承从孟子到宋明陆王心学传统,展现的乃是普遍理性观的思维脉络。当然,孟子的心之官"思"则得之,王阳明的"致"良知也展现儒家着重生命体验的主体主义进路。

当代新儒家依循上述脉络,要透过对儒学的重新诠释以会通现代主流文明,将中国推向现代化的社会。作为当代新儒家的代表人物之一,张君劢从西方近代启蒙传统的哲学观点,诠释宋明以来的新儒学发展。张君劢对宋明新儒学的定位乃是:

> 此一新的哲学,乃是"理性之学"或"以理性作为人性"("human nature as reason")之学,因为"理性是知识的共同基础,而自然或伦理知识的普遍性,只能借着人性中的理性才能加以发现"。……这个新儒学运动,如同欧洲文艺复兴,始于古籍的重新研究,却终于创造出一种新的世界观。然而,欧洲文艺复兴产生现代世界中的科学、工业、技术、民主以及新的经济生活,中国新儒学却未能成就这些现代事物。③

---

① 王阳明,《传习录》中,《王阳明全书》第一册,台北:正中书局,1970年,第37页。
② 王阳明,《传习录》下,同上,第92页。
③ Carsun Chang, *The Development of Neo-Confucian Thought*, New York: Bookman Associates, 1957, pp. 28 - 29.

根据上述，可以看出张君劢将宋明新儒学运动，等同于西方近代文艺复兴以来的启蒙传统，强调两者皆以人类普遍理性为基础，探讨自然与人文世界。然而由于新儒家仅注目人际关系的伦理世界，而忽略西方近代思想家所注目的自然世界及其知识之探求，以致未能发展出民主科学等现代事物。[①] 就此而言，新儒学发展的首要之务，即是将研究对象从人伦世界扩大到自然世界，以开展兼顾道德与知识的崭新研究视野。

张君劢认为西方现代世界的形成，奠基于宗教改革、科学发展与民主政治三大支柱，而形塑现代社会此三大支柱的哲学根源，乃是立基于人类普遍的理性观。他要将儒学传统推向与现代世界的连接，基本上即奠基于此一普遍理性观的共通基础。张君劢认为儒学与西方近代启蒙传统，不只两者精神相通，他甚至认为西方近代启蒙传统乃源自中国儒家观点之影响。张君劢在讨论天赋人权说的来源时指出：

> 此学说之何自而来乎？西方近年经专家研究后，乃知其来自儒家。自天主教之十字会中人来华传教，读孔孟之书……但发现天理说、人性说，而不闻神示说，于是理性说大行于欧洲，乃有华尔甫氏康德氏凭理性以批评宗教者，亦有以理性立伦理学说之基础者，亦有以理性说推广于政治组织者，乃有天赋人权说。其说之由来，得之于《孟子·告子上》篇之语："诗曰，天生蒸民，有物有则，民之秉彝，好是懿德。孔子曰，为此诗者其知道乎？故有物必有则，民之秉彝也，故好是懿德。"西方人读此文者解之为世间万事万物，既有定则，而此定则出于人之禀赋，此为道德，此为理性。由是而推广之，乃有理性宗教论。乃有理性政治论，即天赋人权。乃有学术中之自然定律论。……可知天赋人权，自为吾家旧物，遗留于海外二三百年之久，今可如游子之还乡矣。[②]

究竟西方近代启蒙传统的核心概念——普遍理性观是否曾经受到儒家的影响或启发，这可能需要更多中西文化交流史的研究文献证据。不过，纯就哲学的内在理路而言，宋明新儒学最重要的发展，即是人的理性在哲学论述中的突显，基本上抖落

---

① Ibid., p.29.
② 张君劢，《中西印哲学文集》，台北：台湾学生书局，1981年，第386页。

先秦儒学从《诗》《书》到孔子的某些神格天道之残余。就此而论,宋明儒学的发展,的确可以说是中国近代的文艺复兴。① 无论如何,张君劢以普遍理性观会通儒家与西方启蒙传统,并据以建构现代性的儒学计划,将儒家哲学与普遍理性观运用之下的科学发展与民主政治加以贯串。此一儒学计划,具体展现出儒学中的现代性内涵,可以说是儒学迈向现代化的一个重要发展。

要之,当代新儒家对儒学的诠释,基本上乃奠基于儒学传统中的普遍理性观点,以证成儒学与现代政治文化之会通。张君劢之外,牟宗三亦主张回归理想主义的根据,以义理的人性,亦即普遍理性作为自由主义的理据。牟宗三指出:

> 人性有两个方面:一是形下的气质人性,此即是生物生理的私利之性;二是形上的义理人性,此即是道德的克服私利抒发理想知性。……《中庸》所谓尽人性尽物性以至参天地赞化育,就是说的这个通神性的人性。这个亦叫作普遍的理性或主动的理性。孟子所谓尽心知性知天,亦是这个通神性的人性。……惟这种由道德的人性以通神性所见的理性才是理想主义的,所见的理想,才是理性主义的。惟此始可恢复自由主义的精神性。②

质言之,牟宗三认为自由主义的人性依据,不应是人的形下生物生理之性,而应回归人的义理人性,亦即在普遍理性基础之上,建构真正展现自由主义理想的论述。牟宗三以深研康德哲学著称,他在儒家与自由民主的论述上,乃是依循康德主义的普遍理性观。

唐君毅则指出德国理想主义的自由论述,乃是法律根源于道德,道德则源自人内在的理性要求之基本论旨。③ 他认为孔子及其后儒家的一贯精神,以"为仁由己"的自由为最高祈向,亦即人能透过认识内在超越个人而具普遍性的仁心,以实现仁的价值。就此而言,德国自由论述之理想主义精神,儒家原则皆备,两者同为人的

---

① Carsun Chang, *The Development of Neo-Confucian Thought*, p. 29. 关于此点,梁启超曾以清朝乾嘉考据代表中国近代文艺复兴,然而张君劢认为欧洲文艺复兴主要内涵为:一、重新恢复希腊罗马的文学、美术;二、科学之探究;三、宗教改革;四、民族国家的产生,以及由专制君主到民主政治运动。据此,他认为欧洲文艺复兴与清代乾嘉考据并不相同。参见张君劢,《中西印哲学文集》,第 831—834 页。张君劢此一观点,实乃深入之论。
② 牟宗三,《生命的学问》,台北:三民书局,1973 年,第 212—213 页。
③ 唐君毅,《人文精神之重建》,台北:台湾学生书局,1988 年,第 354—357 页。

自由权利理论之最后保证。① 唐、牟之外，徐复观的自由民主论述，亦根据西方启蒙传统之"我的自觉"，以及儒家的"自作主宰"，强调"自由主义的生活底精神状态……即是'我的自觉'……即是'自作主宰'。……是非的衡断，一视之于自己的良心理性，让自己的良心理性站在传统和社会的既成观念与事象之上，以决定自己的从违取舍"。② 徐复观此一对儒学与西方启蒙传统的诠释观点，与张君劢、牟宗三、唐君毅强调自由民主之理想主义根据，基本论述脉络一致。从上述可以看出，当代新儒家对儒学传统的新诠释，乃是立基于人内在的普遍理性，并据以会通儒学与西方源自启蒙传统的现代文明。

三、儒家民主理路的建构

民主是当代政治的普世价值，关于儒家是否蕴含民主思维问题，若干学者抱持儒家乃是"民本"而非民主，与民主尚隔一间之说法。③ 这个说法，不能说错，但却是从很狭义的民主定义出发。然而，现代民主政治并非只是指涉单一的制度安排，而是包含一整套价值理念，诸如宪政法治、自由人权以及公民审议等等，并在这些价值理念之下，落实而为各种不尽相同的民主政制运作。因此，当我们讨论儒家政治思维与民主政治之关系，不应只限于现代民主政治运作的制度方法，例如以选举决定政治地位之取得④，而应涵盖整个自由民主的价值理念与制度实践的完整层面。盖前者只能算是单薄的民主观（thin conception of democracy），后者才是完备的民主观（thick conception of democracy）。只依据单薄的民主观，尚不足以显示民主的真正价值与优越性；唯有透过完备的民主观，才能真正彰显民主作为一种生活方式，乃是立基于对人性尊重的深厚人文理念，并落实为民主制度的实践，成为人类追求的理想政治生活目标。吾人探讨儒家政治哲学内涵，亦应从一种完备的理论

---

① 唐君毅，《人文精神之重建》，台北：台湾学生书局，1988 年，第 367—368、378—379 页。
② 徐复观，《为什么要反对自由主义》，收入徐复观著，萧欣义编，《儒家政治思想与民主自由人权》，台北：台湾学生书局，1988 年，第 291 页。
③ 参见金耀基，《中国民主之困局与发展》，台北：时报文化出版社，1984 年，第 62—63 页。
④ 此一观点最具代表性的是熊彼得，他将民主界定为："民主是个人借着选举竞争，去获取政治决策权力的制度安排方法。"Joseph A. Schumpeter, *Capitalism, Socialism and Democracy*, 3rd ed., New York: Harper & Brothers, 1950, p. 269.

观点,据以厘清并建构儒家的民主理路。

从完备的民主理论观点出发,民主的核心理念基于人类自由平等,而国家乃是人民之国家,非一人或少数得而私之。在民主政治之下,人民自由而平等,用康德(Kant)的话说,民主政治乃是一个"目的王国"(Kingdom of Ends),每一个人都是自由平等的独立主体,皆是目的而非他人之手段或工具。事实上,人的自由以平等为基础,亦即基于人是平等的,没有人能役使他人,所以人是自由的。西方平等观念,最早源自斯多噶学派(Stoics)强调人皆是理性动物,以人人皆有理性为基点奠定人是平等的道德基础。到了中世纪,在基督教上帝造人的教义之下,以人在上帝眼中皆为平等,提供了宗教意义的平等基础。① 两者汇合,成为现代民主政治中人民皆是自由而平等的主体之理论源头。②

当代新儒家立基于普遍理性观,揭橥人格平等之义。事实上,在儒家两千多年的思想发展中,一直蕴涵人人皆是平等的理念。相较于斯多噶学派哲学意义的平等观,以及基督教宗教意义的平等观,儒家则是道德意义的平等观。③ 儒家平等观的论述,立基于人性内在的道德根源。④ 此在孔子,即作为道德哲学基础的"仁"之上。孔子以"克己复礼为仁"(《论语·颜渊》)立论,礼本指外在的规范,经孔子"人而不仁如礼何"(《八佾》)的提点,乃转而为内在人性的要求,亦即外在的规范(礼)必须以内在的人性要求(仁)为基础。孔子之后,正如上节讨论儒家的普遍理性观时所指出,孟子的性善论以仁为基础开展出一套人观。此一人观,以人禽之辨为出发点,强调人人皆有异于禽兽的恻隐、羞恶、恭敬、辞让"四端之心",为仁义礼智之根源,并且非由外铄,而是人人所固有之。若能经由心思作用将四端扩而充之,则"人皆可以为尧舜"。孟子此一性善之说,其后经由陆象山的"心即理",以及王阳明的"致良知"之说,奠定儒家基于人人皆有内在的善性,在道德意义上人人之人格平等的基本论述。⑤ 根据人在道德意义上人格平等的论述,乃是进一步建构政治法律平

---

① See William Ebenstein and Edwin Fogelman, *Today's ISMS: Socialism*, Capitalism, Fascism and Communism 9th ed., Englewood Cliffs, NJ: Prenticev Hall, 1985, pp. 168 - 169.
② 就此一意义而言,秦利卡(W. Kymlicka)以当代各种政治哲学学派皆立基于"平等主义的高原"("egalitarian plateau")为喻,认为平等乃是当代政治哲学共享之价值,显然并非无据。See Will Kymlicka, *Contemporary Political Philosophy: Introduction*, 2nd ed., Oxford: Oxford University Press, 2002, pp. 4 - 5.
③ 参见余英时,《自由与平等》,台中:汉新出版社,1984年,第42—43页。
④ 参见《宣言》,第866—870页。
⑤ 参见《宣言》,第882页。

等的民主政治之基础。

当代新儒家重新诠释儒家政治哲学的另一要义,即是天下为公观念。① 这一观念,乃是孔子作《春秋》"贬天子,退诸侯,讨大夫"(《史记·太史公自序》)之基本要义。② 孔子此一以人民为政治主体的要义,到了孟子亦有透彻的发挥。正如吾人所知,孟子认为:

> 民为贵,社稷次之,君为轻。是故得乎丘民者为天子,得乎天子者为诸侯,得乎诸侯者为大夫。(《孟子·尽心下》)

依孟子之意,人民才是政治主体,所以他主张"得天下有道,得其民,斯得天下矣;得其民有道,得其心,斯得民矣"(《离娄上》)。孟子认为汤武革命,乃是"闻诛一夫纣矣,未闻弑君也"(《梁惠王下》)。这些论述,皆足以彰显儒家天下非属一家一姓之私产,而是以人民为主体,由人民决定统治者的民主理念。此一天下为公的理念,可以说是儒家通义,即便与孟子在人性立论上有异的荀子,亦揭橥"天之生民,非为君也;天之立君,以为民也"(《荀子·大略》)。质言之,既然天之立君,以为民也,则若君不贤,自应让位于贤者,亦即禅让的观念。儒家公天下之义,到了西汉由辕固生所传的《公羊春秋》,透过革命观念加以展现。现代学者陈柱阐明孔子《公羊春秋》哲学,首明革命之义。陈柱指出:

> 孔子作《春秋》,寓有革命之大义。……后世俗儒,不知革命之义古之学者恒言之,乃倡为君父一体,天下无不是之君父之说。自此等说出,而革命遂为学者所讳言。③

诚如吾人所知,西汉一方面固然继承秦朝法家政治体制,一方面儒家公天下之古义犹存,所以西汉昭帝时的儒生眭孟与宣帝时的盖宽饶,皆根据儒家公天下之义上书

---

① 参见《宣言》,第880—883页。
② 孔子曰:"大道之行也,天下为公。"(《礼记·大同篇》)又,相传姜太公所著《六韬》一书,虽一般推估系战国时人伪托之作,其中"天下非一人之天下,乃天下之天下也"一语(《文韬·文师》),对照孔孟之说,亦可见天下为公实乃先秦至秦汉之际之通义。
③ 陈柱,《公羊家哲学》,台北:中华书局,1971年,第2页。

皇帝要求禅让而被诛①。到了明末的黄宗羲,对于中国现实政治在私天下格局之下的祸害,尤感切身之痛。他重新揭橥儒家公天下之义,强调"天下为主,君为客",亦即天下乃属于天下人之天下,而非人君一家一姓之私产。人君只是为兴公利除公害而设,乃为天下人办事,而臣乃辅助君而为天下人办事者,君臣名异而实同;然而现实中的人君,背离"藏天下于天下"的公天下之意,以私心"藏天下于筐箧"。② 要之,根据黄宗羲之论,国家乃是属于人民的国家,而君臣(政府)不过是服务人民、为人民办事的机器或工具。然而,在家天下的格局之下,却反其道而行,君主"以我之大私为天下之大公,始而惭焉,久而安焉。视天下为莫大之产业,传诸子孙,受享无穷"③,可谓完全背离儒家天下为公的理念。要之,儒家天下为公的理念,可以说与民主政治立基的人民主权(popular sovereignty)论述互相呼应。

儒家民主理路的建构,除了人格平等与天下为公之外,德治观念其实亦包含现代宪政的意涵。西方现代宪政观念的要义,在于"限制政府权力,保障人民自由",强调政府只拥有有限权力,而非绝对权力。质言之,政府不能为所欲为,政府权力之上还有不能逾越的宪政规范。儒家德治观念强调君主的权力运作,必须受到道德法则的规范,此与现代法治体系必须基于普遍性(universalizability)的原则,亦即外在的法律体系必须对应于内在的道德法则,以展现宪政法治之下的自由(liberty under the rule of law)④,可谓彼此呼应。尽管在传统政治中,儒家德治观念未必成功,也许只能说多少缓和一点专制的弊害,然而相对于法家在尊君观念之下,君主为国法所从出,拥有不受任何规范的绝对权力而言,颇足以展现儒家君权有限的观念,更贴近于现代宪政民主的精神。⑤ 关于此点,正如劳思光所指出:

---

① 参见徐复观,《学术与政治之间》,台北:台湾学生书局,1980 年,第 365—366 页;余英时,《历史与思想》,台北:联经出版事业有限公司,1976 年,第 8—9 页。
② 参见黄宗羲,《明夷待访录》之《原君》《原臣》《原法》诸篇。《黄宗羲全集》,第一册,台北:里仁书局,1987 年。
③ 同上,《原君》。
④ See F. A. Hayek, *The Road to Serfdom*, Chicago: The University of Chicago Press, 1944, pp. 81—82.
⑤ 论者常易受法家之名称所惑,以为法家主张法治(rule of law),其实是莫大的误解。法家主张国君之意志为法之根源,而法之内涵则为刑赏之规定,乃是一种刑治(rule by law),是人治而非法治。相较之下,儒家人性论蕴含由在人性提供普遍道德法则,作为外在普遍法律规则之基础,其实才真正能建构现代普遍法治之论述。关于此点,笔者在拙作《儒学也能推导出现代法治原则吗? 以"道德自主性"为中心的探讨》(《思与言》,49 卷,第 2 期)一文中,有比较详细的讨论。

> 中国君主制度……至少在理论上确有限制君权之规法,又为他国之君主制度所无者。除"君主立宪"乃现代民权思想之产物,自不能属于此类外,其他国家之君主制度,在此意义下,即皆不如中国君主制度。①

中国传统政治中限制君权的理念规法,也表现在制度上相权及谏权之设计。而无可否认地,相权及谏权设计之理念根源,皆来自于儒家的德治观念。这些限制君权的制度成效,在现实政治中尽管有限,然而儒家德治观所蕴含的有限君权理念,却足与强调政府权力有限的现代宪政思维遥相呼应。

要之,当代新儒家对儒学的诠释,从人类平等的理念到对天下为公的坚持,以及主张政府权力应该受到客观道德法则的限制,其间隐含的宪政民主思维②,尽管与中国帝制历史的现实形成强烈对比,使坚持儒家理念的儒者,在政治理想与现实的张力中充满悲剧的色彩,然而置身21世纪以天下为公与自由平等为核心的民主时代,在历史现实中备受压抑的儒家政治理念颇足以展现出与时推移历久弥新的意义。

四、自由与社会正义之辩证:儒家的进路

追求人民自由平等的实现,是西方近代以来政治哲学的主要诉求,一波接着一波的政治理论建构与实践运动,莫不围绕此一主题。然而随着个人自由渐次实现,却发现在财富分配方面,以平等理想为主要内涵的社会正义逐渐丧失。社会正义关注平等问题——特别是社会经济层面的平等,在19世纪中叶资本主义发展成熟之后,出现贫富悬殊的弊害,甚至严重到必须以历经百年社会主义阶级革命的方式试图解决。在此期间重要的政治哲学家,亦莫不面对自由与社会正义之间的辩证关系,殚精竭虑思索解决之道。

如上所述,儒家的普遍人性论蕴含自由平等的道德论述,可以作为民主政治之

---

① 劳思光,《中国哲学史》第三卷下,香港:香港中文大学崇基书院,1980年,第701页。
② 儒家德治观念主张人君应受道德法则限制,现代宪政原则强调政府应受宪法之限制,而依据康德对法的普遍性(Universalizability)论证,外在的法律体系应对应于人内在的道德法则。依此论述进路,儒家的德治观念可以转换为现代的宪政原则。

哲学基础。然而对于解决财富分配不均引发的阶级议题,亦即现代民主国家严肃面对的社会正义问题,根据儒学内涵能提供什么样的解决之方呢?关于此点,一生研究中国儒学与西方民主社会主义的张君劢,特别赞扬《礼运·大同篇》所勾勒的理想社会蓝图:

> 大道之行也,天下为公。选贤与能,讲信修睦。故人不独亲其亲,不独子其子。使老有所终,壮有所用,幼有所长,矜寡孤独废疾者皆有所养。男有分,女有归。货恶其弃于地也,不必藏于己。力恶其不出于身也,不必为己。是故谋闭而不兴,盗窃乱贼而不作,故外户而不闭。是谓大同。

张君劢根据上述《礼运·大同篇》的理想社会蓝图,明确指出西方"民主社会主义,却与儒家哲学完全相通"①。张君劢引《礼运·大同篇》之论,认为此一解决财富分配问题以实现社会正义的理想,与《论语》"不患寡而患不均"(《论语·季氏》)之意基本一致。当然,上述所引的儒家文献,只能提供一个基本方向的观察。儒家在人民自由平等的民主体制架构中,如何面对社会正义的实现问题,有待更深入检视其人性论基础,才能有更完整的理解。

西方当代政治哲学对解决社会正义财富重分配诉求,其立论亦基于人观,亦即人性论的基础。在资本主义市场机制运作之下,财产归属于个人,国家可否凭借公共权力强制进行财富重新分配?关于此一议题,立基于"个人 VS 社群"(individual vs. community)发展出两种不同的观点:个人主义与社群主义。个人主义与社群主义分别建立在两种不同的人性论基础之上。从个人主义观点出发,社会是由个人所组成的,而个人是一独立自足的单位,其本身即是目的。捍卫市场经济的奥地利学派,即倡导方法论的个人主义(methodological individualism),哈耶克(F. A. Hayek)发扬此说,以对抗20世纪盛行的左右翼集体主义;波普尔(Karl R. Popper)亦从科学哲学观点力挺此说,并建构完整的理论。波普尔认为"我们必须将所有的集体现象,视为由个别的人之思想、希望、目标与行动所产生"②。波普尔反对黑格尔(Hegel)及黑格尔主义者视"社会为一切,而个人空无一物;个人拥有的任何价

---

① 张君劢,《社会主义思想运动概观》,台北:稻乡出版社,1988年,第6页。
② Karl R. Popper, *The Open Society and Its Enemies*, 5th ed., London: Routledge & Kegan Paul, 1966, pp. 157 – 158.

值,皆来自集体,集体才是所有价值的承载者"①的说法,认为此一说法乃是基于一种方法论的集体主义或全体论观点,将社会当作有机的集体。然而,从科学观点出发,社会并非有机体,人际关系亦非准生物性的联系,而是由分工、交换等行为互动所构成之抽象的社会关系所形成。② 哈耶克亦指出,除了透过个人彼此之间基于自身目标之寻求,以及与他人的行为互动之外,没有其他进路可以对社会现象进行理解。③ 要之,从方法论的个人主义观点出发,社会是由个人及个人之间的行为互动所构成的,个人乃是先于社会的具体存在、构成社会的基本单位,亦是所以要成立社会之目的。就此而言,他们主张一种工具性的社会观。

当代右翼自由主义(libertarianism),基本上采取此种个人主义观点。诺齐克(R. Nozick)在其《无政府、国家与乌托邦》一书开宗明义即指出:"个人拥有权利,有些事是任何他人或团体皆不得加诸个人的,否则即侵犯了其权利。"④诺齐克的基本观点是每一个人皆拥有自我所有权(right to self-ownership),除非出于个人意愿,否则任何人不得侵犯。基于此一观点,诺齐克认为由劳力获致的财产,乃是个人身体之延伸,除非基于自由交易的转让或自愿赠予,不得由国家以公权力强制进行财富重分配。诺齐克甚至把康德之目的王国,诠释成"未经个人同意,不可以使其为他人之目的而牺牲或运用,盖个人是不容侵犯的"。由是,在他的理论之中个人乃是牢不可破的堡垒。⑤ 要之,在此一人性论基础上,国家对财富之重分配完全不具正当性,社会正义理想完全失去着落。

由此可以看出,在人性论上个人能否突破一己之局限,以通向他人与群体,乃是能否在民主政治保障个人权利之外,借由财产重分配以实现社会正义理想的关键。事实上,西方当代左翼自由主义者为了在保障个人权利之外,实现社会正义的理想,无不致力于突破封闭自足的人观,以期在理论上打通个人与他人及整个社群之间的通道,为国家进行财富重分配奠定人性论的基础。罗尔斯(J. Rawls)即是一例,作为他建构正义理论的基本单位——个人,亦即他所谓"道德人"(moral

---

① Ibid., p. 226.
② Ibid., pp. 173 - 175.
③ Friedrich A. Hayek, *Individualism and Economic Order*, Chicago: The University of Chicago Press, 1948, p. 6.
④ Robert Nozick, *Anarchy, State and Utopia*, New York: Basic Books, 1974, p. ix.
⑤ Ibid., pp. 30 - 31.

person),具有两种属性:除了个人根据工具理性寻求自己的目标之外,还有联系社会正义之实现的正义感。① 罗尔斯强调在实现自己的价值目标方面,道德人基于互不关心的理性,尽可能地追求个人目标之实现。② 不过,除了个人以工具理性寻求自己的目标之外,罗尔斯亦强调道德人的正义感,为个人发展与他人及社会之关系,奠定了道德的理据。由于拥有正义感,所以道德人会接受作为社会基本制度安排之根据的正义原则。质言之,个人除了自利动机,也会要求社会基本制度应合乎正义原则,亦即拥有追求超越自利之德行实现的能力,追求共同的社群价值。基于此一人性论,罗尔斯在个人的基本自由权利保障之外,也提出差异原则(difference principle),主张基于对社会弱势阶级有利之目的,进行财富重分配,以实现社会正义。③

相较于自由主义立基于个人主义的人观,社群主义则主张在个人的社会性(sociability)基础之上,发展出以社群为核心的人性论,并据以批判自由主义的个人主义人观不足以作为实现社会正义的人性论基础。泰勒(C. Taylor)以"政治的原子论"(political atomism)一词,概括西方自 17 世纪兴起的社会契约论之人观。他特别针对诺齐克的人观加以批判,认为此种人性论强调个人单独自足,与亚里士多德所主张人是政治社会动物,无法自外于社群而自足的观点正相反对。由于认为个人独立自足,因此推导出工具性的社会观,认为个人组成社会,主要目的在实现个人之目标,从而个人及其权利凌驾于其所属的社会之上。④ 泰勒认为自由主义此种自足自利的个人主义人观,将使社群价值完全失落,无法作为实现社会正义所需要的人性论之基础。桑德尔(M. Sandel)则批评罗尔斯有关"正义的环境以及人与人之间互不关心的设定,导致一种个人主义的偏见,拒绝或贬低诸如仁慈、利他与社群情操之价值"⑤。桑德尔认为此一人性论述,实无法支撑其差异原则所主张透过财富重分配实现社会正义的诉求。

麦金泰尔(A. MacIntyre)亦批评自由主义的个人主义人观,使个人与其所扮演

---

① John Rawls, *A Theory of Justice*, Cambridge, MA: Harvard University Press, 1971, p. 19.
② Ibid., pp. 142 – 145.
③ Ibid., pp. 75 – 83.
④ Charles Taylor, *Philosophy and the Human Sciences: Philosophical Papers* 2, Cambridge: Cambridge University Press, 1985, pp. 187 – 189.
⑤ Michael Sandel, *Liberalism and Limits of Justice*, Cambridge: Cambridge University Press, 1982, p. 60.

的社会角色严格分开,势必构成自我统合(self-unity)的问题,使个人生命成为不相连续事件之系列,无法作为德行之载体,亦无法在复杂的社群实践活动中形成丰盈的生命内涵。[1] 要之,泰勒、麦金泰尔与桑德尔认为当代自由主义的个人主义人观,忽视了自我乃是在社会文化脉络之中,经由社会实践的过程,才得以获致自我的身份认同。在个人主义的自我观之下,使个人在政治社群中犹如离散的政治原子,只知维护一己之利益,注目于个人权利的主张,形成泰勒所谓"个人权利优位典范"(paradigm of primacy-of-right)。[2] 从而社群价值完全失落,无法作为实现社会正义理想之人性论基础。

就此而论,在当代新儒学的陆王心学诠释脉络之下,能否既树立个人主体,为个人自由权利奠定基础,又彰显一己与他人及社群之关系,以提供实现社会正义之伦理基础呢? 诚如上述,孔子以仁立说,已标明个人非孤立自足,而是必须在人际场域中实践人生价值理想。孟子扩充四端的个人自我实现进路,亦可说是个人努力突破一己形体之局限,挣脱一己之私的牢笼,迈向廓然大公的人生境界。宋代儒者张载强调"民吾同胞,物吾与也"(《西铭》),以及程明道"仁者与天地万物为一体,莫非己也"(《论语·雍也》朱熹集注)之论,皆展现儒者在突破一己之私的藩篱中,实现践仁之人生境界。儒家对个人(己)的定位,并非与其他个人以及整个社会(群体)切割开来,以致形成互相对立乃至对抗之局。正好相反,他人与社会乃是构成个人自我实现不可或缺之场域。要之,儒家透过道德实践展现大人境界,正如王阳明所指出:

> 大人者,以天地万物为一体者也。其视天下犹一家,中国犹一人焉。若夫间形骸而分尔我者,小人矣。大人之能以天地万物为一体也,非意之也,其心之仁本若是,其与天地万物而为一也。……天命之性,粹然至善,其灵昭不昧者,此其至善之发现,是乃明德之本体,而即所谓良知也。[3]

当然,王阳明依循儒家道德体证进路,以成就与天地万物为一体的"大人"境界,与

---

[1] Alasdair MacIntyre, *After Virtue*, 2nd ed., Natre Dame, Ind.: University of Natre Dame Press, 1984, pp. 204-205.

[2] Charles Taylor, op. cit., pp. 188-189.

[3] 王阳明,《大学问》,《王阳明全书》第一册,第 119—120 页。

西方哲学依据逻辑推论的思维进路迥异其趣。王阳明"天下一家,中国一人"的境界,乃是经由人的内在体验良知发用所达到之境界,亦非经由逻辑推论所得。如上所述,王阳明倡导致良知之说,其所谓良知,即孟子人皆有之的四端之心,亦即天理。质言之,儒家突破人与人以及人与物之形隔,乃是透过儒家式的道德实践工夫进路。

关于此点,梁漱溟亦根据儒家"仁者人也""仁者与物无对"之义,指出儒家在群己关系上,表现出一种"无对"的精神,与西方近代文化之为一种"有对"的精神,可以说迥异其趣。梁漱溟所谓"有对",指生物无法超离的"个体对外性"——总是辗转逃不出一方面利用凭借,一方面对待反抗之局。然而人类却能不受限于有对之局,而得以超进于无对之境。梁漱溟认为:

> 人类唯以超有对,故能有超利害的是非心,故有道德。……人类唯以超有对,故能洞开重门,融释物我,通乎宇宙万物为一体。……有此认识者非唯孔子,然孔子实承前而启后。……前后相承,勉力趋赴……百变不离其宗。……西洋人盖自人与一切生物所同具之点出发;中国人则自人性中所以异乎一切生物之点出发。①

梁漱溟认为根据西方近代科学的人观,人与人之间、人与物之间,皆成对待之局。因此,每一个个人都是独立自主的个体,并表现出个体的对外性。的确,此种科学的人观,表现在近代以来的科技发展(人与物对)、市场经济与民主政治(人与人对)之上,构成现代社会的基本特征。此一意义的人观,诚然可以为维护个人权利之保障,然而却无法跨越个人与他者有对之局,亦与社群价值挂搭不上,实不足以作为实现社会正义的人性论基础。

要之,儒家对个人的定位,乃是一具有自主性的道德主体。道德主体之自我实现,必然是在人与人乃至人与物互动的场域中,打通内外与群己之局限。就此而论,在儒学中的个人定位,并非基于个人自利的动机去追求权力、财富等各种利益,从而引发彼此对立、竞争与抗衡的个人;在儒学中,个人与他人之间,个人与社群之间,亦非如同孤岛一般的存在,而是彼此互通交融之关系。当然,儒家此一由人性

---

① 梁漱溟,《中国民族自救运动之最后觉悟》,台北:学术出版社,1971年,第64—65页。

论所构筑的人我(个人与社群)关系,与西方哲学受限于逻辑思辨的进路不同,乃是依恃超越知性的道德体验工夫,使个人与社群之间彼此得以互通。无论如何,儒家在理性之外辅以道德体验的工夫进路,足以超克西方近代以来个人自由与社会正义的辩证,提供兼顾保障个人自由权利与实现社会正义之伦理基础。

五、多元与差异:儒家立国之道的新挑战

儒家在普遍人性观的基础之上,一方面奠定个人自由平等的原则,足以建构现代民主政治之理路;另一方面透过道德实践工夫挣脱个人形骸之私的局限,开启人我乃至物我之重门,彰显个人与群体之互通交融,使现代国家社会正义之实现,得以获得坚实之伦理基础。不过,面对后现代时序的多元差异议题,不论是种族与族群差异议题,或是性别差异议题,儒家基于普遍人性观所建构的立国之道,皆面对新的理论挑战。儒学作为一种公共哲学,如何回应并超克西方晚近思维中对普遍理性观的批评,以周延地照应现代自由社会的差异与多元,也就成为儒学未来发展必须面对之议题。

随着西方现代思潮一波接着一波的发展,源自启蒙传统着眼于普遍性(universality)追求的现代性思维,在后现代时序中却受到许多质疑与批评。后现代时序的诸多思潮,包括后现代主义、女性主义与多元文化论等,强调多元差异(difference),并据以批判源自启蒙传统普遍理性观的现代性思维。这些晚近思潮,质疑普遍理性观过度推尊人类理性,难免有造成"理性独霸"(hegemony of reason)之虞;而依恃普遍理性以展现普遍原则及其运用,亦难免形成诸多隐藏的理论盲点,有待补充与矫正。就此而言,当代新儒家立基于启蒙传统普遍理性观,苦心孤诣完成体大思精的儒学与现代性融通理论,在使儒学得以汇入现代思潮主流之后,又面对一个强调尊重多元差异的后现代场景,必须有所回应。西方晚近发展的差异政治(politics of difference),主要针对种族与性别议题而起,正如杨格(I. M. Young)所指出:

> 作为20世纪80年代以来的社会运动趋势,差异政治包含女性主义、反种族主义以及同性恋解放的诉求,批评主流的平等与包容典范,已无法有效解决

性别、种族与性向的结构性不平等。此一主流典范,就推进反歧视的正义与平等原则而言,依恃对所有的人运用同样的评价与分配原则,而不考虑他们个别的社会地位与背景。在此一理想之下,自由主义典范(liberal paradigm)理解的社会正义,显然忽视了人们在性别、种族与性向上的差异。……(基于平等原则)忽视差异的理想(difference-blind ideal),反而成为有待解决问题的一部分。……基于实现实质平等的承诺,应该面对而非无视于这些差异。①

首先,就种族差异议题而言,当代针对种族与族群差异议题发展的多元文化论(multiculturalism),源自社群主义人观之影响,认为现代民主体制中受到平等尊重的个人,不应视为抽象的理性存有(rational being),而是嵌入在社群文化脉络中形成独特自我认同的个人。由于历史或移民因素,现代国家基本上皆非单一族群国家,而是基于历史因素形成的多民族国家(multination state),或由于移民因素而形成的多族群国家(polyethnic state)。不论是哪一种情况,现代国家之中多元族群文化的境况乃势所难免。在多元族群文化情势之下,国家要实现对每一位公民的平等尊重,就必须尊重形成其个别公民自我认同所归属的族群文化。特别是少数民族或族群团体,其文化主体性应受到特别尊重,使其能与一国之中居于多数的主流族群文化形成互为主体性之关系。就此而言,多数族群文化同化少数族群文化的传统思维,显已不合时宜。②

诚如上述,当代新儒家基于普遍理性观建构的立国之道,能够体现当今世界自由民主普世价值的理想。然而相较之下,对于在理论上照应少数族群文化的差异认同议题,则尚付阙如。作为后现代时序的主要思潮之一,多元文化论的论述显然也受到后现代主义解构多元思维的影响。当然,相较于后现代主义着眼于"破"——消极性的批评与解构之论述风格,多元文化论则有破有立,在批评现代性的诸多特征之外,也提出具建设性的论述。正如威利(C. Willett)所指出:

> 的确,多元文化论诸多颇为激进的诉求承袭自后现代主义。从后现代主

---

① Iris M. Young, "Structural Injustice and the Politics of Difference", in Anthony S. Laden & David Owen(eds.), *Multiculturalism and Political Theory*, Cambridge: University of Cambridge Press, 2007, pp. 60 – 61.
② See Will Kymlicka, *Multicultural Citizenship*, Oxford: Clarendon Press, 1996, pp. 11 – 24.

义,多元文化论学到了不再信任传统理论建构中的普遍主义(universalism)与基础论(foundationalism),以及对具有阶层体系的规范之独尊。然而,在最具产能的运动中,多元文化论标志一个超越后现代主义之否定主义式批评的进步阶段。①

要之,多元文化论对于启蒙传统以来的普遍理性观,以及立基于普遍理性观所发展的普遍文化观,皆提出诸多质疑。不过,相较于后现代主义不断解构的否定主义式批评,多元文化论在扬弃普遍主义、基础论、阶层体系这些现代性思维框架之后,也致力于正面思考解决多元族群文化差异认同的论述。当然,多元文化论的正面思考论述,依然必须回到针对现代性的缺失思考解决方案。以启蒙传统以来的普世平等观而论,伊格顿(T. Eagleton)即提出对启蒙传统人观的批评:

> 抽象的启蒙时代平等概念,在它的时代是一个革命性的观点,它对个体的差异性粗暴地凌驾,对感性的特殊性猛烈地理性主义式地压制。此乃意谓在政治语词中,每一个人仅仅因为他们是人,即被平等地考量。……由是,平等成为深度吊诡的观念,它意谓每一个人必须无特殊性地(non-particularly)拥有他们的特殊性——此处"无特殊性地"意谓没有任何特权、例外或排他性。每一个人必须完全平等……亦即你必须去除经院哲学家所谓偶有性的个人性质,以取得个人尊重的合格候选人资格。②

质言之,多元文化论批评启蒙传统普遍理性观的最大盲点,在于依循康德先验主义视角,使得人在生命实存经验世界中形成的特殊性消失,因而人与人之间的差异性亦随之隐没。现代自由主义在康德主义基础之上,建构人与人之间道德地位的平等。以罗尔斯的术语言之,人在"无知之幕"遮蔽之下即是所谓"道德人"(moral person)。道德人彼此之间之所以是平等的,一方面是因为我们从道德观点(from a moral point of view)看人;另一方面也是因为无知之幕遮蔽了每一个人在实存世界

---

① Cynthia Willett, "Introduction", in her edition, *Theorizing Multiculturalism: A Guide to the Current Debate*, Oxford: Blackwell, 1998, p. 2.
② Terry Eagleton, "Five Types of Identity and Difference", in David Bennett (ed.), *Multicultural States: Rethinking Difference and Identity*, London: Routledge, 1998, p. 50.

中的特殊性特征,使人人成为自由平等的理性存有(a free equal and rational being)。① 康德式的先验自我观,无疑地在现代人类追求自由平等的实现上做出了重要贡献,然而此一先验的普同性人观的确也存在盲点。社群主义者桑德尔(M. Sandel)批评这种康德式的先验自我观,将主体从其所处的经验脉络情境加以抽离,成为一种不具任何经验性质的先验主体,完全忽视自我乃是嵌入(embedded)或情境化(situated)在既存的社群脉络之中这种自我观并不真实,而毋宁是一种虚假的自我观。他认为任何主体都是由其所具有的特质所构成,而非特质之外另有主体。② 如果一种自我完全脱离经验所与的样貌,则无异乎为一种纯粹抽象的意识。若然,则彻底情境化的主体,将转而为一种彻底脱离形体的主体(a radically disembodied subject)所取代。③ 此种彻底脱离形体的主体,桑德尔称之为"无担负的自我"(unencumbered self)。④ 这种不具特殊特质的自我固然具有普同性,据以作为人与人平等的理论预设,却难以解释人的自我身份认同(self-identity)。泰勒(C. Taylor)亦认为,对于自我身份的界定,并非由身体的一般性质去描述,而应着眼于人在生命实存的社群文化情境中滋养而形成的特质。此种来自社群文化所形成的个人特质,正是构成自我身份认同最重要的部分。⑤ 基于自我乃是嵌入社群历史文化脉络之中的观点,用罗蒂(Richard Rorty)的话来说,即是正义的证成乃是一种历史性的叙事(historical narratives),而非哲学性的后设叙事(philosophical metanarratives)。因此,自由主义者应该放下康德主义不具历史性(ahistorical)的普遍理性观,因为此种普遍理性的道德观点是不可能的,无法作为正义的证成基础。⑥

---

① See John Rawls, op. cit., chap. I, sec. 3; chap. IX, sec. 85.
② Michael Sandel, op. cit., pp. 20-21.
③ Ibid., p. 21.
④ Michael Sandel, "The Procedural Republic and the Unencumbered Self", in Robert E. Goodin & Philip Pettit (eds.), *Contemporary Political Philosophy: An Anthology*, Oxford: Blackwell, 1997, pp. 249-250.
⑤ Charles Taylor, *Human Agency and Language: Philosophical Papers 1*, Cambridge: Cambridge University Press, 1985, p. 34.
⑥ 秦利卡(W. Kymlicka)认为罗蒂的论证显示康德主义与黑格尔主义两者哲学方法的差异,前者的出发点是不具历史性的先验客观标准,后者的出发点则是源自人类社群文化共享的价值。See Will Kymlicka, *Liberalism, Community and Culture*, Oxford: Oxford University Press, 2010, pp. 63-67.

要之，多元文化论基于上述社群主义式的人观，认为现代民主体制中应该受到平等尊重的个人，乃是在社群文化中形成独特自我认同的个人。由于现代国家之中多元族群文化的情况乃势所难免，国家要实现对每一位公民的平等尊重，就必须尊重形成公民自我认同所归属的各自族群文化。特别是少数民族或族群团体，其文化主体应受到尊重，使其得与一国之内居于多数的主流族群文化形成互为主体性，才得以在尊重多元族群文化以及公民自我认同差异的前提下，真正实现公民平等的理想。

从此一观点检视儒家的族群文化思维，儒家基于普遍人性观，展现在《春秋》"夷狄进于中国则中国之"①与《礼记》"世界大同"的论述，乃是以"文野"——客观的理性与文明标准，作为处理多民族或多族群文化认同的进路。儒家基于普遍理性观，以"文野"而不以"血统"作为民族区分标准，与基于血统而形成偏狭的种族主义显不同科，颇能展现同为人类的普世价值，与现代性思维可谓彼此呼应。正如《论语》所载："子欲居九夷，或曰陋，如之何？子曰，君子居之，何陋之有？"（《论语·子罕》）以人类理性文明超越血统或地理之分界，乃是儒家族群文化思维的核心价值。不过，随着现代国家族群议题的改变与视角之转移，儒家此种普同的理性文化观难免也受到挑战。从多元文化论的观点出发，儒家普遍理性观的进路易于导向族群文化"同化"的思维②，展现一种现代性的普世化观点，却难以照应尊重少数族群文化的差异认同。在当代多元文化思维中，族群同化观由于忽视人乃是在不同族群文化中形成差异的自我认同，因而多被质疑。如何在展现现代性的普遍理性观之下照应此一理论问题，攸关儒学作为现代立国之道的前景，值得吾人深思。

当代政治思潮对多元差异的关注，除了族群文化议题之外，也关注性别多元差异的议题。论及性别议题，首在性别平等原则；而性别平等原则，展现在消除性别歧视（sexual discrimination）。此一性别平等议题，包含在立基于人类普遍理性的自由主义平等原则之下，所以19世纪自由主义哲学家密尔（J. S. Mill）所著《妇女的屈从地位》③一书，成为开启女性主义追求性别平等的先河。就此意义而言，如果说种

---

① 按此语出自韩愈对《春秋》之解读，韩愈认为："孔子之作《春秋》也，诸侯用夷礼则夷之，进于中国则中国之。"（《韩昌黎文集·原道》）
② 孟子"吾闻用夏变夷者，未闻变于夷者也"（《孟子·滕文公上》）的说法，即是一种族群文化的同化之论。用夏变夷，意指在儒家以理性文明为衡准的华夷之辨中，由于华夏乃是文明之邦，所以应该以华夏文明同化夷狄。
③ John Stuart Mill, *The Subjection of Women*, 1869.

族平等在营造一个不看肤色的社会(a color-blind society),性别平等即在营造不看性别的社会(a sex-blind society)。然而,当代女性主义者认为自由主义式的性别平等,只注目形式意义的性别平等;就实质意义的性别平等而言,其实存在诸多盲点,以致隐藏性别宰制的现象,必须加以揭露,并从性别差异的观点加以消除,才能真正实现实质意义的性别平等。

诚然,就历史事实而言,不论西方或中国皆曾出现长期男尊女卑父权宰制(male domination)的历史。不过尽管历史事实如此,但回到儒家的哲学理念层面,与历史现实显然有所不同。就性别平等而言,孔子尝言:"唯女子与小人为难养也,近之则不孙,远之则怨。"(《论语·阳货》)此一说法,常被批评为性别歧视。尽管对孔子这一句话有各种不同诠释,唯就直接的语意而言,的确有可议之处,不过除了这一句话之外,整个《论语》中我们看不到孔子有任何违反性别平等的思维。《论语》中谈及"人"是/应如何如何,逻辑上当然都包含男人和女人。孟子认为人性本善,因此"人皆可以为尧舜",当然包含不论男人或女人皆可以成圣成贤之意。论者每谓中国大乘佛学,乃是佛教与儒家相遇调适之后发展而成。在儒家思维影响之下,相较于南传佛教与藏传佛教只有男性可以修行成佛,中国大乘佛教则与儒家"人皆可以成圣贤"一样,不论男女皆可以皈依佛门,皆同样可以透过修行成佛。此一比较参照,颇足以突显儒家在普遍人性平等观点之下,基本上蕴含男女性别平等之义。中国历史上三纲之说,所谓"君为臣纲,父为子纲,夫为妻纲",常受到性别歧视之批评,在历史现实上也的确造成对女性的桎梏与性别宰制。然而三纲之说虽经董仲舒提出,却并非源自孔孟儒学,而是来自韩非的法家之说,反映的乃是西汉儒学法家化之现象。①

当代性别议题除了性别平等之外,也包含跨性别与同性恋等性别多元差异议题。儒家诚然重视男女之别,然而在理论上,相较于西方基督教在"上帝创造男女"教义之下,对于性别多元差异议题毫无转圜余地而言,儒家基本上并无此种僵化教条之包袱。诚然,在儒家经典中,《易经》有关乾坤、天地、阴阳、刚柔之论述,的确隐含二元/二分之思维。不过《易经》的论述重点,并不在现实人间的男女之别,而是透过乾坤并建二元互动的动态过程,阐述抽象普遍的宇宙人生变化之理。儒家这

---

① 韩非谓:"臣事君,子事父,妻事夫,三者顺则天下治,三者逆则天下乱,此天下之常道也,明王贤臣而弗易也。"(《韩非子·忠孝篇》)此乃三纲之说的理论来源。参见余英时,《历史与思想》,第39—40页。

些透过二元互动阐述宇宙变化的存有论之理,与基督教"上帝创造男女"的教义显然有其区别。质言之,面对跨性别与同性恋等性别多元差异议题,儒学在没有僵化教义束缚之下,可以在性别平等的基础上拥有宽广的诠释空间。

除了性别平等与多元性别之外,晚近女性主义者亦批评康德式的普遍正义伦理观(ethic of justice),并发展出特殊关怀的伦理观(ethic of care)。女性主义者从性别差异观点质疑普遍正义的原则伦理乃是反映男性的理性思辨思维模式,使女性特殊关怀的思维特色成为附属或异类。女性主义倡始者姬利根(C. Gilligan)深受心理学之影响,我们由其代表作《一种不一样的声音:心理学理论与女性发展》①书名,即可看出"正义伦理 VS 关怀伦理"反映不同的伦理观,源自心理学对男女各具不同思维特性之认知。② 要之,姬利根从心理学研究发现男女思维模式有别,据以指出西方正统哲学根据理性思辨推衍普遍原理原则,其实只是男性思维模式的产物。③ 就哲学论述内涵而言,普遍伦理与关怀伦理的争议,在于自由主义的普遍正义伦理关注社会公平问题,建构抽象而形式的正义原则,作为在社会中人际具有竞争性的权利规范;相较之下,女性主义则在意关怀,注目于透过对人的责任与人际相互关系之理解,形成一种脉络的(contextual)与叙事的(narrative)的关怀行动。④ 要之,普遍正义伦理立基于普遍性、共同人性与权利主张;相较之下,关怀伦理则立基于对个别具体关系的关怀,对区别的个性之尊重与强调接受责任而非主张权利。⑤

如果说正义伦理建立在康德式先验主体观之上,由先验主体的无条件律令(categorical imperative)提供普遍性道德法则的基础;女性主义对于关怀伦理的论点,则是建立在一种关系性的存有论(relational ontology)之上。关于此点,罗宾逊(F. Robinson)指出:

---

① Carol Gilligan, *In a Different Voice: Psychological Theory and Women's Development*, Cambridge, MA: Harvard University Press, 1982.
② See Mary Jeanne Larrabee, "Gender and Moral Development: A Challenge for Feminist Theory", in her edition, *An Ethic of Care: Feminist and Interdisciplinary Perspectives*, New York: Routledge, 1993, pp. 3 - 5.
③ 涂尔娜(Nancy Tuana)认为以理性与正义为核心的哲学论述,从来就不是性别中立,而是将女性思维排除在外。See Patricia J. Mills (ed.), *Feminist Interpretations of G. W. F. Hegel*, University Park, PA: The Pennsylvania State University, 1996, pp. xi - xiii.
④ See Will Kymlicka, *Contemporary Political Philosophy: Introduction*, pp. 398 - 401.
⑤ Ibid., p. 405.

关怀伦理由关系性（relationality）的自我理论出发。在此一观点之下，自我没有"分离的、本质的核心，而毋宁只有透过与他者关系而形成的自我"（Hekman 语）。就此而论，认同与主体性并非在与其他行动者脱离中发展，而是人际互动中相互地形构而成。……因此，关系性是关于人的社会存在最基本的性质。人是"社会存有"（social beings），关怀伦理的关系性存有论主张相互依存的关系是吾人存在的基本特征。①

相较于自由主义的正义伦理乃是立基于康德先验道德主体之上，其所发展的义务论伦理学标举普遍性的道德法则，强调道德的普遍标准与公正无私，女性主义则立基于人际互动中相互形构而成的关系性主体观，并据此质疑立基于康德式先验主体提供普遍性法则之正义伦理的普遍性质。杨格（I. M. Young）认为正义伦理乃是一种独白（monological）模式的道德推理，与他者毫无互动与沟通对话，却预设所有多元实存的个人处于同样的道德情境，并从相同的普遍观点进行公正无私的道德推理。她批评正义伦理的先验主体，以三种方式拒绝并压制差异的道德推理：一是拒绝道德情境的特殊性，以便道德主体依循相同的道德法则；二是消除人的异质性情感，以便回归理性公正无私的同一性；三是将多元的道德主体化约为一个主体，以便任何情境下的任何主体皆依循同样的道德推理，形成普遍性公正无私的道德法则。② 杨格之论，的确突显了正义伦理与关怀伦理彼此殊异之处。

要之，女性主义关怀伦理揭橥女性特殊关怀的性别伦理视角，直指普遍正义伦理乃反映男性擅长理性思辨的性别特征，认为其间隐藏以男性为主的性别权力关系。此一立论，反映出普遍正义伦理的若干盲点。不过，从作为一种公共哲学必须落实为公共体制建构的观点出发，要以特殊关怀取代普遍正义原则其实是很难想象的事。质言之，公共体制的建构，还是需要正义伦理提供普遍性原则作为依循，才能据以落实为政治社会体制并厘定人民之间权利义务关系。关怀伦理可以在依据正义伦理建构的公共制度架构中，提供另一个反思的视角，据以进行某些矫正的功能。然而纯就个别性的特殊关怀，以及单方面的责任道德倾向等等论述，由于欠

---

① Fiona Robinson, *The Ethics of Care: A Feminist Approach to Human Security*, Philadelphia, PA: Temple University Press, 2011, p. 4.
② Iris M. Young, *Justice and the Politics of Difference*, with a new forward by Danielle Allen, Princeton: Princeton University Press, 2011, pp. 100-102.

缺普遍原则可资依循，关怀伦理若要落实为公共制度的建构，其实存在更大的盲点。

从"正义伦理 VS 关怀伦理"视角反思儒家的伦理观，在当代新儒家的诠释脉络之下，沿循陆王心学以及康德式义务论的主轴，就确认内在道德主体提供普遍性道德法则而言，与当代自由主义发展的正义伦理基本上一致。就此而言，女性主义对自由主义普遍正义伦理观的批评，基本上也可以说是对当代新儒家伦理观的反思。就此而言，如何从儒学中寻绎相关理念资源，以回应女性主义关怀伦理之批评，当然也是儒学作为现代立国之道的一个值得关注的问题。无可否认地，在儒家长期发展中，儒学的内涵有其丰富性与复杂性。先秦儒家、宋明儒家与当代新儒家的伦理观，在儒家践仁的一贯论旨之外，亦存在诸多微妙的理路分殊。对于整体的儒学理路进行深入分析，将有助于厘清儒家伦理观的性质与定位，并据以检视儒学之中是否拥有伦理理论资源，得以回应"正义伦理 VS 关怀伦理"之争所突显的相关议题。当代新儒家致力于儒学与现代性之融通，以儒家的普遍人性观，发展出与西方立基于康德主义正义伦理会通之普遍法则伦理，的确是深入之论，也是儒学作为现代立国之道的正途。不过，在当代新儒家继承的宋明陆王心学传统之外，我们还是可以回归先秦儒学传统，寻觅更多的伦理思想资源。

相较于宋明儒学与当代新儒学的普遍理性观，先秦儒学仍有一些其他相关伦理理论资源有待重新挖掘。以例言之，孟子强调"人皆有不忍人之心"，一方面固然由"人皆有之"而展现普遍人性观以及普遍伦理原则；另一方面，不忍人之心并非推衍普遍原则之抽象的逻辑预设，而是人人在生命实存经验中皆有的不忍之心，其发用而为对他人的真实关怀，除了包含提供普遍道德原则之外，亦包含对他人特殊的关怀。事实上，孟子亦提出"亲亲而仁民，仁民而爱物"（《孟子·尽心上》），显示回到人与人之间脉络意义的"爱有差等"之关系性论述，隐含关怀伦理所重视的脉络意义，以及对个别具体关系的特殊关怀。当然，如何依循此一基本方向进行更系统性的理论建构，还有诸多努力的空间。①

---

① 就此而论，R. S. Herr 依循普遍适用男女的"仁"，并辅以爱有差等脉络化的"礼"，尝试建构儒家式的女性主义（Confucian feminism），应该是一个值得肯定的研究方向。See Ranjoo Seodu Herr, "Confucian Family-State and Women: A Proposal for Confucian Feminism", in Jennifer McWeeny & Ashby Butnor(eds.), *Asian and Feminist Philosophies in Dialogue: Liberating Traditions*, New York: Columbia University Press, 2014, pp. 78 - 98.

要之,宋明及当代新儒家伦理观的基本定位,乃是建立在普遍人性基础之上,展现普遍原理与规则的正义伦理。然而检视先秦儒家论述中诸如"不忍人之心""爱有差等"等观点,亦可看出儒学之中亦存在着重具体脉络与特殊关怀之关怀伦理的思维脉络。沿循此一理论线索,透过与西方"正义伦理 VS 关怀伦理"议题之比较分析,也许整体儒家(包括先秦儒学、宋明儒学与当代新儒学)的伦理观在提供普遍正义伦理以建构现代社会之外,也能回应并超克女性主义关怀伦理的挑战,形成另一种既能提供普遍道德法则,又存在具体脉络与特殊关怀之独特的儒家伦理观。

六、结语

本文根据当代新儒家依循孟子到陆王心学脉络,从人的普遍理性观重新诠释儒学之论述,探讨儒学作为现代立国之道的理路,并根据当前主要公共议题逐次检视探讨儒学义理的相关内涵。现代国家的立国之道,首在立基于人类普遍平等的观点,展现人民主权原则以及自由人权之普世价值,建构宪政民主体制。其次,则是透过国家政治机制进行经济上的财富重分配,以实现社会正义。此在西方,自近代文艺复兴个人主体地位确立以来,特别是在 18 世纪启蒙传统之后,强调以人的普遍理性重新理解并建构人类世界,可谓波澜壮阔,形成现代政治社经体制沛然莫之能御的趋势。本文指出,儒学作为现代立国之道,其立基于普遍理性的伦理与政治观点,与当今世界此一政治社经主流思维基本上合辙。中国近代以民主与科学开启救亡图存之道,并展开反儒学传统,其实是一种误导。儒学与构筑在人类普遍理性之上的民主科学等现代性文明,就理论层面而言可以顺畅地彼此会通,并无扞格之处。

不过,在进入后现代时序出现的多元差异诉求,包括族群文化与性别差异议题,儒学是否拥有足够的哲学资源得以适当回应,则是一个亟待面对的议题。基本上,儒家思维传统自孔子以来,立基于人的理性以开启人文世界,与西方近代启蒙传统属于同一进路;而正如启蒙传统的现代性思维面对后现代思维挑战进行反思一样,儒学作为现代立国之道,也必须对多元差异议题进行更深入的反思并寻求超克之道。儒家立基于普遍人性的平等主张,涵盖多元文化论所诉求的族群平等,以及女性主义所诉求的性别平等,然而尚不足以回应族群与性别差异认同的议题。

就此而论，孔子倡导恕道，主张"己所不欲，勿施于人"（《论语·卫灵公》），就族群与性别议题而言，虽然只是提供一般性的伦理原则，不过人如果能易地而处，推己及人，由自我作为主体以推及他者亦为主体，从而形成互为主体之局；由期待自我的族群与性别认同受到他人尊重，推及尊重他人的族群与性别认同，则就族群与性别差异认同问题而言，应该可以提供一个合理的论述基点。也许我们可以从儒家恕道精神出发，依循儒家一方面重视理性思维，一方面也重视生命体验的哲学进路，尝试发展解决族群与性别多元差异议题之完整论述。

要之，两千年来的儒学发展，乃是一个与时推移的过程，儒家关怀人间，儒学研究也应该与时俱进。就现代国家以民主与社会正义为核心内涵而言，当代新儒家在普遍理性观诠释进路之下，可谓殚精竭虑建构了可以汇入现代文明世界民主均富的立国之道。当然，儒学作为现代立国之道，也必然会不断面对新的议题之挑战。相较于西方古典希腊文化在中世纪由希伯来文化取代，到文艺复兴之后又重新复苏，并进一步展现花繁叶茂引领风潮的现代文明，儒家则在魏晋道家与隋唐佛家挑战之后，汲取道、佛两家的哲学资源，汇聚而为全体大用的宋明儒学，并在近代西方哲学传入之后，吸收消融西方理性思辨的哲学而发展出当代新儒学。就此而言，儒学在不断吸纳各种思想质素的长远发展历史之中所孕育丰富多元的思想内涵，仍有待吾人继续深入探索，并透过当代观点的崭新诠释，以回应在时代推移中各种新的政治社会文化议题。

（作者单位：台湾政治大学哲学系与文学院）

论朱子格物思想的发展

——以罗整庵与湛甘泉对格物的理解进行探究

陈佳铭

一、前言

朱子的思想体系从其发展到完成,一直遭遇许多质疑与争议。从朱子当时,就有象山与其争议,批评他"支离"①、"学不见道"②、"见道不明"③。朱子之后明代理学的发展,即承袭了象山的"支离""不见道"之批评,把焦点置于朱子心与理为二以及格物穷理的问题。这是从白沙首先指明此问题即在"心与理"的关系开始的,他从朱门的吴康斋学,但发觉"此心与此理未有凑泊吻合处",故转向为"见吾此心之体隐然呈露"④的体证道德本心形态。到了王阳明,他亦是从质疑朱子格物入手,他说"求理于事事物物之中",是为"析心与理为二"也,甚至批评为"此告子义外之说"⑤,故他主张"心即理"⑥,"万事万物之理,不外于吾心"⑦。总而言之,从象山到整个明代心学对朱子的批评,即不外于对其"心与理"为二,以及其格物形态为支离、义外,而产生的种种议论。

在当代中国哲学的研究中,牟宗三先生的朱子学诠释亦为承接阳明乃至象山

---

① 陆九渊,《陆九渊集》卷三十四《语录上》,台北:里仁书局,1981年,第427页。
② 陆九渊,《陆九渊集》卷三十四《语录上》,第414页。
③ 陆九渊,《陆九渊集》卷三十四《语录上》,第419页。
④ 陈献章,《陈献章集》卷二《复赵提学佥宪一》,北京:中华书局,2008年,第145页。
⑤ 王守仁,《王阳明全书》卷二《传习录中》《答顾东桥书》,上海:上海古籍出版社,1992年,第45页。
⑥ 王守仁,《王阳明全书》卷二《传习录上》,第2页。
⑦ 王守仁,《王阳明全书》卷二《传习录中》《答顾东桥书》,第46页。

对朱子的批判而来,即是关注于"心与理为二"的问题,以及对格物的思想形态之考察。他认为朱子是"泛格物论"或"泛致知论"的形态,即指其哲学的主脑全在于格物工夫,即"其所涵养察识之心只透露其为认知意义之心,只呈其用于格物穷理,而亦以格物穷理尽其用"①,即一切涵养、察识、心统性情、论仁诸说,皆必须着力于格物才能成立。而且,朱子最大的问题在于把原本当以逆觉来体证的仁体、性体,皆视为外在的、客体的普遍的形而上之理,并对其加以穷格之,是为"依其泛认知主义将仁体、性体,乃至形而上的实体皆平置而为普遍之理(存在之然知所以然),通过其格物穷理(穷在物之理)而成为心知之明之认知作用之所对"。如此,道德之理(天理)与我永远处于主、客对立的形态,即"永为客为所而不能反身而为主为能"之"心与理为二"的形态。这就远离了先秦儒家之正宗,成了有别于直贯系统的"顺取""静涵静摄"的泛认知主义之形态。② 至此,牟先生即判定朱子体系是为"他律道德",他认为通过格物穷理所识取的理,只能是"只存有而不活动"之理,是一种"存有论的解析"之形态。是以,朱子的心性论或伦理学只能是"心气依理而行所成之道德",是为"道德意义减杀"之他律伦理学,这就不符合于儒家哲学的道德主体性之意义③。

本文的产生,即在对作为朱子工夫主脑的格物,在明代理学中产生的议论、发展进行探讨。从这样的发展中,试图通过明代思想的大家罗整庵、湛甘泉二人对朱子格物思想的商榷或发展,以见出朱子哲学系统是否可能加以修正,以弥补其思想形态的不足。

二、对朱子格物形态的检讨

在论述罗整庵与湛甘泉等人对格物的诠释之前,本文即先对朱子的格物思想之形态进行论述与检讨。本文对朱子的格物思想认其有两种理解的面向,其一是为主、客对立的即物穷理形态;其二是为向内体证的思想形态。以下,即区分此二形态分别加以论述。

---

① 牟宗三,《心体与性体(三)》,台北:正中书局,1995年,第143页。
② 牟宗三,《心体与性体(三)》,第363页。
③ 牟宗三,《心体与性体(三)》,第508页。

(一) 主、客对立的即物穷理形态

对于"格物"的定义,以《大学章句》对"致知在格物"的解释为代表,这段注语中"格物"为"穷至事物之理"至于"极处无不到",而"致知"为推极自身知识,到达"所知无不尽"。我们可以说"格物"是以主体的心,去认知、摄具当作客体的事事物物之理,而"致知"是指格物之后主体的我的知识之增长,或指心摄具众理的状态而言。

因此,格物的确呈现一种"彼我相对""主宾相对"的主、客对立的形态。我们引朱子的一段话来看即可明了,他说:

> 知者吾心之知,理者事物之理,以此知彼,自有主宾之辨。①

于此,朱子指出"格物"是以"吾心之知",去知"事物之理",是"以此知彼",是为有"主宾之辨",这是一种主、客对立的形态。朱子又说:

> 理遍在天地万物之间,而心则管之;心既管之,则其用实不外乎此心矣。然则理之体在物,而其用在心也。……此是以身为主,以物为客,故如此说。要之,理在物与在吾身,只一般。②

这一段话中,他说自身之心是主体,天地万物之理是客体,当然,以心可摄具众理来说,客体的理最后要收归到吾心,故主、客可合一,故云"心既管之,则其用实不外乎此心"。

通过以上两段引文,可知朱子的心虽可摄具众理,好像主体的心与客体的物之理可合而为一,然而在"即物而穷理"的形态,仍是把一切事物之理当作客体,并以主体的心去穷格之,此当为一种主、客对立的形态。

若仅以此面向理解格物,就成为如牟先生所言的"所穷之理道平置而为外在的理道",是一种"心知之明与此外在理道之摄取关系",又为"心知之明为一本,所对之理为一本。如是,心理永不能一",即吾心之知是主,事物之理是客,是主、客有对

---

① 朱熹,《朱子文集》卷四十四《答江德功二》,台北:德富文教基金会,2000年,第1969页。
② 朱熹,《朱子语类》卷十八,北京:中华书局,1999年,第628页。

的形态,故为"泛认知主义之格物论",成就的是"他律道德"①。

(二) 向内体证心中本有之理

然而,格物思想当归于向内体证心中本有之理才算全面性的理解。这样的观点,唐君毅与钱穆二位先生的朱子学诠释对此相当重视。如唐先生说格物是"求诸外而明诸内之事",他以为陆王把格物认为是"视理为外"这为"误解"。朱子的格物之目的,正在于去除"形气之梏、闻见之滞",以使性理能彰显于心,是为"此心所得于天之'超越地内在于心之性理'",由上而下,由内而出,以昭显于心之前",故格物穷理只是去体认"吾人之心所自明之事"。以此,他以为朱子通过格物是为呈现"直下万理具足之心",这与陆王的"心即理"是"正无殊异"的"②。

钱先生的观点当是"心即理"与格物穷理可同时并立。因为,格外物之理也就等同于去明心中本有之理。他认为朱子是"理具于心",同时"理具于物",而格物致知,即是使"在物之理同时即是在心之理",故格物就是要达至"内外合一,一理贯通"的"心即理"境界③。他又特别举出《语类》中的"此心虚明,万理具足,外面理会得者,即里面本来有底"④为代表,解释此段为"认万理在我心中……物无穷,斯理亦无穷,但却又全在你心里。理不能外心外物而自在"⑤。这就与牟先生有明显的差异,钱先生是在强调格物并非单把理平置为外、为客,而是总归于"万理在我心中"的意思。

唐、钱二位先生的观点,于朱子文本可找到证据。如他在《语类》解释"妙众理"一词,说"大凡道理皆是我自有之物,非从外得",并非是"以我之知去知彼道理",即格物不仅是呈现一主、客对立或外求的形态,反倒是"只是知得我底道理",或是"道理固本有,用知,方发得出来",也就是必从主、客对立归于主体。所以,朱子格物的重点其实是在于使"具众理""妙众理"的主体之心体现、呈显出来。⑥

在朱子的格物思想中,穷格事事物物之理,同时也就是在明心中本有之理,这样的形态易为人所忽略,但其实朱子格物本有此面向。如朱子说:

---

① 牟宗三,《心体与性体(三)》,第363—364页。
② 唐君毅,《中国哲学原论(原教篇)》,台北:台湾学生书局,1990年,第273—274页。
③ 钱穆,《朱子新学案(二)》,台北:三民书局,1989年,第9页。
④ 朱熹,《朱子语类(七)》卷一一四,第2763页。
⑤ 钱穆,《中国思想史论丛(五)》,台北:东大图书股份有限公司,1991年,第175页。
⑥ 朱熹,《朱子语类(二)》卷十七,第382页。

> 他所以下"格"字"致"字者,皆是为自家元有是物,但为他物所蔽耳。而今便要从那知处推开去,是因其所已知而推之,以致于无所不知也。①

这里,朱子强调格物是在推扩"自家元有是物"或"其所已知",即是为去除私欲之"所蔽",以复心中本有之理的意思。是以,朱子的外在事物之理其实也就是心中本有之理,如他说:

> ……理不是在面前别为一物,即在吾心。人须是体察得此物诚实在我,方可。……②
>
> ……应物。物与我心中之理本是一物,两无少欠,但要我应之尔。物心共此理。……③

以上两段引文,朱子认为理非在外而"即在吾心",又肯定地说"物与我心中之理本是一物","物心共此理",这就无法把格物视为象山、阳明或牟宗三先生所言的"义外""他律""泛认知主义"。这样的义理,就是伊川、朱子共同重视的"合内外之理",朱子说:

> 他内外未尝不合。自家知得物之理如此,则因其理之自然而应之,便见合内外之理。目前事事物物,皆有至理。如一草一木,一禽一兽,皆有理。草木春生秋杀,好生恶死。"仲夏斩阳木,仲冬斩阴木",皆是顺阴阳道理。自家知得万物均气同体,"见生不忍见死,闻声不忍食肉",非其时不伐一木,不杀一兽,"不杀胎,不殀夭,不覆巢",此便是合内外之理。④

"合内外之理"是在伊川"才明彼即晓此""合内外之道"⑤的背景之下所说的,这就是朱子格物形态之向内体证的形态,指穷格外物之理,同时也就是去明心中本有之

---

① 朱熹,《朱子语类(一)》卷十五,第292页。
② 朱熹,《朱子语类(一)》卷九,第155页。
③ 朱熹,《朱子语类(一)》卷十二,第220页。
④ 朱熹,《朱子语类(一)》卷十五,第296页。
⑤ 朱熹,《四书或问·大学或问下》,请参阅朱杰人、严佐之、刘永翔主编,《朱子全书6》,上海:上海古籍出版社,2002年,第525—526页。

理的意思。是以,内外合一、主客合一、心理合一才是朱子格物的终极目的,此义理于朱子处尚且隐而不显,但到本文所要论述的罗整庵、湛甘泉的思想中却能显豁而出。

总而言之,朱子格物穷理的目的,即如唐、钱二位先生所言是在恢复"心即理"之心。其恢复心体的进程,就在于以格物致知之功,除去吾人之气禀物欲之杂,至于复其心中本有之理。这样的义理,的确于朱子文献中是存在的,只是其常为人所忽略,或朱子并不常讲。所以,我们可说朱子的体系可内含"心即理"的义理,只是他的工夫之入手处并非此本然的心即理之心,他所关注的是去对治私欲夹杂或气禀物欲的心,就是要去廓清"气心"。所以,我们可说朱子大部分所提及的心是气心,但他并非不承认人人皆有"心即理"或"心与理一"的心。我们可举《鄂州州学稽古阁记》一文来说明此意:

> 人之有是身也,则必有是心,有是心也,则必有是理,若仁义礼智之为体,恻隐、羞恶、恭敬、是非之为用,是则人皆有之,而非由外铄我也。然圣人之所以教,不使学者收视反听,一以反求诸心为事,而必曰"兴于诗,立于礼,成于乐",又曰"博学,审问,谨思,明辨,而力行之",何哉?盖理虽在我,而或蔽于气禀物欲之私,则不能以自见……①

此文指出人本有此"心即理"之心,即"人之有是身,则必有是心,有是心也,则必有是理,若仁义礼智之为体,恻隐、羞恶、恭敬、是非之为用,是则人皆有之,而非由外铄我也",然由于"蔽于气禀物欲之私",则"理虽在我","则不能以自见"。所以,朱子的确肯定人人本然内具"心即理"之心,因这是儒学所不能否定的,但他更重视气禀物欲的人生病痛,故即使本是"心即理",但人所能实感的却是"心与理为二"的私欲夹杂,故他的成德之学所要对治的就是此"心与理为二"的"气心"②。所以,朱子又说:

> 吾以心与理为一,彼以心与理为二;亦非固欲如此,乃是其所见处不同,彼

---

① 朱熹,《朱子文集(八)》卷八十《鄂州州学稽古阁记》,第3964—3965页。
② 冯耀明教授也如此解释说:"当人为物欲、气禀所蔽而昏时,原来心与理合一或自一之原本状态便分裂开,此时心自心,理自理……"他把朱子之所以"心与理为二"的原因,归于有无气禀物欲之私,与本人的观点是一致的。请参阅冯耀明,《中国哲学的方法论问题》,台北:允晨文化实业股份有限公司,1989年,第17—18页。

见得心空而无理,此见得心虽空而万物咸备也。虽说心与理一,而不察乎气禀物欲之私,亦是见得不真,故有此病,此《大学》所以贵"格物"也。①

此段当可代表朱子对"心即理"说的态度,他明确肯定"心与理为一",甚至以为儒佛之辨正在于此。但是,他以为人有"气禀物欲之私",故不能单就"心与理一"处用功,否则会"见得不真""有病",故最稳妥的办法即是"格物"。

三、明代三大儒对朱子格物的争议

在上一部分,本文论述了朱子格物思想的哲学形态,我们可说朱子格物虽有向内体证的面向,但由于此义理不易领会,或朱子本人有所忌讳而少讲此意,故格物总是使人有逐物、义外等质疑。这样的问题于明代由王阳明、罗整庵、湛甘泉三大哲学家的论辩,而能完全显出其哲学意义,以下先论述罗整庵与王阳明的争议,再论甘泉与阳明之辩。在此必须申明,本文是以论朱子的格物思想的发展为关注点,故在论述整庵、甘泉、阳明三者的格物之论时,将以罗、湛二人的观点为主,对于完全对立于朱子形态的阳明格物,将不多加讨论。

(一)罗整庵与王阳明对格物的争议

整庵与阳明对格物的争议从阳明寄《大学古本》及其《序》与整庵开始,阳明此序的义理整庵加以重述为:

> 大学之要,诚意而已矣。诚意之功,格物而已矣。诚意之极,止至善而已矣。正心,复其体也。修身,著其用也。以言乎己,谓之明德。以言乎人,谓之亲民,以言乎天地之间,则备矣。是故至善也者,心之本体也,动而后有不善。意者,其动也。物者,其事也。格物以诚意,复其不动之善而已矣。不善复而体正,体正而无不善之动矣,是之谓之至善。圣人惧人之求之于外也,而反覆其辞。旧本析,而圣人之意亡矣。是故,不本于诚意,而徒以格物者,谓之支;

---

① 朱熹,《朱子文集(六)》卷五十六《答郑子上十五》,第2726页。

不事于格物,而徒以诚意者,谓之虚。支与虚,其于至善也远矣。合之以敬而益缀,补之以《传》而益离。吾惧学之日远于至善也,去分章而复旧本,傍为之什以引其义,庶几复见圣人之心,而求之者有其要。噫!罪我者,其亦以是矣。①

阳明在此序中,把《大学》的主旨归于"诚意",他虽力主诚意与格物并重,否则会陷于"支与虚",但把一切归于主体之一心、良知,并认为《大学》的"止于至善"是从"动而后有不善"的心复其"不动之善"的"心之本体"。并且,他直截批评朱子是"合之以敬而益缀,补之以《传》而益离"。

整庵对阳明的批判,重点在于他放弃了"格物致知"一事而专反求于内,他认为阳明的《大学》诠释,是为"首尾数百言,并无一言及于致知"②。而且,他认为阳明的格物会造成《大学》文献无法解读,如他说"兹惟《大学》之始,苟能即事即物,正其不正以归于正,而皆尽夫天理,则心亦既正矣,意亦既诚矣。继此,诚意、正心之目,无乃重复推叠而无用乎"。③

整庵之所以与阳明力辩之,是他认为阳明对格物是有误解的,故他也论述了他对朱子格物的诠释角度,即强调前述朱子的"合内外之道"或"内外一理"的观点,他说:

"大哉乾元,万物资始";"至哉坤元,万物资生"。凡吾之有此身,与夫万物之为万物,孰非出于乾坤?其理固皆乾坤之理也。自我而观,物固物也;以理观之,我亦物也,浑然一致而已,夫何分于内外乎!所贵乎格物者,正欲即其分之殊,而有见乎理之一,无彼无此,无欠无余,而实有所统会。夫然后谓之知至,亦即所谓知止,而大本于是乎可立,达道于是乎可行,自诚、正以至于治、平,庶乎可以一以贯之而无遗矣。然学者之资禀不齐、工夫不等,其能格与否,或浅或深,或迟或速,讵容以一言尽哉?④

---

① 罗钦顺,《困知记》,《困知记三续》,北京:中华书局,1990年,第95页。
② 罗钦顺,《困知记》,《困知记三续》,第95页。
③ 罗钦顺,《困知记·附录论学书信》,《与王阳明书》,第109页。
④ 罗钦顺,《困知记》,《与王阳明书》,第109页。

这里，整庵把"合内外之理"与"理一分殊"合而言说，即以为万事万物皆出于"理一"的"乾元""坤元"，则外在事物之理当亦为我自身之理，故是为"以理观之，我亦物也，浑然一致而已，夫何分于内外"。是以，格物当是不分于内外、主客，而只是"无彼无此"，而能"即其分之殊，而有见乎理之一"。对于整庵的批评，阳明亦有所回应，他否认格物是有分于内外，他说：

> 故格物者，格其心之物也，格其意之物也，格其知之物也；正心者，正其物之心也；诚意者，诚其物之意也；致知者，致其物之知也，此岂有内外彼此之分哉！理一而已，以其理之凝聚而言则谓之性，以其凝聚之主宰而言则谓之心，以其主宰之发动而言则谓之意，以其发动之明觉而言则谓之知，以其明觉之感应而言则谓之物。故就物而言谓之格，就知而言谓之致，就意而言谓之诚，就心而言谓之正。正者，正此也；诚者，诚此也；致者，致此也；格者，格此也，皆所谓穷理以尽性也。天下无性外之理，无性外之物。学之不明皆由世之儒者认理为外，认物为外，而不知义外之说，孟子盖尝辟之，乃至袭陷其内而不免，岂非亦有似是而难明者欤？不可以不察也！①

在此段书信中，阳明虽强调"理一""岂有内外彼此之分"，然其却没有正面回应整庵的质疑，他仍是把一切外在事物之理皆收归于主体，如他说"正者，正此也；诚者，诚此也；致者，致此也；格者，格此也"，以及"天下无性外之理，无性外之物"，即只是"四句教"中的"为善去恶是格物"的意思。接着，他再度批判朱子格物为"认理为外，认物为外"之"义外"，实只是再次陈述自身的观点而已。

是故，整庵即再次复书阳明提出三点问难②，第一点是为，整庵认为阳明说了"格其心之物，格其意之物，格其知之物"，又说了"正其物之心，诚其物之意，致其物之知"，是为"三物"与"一物"的混淆，成为不通之论。这里，似乎是在抓阳明的语病，然整庵的"所谓物者果何物耶""如必以为意之用，虽极安排之巧，终无可通之日"才是他真正的意思，即反对阳明把物全归于心中之物，对整庵而言，物必须指"实物"

---

① 王守仁，《答罗整庵少宰书》，请参阅罗钦顺，《困知记·附录》，第168页。
② 罗钦顺，《困知记·附录论学书信》，《又戊子冬》，第112—113页。

而言。①

他提出第二点质疑：整庵问难阳明是否如"《论语》'川上'之叹、《中庸》'鸢飞鱼跃'之旨"，亦必须对其"正其不正以归于正"。整庵这第二点疑难，就有吹毛求疵之嫌了，但我们仍可去体会其问题背后的意义，即整庵以为"格物"虽非单求于外，但总有去摄取理或明理之意，而阳明的格物只是于善恶意念上去为善去恶，总非格物之本义。

最后，整庵认为按阳明的格物说，则《大学》即被改为"格物在致知"，"知至而后物格"。而且，他再次询问阳明的"良知即天理"，是良知与天理为一还是为二，即"天理也，良知也，果一乎，果非一乎"的质疑。这第三点议论，看似正可判整庵为"心与理为二"，并认定他所说的格物是求之于外。但是，本文以为整庵当是在贯彻其"内外一理"的观点，即我心之理与外在事物之理是一非二，而反倒是阳明把心中之理（良知）与外在事物之理（天理）区分为二，而陷于单求于内的一偏。

通过以上论述，对罗、王二人的论辩之始末做了简述。本文以为整庵对阳明格物的批评可视为朱子学受到陆、王系统挑战之后的回应，而他的立场是"内外一理"，而以为阳明对朱子的"理"有所误解，故整庵即一再强调格物所求之理不偏属于内或外，所以，不会有阳明所谓的义外、逐物等问题。

（二）湛甘泉与王阳明的辩论

以上论述了整庵对阳明格物的批评，本文以为整庵是对朱子的"理"的内涵、理解之方式（内外一理）做了补充，以此来回应阳明。而甘泉虽与朱子属不同的系统，然他是从"心"的层面，解决了格物思想的诸多问题。以下先通过甘泉与阳明的论辩，来指出甘泉对格物的理解面向。

阳明与甘泉对格物的争议，可从《传习录》中的一段对话见出：

> 先生与甘泉先生论格物之说，甘泉持旧说。先生曰："是求之于外了。"甘泉曰："若以格物理为外，是自小其心也。"②

---

① 关于此段论述，请参阅锺彩钧，《罗整庵的心性论与工夫论》，《鹅湖学志》，第 17 期（1996 年 12 月），第 60 页。
② 王守仁，《王阳明全书》卷三，《传习录下》，第 90 页。

以上的交相批评,阳明以为甘泉仍未脱离朱子的"旧说",且其体认天理等思想是"求之于外",这当然是以他的"求天下之理"必"反求诸其心"①的基本立场所做的论断。而甘泉之所以认为阳明是"小其心",这是以他"大其心,包天地万物而与之一体"②、"物我一体,理无内外"③的观点来加以回应。总之,甘泉的心能包天地万物之理,故其认为格物不可废,且对朱子格物有所扬弃并有所发展。我们再来看甘泉的一段话:

> 昨承面谕大学格物之义,以物为心意之所著,荷教多矣。但不肖平日所以受益于兄者,尚多不在此也。兄意只恐人舍心求之于外,故有是说。不肖则以为人心与天地万物为体,心体物而不遗,认得心体广大,则物不能外矣。故格物非在外也,格之致之之心又非在外也,于物若以为心意之著见,恐不免有外物之病,幸更思之。④

此段,甘泉以"人心与天地万物为体""心体广大,物不能外矣"来加以回应,这就是心物合一、内外合一、主客合一的观点,故即使是格物穷天理,亦非是往外求,而阳明的格物却只是"正念头"⑤,则是偏于内而有"外物之病",即有厌弃外在事物的嫌疑。

最后,甘泉对阳明格物的批评之重点,即在于他的《答阳明王都宪论格物》一文中,在此文中他举出四点阳明格物不能成立的理由。他说:

> 盖兄之格物之说,有不敢信者四。自古圣贤之学,皆以天理为头脑,以知行为工夫,兄之训格为正,训物为念头之发,则下文诚意之意,即念头之发也,正心之正即格也,于文义不亦重复矣乎? 其不可一也。又于上文知止能得为

---

① 王守仁,《王阳明全书》卷二,《传习录中》,《答顾东桥书》,第46页。
② 湛若水,《湛甘泉先生文集》卷八,《新泉问辨录》,《四库全书存目丛书·集56》,台南:庄严文化事业有限公司,1997年,第605页。
③ 湛若水,《湛甘泉先生文集》卷八,《新泉问辨录》,第610页。
④ 湛若水,《湛甘泉先生文集》卷七,《与阳明鸿胪》,《四库全书存目丛书·集56》,台南:庄严文化事业有限公司,1997年,第560页。
⑤ 甘泉所指的"正念头",当指阳明所说"格物,如《孟子》'大人格君心'之'格',是去其心之不正,以全其本体之正。但意念所在,即要去其不正以全其正……"请参阅王守仁,《王阳明全书》卷一《传习录上》,第6页。

无承,于古本下节以修身说格致为无取,其不可二也。兄之格物训云:"正念头也。"则念头之正否,亦未可据。如释、老之虚无,则曰:"应无所住而生其心。"无诸相无根尘,亦自以为正矣。杨墨之时皆以为圣矣,岂自以为不正而安之,以其无学问之功,而不知其所谓正者乃邪,而不自知也。其所自谓圣,乃流于禽兽也。夷、惠、伊尹,孟子亦以为圣矣,而流于隘与不恭而异于孔子者,以其无讲学之功,无始终条理之实,无智巧之妙也。则吾兄之训徒正念头,其不可三也。论学之最始者,则《说命》曰:"学于古训,乃有获。"《周书》则曰:"学古入官。"舜命禹则曰:"惟精惟一。"颜子述孔子之教则曰:"博文约礼。"孔子告哀公则曰:"学、问、思、辨、笃行。"其归于知行并进,同条共贯者也。若如兄之说,徒正念头,则孔子止曰"德之不修"可矣,而又曰"学之不讲",何耶?止曰"默而识之"可矣,而又曰"学而不厌"何耶?又曰"信而好古敏求者"何耶?子思止曰"尊德性"可矣,而又曰"道问学"者何耶?所讲、所学、所好、所求者何耶?其不可四也。①

此文的第一、第二点,皆是在文献上做无谓的计较,本文不欲对其深究。第三、第四点可合并言之,即以为"念头之正否,亦未可据",认为单把天理归于良知或把格物归于意念上的工夫,会陷于缺乏"理"作为标准。是以,甘泉所在意的就是此文开宗明义说的"古圣贤之学,皆以天理为头脑,以知行为工夫"。此即到底对于外在天理、知识是否当肯定?故在第四点中,甘泉就指出阳明舍弃了"道问学"的思辨层面。

综上所述,我们可推知甘泉的基本理念,即他的心是能够包天地万物的大心,故天理虽存于万事万物,但吾人格物穷理所求之理不当视为外求,因理就在心内,故格物所求之理不单为外,亦是为内心之理。

四、朱子格物思想到明代的发展

在上一部分,我们通过罗整庵与湛甘泉对阳明的批评与回应,可大致见出整庵与甘泉二人对格物的基本立场。其中,本文以为整庵是从"理"的层面,来补充与发

---

① 湛若水,《湛甘泉先生文集》卷七《答阳明王都宪论格物》,第571—572页。

展朱子的格物。而甘泉是从"心"的层面来救正朱子格物思想,他虽非朱子之学承,但的确是关注于朱子体系中的格物或心理关系等重要的哲学问题。他吸取白沙与程明道的精义,以发展其大心、随处体认天理等说,正可为伊川、朱子一派的格物思想加入新的要素,故他虽不为朱门之后,但可说他试图解决朱子所遗留下来的许多问题,故亦可视为对朱子格物思想有所发展。以下,我们先来论述整庵的"内外一理"或"格物无物"等说法,再来对甘泉进行研究。

(一) 罗整庵的格物思想

对于罗整庵的格物思想,我们首先可从他对"格"字的解释来看,他说:

> 格字,古注或训为至,如"格于上下"之类,或训为正,如"格其非心"之类。格物之格,二程皆以至字训之,因文生义,惟其当而已矣。吕东莱释"天寿平格",又以为"通彻三极而无间"。愚按,"通彻无间",亦至字之义,然比之至字,其意味尤为明白而深长。试以训"格于天下",曰"通彻天下而无间",其孰曰不然?格物之格,正是"通彻无间"之意,盖工夫至到,则通彻无间,物即我,我即物,浑然一致,虽合字亦不必用矣。①

这里,他采用"通彻无间""格于天下"来释"格"字,是为了符合他的内外一理的思想,就是"通彻无间,物即我,我即物,浑然一致",即内外一理、内外一体,连"合内外之道"的"合"字皆不须言。再引用一段话来了解其意,他说:

> "格物,莫若察之于身,其得之尤切。"程子有是言矣。至其答门人之问,则又以为,"求之情性固切于身。然一草一木亦皆有理,不可不察"。盖方是时,禅学盛行,学者往往溺于明心见性之说,其于天地万物之理,不复置思,故常陷于一偏,蔽于一己,而终不可与入尧舜之道。二程切有忧之,于是表彰《大学》之书,发明格物之旨,欲令学者物我兼照,内外俱融,彼此交尽,正所以深救其失,而纳之于大中,良工苦心,知之者诚亦鲜矣。夫此理之在天下,而一以之万,初匪安排之力,会万而归一,岂容牵合之私?是故,察之于身,宜莫先于性

---

① 罗钦顺,《困知记》卷上,第4页。

情,即有见焉,推之于物而不通,非至理也。察之于物,故无分于鸟兽草木,即
有见焉,反之于心而不合,非至理也。必灼然有见乎一致之妙,了无彼此之殊,
而其分之殊者自森然其不可乱,斯为格致之极功,然非真积力久,何以为此?

这一段话,就可表现格物是为"通彻无间",他以为二程是为了对治"禅学盛行"而提出格物,因学者"往往溺于明心见性之说",故单只求心中之理,而否定天地万物之理。所以,格物即是能两收外在的"鸟兽草木"之理,以及内心的"性情"之理,到达"灼然有见乎一致之妙""了无彼此之殊"的内外一理的程度。整庵这样的说法不胜枚举,如他说:

故欲见得此理分明,非用程朱格物工夫不可。夫物我并立,而内外形焉,
乃其散殊之分。然而内此理也,外亦此理也。所贵乎格物者,正要见得天人物
我原是一理,故能尽其性,则能尽人之性,尽物之性。人物之性各在人物身上,
而吾乃能尽之者,非一此理之同故耶?凡程朱格物之训,正所谓合内外之道,
而顾以为非,只欲固守此心,而物理更不穷究,则虽名为合一,实已分而为
二矣。①

以上的引言,整庵的"内此理也,外亦此理也""天人物我原是一理"皆是其"内外一理""理一分殊"之义。是以,若对照上文对朱子格物形态的论述,可知整庵就是在申明伊川、朱子的"合内外之道",或是在强调格物并非外求,因其所求之外在的理,其实亦为心中本有之理。对此,整庵也说:

夫人心之体,即天之体,本来一物,无用包也。但其主于我者,谓之心尔。
心之穷物有尽,由穷之而未至尔。物格,则无尽矣。无尽,即无不尽。夫是之
谓尽心,心尽,则与天为一矣。如其为物果二,又岂人之智力之所能包也哉?②

此段的"天之体"即为"天理",而他的心就是通于内外之心,故心与理"本来一物",

---

① 罗钦顺,《困知记·附录》《答刘贰守焕吾·乙未秋》,第124页。
② 罗钦顺,《困知记》卷下,第33页。

而穷理至物格、尽心的程度时,则心与天理本来"为一矣"。以此,可看出整庵的确能掌握"内外一理"的意思,把格物是为明心中本有之理的意思显出来了。

整庵对格物所体证的最高境界为"无物"之说,就是做格物之功到了豁然贯通的境界时,已不见格物穷理之相,只是内外一理,心理合一,如他说:

> 格物致知,学之始也。克己复礼,学之终也。道本人所固有,而人不能体之为一者,盖物我相形,则唯知有我而已。有我之私日胜,于是乎违道日远。物格则无物,惟理之是见。己克则无我,惟理之是由。沛然天理之流行,此其所以为仁也。始终条理。自不容紊,故曰:"知至,至之。知终,终之。"知及之而行不逮,盖有之矣,苟未尝真知礼之为礼,有能"不远而复"者,不亦鲜乎!①

此段,他把"格物致知"与"克己复礼"合而言说。首先,以为"道本人所固有",即是肯定心本有理的意思。但是,因为"有我之私",故心与理不能体之为一。但是,当做"格物"或"克己"之功到了"无我""无物"的程度时,则心中即只是"惟理之是见""惟理之是由"的"沛然天理之流行"。我们再来看他的一段话:

> 余所云"物格则无物"者,诚以工深力到而豁然贯通,则凡屈伸消长之变、始终聚散之状、哀乐好恶之情,虽千绪万端,而卓然心目间者,无非此理。一切形器之粗迹,举不能碍吾廓然之本体,夫是之谓无物。孟子所谓"尽心知性而知天",即斯义也。天人物我,其理本一,不容私意安排……②

这一段话陈述得更为清楚,即指格物到了豁然贯通之时,已非主、客对立的形态,即没有去一事一物穷格的面貌,是为"一切形器之粗迹,举不能碍吾廓然之本体,夫是之谓无物"。而且,这"物格则无物"就是去体现心中本有之理的意思,是为"卓然心目间者,无非此理",这时即为"心与理一",到达"天人物我,其理本一"的状态。

通过以上论述,可认为整庵掌握了朱子的格物是去明心中本有之理的意思,尤其是到豁然贯通之时,外在天理与心中之理本是为一,格外物同时即是格心中之

---

① 罗钦顺,《困知记》卷上,第10—11页。
② 罗钦顺,《困知记·附录》,《答黄筠谿亚卿》,第116页。

理,不可二分。以此,格物就没有义外、逐物等弊病了。

(二) 湛甘泉的"随处体认天理"

甘泉对格物思想的发展,可说是在于对心做了修正,直接以本心作为格物的起点,他的心是为与天地万物为一体的"心与理一"之心,如他在《泗州两学讲章》一文中道:

> 夫圣人之学,心学也。如何谓心学?万事万物莫非心也。记曰:"人者天地之心。"人如何谓天地之心?人与天地同一气,人之一呼一吸与天地之气相通为一气,便见是天地人合一处。……大学即是国学,人生十五入大学,教以大人之学。何谓大人?这个大人,即《易》"大人者与天地合其德"的大人。大人浑然与天地万物为一体,物我体用全具的人,故大人之学,为说明德不足,又说亲民。说明德亲民而不足,故又说止于至善。明德即吾心中正之本体,本体未尝昧,人自昧之尔。常存此昧爽丕显,使无一毫私蔽,这便是明明德,明明德则体具矣。未及言用,故又言亲民。这亲字即百姓不亲之亲,亲则见得与物同体,便痛痒相关,养之教之心自不能已。便视之如伤,便痌瘝乃身,是谓在亲民。明德,亲民,体用具矣,的于何处下手?故又言在止于至善。至善即天理纯粹,便是明德亲民,体用一原,皆在于此。……此一章就是圣人心学工夫,尔诸生读之听之,须是切己思省,精神命脉皆在于此。豁然有悟,非但悟圣人之心,便是自悟尔本心。悟得尔本心,即自得尔天理。①

此段讲章道出甘泉的格物思想中心之特色,此心是为"与天地同一气""与天地万物为一体",是可遍润、包容"万事万物"的"天地之心"。而且,《大学》从明明德、亲民到止于至善,皆是此一心之伸展、发用的完成。他说明明德就是使"吾心中正之本体"到"无一毫私蔽",而亲民就是"养之教之心自不能已"至"与民同体",而这整体的《大学》思想就是"悟得尔本心",以至于能"自得尔天理"。从此,可见出甘泉的心当是为本心无疑,但他却不直接讲"心即理",其中原因他曾有所谈论:

---

① 湛若水,《湛甘泉先生文集》卷二十《泗州两学讲章》,《四库全书存目丛书·集 57》,台南:庄严文化事业有限公司,1997 年,第 57—58 页。

> 所言"心外无事,心外无物,心外无理"三句无病。又云"心即事,心即物,心即理",似欠明。又云"一念事亲事君即为物,非若后儒指天下之物为物",则又似以万物在心之外,是心外有物矣。不若大其心,包天地万物而与之一体,则夫一念之发,以至天下之物,无不在内。而以其浑沦,则理在天地万物;以其散殊,则理在事亲君之间,即心而事物在,即事而理在,乃为完全也。如是体认,不亦可乎!①

在这一段话中,可见出甘泉不说"心即理"的原因,他以若肯定"心即理"就造成"似以万物在心之外,是心外有物"。这里,甘泉是指若如阳明的"心即理",或把万事万物之理收归一心,则反成心物二分而言。接着,他就申明其"大心"思想,即以心为"包天地万物而与之一体"、"天下之物,无不在内",且对于道德本心所指涉的"事君事亲"之"行为物",亦是为"即心而事物在,即事而理在"。总之,甘泉不讲"心即理",反倒可见出他对本心的体会之深刻,即其比罗整庵的"内外一理"更进一步地可说是"内外一心"。

从对心的修正,甘泉就可对格物提出新的解释,以解决朱子格物所面对的种种问题。因此,他就可以讲心学的格物,他说:

> 至善也者,以言乎身心之于家国天下之事物之理之纯粹精焉者也。纯粹精焉者,非他也,天理也。天理者,非他也,吾心中正之本体也。明德亲民之奥也,其体用一原者也。是故止至善而明德亲民之能事毕矣。……自天下而之格物,自格物而之天下平,始终反说,要归乎此者也。格物也者,即止至善也,言屡而意致矣,故止至善则无事矣。②

此《古大学测序》一文把《大学》的三纲领、八条目及格物皆以"大其心"的思想加以贯串,即把格物、止善皆收归于"吾心中正之本体"中所体认的"天理"。通过体认此心之天理,则身心之于家国天下之事皆能得其完全。

以上的思想,就是其"随处体认天理"之说,我们再来看甘泉对此"体认"之学的

---

① 湛若水,《湛甘泉先生文集》卷八《新泉问辨录》,第605页。
② 湛若水,《湛甘泉先生文集》卷十七《古大学测序》,《四库全书存目丛书·集56》,台南:庄严文化事业有限公司,1997年,第690页。

说明,才能体会其义理,他说:

> 仆之所以训格者,至其理也。至其理云者,体认天理也。体认天理云者,兼知行合内外言之也,天理无内外也。陈世杰书报吾兄疑仆随处体认天理之说,为求于外,若然,不几于义外之说乎?求即无内外也。吾之所谓随处云者,随心、随意、随身、随家、随国、随天下,盖随其所寂所感时耳,一耳。寂则廓然大公,感则物来顺应,所寂所感不同,而皆不离于吾心中正之本体。本体即实体也,天理也,至善也,物也,而谓求之外,可乎?致知云者,盖知此实体也,天理也,至善也,物也,乃吾之良知良能也,不假外求也。但人为气习所蔽,故生而蒙,长而不学则愚,故学、问、思、辨、笃行诸训所以破其愚,去其蔽,警发其良知良能者耳,非有加也,故无所用其丝毫人力也。如人之梦寐,人能唤之惺耳,非有外与之惺也。故格物则无事矣,大学之事毕矣。①

此段为对阳明格物的回应,亦完全呈现他的基本立场。首先,他训解"格"字为"至其理",这是追随了程明道对格物的解释,即明道所说"'致知在格物。'格,至也。或以格为正物,是二本矣"②,以及"'致知在格物。'物来则知起。物各付物"③。明道格物致知的"知",并非是认知、理解之义,此种"致知"是致吾本心明觉朗照之知,是为明道识仁的逆觉体证之形态,而格物是"物来顺应"的以本心应物之意④。

甘泉是以明道格物为基本义理,但仍包容程朱的"学、问、思、辨"的"知"的层面,所以,他以为格物是"兼知行"的。所以,他的"随心、随意、随身、随家、随国、随天下",是为同时充扩"吾之良知良能",但又同时在意、心、身、家、国、天下处做体认天理之功,这两种层面混一而不分。我们再来看他的一段话:

> 是故君子之学,读诚意之事,则感其意之理;读正心之事,则感其心之理;读修身之事,则感其身之理;读齐家之事,则感其家之理;读治国之事,则感其

---

① 湛若水,《湛甘泉先生文集》卷七《答阳明王都宪论格物》,第572页。
② 程颢、程颐,《二程集》卷十一《河南程氏遗书》,台北:汉京文化事业有限公司,1983年,第129页。此处以"正物"为"止物",《宋元学案》与牟宗三先生以此处为"正物",今从之。
③ 程颢、程颐,《二程集》卷六《河南程氏遗书》,第84页。此段出于《二先生语六》,本文按牟宗三先生判为明道语。
④ 牟宗三,《心体与性体(二)》,正中书局,1993年,第411—416页。

国之理;读平天下之事,则感其天下之理。理也者,吾之良知也;学之者,所以觉其良知也,知也。存之又存,存存而不息,由一念以达诸万事,皆行也,故曰:"有感悟之义焉。"是故读斯通者,意心身家国天下之理皆备于我矣。……①

此段为《圣学格物通大序》,虽主要是在陈述《大学》作为圣学之价值,或像是谈论《大学》之研读法,然此文却能表现其"随处体认天理"之意。以上,他说到通过读"诚意、正心、修身、齐家、治国、平天下"的内容,即随时感其"意之理""心之理""身之理""家之理""国之理""天下之理"。而且,此理又即是"吾之良知",即把读书明理等学问之功归于"觉其良知"。这里,就是一种内外合一的形态,对事事物物做格物穷理或体认天理时,同时本心良知就呈现、显发。所以,当吾人能"感悟"万事万物之理时,则同时本心就可充扩至"意心身家国天下之理皆备于我"的境界。

是以,甘泉的格物是为随事随物去感悟天理,并又同时扩充本心良知发用至万事万物,可说是保留了程朱格物义理,又加入心学的扩充良知于事事物物的形态,以甘泉而言是为"知行并进"。他与学生有一段对话可说明此意:

"子以格物,意心身皆至。何居?"曰:"夫人之接物也,意心身精神具在矣。是心身之功尽于格物矣。"曰:"理于未接物之时,可以预格之乎?"曰:"有之。可欲之善而已,廓然大公而已。然接物而后义生,义生而后格致有所措焉。理无定体,随感而应耳,故随家国天下之事物而感通之,其理始著。故意心身皆于家国天下之物理,随处体认而至之也。"曰:"体认属知乎? 兼行乎?"曰:"知行非二也,知而弗去,行也。故体认有体贴之义焉,有察识之义焉。其知止定静安虑,此知行并进,乃其功也。"②

此段就指出他的"体认"是为"知行并进",此形态仍保留以"知"来说格物,故必须"接物而后义生",即有对"物理"去体认、感通之相。但是,在"知"的同时,天理也就于心中"始著",且良知本心即就着事事物物发用流行,是为"随处体认而至之",这就是"行"。所以,甘泉亦肯定伊川、朱子的"涵养须用敬,进学在致知"的基本纲领,

---

① 湛若水,《湛甘泉先生文集》卷十七《圣学格物通大序》,第694页。
② 湛若水,《湛甘泉先生文集》卷二十二《约言》,《四库全书存目丛书·集57》,台南:庄严文化事业有限公司,1997年,第108—109页。

以为"涵养进学,岂容有二","涵养致知,一时并在"。①

总之,他与阳明的差异即在于对于"知"的体会的不同,阳明的"知"只是良知的意思,故实可说是"摄行于知",而甘泉的"知"却承继了程朱的义理背景,其"知"有穷理、认知的意思,故对"行"亦能加以肯定。

五、结语

以上,本文对罗整庵与湛甘泉的格物思想做了论述,认为前者是就着"理"的层面,来阐明朱子的格物之内涵,以回应心学中心人物王阳明的质疑;甘泉则是就着当作格物起点的心之内涵加以修正,以补充及发展格物思想。以下,就分别对整庵与甘泉的格物说加以述评。

(一)以整庵的"内外一理""物格而无物"来说,他掌握了朱子格物同时就是去明心中本有之理的意思。但是,他似乎仍未体会朱子的"心与理一"有直截向内心体证的意思,如前述朱子说"理不是在面前别为一物,即在吾心"的"心聚众理""心中明德"之意。整庵则是从"理一分殊"之"天人物我原是一理"上去体认"内外一理",故本文以为整庵的格物反不如朱子本义来得深刻。

(二)本文以为甘泉的"心"实有本心义,但没有如陆、王甚至其师白沙将道德本心规定得如此严格。此即,他的心能通天地万物的义理,较陆王甚至他所追随的明道之"仁者与天地万物为一体"多了一层含义,就是把"认知"的面向加了进来。因此,本文以为他的心不但为"道德主体",亦带有"认知主体"的意义,且他并非受限于"旧说",而是欲走心学与程朱学的中道,既欲能光大其师之学,又求能容摄程朱之义②,以成就其"体用一原,显微无间,一以贯之"的"合内外之学"③。

(三)无论整庵的"内外一理"或甘泉的"随处体认天理",皆可视为朱子向内体

---

① 湛若水,《湛甘泉先生文集》卷七《答太常博士陈惟浚》,第564页。
② 唐君毅先生对甘泉的评语为:"则甘泉之学中,既有白沙天地我立、万化我出之旨,亦有程朱之主敬之旨。而敬之于随处体认得天理,即足摄程朱之格物所穷得之理,而体认之于一己之内者。此则已足光大其师之学,而绾合程朱之义,以成其学矣。"请参阅唐君毅,《中国哲学原论(原教篇)》,第359页。
③ 湛若水,《湛甘泉先生文集》卷五《二业合一训》,《四库全书存目丛书·集56》,台南:庄严文化事业有限公司,1997年,第549页。

证心中本有之理形态之再发展，即是为"才明彼即晓此""合内外之道""因其所发而遂明之"①之格物形态的展现。而且，于朱子的文献中常亦透露此层面的义理，我们再引两段朱子的文献来证明：

> 心与理一，不是理在前面为一物。理便在心之中，心包蓄不住，随事而发。②

> "顾諟天之明命"，古注云："常目在之。"说得极好。非谓有一物常在目前可见，也只是长存此心，知得有这道理光明不昧。方其静坐未接物也，此理固湛然清明；及其遇事而应接也，此理亦随处发见。只要人常提撕省察，念念不忘，存养久之，则是理愈明，虽欲忘之而不可得矣。③

以上两段《语类》的话，肯定吾人有本然"心与理一"之心，指出"理便在心中"，又说心中有"道理光明不昧"。而且，当其应事接物时，实有理、心一起"随事而发""随处发见"的意涵。于此，我们可看出朱子虽主格物穷理，然亦有理能与心同时发用、发动之义。如此，可说"随处体认天理"的意义，于朱子系统中未必不能说。

只是，朱子仅于本然未受私欲杂染时肯定有"心与理一"之心，或只能当私欲尽净之时，"心与理一"之心才可呈现，且他的格物之起点的"心"仍是有气禀私欲的"气心"。因此。他还无法如甘泉直截就以本心来做格物之功。以此来看，甘泉的"随处体认天理"的确是将程朱的格物思想加以发展，并达至更高的层次。

（作者单位："台湾中正大学"中国文学系）

---

① 朱熹，《四书章句集注·大学章句》，"经一章"，请参阅朱杰人、严佐之、刘永翔主编，《朱子全书6》，第16页。
② 朱熹，《朱子语类（一）》卷五，第85页。
③ 朱熹，《朱子语类（二）》卷十六，第315页。

论儒家"生生"的现代诠释

张子立

一、前言

"生生"的哲学概念乃儒家学说之精要。《周易·系辞传》所谓"天地之大德曰生""生生之谓易"的表述,正是其中代表。其中"生生"一词之含义,韩康伯注之为:"阴阳转易,以成化生。"孔颖达正义曰:"生生,不绝之辞也。阴阳变转,后生次于前生,是万物恒生,生必有死,前后之生,变化改易。"两者"化生"与"恒生"之用语虽不同,然实皆以阴阳不断变转解《易》之"生生"。可见"生生"一词乃"统言生而又生、创造不息,故重言'生生'以表示阴阳的运转不穷"①。《系辞》有云"生生之谓易,成象之谓乾,效法之谓坤"(《系辞上》第五章),明言"生生"涵盖成象之"乾"与效法之"坤",是则乾元之大生、坤元之广生,亦为"生生"之内涵,通贯此两者则为其要旨。凡此皆是"生生"对存在层面的解释。

不过"生生"的意涵尚不仅于此,且亦有实践层面的解释。儒家中倡言《易传》思想者,"目的不仅在以变化来说明宇宙生化的情形,而是要在宇宙生化的大法则中,发现人生价值的根源"②,所谓"一阴一阳之谓道,继之者,善也;成之者,性也。仁者见之谓之仁,知者见之谓之知,百姓日用而不知,故君子之道鲜矣"(《系辞上》第五章)。生生之易乃"显诸仁,藏诸用",并将一阴一阳之道与君子之道衔接起来,

---

① 曾春海,《易经的哲学原理》,台北:文津出版社,2003年,第81页。
② 徐复观,《中国人性论史(先秦篇)》,台北:台湾商务印书馆,1994年,第206页。

正在表示人须上体天道生生之德,进行人文化成的淑世事业。此说法正与《中庸》"天命之谓性,率性之谓道,修道之谓教"的思路若合符节。

时值21世纪,人类已进入太空时代与信息科技时代,举凡生活形态、制度习惯、交谈沟通所使用的话语及概念,与以上陈述皆存在着显而易见的时空隔阂,实不可一概而论。于是儒学研究者开始尝试运用现代的哲学思辨,探讨其中的理论问题,或是给予现代脉络的论点表述。若以这些理论探究为基础,生生的思路如何能够透过现代的重新诠释,与人们的实际生活再度产生联系?例如,在多元价值地位对等、齐头并进的当前社会现况下,"生生"实践层面的体现,是否仍然仅聚焦于道德修养,还是可将范围扩大至其他价值创造活动,以涵盖更多的人类成就于其中?本文即尝试就牟宗三对"生生"的两种创生诠释,以及刘述先对其论点所做的补充与调整,探讨如何从中汲取资源,继续发展出能与当前社会接轨的一种现代诠释。

二、牟宗三对"生生"的两种诠释

依牟宗三的诠释,《易传》"生生"之概念,呈现的是一种创生化育的生成性宇宙观。此中"生成"意指"使存在之事永远生息下去而不至于枯亡,这便是对于存在之创造。这就是《中庸》所谓天道之诚之'生物不测'也"[1]。他在解释"天地之道可一言而尽,其为物不贰,则其生物不测"这段话时,强调"生"者妙运、妙应之义。又说:"生者实现义,'使然者然'义,故天道、仁体,乃至虚体、神体皆实现原理也,皆使存在者得以有存在之理也。生者引发义、滋生义。因天道之诚、仁体之润、虚体之清通、神体之妙应而滋生引发之也。"[2]以上解释正适用在"生生"中的第一个"生"字。此"生"字乃动词,指涉作为存在与实现之理的天道之作用,并非表述经验界的事实情况。牟宗三在诠释明道从"生生之谓易"说"天之所以为道"时表示:

> 天就是道。此道是"生道",即"为物不贰,生物不测"之生道,即创生之道,能起创生大用之道。此"生道"亦曰"生理",即所以能生生不息之超越之理也。

[1] 牟宗三,《心体与性体(一)》,台北:正中书局,1968年,第367页。
[2] 《心体与性体(一)》,第460—461页。

> 此生道、生理亦曰易体、神体、於穆不已之体、寂感真几。"一阴一阳之谓道"即是指点的这个道,"一阴一阳"亦犹"生生"也。由生生不息指点"易体"即可明"天之所以为道"——生道。①

天就是道。此道是"生道",能起创生大用之道,并作为阴阳气化之根据的超越之理。生生即在表述阴阳气化永不止息的整体特性,故曰"一阴一阳"亦犹"生生"也。牟氏另在他处指出:"中国人从'生'这个地方说存在。儒家讲'生生不息',也是从'生'讲存在。"②依其诠释,可以说"生生"中的第二个"生"字表述的就是存在,而非个体生命。

而在牟宗三从实现与创生存在讲"生生"的大方向之下,其实可以整理出他对"生生"的两种诠释理路,以下即先申述这两种诠释之要点。③

(一) 本体宇宙论的创生

牟宗三对"生生"的第一种表述是"本体宇宙论的创生"形态。其中"性"才是能起宇宙生化与道德创造之"创造实体"④,以"性体"作为核心观念,本心则是人在道德实践中对此性体之自觉。他强调"宋明儒所言之天道、天命、太极、太虚,其结穴只在性体。性体具五义是客观地说;从天道、天命、太极、太虚而结穴于性体,所谓性与天道、性天之旨,亦皆是客观地说。至心能尽性,心具五义,则是主观地、实践地说"⑤。此时既说天道乃结穴于性,则客观地创生万物之作用亦落于性,并无本心仁体可实现对象之物自身的说法,而且心与性的关系是主观与客观、对其自己与在其自己对言⑥,尚无"智的直觉"一语出现。这就可以理解牟氏为何指出"心性是一之宇宙论的模型以性为主,道德实践之证实而贞定此模型,则须以心为主"⑦。

在"本体宇宙论的创生"形态中,天与人的关系表现为"内容的意义"相同。这

---

① 牟宗三,《心体与性体(二)》,台北:正中书局,1968年,第49页。
② 牟宗三,《四因说演讲录》,台北:鹅湖出版社,1997年,第8页。
③ 有关这两种创生形态的详细说明,笔者另有专文讨论,参见张子立,《试析道德的形上学两种创生形态:"本体宇宙论的创生"与"实现物自身的创生"》,收入汪文圣编,《汉语哲学新视域》,台北:台湾学生书局,2011年,第99—125页,在此仅择其要点论述之。
④ 《心体与性体(一)》,第40页。
⑤ 《心体与性体(一)》,第569页。
⑥ 《心体与性体(一)》,第42页。
⑦ 《心体与性体(一)》,第532页。

可以从两方面予以解析。

首先,从"尽心知性知天"一语来看,吾人之心性与实体义的天、以理言的天"内容的意义"相同,"此所谓'内容的意义'相同实即同一创生实体也"①。既同为创生实体,则心性天从"体"上说是一。因此牟氏诠释"尽心知性知天"为:"此时天全部内在化,吾之性体即是天,天地亦不能违背此性体。此时天与人不但拉近,而且根本是同一,同一于性体。"②这是强调天可以纯内在化,"纯内在化者是以理言的天,与性体意义同、质同、化境同的天"③。

其次,就理想境界言。讲的是"一体而化"之圣人境界,由人从心所欲而不逾矩,体现出纯亦不已之德行,进入从体上说是一,带着用说亦是一之"同于"无限的境界。落在人的道德实践上讲,"同于无限"则为天人相即合一的工夫语、境界语,表述在圣人境界中天人之分别即泯,而作为天道客观化、具体化的状态。

要注意的是,就"本体宇宙论的创生"而言,人之性体虽与天意义同、质同,但只限于在人的道德修养层面,可将人的道德行为视作天道之体现。同者在于道德创造,而非实现万物之存在:

> 《天道篇》:"天体物不遗犹仁体事无不在。"俱是由体物体事而见其为体。天道之"体物不遗"是客观地、本体宇宙论地说;仁之"体事无不在"是主观地、实践地说。主观地、实践地说,即所以明"心能尽性"之超越的、形上的普遍本心也。故"天大无外",性大无外,心亦大而无外。此即函心性天之主观地、实践地说之之合一,而亦竟直是一也。④

心性天可以是一,但这是"仁体事无不在"方面的一,就人行为实践层面而言之合一,并以此"内容的意义"同于天道而言"是一"。但就万物存在、宇宙生化的层面,则须归之于天道。故客观地、本体宇宙论地说,必须是"天体物不遗"。故"天体物不遗犹仁体事无不在",正在强调心可相应、证实天道,成为天道落实在道德领域之具体化。

---

① 牟宗三,《心体与性体(一)》,第27页。
② 《心体与性体(一)》,第527页。
③ 《心体与性体(一)》,第526页。
④ 《心体与性体(一)》,第557页。

(二) 实现物自身的创生

若细究牟宗三之用字遣词,在《心体与性体》中,"性体"概念为核心,故天道、天命、太极、太虚,皆结穴于性,客观地妙运万物而起宇宙生化是性体之神用;《智的直觉与中国哲学》一书之措辞,则惯常"性体"与"本心仁体"并举;到了《现象与物自身》问世的阶段,就不再以性体概念为首出,而在主客观面皆主要以良知明觉或仁心作解释。心已不再只是借道德实践以证实或形著性或天道,其智的直觉即有实现物自身之创生作用,统道德与存在而一之。在此书中牟氏以"知体明觉"为儒家存有论的代表,借由阳明"意之所在为物"与"明觉之感应"两句话解释智的直觉之创造。当阳明说"意之所在为物",此语中之物乃行为物,亦即事,也就是道德行为;当他说"明觉之感应"为物时,则是事物双彰,行为物(如事亲)与存在物(如亲)俱是在其自己者。"就事言,良知明觉是吾实践德行之道德的根据;就物言,良知明觉是天地万物之存有论的根据。故主观地说,是由仁心之感通而与天地万物为一体;而客观地说,则此一体之仁心顿时即是天地万物之生化之理。"①

牟氏接着指出,由知体明觉为体所起之用并非现象,而是非现象之实事、实理、实物,亦即康德所谓物自身。而且谈现象只能有认知意义的现象,不能有存有论意义之现象。他特别做出如下澄清:"平常依存有论的方式说本体现象,或依中国传统说体用时亦把用视为现象,那是不检之辞,忘记了'认知度向'之插入。现象(依康德此词之严格的意义)只在'认知度向'之介入上而起,即只对认知主体而起。"②

显而易见,上述论点已是一种"实现物自身的创生"形态。天道成为"此直觉自身就能给出它的对象之存在"之智的直觉,不再是《心体与性体》中本体宇宙论之原理。因为宇宙论之原理并非物自身之实现原理,而是万物生长、运动、变化之所以然之理,就哲学概念之分梳而言,这正代表两种创生诠释之差异。

此"实现物自身的创生"形态,在存有论上,基于人有智的直觉之前提,吾人之心性与天非仅"内容的意义"相同,即使在"作用的意义"上亦同。"内容的意义"相同,代表人之性体虽同于天道,但人实际创造的乃道德行为。此中"内容的意义"亦即感通无隔之仁心,之所以相同是由于人能推己及人,正可呼应天道之诚,在道德

---

① 牟宗三,《现象与物自身》,台北:台湾学生书局,2004年,第442—443页。
② 《现象与物自身》,第128页。

实践之本质上合一。道德行为自然是天道之展现与落实,但这只是天道的一个面向,尚未涵盖宇宙之生化。

但若人拥有智的直觉,此直觉即可实现物自身,此"同"就不只表现在道德实践,且亦具存有论之功化。人与天道不但在内容的意义上,就连在创生作用上也可同一,此即以"作用的意义"相同称之的理由。相对于"本体宇宙论的创生"将万物之存在与生化委诸天道,内在化是指人直接参与道德创造而与天"内容的意义"相同;"实现物自身的创生"则主张人之良知明觉可使事物双彰,兼为道德创造及宇宙生化之原理。此时人之道德实践上的体用,已类似于上帝与物自身之关系。可以说,由于"实现物自身的创生"在"作用的意义"上亦与天同,有限之人可"同于"无限之天道的特性,实较"本体宇宙论的创生"更为突显。

(三)两种创生形态之整合

从以上论述来看,不论是"本体宇宙论的创生"之"内容的意义"相同,抑或"实现物自身的创生"在"作用的意义"上相同,两者皆表现出一个共通点,亦即在天人关系上肯定天与人之"同",有限可"同于"无限。

顺是,若以天与人之可"同"为前提,就理论说明而言,"实现物自身的创生"实较"本体宇宙论的创生"来得顺适,更有利于解释天人之所以同的理据何在。理由在于,"实现物自身的创生"虽然亦是道德主体实践之工夫,但天与人之同却可以是理论推导上的逻辑结论。因为道德实践与存有论的根据都收于"良知明觉"之中,这种作用上的同,意味着人除了道德行为的创造之外,还因具有智的直觉而可实现物自身,可谓客观面的天道与主观面的本心皆统合于此自由无限心之中。天人之同就无须性体之中介,知体明觉的概念内涵已将道德创造与实现存在通而一之,成为前提推导下之逻辑结论。证实天人合一的方式,已不只是道德主体实践上的印证,同时兼为哲学思辨上的论证,在理论解释上的确优于后者。或许此即牟宗三逐渐发展出"实现物自身的创生"诠释之因。

正因如此,就理论发展而言,在"实现物自身的创生"形态出现之后,牟氏诠解宋明儒学之焦点就不放在内容意义上的同,而在作用意义上的同,强调良知之绝对普遍性,并借以解释儒家意义上的圆教:

> 心外无理,心外无物。此即佛家所谓圆教。必如此,方能圆满。由此,良

知不但是道德实践之根据,而且亦是一切存在之存有论的根据。由此,良知亦有其形而上的实体之意义。在此,吾人说"道德的形上学"。这不是西方哲学传统中客观分解的以及观解的形上学,乃是实践的形上学,亦可曰圆教下的实践形上学。因为阳明由"明觉之感应"说物("以其明觉之感应而言,则曰物",见上)。道德实践中良知所及之物与存有论的存在之物两者之间并无距离。①

《从陆象山到刘蕺山》是牟宗三在完成《智的直觉与中国哲学》及《现象与物自身》之后,再度以宋明儒学为主题发表的著作。其中和以上这段引文类似的说法为数不少,与《心体与性体》中表现的思路已有微妙的差异。若以此推断他整合两种"生生"诠释的理论走向,则是将性体与天道之客观性收摄于良知或智的直觉之绝对性,而以"实现物自身的创生"为主轴,融摄"本体宇宙论的创生"之论点,作为诠释道德的形上学之思想资具。

三、相关问题析论

(一) 以智的直觉诠释儒学之难题

刘述先曾直言,牟宗三肯定人有智的直觉,据儒家立场认为康德是走向儒家的预备阶段,但由紧守康德典范者来看,这种说法却是一种逾越:

> 康德说只有上帝有智的直觉,原因是只有在上帝,语言、思想、真实三者才合而为一。故上帝说光,世界就有了光。但人智却必始于感性的直观(sensible intuition),感官必先受动接受感觉印象,认识心才有用武之地。在《实践理性批判》之中,康德认为道德行为要有意义,必以意志自由为基设,人在此乃得以跨越现象通往本体(noumenon)。但人无论如何也不可能有智的直觉。②

刘述先点出,康德认为在上帝处语言、思想、真实三者合而为一,因此才有智的直

---

① 牟宗三,《从陆象山到刘蕺山》,台北:台湾学生书局,1993年,第223页。
② 刘述先,《论中国人的价值观在现代的重建》,《理想与现实的纠结》,台北:台湾学生书局,1993年,第90—91页。

觉;人智必始于感性直观,就算实践理性可通往本体,但无论如何也不能宣称人有智的直觉。由基督教的观点看,讲有限而通于无限,其实是一种僭越。上帝与世间具有一道鸿沟,人才会谦卑。在这种终极关怀或预设的层面,个人可以做其存在的抉择,难以有定准。牟宗三的说法"其实并不能够超出康德《纯理批判》所谓'先验的辩证学'(transcendental dialectics)所揭示的难局"①。

因此,刘述先尽管认同牟宗三逆觉体证的工夫论,但认为不必将良知对天道之体证视为康德所谓智的直觉,所以又提出如下论点:

> 牟先生说中土三教都肯定有智的直觉,其实是说人对于道有直接的体悟,并未遵守康德用这一词的原意。考其实际牟先生是继承熊先生(引者注:即熊十力)的睿识,以良知为"呈现",不能仅是冯友兰所说的"假定"。我也接受这样的睿识,只不过认定康德是一不同的思路,不必连在一起谈。②

质言之,刘述先认同人对于道有直接的体悟,这就是逆觉时良知之呈现,但指出不必将其与康德智的直觉连在一起说。事实上就是否定"实现物自身的创生"形态之适切性。

"实现物自身的创生"涉及的另一个问题是,由于将存在与实践依据尽皆收归智的直觉,只从道德主体做解释,就会丧失天道作用的一面,但这是《易传》文本相当重要的理论核心,从而造成与"生生"之原意有所偏离。特别是易之为道往往与阴阳气化相连而说,作为气化活动背后之依据。徐复观即指出,《系辞》"以阴阳为创造万物的二基本动力或二基本元素。由阴阳相互间的变动,以说明天道生育万物的情形"③,徐氏如此解释"一阴一阳之谓道":

> 《系传》上所谓的"一阴一阳之谓道"的道,及乾彖所说的"乾道变化"的"乾道",亦即是生生不息的天道。一阴一阳,即乾彖传所说的"乾道变化"的"变

---

① 刘述先,《论中国人的价值观在现代的重建》,《理想与现实的纠结》,台北:台湾学生书局,1993年,第91页。
② 刘述先,《儒学与未来世界》,《当代中国哲学论(问题篇)》,River Edge, N. J.:美国八方文化企业公司,1996年,第256页。
③ 《中国人性论史(先秦篇)》,第206页。

化"。……阴阳互相消息,循环不已,以成其生育万物的变化,所以称之为"一阴一阳之谓道"。变化本是道之用(作用)。但天道若不变化,即不能生万物;而所谓道之体(本体),亦成为与人相隔绝,而且为人所不能了解的悬空的东西。吾人只能于道之用处见道,便不能不说一阴一阳之谓道。①

依上述,则《系辞》讨论天道与经验界万物的关系,并非认知主体与感官材料间的对应关系,而重在存有论上的生成关系。以牟宗三在《心体与性体》中的话来讲,天道本质上是阴阳气化,万物生长、运动、变化的实现或存在之理的"即存有即活动"的创造实体。这是从本体宇宙论看天道与阴阳、万物的体用关系,万物不仅有认知的意义,也包含存有论的意义;良知明觉作为智的直觉,则与物自身构成体用关系,万物仅具有认知的意义。两者立论方向呈现明显差异,这就难以将《易传》生生的内涵确切地表达出来。"生生"的概念无法仅仅透过道德主体做解释,这从牟宗三在建构智的直觉之相关论点时,较少引用《易传》,而特别集中于陆王心学,特别是王阳明的论点做发挥来看,实已不言而喻。以此反观"本体宇宙论的创生"形态,则因将创生之妙用归诸天道,反而不至于出现此问题。

(二)"良知的傲慢"之质疑

依牟宗三之诠释,天与人之所以同的关键,在于"性体"("本体宇宙论的创生")或"良知明觉"("实现物自身的创生"),而此两者皆是道德行为及其实践的领域。从这种思路来看,我们可以顺理成章地推断:道德实践是最重要的活动,道德领域也成为存在界最重要的层面。余英时即持此见,而对新儒家,特别是牟宗三提出"良知的傲慢"之质疑。他认为新儒家"良知的傲慢"正是受西方科学"知性的傲慢"之刺激而产生的反应,而对科学进行了反模仿:

> 儒家的"良知的傲慢"是受现代"知性的傲慢"的刺激而产生的反应。我们只要稍一比较两者的思想结构,便不难看出新儒家其实是科学主义的反模仿。科学主义者讲"真理",新儒家反之以"道体";科学主义者讲"客观性",新儒家反之以"主体性";科学主义者讲"事实",新儒家反之以"价值";科学主义者讲

---

① 《中国人性论史(先秦篇)》,第206—207页。

"理性",新儒家反之以"良知"或"道德理性"("moral reason");科学主义者讲"科学方法",新儒家反之以"证悟"或"成德工夫";科学主义者以"认知身份"决定各种学术专业的高下,新儒家反之以"道德身份";科学主义者讲"科学理性"体现德性,新儒家反之以"知识为良知之发用"……新儒家为了对抗科学主义,在有意无意之间走上了反模仿的途径。但反模仿也是模仿的一种,其结果是发展了一套与科学主义貌异情同的意识形态——道德主义。科学主义者以独占"真理"自负而有"知性的傲慢",道德主义者则以独得"道体"自负而有"良知的傲慢"。①

余英时发现,科学主义讲真理、客观性、事实、理性、科学方法、认知身份、科学理性体现德性等概念;新儒家则以道体、主体性、价值、良知或道德理性、体证或成德工夫、道德身份、知识为良知之发用等说法予以反制,结果是发展出一套与科学主义貌异情同的意识形态——道德主义。科学主义者以独占真理自负而有知性的傲慢,道德主义者则以独得道体自负而有良知的傲慢。尤有甚者,"道德主义者高居本体界,视整个知识领域为低一层次的活动。他们只要肯自我坎陷,知识之事固随时可以优为之"②。依其所见,良知的傲慢程度还更胜知性的傲慢。

要探究此"良知的傲慢"说法是否成立,最好的方式莫过于直接从牟宗三对"道德"一词的界定着手,即可做出分判。他曾对"道德"做出如下定义:

> 道德即依无条件的定然命令而行之谓。发此无条件的定然命令者,康德名曰自由意志,即自发自律的意志,而在中国的儒者则名曰本心、仁体或良知,而此即吾人之性体,即发此无条件的定然命令的本心,仁体或良知即吾人之性,如此说性,是康德乃至整个西方哲学中所没有的。性是道德行为底超越根据,而其本身又是绝对而无限地普遍的,因此它不是个类名,所以名曰性体——性即是体。性体既是绝对而无限地普遍的,所以它虽特显于人类,而却不为人类所限,不只限于人类而为一类概念;它虽特显于成吾人之道德行为,而却不为道德界所限,只限于道德界而无涉于存在界。它是涵盖乾坤,为一切

---

① 余英时,《钱穆与新儒家》,《现代儒学论》,River Edge, N. J.:美国八方文化企业公司,1996年,第155—156页。
② 同上,第156页。

存在之源的。不但是吾人之道德行为由它而来,即一草一木,一切存在,亦皆系属于它而为它所统摄,因而有其存在。①

由这段说明来看,所谓"道德"是指依无条件的定然命令而行的道德过程。而能发此无条件的定然命令的正是吾人之本心、仁体、性体或良知。性体又涵盖道德界与存在界而为道德行为与一切存在之源。在此"道德"就同时指涉人的道德行为之道德界,以及终极实在的本体界。就存有论的哲学探讨而言,若承认有一终极实在,则经验界各个领域相对于此终极实在而言,须定位在第二义之层面,此乃概念分梳所必至。就此而言,高于知识领域的应是本体界,亦即性体或天道,而非道德领域,因为道德领域与知识领域同属经验界,相对于本体界的终极性都是低一层次的衍生领域,都是终极实在于时空中所呈现的限定相。因为:

> 本心即是一自由无限心,它既是主观的,亦是客观的,复是绝对的。主观的,自其知是知非言;客观的,自其为理言;绝对的,自其"体物而不可移",因而为之体言。由其主观性与客观性开道德界,由其绝对性开存在界。②

牟氏在此明言本心事实上是自由无限心,其作为绝对者开存在界。道德界只是其中主客观性的面向,不能等同于本体界。相同思路也表现在其真美善之分别说上。所谓分别说是指真(科学知识)、美(自然之美与艺术之美)、善(道德)各为一独立的领域,皆由人的特殊能力所凸现,陆象山所谓"平地起土堆"。相对于智的直觉所显之"平地",真善美三者皆为有限制的"土堆":

> 分别说的真指科学知识说,分别说的善指道德说,分别说的美指自然之美与艺术之美说。三者皆有其独立性,自成一领域。此三者皆由人的特殊能力所凸现。陆象山云:"平地起土堆。"吾人可说真美善三者皆是经由人的特殊能力于平地上所起的土堆:真是由人的感性、知性,以及知解的理性所起的"现象界之知识"之土堆;善是由人的纯粹意志所起的依定然命令而行的"道德行为"

---

① 牟宗三,《智的直觉与中国哲学》,台北:台湾商务印书馆,1993年,第190—191页。
② 《现象与物自身》,第12页。

之土堆；美则是由人的妙慧之静观直感所起的无利害关心，以不依靠于任何概念的"对于气化光彩与美术作品之品鉴"之土堆。①

分别说的真善美既然皆为人的特殊能力所凸现之土堆，自然不能等同于合一说中即真即美即善之平地。自由无限心即是此平地，人的道德行为只是道德界或道德领域之土堆，两者间须有所分梳。所以他才接着表示，分别说的真只通至现象，未能通至物如；分别说的善只在精进中，未至全体放下之境，常与其他如真与美相顶撞，未臻通化无碍之境；分别说的美住于妙慧静观之闲适，若一住住到底，而无提得起者以警之，则会颓堕而至于放纵恣肆。② 可见相对于终极实在的天道，知识、道德乃至美感艺术领域都属有限而尚嫌不足。

综言之，牟氏对"道德"一词有两种用法。一种是同时作为道德界与存在界之原理，所谓绝对者的"道德"，这是合一说的即真即美即善的平地之境，所谓自由无限心，指涉的是终极实在或本体界的实体，我们可称之为"广义的道德领域"。至于人的道德行为、道德实践所指涉的道德界或道德领域，以及所谓分别说的善，则是一种"狭义的道德领域"，只属于道德范围，而不涉及存在界之基础问题。所以就"广义的"与"狭义的"道德之分来看，牟宗三并未显示出良知的傲慢倾向。只要我们明白，他在指涉天道、天理时所谓的"道德"，是就"广义的道德领域"而言即可。

（三）理路融贯与证立问题

1. "同于"无限与分别说之抵触

牟宗三所谓道德的形上学，是由道德通往本体之即工夫即本体的进路，人不断从事道德实践于是可以达到无限者的境界。如此一来，就必须进一步将人从事道德实践的层次定位清楚。基于自由无限心作为绝对者，因而与人的道德界或道德领域在存有论上具有差异，是真美善之分别说得以成立，并避免使道德领域独大而压抑其他领域的关键。那么人的道德实践，究竟该定位在"广义的道德领域"，还是"狭义的道德领域"，就是一个迫切的问题。因为只要人的道德实践属于绝对者的道德层次，广狭义两种道德领域之分仍将不攻自破。

---

① 牟宗三，《康德：判断力之批判》（上）《商榷》，台北：台湾学生书局，2000年，第78页。
② 《康德：判断力之批判》（上），第82页。

以"实现物自身的创生"为例,其肯定人有智的直觉而在"创生"作用上亦同于天道。这种定位使得"体"(知体明觉,本心)与"用"(物自身)皆为人的道德实践之事,如此一来,就不仅在工夫论上具有优先性,更在存有论上同时跨足本体与经验两领域。是以就实现物自身的创生而言,道德实践虽属人的道德境界之"狭义的道德领域",同时也上升至"广义的道德领域",已从经验界其他领域中脱颖而出,而高居于本体界。如此一来,适与自由无限心作为绝对者开存在界,"狭义的道德领域"只是其中主客观性的面向,不能等同于本体界的说法有所抵触。

相对于"实现物自身的创生","本体宇宙论的创生"主张天道作为万物的实现与存在之理,人直接创造的是道德行为,亦即德行,因而只有道德意义的功化,无存有意义的创生物自身。虽在"内容的意义"上"同于无限",人能直接插手的仍只在道德领域,而非万物生成变化的领域。但问题在于,只要人可借此而同于天道或无限者,由于道德界正是人的道德行为与修养等道德实践问题所处之范畴,就会有"狭义的道德领域"等同于"广义的道德领域"之本体界,而高于其他经验领域的理论后果,从而贬抑知识、艺术等其他领域的价值定位。

以上这些探讨也可说明,为何牟宗三在阐述真美善合一说之际,仍然肯定只有道德心之实践才能真正达至非分别的合一之化境,能臻此即真即善即美之合一之境者,"仍在善方面之道德的心,即实践理性之心。此即表示道德实践的心仍是主导者,是建体立极之纲维者"①。牟氏虽认为释道两家"最高之理境亦可与此无违"②,却又接着强调:"释道两家不自道德心立教,虽其实践必函此境,然而终不若儒圣之'以道德心之纯亦不已导致此境'之为专当也。盖人之生命之振拔挺立其原初之根源惟在道德心之有'应当'之提得起也。此一'提得起'之'应当'亦合乎康德'以实践理性居优位'之主张。"③而他指出,达此化境之道德实践必须通过三关。一是克己复礼关,二是崇高伟大关,三为无相关。无相关即孟子所谓"大而化之之谓圣"的化境。在此化境中,虽是道德实践之善,也同时至于即美即真之境:

> 到此无相关时,人便显得轻松自在,一轻松自在一切皆轻松自在。此即"圣心"即含有妙慧心,函有无相之原则,故圣人必曰"游于艺"。在"游于艺"中

---

① 牟宗三:《康德:判断力之批判》(上),第83页。
② 《康德:判断力之批判》(上),第80页。
③ 《康德:判断力之批判》(上),第83页。

即含有妙慧别才之自由翱翔与无向中之直感排荡,而一是皆归于实理之平平,而实理亦无相,此即"洒脱之美"之境也。故圣心之无相即是美,此即"即善即美"也。

圣心之无相不但无此善相、道德相,即连"现象之定相",即"现象存在"之真相,亦无掉。盖现象之存在由于对人之感性而现,而为人之知性所决定。但圣心无相是知体明觉之神感神应,此神是"圆而神"之神,已超化了人之感触的直觉与辩解的知性。因此,在此神感神应中,物是无物之物(王龙溪云:无物之物其用神)。无物之物是无"物"相之物,既无"物"相,自亦无"对象"相。无物相,亦无对象相,即是物之如相,此即康德所谓"物之在其自己"也。故圣心无相中之物是"物之在其自己"(物如)之物之存在,而非现象之物之存在,此即是"真"之意义也。故圣心无相是"即善即美",同时亦是"即善即真",因而亦即是"即真即美即善"也。①

道德实践到了无相关,此中含有无相原则的洒脱之美,故即善即美。圣心无相的境界中,物是无物相之物,既无物相,自亦无对象相,即是物之如相,康德所谓"物之在其自己",因而亦是即真即善。可见就牟宗三而言,只有在道德实践之化境中,独立意义的真、善、美相才能被化掉,达到一即真即美即善之境。但如此一来,各种领域即形成不对等的差序关系,道德实践确实就处于非坎陷的独大地位,而知识与艺术等亦沦为坎陷之价值上次要领域。这么说来,就合一说之道德实践进路而言,"狭义的道德领域"确实脱颖而出,已等同于"广义的道德领域",并与分别说有所抵触。

2. 合一说证立之困难

另外,以上道德实践通向合一说的进路,也会在论证上遭遇类似二律背反(antinomy)的问题。若在分别说的一面肯定真美善三者皆为有限,但在合一说之境,又主张道德心具有理论上的优位,证立上的困难即随之而来。因为既然真美善都是有限的领域,为何道德又独独得以达到合一之化境呢?牟宗三肯定儒释道三家皆有智的直觉,佛教与道家实践的最高理境亦通此化境,虽不如从道德意识切入之专当,但仍可达至此化境。因此他亦以庄子所谓"天地之美,神明之容"表述此最

---

① 牟宗三,《康德:判断力之批判》(上),第84—85页。

高境界①。若说原因在于"大而化之之谓圣"的化境中,不但含有洒脱之美,又因呈现出无对象义的物之在其自己之如相,因此即真即善,则释与道既然都肯定有智的直觉,则与儒家处理的同样都是终极实在层面的问题,他们也就都能以美或真为最高境界,借以统摄另外两者。

举道家为例,其进路可归之于艺术之美的一面。徐复观曾指出:"老庄思想当下所成就的人生,实际是艺术的人生;而中国的纯艺术精神,实际系由此一思想系统所导出。"②劳思光也提到:"道家的情意我,显一观赏之自由,游心利害成败以外,乃独能成就艺术。"③牟宗三亦肯定道家之创生性类乎康德所谓反身判断(reflective judgment),审美判断就是一种反身判断,故"道家之主体可以开艺术性关键即在此"④。若比照牟氏对道德化境的解释模式,道家在其艺术式智的直觉之下,也大可融善与真于其中。首先,牟宗三承认在道家"徇耳目内通而外于心知"的心斋坐忘之"自知"中,可化除知性"能所对待中之追逐,以及使用概念之模式"⑤。由此看来,在这种物自身的呈现中,已超越能所对待之主客格局,就此可说即美即真;此外,牟氏虽强调道家心斋之道心"由遮拨道德之德目而显(如绝仁弃义,大道废有仁义),一往视道德为外在物,并未意识到如何内在化之以开悟道德可能之超越根据(本心仁体)"⑥。但从"大道废有仁义"一语来看,道家认为其自然无为的境界才是真正的仁义,自其立场观之,也可以说这是即美即善。以上由道家立场设想的论证,适与牟氏为道德实践所提出者形成相反方向之二律背反。如此看来,是否能就在智的直觉中善可以统摄美与真,而作为其独享优位之理据,就不是个容易解答的问题了。

四、刘述先对牟宗三理论的调整与发展

作为现代新儒学思想家的其中一员,刘述先立论最重要的特色是将宋儒理一

---

① 牟宗三,《康德:判断力之批判》(上),第86—89页。
② 徐复观,《中国艺术精神》,台北:台湾学生书局,1998年,第47页。
③ 劳思光,《中国哲学史》(一),台北:台湾三民书局,1995年,第287页。
④ 《智的直觉与中国哲学》,第209页。
⑤ 《智的直觉与中国哲学》,第207页。
⑥ 《智的直觉与中国哲学》,第208页。

分殊的相关论点,进行一种现代背景下的重新诠释,同时对牟宗三的学说在继承之外,又有所调整与补充。① 以下即就与本文主题相关者予以析述。

(一) 道德实践亦为良知之坎陷

刘述先曾指出,一般在解释《中庸》、孟子与阳明学说时,"过分着重讲天人的感通,而不明白在中国传统之中天人也有差距"②。他认为基督教的思想家强调上帝(天)与世间(人)的差距,实有其真知灼见。就对有限性的警觉上,以下是基督教可以给予新儒家的忠告:

> 终极关怀的确立并不保证我们一定会做出正确的判断,而有限被无限地膨胀就会产生魔性化(demonization)的结果。这样的体验包含了深刻的洞识,新儒家虽拒绝把天当作"绝对的他在",但天人差距的睿识却可以通过与基督教思想的交流与对比而被唤醒。所谓"人心惟危,道心惟微",清楚地显示,儒家的体验,可以面对生命的阴暗面,不一定对于人生采取一种单纯的乐观的看法。③

正因刘述先不赞同对人生采取一种单纯的乐观看法,他虽肯定人秉赋有无限心,但仍然是有限的存在,对于"良知的坎陷"之看法有别于牟宗三,认为坎陷也适用于人的道德实践:

> 事实上任何创造都牵涉到坎陷或客观化的过程,故我提议把坎陷扩大成为一个普遍的概念,也应用到道德的领域。牟先生近期演讲谓道德的实践要靠坤道,基本上证实了他的看法与我的看法的符合。如果生生的天道为本,以"道德"的状词形容天道,当然可以说以道德为本,但人们很容易误解这样的道德为狭义的人间的道德,这样就不免有拟人论之嫌。由中国的观点看,天道创

---

① 限于文章篇幅,有关刘述先与牟宗三在理论上的继承与发展关系,无法在本文中详述。相关内容可参见张子立,《从逆觉体证到理一分殊新释:试析现代新儒学之内在发展》,台湾政治大学哲学研究所博士论文,2008年。
② 《两行之理与安身立命》,《理想与现实的纠结》,第228页。
③ 《论中国人的价值观在现代的重建》,《理想与现实的纠结》,第99—100页。

生万类,人为万物之灵,人心通于天心,生生之仁、恻隐之情的推扩不能有封限,故有限而通于无限,人即使可以说秉赋有"无限心",仍然是有限的存在。不加限制地说人是无限的存在,误解天人合一之合为等同于无限,便是一种荡越。①

在这段引文中,刘述先指出任何创造都牵涉坎陷或客观化的过程,但牟宗三以道德作为天道的形容词,认识心为本心良知之坎陷,的确容易令人产生把人间道德当作第一义,其他领域当作第二义的联想。所以他提议把坎陷扩大应用到人道德实践的领域,并举出孔子的说法支持其见解:

> 现实与理想之间的差距是不可以取消的。一方面孔子固然说"我欲仁,斯仁至矣",这表示仁不是空言,而是实践;另一面孔子却说"若圣与仁,则吾岂敢",这表示他离开圣与仁的理想境界还有很大一段距离,学者需要善会其意,不可给予错误的诠释。至于人在客观世界的成就,那更是另一回事,孔子终其身只能是"学不厌,教不倦"、"知其不可而为",人只能在不完成中完成自己。天与人是贯通的,也是有差距的,这是儒家思想一体的两面。②

既然连孔子也不敢自认达到圣与仁的理想境界,更遑论一般人了,可见天与人、现实与理想之间的差距实不能取消。天与人之间虽贯通,但仍有差距,这是儒家思想一体的两面。我们不能"只侧重无限的体现遂忘记讲天人之不一,不一不二,这才是真正称理的了解。一方面圣人之心岂有异于天地生物之心,故不二;但另一方面,'天地鼓万物而不与圣人同忧',故又不一。忘记讲这一面,则很容易把道理讲得太高,没有照顾到具体现实人生的限制"③。

质言之,刘述先与牟宗三的基本差异在于,牟宗三着重透过反复申述道德实践所达到的境界,以突显天人之同;而刘述先虽然肯定人秉赋有无限心,对于道有直

---

① 《对于当代新儒家的超越内省》,《理想与现实的纠结》,第53—54页。
② 刘述先,《当代新儒家可以向基督教学些什么?》,《大陆与海外:传统的反省与转化》,台北:允晨文化实业股份有限公司,1989年,第264—265页。
③ 刘述先,《牟宗三先生论智的直觉与中国哲学》,《中西哲学论文集》,台北:台湾学生书局,1987年,第69页。

接的体悟,却认为天人之同与异乃并存,亦即其所谓不一不二,不宜只一味强调同的一面。

(二) 对"生生"意涵的扩展

刘述先在解释"生生"时,除了指出天道是一生道之外,也说明了人道如何以天道为楷模。生生的道理在"本体宇宙论的创生"形态中是以人道证实天道,人的道德行为可呼应或契合性或天道之创造,成为其创生的一种范例。但刘氏解释以天道为楷模,重点则在人以生生之天道为终极托付,不断发挥自己的禀赋之创造性:

> 《易经》讲生生,多这一个生字,就把整个死局点活了。单说一个生字,当自然的生命力减退,到了终点就只剩下死亡。但生生的托付却能使我们在逆境之中还可以发挥出创造力,而自然生命的终结也不表示创造过程的终结,因为我的生命本就是天地之化的一部分。《易传》所谓:"一阴一阳之谓道,继之者善也,成之者性也。"我发挥出天命于我的性分内的生命力,那也就没有遗憾了。这就是宋儒张载《西铭》所谓的"存吾顺事,殁吾宁也"。生死对我来说不再成为挂虑的根源。①

生生之天道可以作为我们的寄托,成为吾人不断发挥生命力与创造力的依据,个人之生死亦成为天地之化的一部分而无须挂怀。生生落实在人道上,就成为不断发挥生命力与创造力的过程。这强调的不是人与天在"内容的意义"或"作用的意义"上之同,而是人要以天道为终极托付的对象。圣人就是能把作为生道的天道之创造性,在他的生命之中充分发挥出来的人,所以可以作为众人的楷模。值得注意的是,刘述先认为这种创造力或潜能并非只局限于道德行为,而可以是一种涵盖人生各个价值层面的创造:

> 由现代新儒家的观点来看,理一而分殊,超越的生生的精神当然不必具现为现代社会的拼搏精神,但也不必排斥它在现代寻求新的具体的表现的方式。于是有人可以由学术来表现自己的生命,有人可以由文学艺术来表现自己的

---

① 《两行之理与安身立命》,《理想与现实的纠结》,第231页。

生命力,当然也可以有人由企业来表现自己的生命力。但我们应该了解到,这些仍然都只是生生的精神的有局限性的表现。一方面我们由分殊的角度肯定这些成就,当下即是,另一方面我们也要像宋儒那样体悟到,由超越的角度看,尧舜事业也不过如一点浮云过太空。这才是两行之理的体现。①

理一而分殊,超越的生生的精神要在现代寻求有别于传统的、新的具体的表现。生生之天道不一定只限于道德行为之显发,也可以表现在学术、文学艺术,甚至是企业精神上。在此刘述先将"生生"诠释为立足于理一,再分殊于各存在层面之实践,不只限于人的道德实践之"狭义的道德领域",又纳入学术、文学、艺术、商业等各种创造活动,扩展为一种"广义的道德实践"。他认为:

> 生生之仁是超越特定时空,历万古而常新的普遍性原则,即所谓"理一";有限的个体所实现的则是"分殊",受到自己的材质、时空条件的拘限。这样我一方面要冲破自己材质的拘限以接通无限,另一方面又要把创造性实现在自己有限的生命之内而具现一个特定的价值。这一价值不必一定是狭义的道德,也可以是科学、艺术、经济、技术,乃至百工之事。②

可以说,刘述先以上扩展"生生"意涵,将其应用到其他各种技艺与专业的说法,乃是尝试将牟宗三"广义的道德领域"概念,透过理一与分殊的对比解释,进一步予以发展的表现。

五、迈向"生生"的现代诠释

(一)"生生"存在层面的诠释:从"同于"到"通于"的天人关系

从以上析论来看,若以天人之同为前提,则"实现物自身的创生"在理论推导上

---

① 刘述先,《论儒家理想与中国现实的互动关系》,《理想与现实的纠结》,台北:台湾学生书局,1993年,第125—126页。
② 刘述先,《方东美哲学与当代新儒家思想互动可能性之探究》,《现代新儒学之省察论集》,台北:"中央研究院"中国文哲研究所,2004年,第249页。

优于"本体宇宙论的创生";不过该种诠释以智的直觉说明天道之创生作用,却与康德及《易传》本意皆有所出入,也未能避免与分别说之抵触。依笔者之见,此诸种问题解决之道为,回到"本体宇宙论的创生"中天道通过阴阳变化创生万物,而人之德行可体现天道,作为其于经验现象中的分殊或具体表现的论点,并就天人关系之定位做出调整。

1. 人乃有限地体现天道

如前述,牟宗三与刘述先虽皆肯定既超越又内在的表述,但前者着重于突显天人之同,后者则反复重申天人之同与异乃并存,不宜过度侧重同的一面。从他们二位的论点来看,接续地合理发展应是"通于"的天人关系定位。其实之前有关刘述先的几处引文中,"通于"二字已出现数次,唯其意涵即指向同异并存、不一不二的天人关系,并未具备独立之意义。① 接下来笔者尝试进一步发展此"通于"概念,并提出一些说明。

质言之,在断定天与人是否可"同"之前,宜先就一关键处进行语意上的澄清:人之体现天道,到底是完全地(不受限制或限定),还是有限地(在限制或限定中)体现天道?若答案为前者,才有充分理据说天人间有"同"之处;若答案为后者,则顶多只是"通",不宜说"同"。而牟、刘二位共同提供的答案,都是后者,亦即有限地体现天道。

首先,就刘述先的主张来看,若说人虽秉赋有无限心,仍然是有限的存在,但既然人的道德实践也属于坎陷,而成为分殊,则天道或本心自身断然不是坎陷,且为终极实在之理一。就此而言,则人充其量只是有限地体现天道,无论在作用或内容的意义上,应皆无可"同"之处,就不适宜再说人秉赋有无限心。此点亦可于刘氏论有限与无限之辩证关系上获得印证。其谓理一(生、仁、理)一定要在有限之"分殊"(个人的创造行为)而非凭空之抽象中才能具体实现,但一在分殊中表现,就不再是无限之"理一":

> "至诚无息"是可以向往而不可以企及的超越境界(理一),要具体实现就必须通过致曲的过程(分殊)。生生不已的天道要表现它的创造的力量,就必须具现在特殊的材质以内而有它的局限性。未来的创造自必须超越这样的局

---

① 笔者曾针对此问题当面请教刘述先先生,此处之表述系其本人亲口提供之答案。

限性,但当下的创造性却必须通过当下的时空条件来表现。这样,有限(内在)与无限(超越)有着一种互相对立而又统一的辩证关系。①

理一之具体实现,就落实在人的创造活动成为分殊而言,是一致曲的过程。此过程有其当下的时空条件,遂而必有其局限性,使得理一形成可以向往而不可以企及的超越境界。既然不可企及,理一与分殊就总是具有某种差异,两方关系实不宜再定位为"同"。

其次,就"本体宇宙论的创生"而言,牟宗三在谈到"以气言"之命时,即指出"在天"不必一定偏于理说,亦可偏于气说,此偏于气说的命即为人不可避免的限定:

> 此亦是天理中事、天命中事、天道中事,亦得简言之曰天。此是天理、天命、天道之偏于气化说,但亦为其神理所贯,全气是神,全神是气。既全神是气,则无限量之无穷复杂之气固亦天理、天命、天道中事。就此说天理、天命、天道即是偏于气说的天理、天命、天道,而此即对于吾个体生命有一种超越的限定,而吾个体生命对此超越限定言,即有一种遭遇上之距离与参差,因而有所乘之势与所遇之机之不同,而此即形成吾之个体生命之命运与命遇,此即是以气言之"气命"。②

若从以气言的命来看,就对人之个体生命形成一种超越的限定,这种"气命"即形成人的命运与命遇。这种气命"对吾人所成之超越的限定始有一种庄严的严肃意义,所以才值得敬畏,而每一个体生命之遭遇乎此总不免有无限的慨叹,虽圣人临终亦不免叹口气(罗近溪语),因而'知命''知天命'才成为人生中一大关节"③。而"命"或命限作为气化边之限制,可表现为感性之限制、气质之限制、遭遇之限制等形态,此种种命限"只可转化其意义而不能消除之。命限通于一切圣人,即于佛亦适用"④。如此一来,人虽能体现天道,仍是一种带有限制的体现,不能直接从内容或作用的意义上说同于天道。另外,在"实现物自身的创生"部分,牟宗三讨论无限与

---

① 《"理一分殊"的现代解释》,《理想与现实的纠结》,第172页。
② 《心体与性体(一)》,第525页。
③ 《心体与性体(一)》,第525—526页。
④ 牟宗三,《圆善论》,台北:台湾学生书局,1996年,第154页。

有限之"必然的诡谲"时也有类似说法:

> 盖成教的圣者之生命同时亦是一现实的生命,因此,他不能说尽一切话,他必定在一定形态下表现道,而同时众生亦机宜不一,有适于此而悟,有适于彼而悟,亦必在一定形态下醒悟也。是以凡教皆有限定相,亦皆是一途之通路。人总是通过一通路而彰显那无限者。无限者通过一通路,通过一现实生命(一个体生命),而被彰显,同时即被限定。这是一必然的诡谲。①

在此可以清楚看出,牟氏也承认凡教皆有限定相,即使是彰显了无限者之圣者,也是一现实的被限定的生命。人总是通过某种通路彰显无限者,一旦如此,无限透过人被彰显的同时也被限定,即使是呈现在道德行为中,还是有限的体现。

2. "通"而非"同"之确义

但话说回来,儒家的核心精神是"天人合一",天与人并非截然二分,或如基督教中神与人的此岸与彼岸关系。就儒家而言,道不远人,且人能弘道。既然肯定天人之间虽有差距,但仍可相合以贯通,那对天人关系较适切的说法,应是人"通于"而非"同于"天。此处所谓"通于"之意涵,在于人虽不具天之无限性、绝对性,但由于天人之间可贯通,人的创造活动因而可在某个特定时空环境中,展现出作为某种标准的普遍性。这就涉及绝对性(absoluteness)、无限性(infinitude)与普遍性(universality)三个语词的概念解析。这三个概念一般常交替使用、互相解释。但细究之下,仍可尝试做出如下区分:

1. 绝对性乃针对理论、概念或原理之不可更改、不受任何外力影响、必定无误且超越任何时空之限制而言。如神之天启、儒家所谓天道或本心等。

2. 无限性表述某事物之内容、活动、特性或能力等没有任何限制,无法以某个数量、性质、概念乃至定义予以完全解释、描述或穷尽。例如上帝、笛卡尔的无限实体、老子所谓道等。

3. 普遍性则指称某个理论、概念或原理,可在某个特殊时间或空间范围,

---

① 《现象与物自身》,第454页。

具有普及性而予以应用。如基督教的金律,孔子己所不欲、勿施于人的表述。①

依照以上区分,主张普遍性,并非同时指涉绝对性或无限性。因为指出某个理论、概念或原理,可在某个特殊时间或空间范围广泛予以应用,并不必然蕴涵该理论、概念或原理即不可更改、不受任何外力影响,且必定无误。该事物可以在某个特定时间或空间普遍应用的事实,仍不能排除还是有无法应用的可能性(最低限度此乃一逻辑可能),因此仍必须保留调整、修改的空间。例如基督教的道德金律(the golden rule)虽在目前广被接受、引用,但被推翻或出现反例至少是一逻辑可能,因此也只适用于普遍性。很多理论曾维持相当长时间的有效性(如牛顿的古典物理学),但在后来被新理论取代,充其量也只代表具有普遍性,但非绝对性。而且也不代表此理论、概念或原理可不受任何限制,例如爱因斯坦(Albert Einstein)的相对论(Relativity)之有效性,须以光速为宇宙中最快速度为前提,若发现超越光速的运动现象,其中很多内容即须做修改。以上分析即在说明:在概念表达上,普遍性不一定须与绝对性、无限性画上等号。

据是,则天或理一可以说同时具有普遍性、绝对性与无限性。但分殊或人的创造活动则顶多只能达到普遍性,不能宣称具备绝对性与无限性。说人秉赋无限心,仍会有将个人及其创造活动绝对化或无限膨胀的可能。若将人定位在其价值理想、道德行为可体现天道,成为一种具普遍性的模范或准则,当可避免此流弊。此即天人"通"而非"同"之意涵。有限与无限虽有差别却又交融无间,天人之间有可合可通之管道,却不直接等同。其用意在于,人可以保有"天人合一"的既超越又内在的特质,两者间又具有一定的张力,避免将个人予以神化、绝对化或无限膨胀的可能。

(二) 儒家思想走入现代社会的尝试:"生生"实践层面的诠释

前已述及,就牟宗三的"生生"诠释而言,只要主张天与人之"同",且此"同"仅

---

① 近年来国际首发于宗教界,然后扩及学界,并获得联合国教科文组织支持的"全球伦理"(global ethic)或"普遍伦理"(universal ethics)运动,即指出基督教的道德金律,以及孔子"己所不欲,勿施于人"之恕道,可作为共通于世界各大宗教与思想的基本表述。此论题之相关专著可参见刘述先,《全球伦理与宗教对话》,台北:立绪出版社,2001年。

透过人的道德实践，就会导致广狭义道德领域不分，以及真美善合一说与分别说的矛盾。此外，在其承认道家亦具智的直觉的情况下，也无坚强论据否定这种艺术进路可以走向涵盖真与善的非分别之境。接下来的调整方向应该是，同时肯定或否定真美善三者为"同于"无限。笔者以为，后一种选择在理论上会较为稳健。也就是说，可以贯彻分别说而承认真美善皆为有限，虽有限，但皆可"通于"合一说的无限之天道，只是特性与定位不同罢了。

依此前提，即无须再坚持道德实践于方法上的优越性（supremacy），而只要强调其能体悟终极实在的适当性（adequacy）。由逆觉从事修身的道德实践工夫，的确是体证天道的理想途径，但由于仍是在分殊层面做工夫，"通于"而非"同于"天道或理一，因此与其他领域如科学、艺术彼此地位对等，不至于抬高道德而矮化其他领域。真善美三者的差异主要是特性与定位不同，并非在价值上有高低之分。一切正面创造活动都可通于理一，但因"通"的形态不同，故定位也各异。例如，道德实践是"逆"或"返"于理一之"通"，专擅之处在于契接、体悟理一；科学与经验知识等"真"的领域是"顺"或"出"于理一之"通"，重点则为承继或顺应理一之动用，成就现实生活中的各种创造。如此就不必在真美善之间强分高下，而可同时肯定与重视此三者。也能避免因道德实践同于无限，导致广狭义道德领域之分不显、合一说与分别说相扞格的情况。

最后，可以对"生生"做出以下现代诠释。在实践层面上，"生生"的前一个"生"字为动词，意指创生，并可延伸出创新与提升二义；后一个"生"字为名词，其意从牟宗三所谓"存在"，进而定义为"正面价值之存在"。合此两者来看，"生生"的精神即为各种正面价值的不断创造、创新与提升。刘述先扩展生生的意涵，突破传统专注于道德修养层面的限制，是值得吸纳的论点。我们宜将"生生"于实践层面的解释，从只强调修德成德的道德实践，扩展为凡抱持某种价值理想，在真（如科学、学术活动）、善（如道德实践与慈善事业）、美（如艺术、文学、戏剧），乃至宗教、体育、科技、商业等各种领域，不断从事正面价值的创造、创新与提升活动。如此一则可避免以"道德"作为形容词（不论是广义或狭义）可能引发的误解；二则符合现代尊重与发展多元价值的趋势，使儒家理想可以落实在各种技艺与专业上，从而重新走入一般人的日用常行之中。

六、结论

时至今日,不容否认的是,儒家思想(不包含与儒家相关的传统习俗及行为规范)与现代社会的相干性,主要涉及学术界与文艺界,而很难说存在于一般大众的行为、观念中。儒家的理想是淑世,虽然不可能重回往日涉及人们生活各层面的荣景,但如何重新在社会上发挥正面的影响力量,从文学、艺术的纯粹鉴赏,哲学或学理的专业探讨,接触的层面多为学者、知识分子、文艺爱好者的现状,再跨出一步,进入现代人的日常生活中,这是关心或仍认同儒家思想乃至价值理想者,必须严肃看待的问题。当然,走入平常的世俗生活,不代表思想即走向简单、庸俗,因此如何在现有的学术基础上,从理论角度顺成这种贴近一般人生活的发展,就显得更形重要。

于是本文聚焦于《易传》的"生生"概念,以牟宗三的两种诠释为起点,探究其中的观点差异,指出这两种诠释虽各有其优缺点,却同样预设了"同于"的天人关系。加上牟氏以人的道德实践作为此"同于"的关键,但其真美善合一说并未顺利论证道德进路之优位,其理论后果是使真美善的分别说与合一说陷入矛盾,并消解其广狭义道德领域之分。

继之则讨论,刘述先对牟宗三借用康德智的直觉进行"实现物自身的创生"诠释不表赞同。而且将道德实践视为坎陷,也有别于"本体宇宙论的创生"。整体而言,刘述先在天人关系上乃持须"同异并存"的看法,亦有异于牟宗三强调两者之同。

以上述分析为基础,则在"生生"的存在层面之解释,可采纳"本体宇宙论的创生"中天道创生万物,人以道德实践契接天道,成为天道具体表现的论点。刘述先以天道为"理一",一切经验现象以及人的创造活动为"分殊"之见解,亦为此论点的另一种表述。然而天人关系之定位,则宜由"同于""同异并存"调整为"通于",以天或理一同时具备普遍性、绝对性与无限性,但人的创造活动顶多只具普遍性,作为两者通而非同的关键。

由于一切创造活动,自然也包括道德实践,都是"通于"天道的分殊,不但皆为坎陷,更应站在对等的立足点,虽作用与特性各异,却具有相同的价值定位。这代表贯彻牟宗三的分别说,并吸纳刘述先扩充"生生"意涵至道德实践以外的其他技艺、专业之论点,将"生生"在实践层面诠释为各种正面价值的不断创造、创新与提升。如此一来,儒家价值理想的表现,就不必只限于成德的道德修养,举凡具有正面价值的人类活动,如在学术、科技、宗教、艺术、体育、商业,乃至环保等领域持续精益求精,不断做出良好贡献,都可说是体现了"生生"的要旨,从而也是儒家精神的现代表征。这样的儒家思想表述仍将保有相当的理想性,但其内涵却能兼容多元价值,同时也更贴近、融入一般人的生活,益显"道不远人"所言非虚!

(作者单位:复旦大学哲学学院)

道家思想的现代诠释

庄子论技与道*

方万全

《庄子》庖丁解牛的故事是许多人所熟悉的。这个故事也因为文惠君在听完庖丁对其解牛技术的陈述之后,说了"善哉!吾闻庖丁之言,得养生焉"而明显地被赋予养生上的意义。① 但是这个故事中最引人注目的,其实是庖丁对于自己神乎其技的解牛技术的非常生动的描述。除了这个故事之外,在《庄子》一书中还有许多地方谈到技艺,例如梓庆之精于制作乐器、轮扁的工于造车轮,以及谙水性之泳者等人入于化境的技艺的表现等。除此之外,庖丁对文惠君所说的"……技盖至此乎",答以"臣之所好者道也,进乎技矣",也透露出庖丁认为技艺与道有着密切的关系。② 但是为什么庄子会这么重视技艺,会借由庖丁对文惠君的回应,去把技与道相提并论,而且认为道要胜于技呢?本文将以西方哲学中一些有关技巧(skill)的讨论,以及亚里士多德(Aristotle, 384 B.C.—322 B.C.)的伦理学上的一些看法作为参照背景,来对庄子所说的技艺与道的性质,以及技艺与道之间的关系做一些初步的梳理。我们希望能因此让庄子的相关看法多少去除其玄奥难解的外表,进而让这些看法的重要性更清楚地显现出来。③ 我们也要指出,比起一般以自然现象的自然来说明圣人的(作为上的合于)自然,庄子以技艺的自然来说明圣人之自然的做法,从一个"后见之明"的角度来看,其实有着重要的哲学意义。

---

* 本文原出版于由刘笑敢教授主编,广西师范大学出版社于 2009 年 12 月出版的《中国哲学与文化》(第六辑),第 259—286 页。此处重刊,已征得原刊现任主编郑宗义教授的同意。
① 引自《庄子·养生主》,见郭庆藩,《庄子集释》,北京:中华书局,1961 年,第 124 页。
② 《庄子集释》,第 118、119 页。
③ 我们知道《庄子》一书有内篇、外篇与杂篇之分,而且许多人认为内篇才是真正出于庄子之手。但为了简化行文,本文将把《庄子》一书视为一个整体来加以讨论,而不特别去区分内篇、外篇与杂篇。

一、技艺现象及其在哲学上的重要性

如上所述，技艺作为一种现象——以下简称为技艺现象——是《庄子》一书所非常关注的。如果从技艺现象在书中被讨论的次数之多来看，说庄子十分着迷于技艺现象，似乎也不为过。古代西方哲学中也绝非无视于此一现象的存在。早在希腊时期，柏拉图（Plato, c. 428 B.C.—c. 348/7 B.C.）与亚里士多德等哲学家，便常把技艺与德行做有限度的比拟。但西方哲学中把技艺现象当作一个哲学课题，试图去阐明其在哲学上的重要意涵，则是相当后面的事。晚近西方哲学之所以重视技艺现象，有两个主要的理由：一方面与所谓的反笛卡尔主义（anti-Cartesianism）的哲学立场的兴起有关；另一方面则是因为认知科学（cognitive science）的发展遇到了难以克服的瓶颈，因此人们不得不重新审视技艺现象，以及人的身体在人的认知活动中所扮演的角色。而有关于人的身体是否在人的认知活动中扮演重要的角色，以及如果扮演重要角色，它又是如何扮演这个角色的等，是近年来哲学或与认知相关的科学研究所关注的重要课题。这样的研究便是对于所谓的"体现"（embodiment）现象的研究。

20世纪基于反笛卡尔主义立场而论及技艺现象的哲学家，以海德格尔（Martin Heidegger，1889—1976）与赖尔（Gilbert Ryle，1900—1976）等人最为人所熟知。[①] 但两人在探讨技艺现象时，其各自所要反对的笛卡尔的哲学观点则各有不同。海德格尔所要反对的是笛卡尔（René Descartes，1596—1650）把人与世界之间最为根本的关系，定位为人试图透过存在于其心灵之中的想法或思想，来对世界做静态的认识的这种所谓的知态的（epistemic）关系；赖尔所反对的则是笛卡尔的心物二元论。兹从赖尔开始谈起，依序略述两人的看法。

赖尔有关技艺现象的讨论，见于其对于所谓见闻之知（knowing that）与技能之

---

① 梅洛-庞蒂（Maurice Merleau-Ponty，1908—1961）也是这一方面非常重要的哲学家；其有关"体现"现象的研究，尤其其哲学上的重要性。此外，后期的维特根斯坦（Ludwig Wittgenstein，1889—1951）也探讨了技艺现象。但因限于篇幅与能力，本文将不讨论这两位哲学家的看法。有关维特根斯坦对于技艺现象的讨论，可参考 Erik Rietveld, "Situated Normativity: The Normative Aspect of Embodied Cognition in Unreflective Action", *Mind*, Vol. 117(2008): 973-1001。

知(knowing how)的区分的探讨。① 从比较宏观的角度来看,赖尔对于这个区分的讨论只构成他整个反对笛卡尔心物二元论的论证的一环。尽管如此,他对于这个区分的探讨本身便有着一个重要的意义:它彰显了吾人的许多智能的(intelligent)活动,既不是所谓的见闻之知的活动,也不是见闻之知的活动的结果。② 这个观点是针对传统的看法而发的。传统上一般认为人涉及智能(intelligence)之表现的行动或作为,都是由人(脑袋里)的思想、规划(plan)、规则或规范等所指引的。因此就智能的表现而言,人的行动或作为是次要的;占有主导地位的是人的思想、心中的规则与规范等。但是赖尔认为这样的想法是错误的。他指出,如果任何行动都需要先有思想、规则、规范或规划的指引,那么我们便可以进一步问如下的问题:在采取行动之前,我们又怎么知道要如何去想、去规划,以及如何去找出适当的规则或规范来指引我们的行动呢?在此"想""规划""找出"等本身也都是行动。这些行动本身是不是也需要有更高层次的思想、规则、规范或规划的指引呢?如果答案是不需要的话,那么我们就没有理由说原先的行动就一定需要有思想、规则、规范或规划的指引。而如果答案是需要的话,那么我们便会遇到所谓无限后退的困难:行动需要有思想、规则、规范或规划的指引,而要如何去思想、如何去找出合适的规则、规范或规划,又进一步需要有更高层次的思想或规则等的指引,于是无限后退便会因而发生。为了避免陷入这样的困境,赖尔认为我们必须要接受吾人的许多行动不是由思想、规则、规范或规划所指导的,而是人的技能之知**直接**的表现。赖尔认为人的这种技能之知是一种有别于只是习惯(habit)的倾向(disposition)。特别值得注意的是,赖尔指出技能之知可以因地制宜、随机因应,因此虽是相同的一种技能,却能在不同的情境下有形形色色、不胜枚举的各种不同的表现。③

认知科学中所谓的认知主义(cognitivism)所遇到的困难,与赖尔所指出的把行动当作次要的想法所遇到的困难是类似的。长久以来,认知主义在认知科学的发展中一直扮演着举足轻重的地位。认知主义的基本看法,简言之,是这样的。④ 说

---

① 我们所要谈的赖尔的看法均见于 Gilbert Ryle, *The Concept of Mind* (New York: Barnes & Noble Book, 1949)的第二章;下面大部分有关赖尔的看法的讨论将不特别注明出处。
② Ryle, *The Concept of Mind*, p. 26.
③ Ryle, *The Concept of Mind*, p. 44.
④ 见 Francisco J. Varela, Evan Thompson and Eleanor Rosch, *The Embodied Mind: Cognitive Science and Human Experience*, Cambridge, Mass.: MIT Press, 1991, p. 40。

明智能与意向性(intentionality)等现象的唯一的方法,便是(1)把认知视为是对于表征(representations)的操作;(2)这些表征以符号的方式实现于(realized in)我们的大脑(或神经系统)。对于人而言,这里所谓的表征是指像信念、想法乃至于期望等的内容。例如当我相信或希望明天有个好天气时,"明天有个好天气"这个句子所表达的内容便是一个表征,而且这个表征是由大脑的某个状态所实现的。对于认知主义者而言,人的智能的表现必须由人的这些表征,以及透过这些表征来进行推理或者对这些表征加以比较等所谓的对表征进行操作来加以说明。对表征进行操作所得到的结果有可能是让人有新的想法,放弃旧有的想法,或是让人决定要做某个行动,因而有了那个行动。人的行动因此被认为是由思想所指引的;比起人的思想,行动因而是次要的。尤有甚者,认知主义也往往忽略了人的身体在认知上所可能扮演的角色:身体被认为顶多就只像是个译码器而已,其作用只是在于把身体或感官所受到的外界的刺激,转化成为实现于大脑中的各种表征,让大脑能对这些表征进行操作而已。① 从我们对于赖尔的观点的说明不难看出,认知主义确实是会有问题的。因此我们也就不难想见,在面对认知主义所遇到的困难时,何以不需(完全)透过表征而能与外界直接互动的机器人的研究应运而生。

比起赖尔,海德格尔赋予技能之知一个更为根本而重要的角色。由于海德格尔的哲学比较复杂而难以理解,我们在此仅略述他的一些相关的想法。而且为了避免解读海德格尔时所可能碰到的各种复杂的问题,我们将直接取用卡曼(Taylor Carman)对海德格尔的诠释。我们知道赖尔不认为技能之知是次要的,但赖尔似乎只是认为技能之知与见闻之知同等重要。海德格尔则进一步认为技能之知是主要的,而见闻之知则是次要的。依卡曼的诠释,海德格尔认为技能之知"先于(precedes)而且使得认知(cognition)或见闻之知成为可能"。② 海德格尔还认为我们之具有概念或能有语言及语言行为,预设了(presuppose)相关的技能之知。③ 吾人与世界之间原始的关系(primitive relation)因此不再是像笛卡尔所认为的那样,是心灵状态(mental states)——如相信或想到某事这样的心灵状态——与世界之

---

① 我们在这里所关心的主要是所谓人所能意识到的层次的表征。认知科学还谈到低于人所能意识到的层次的表征。这种比较低层次的表征可以是大脑的运作所使用到的表征,而不是人在思考或做规划时所使用到的表征。
② Taylor Carman, *Heidegger's Analytic: Interpretation, Discourse and Authenticity in Being and Time*, Cambridge: Cambridge University Press, 2003, p. 207.
③ Carman, *Heidegger's Analytic*, p. 10, n. 6.

间的那种属于认知的关系。① 传统上认为人是透过思想内容的意向性——像**我想到**某人或某物那样的意向性——在人与世界之间建立起最基本的关系的。但是海德格尔认为我们还有比这样的意向性更为根本的意向性，例如技艺所展现的意向性。② 如果我们把人的行动——例如由技艺所表现出来的行动——所显现的意向性称之为"行动的意向性"，那么对海德格尔而言，**行动的意向性**反而是人与世界之间更为根本的关系。③

上面谈到的主要是技艺现象何以有其哲学上，甚至认知科学上的重要性。但赖尔的讨论还指出技艺现象一些值得注意的特点。例如，技艺是一种有别于只是习惯的倾向；技艺的表现不依赖规则；技艺的表现有因时、因地等而制宜的特色。由于技艺是一种不仰赖规则而表现的倾向，因此很显然地，它是体现于（embodied in）人的身体的一种能力。这种能力是人的身体的各个相关的部分如手、脚等，在进行技艺性的工作时能与外在环境做适切配合的能力。身体这种能因时、地等而制宜的能力是个值得特别注意的现象。如果所谓**人为**指的是经由人的思想、规则或规划等的指导而做出的行为的话，那么人的某些出于技艺能力所表现出来的行为，在某个意义下便可以说是非出于人为的作为。既然不是出于人为，那么称这样的作为为出于**自然**的作为，应该是恰当的。

塞尔（John Searle）也对技艺现象提出了与赖尔所说的类似，但有所补充的描述。以滑雪为例，塞尔指出，随着学习者滑雪技巧的越趋熟练，教练所教给学习者的滑雪规则便会变得越来越不相干。④ 对滑雪高手而言规则不但变得不重要，他的身体甚至还能进而从规则那儿接管（take over）了滑雪的过程，让身体能够对地形与雪况等的各种细微的变化做出种种快速的调整。⑤ 既然谈到身体接管，塞尔很显然是把滑雪高手的能力视为体现于身体的能力。此外，塞尔的描述也彰显了滑雪高手的技巧表现是源自于身体与环境互动的一个结果；环境可谓对身体有所"要求"，

---

① Carman, *Heidegger's Analytic*, p. 56.
② 见 Hubert Dreyfus, *Being-in-the-World: A Commentary on Heidegger's Being and Time, Division I*, Cambridge, Mass.: MIT Press, 1991, pp. 2–3.
③ 见 Carman, *Heidegger's Analytic*, p. 60。"行动的意向性"是我们所使用的词，不是海德格尔或卡曼所使用的。
④ John Searle, *Intentionality: An Essay in the Philosophy of Mind*, Cambridge: Cambridge University Press, 1983, p. 150.
⑤ Searle, *Intentionality*, p. 151.

而经过充分训练的身体则给了这些"要求"各种适切的"回应"。

对塞尔而言,我们的技能之知还包括应付社会生活的各种能力。① 社会上有各种不同的建制(institutions),例如学校、婚姻、商业、财产等建制。这些建制各有其或隐或显、不同而繁复的所谓的构成(constitutive)规则。作为正常人,我们的所言所行大致都能与不同建制的构成规则相符。但是塞尔也特别指出,虽然我们的行为大致都能符合这些构成规则,我们却往往无法把这些规则清楚说出来。如此一来我们便会面临如下的一个问题:如果我们无法清楚地把这些规则说出来,那么我们的所言所行为什么又能与那些规则相符呢? 一个可能的答案是,由于我们无法把这些规则清楚说出来,所以很显然地,这些规则是以下意识或无意识的方式在指导着我们的社会行为。但是塞尔认为这样的答案是有问题的。他认为我们之所以能在没有(明文的)规则实际指导我们的行为的情况下,依然能做出合宜的社会行为,乃是因为我们具备能做出合宜的社会行为的技能之知。这样的技能比起滑雪等技能,显然是一种更为复杂的能力。

二、庄子论技艺现象

《庄子》一书中除了对于出神入化的技艺有相当精彩的描述之外,对于技艺的训练与学习也有所着墨。例如驼背的黏蝉人自道其如何自我训练,而达到黏蝉犹如捡拾蝉那么容易的境界:

> 曰:"……五六月累丸二而不坠,则失者锱铢;累三而不坠,则失者十一;累五而不坠,犹掇之也。吾处身也,若橛株拘;吾执臂也,若槁木之枝;虽天地之大,万物之多,而唯蜩翼之知。吾不反不侧,不以万物易蜩之翼,何为而不得!"②

这样的训练其实包含了难以分开的所谓身与心两方面的训练。累叠丸子使其不坠的训练便是明显的一个例子:它除了训练身体的平衡感之外,也同时训练心的专

---

① 以下所述的塞尔的看法主要见于 John Searle, *The Construction of Social Reality*, New York: The Free Press, 1995, ch. 6。
② 引自《庄子·达生》,见郭庆藩,《庄子集释》,第 640 页。

注,使得自己能"用志不分,乃凝于神"。①

上面所述主要是由生手到熟手的训练过程。但是即使是熟手,为了让技艺能力能得到最好的发挥,在展现技艺之前(有时)一些自我训练或约束也是不可免的:

> 梓庆削木为鐻,鐻成,见者惊犹鬼神。鲁侯见而问焉,曰:"子何术以为焉?"对曰:"臣工人,何术之有!虽然,有一焉。臣将为鐻,未尝敢以耗气也,必齐以静心。齐三日,而不敢怀庆赏爵禄;齐五日,不敢怀非誉巧拙;齐七日,辄然忘吾有四枝形体也。当是时也,无公朝,其巧专而外滑消;然后入山林,观天性;形躯至矣,然后成见鐻,然后加手焉;不然则已。则以天合天,器之所以疑神者,其是与!"②

这种展现技巧之前的准备工作,为的是要能够达到"静心"乃至"其巧专而外滑消"的目的。值得注意的是,"静心"似乎就是在于要达成"不敢怀庆赏爵禄""不敢怀非誉巧拙""忘吾有四枝形体"与"无公朝"等目的。这些目的似乎不仅止于技艺,而且已经涉及人的修养了。怀非誉巧拙之念与技艺的表现有比较直接的关联,应该不难了解。因为有技艺的人有时候难免会担心自己的表现是否会失常或不如预期,或者顾虑会不会得到他人的赞赏,以至于分了心而影响到技艺的表现。所以若能不怀非誉巧拙,往往会让人有更好的技艺的表现。忘却有四肢形体也可以作如是观。塞尔所谓的由身体接管,也正是要让怀有技艺能力的身体能充分去发挥;而如果太在意于四肢形体应该如何动作,反而会妨碍身体的接管。但是怀庆赏爵禄与心有公朝则似乎与技艺表现的好坏没有直接的关联,除非练就精湛的技艺的目的是为了求朝廷的庆赏爵禄,但这显然绝不是一般人学习技艺的目的。一个可能的解释是,梓庆在谈论其作鐻何以能达到鬼斧神工的境界时,如同马上就会谈到的庖丁解牛的例子一样,都是在谈技艺之外还放眼于道。

庄子所谈到的出神入化的技艺的表现中最为人所熟知的,莫过于庖丁解牛的故事。为了往后探讨的方便,让我们将这个故事抄录如下:

---

① 引自《庄子·达生》,见郭庆藩,《庄子集释》,第641页。
② 《庄子集释》,第658—659页。

> 庖丁为文惠君解牛,手之所触,肩之所倚,足之所履,膝之所踦,砉然向然,奏刀騞然,莫不中音。合于桑林之舞,乃中经首之会。
>
> 文惠君曰:"嘻,善哉!技盖至此乎?"
>
> 庖丁释刀对曰:"臣之所好者道也,进乎技矣。始臣之解牛之时,所见无非(全)牛者。三年之后,未尝见全牛也。方今之时,臣以神遇而不以目视,官知止而神欲行。依乎天理,批大郤,导大窾,因其固然。技经肯綮之未尝,而况大軱乎!……"①

庖丁解牛技术的出神入化之处可从两方面谈起。文惠君对于庖丁的赞叹主要是基于庖丁解牛动作与声音的"合于桑林之舞"与"中经首之会"。这些声音与动作是旁观者可以直接看到的。但对庖丁本人而言,解牛技术的出神入化之处更表现于其所谓的"……臣以神遇而不以目视,官知止而神欲行。依乎天理,批大郤,导大窾,因其固然。技经肯綮之未尝……"庖丁在这里所说的是其在施展解牛的技艺时贴身的一些体会,而不见得是旁观者所可以得而知之者。所谓的"依乎天理,批大郤,导大窾,因其固然。技经肯綮之未尝"并不难理解,但"以神遇而不以目视,官知止而神欲行"则有待进一步的解读。而塞尔等人有关技艺现象的看法,对于这进一步的解读是有帮助的。

塞尔谈到善于滑雪者之所以精于滑雪,并不是因为他懂得如何照本宣科地去遵循有关如何滑雪的规则,而是在于能让身体与其所碰触的地形与雪况等做密切的结合,让身体随着地形与雪况等的变化而做适当的调整。在这种情况下,滑雪者身体各部分无分粗细的动作与变化,便可说是"依乎天理"。而身体对地形与雪况等所做出的各种天衣无缝的调整,则是以经过训练的身体来"遇"这种随时变化的地形与雪况等外在状况。此种"遇"并不是出自滑雪者的思虑、规划等认知活动,亦即不是出于"官知"②。同样地,庖丁在解牛时,其所仰赖的不是认知活动,而是身体

---

① 引自《庄子·养生主》,见郭庆藩,《庄子集释》,第117—119页。
② 所以我们在这里把"官知"了解为与感官经验有关的**认知**,例如透过视觉而得知外界的情况。因此"官知止"之所止的就只是这样的认知。但是从郭象的注与成玄英的疏中我们可以看出,他们都认为所止的是**所有的感官的作用**(见郭庆藩,《庄子集释》,第120页)。但是感官除了有上述意义下的认知作用之外,还有其他非认知的作用。以滑雪高手为例,如果他所有感官的作用都停止了,那么他便不可能展现出其纯熟的滑雪技巧,或者说"神"便不能"行"了。相反地,他至少还需要透过感官的非认知的作用,去协调其身体与外在环境的互动。在这里各个感官与外在环境形成一个所谓的动态(转下页)

（尤其是执刀的手）能随着牛的身体的构造，做出灵巧的因应。与滑雪者不同的是，庖丁的手可因牛的身体构造之"固然"，而在不以目视的情况下顺利解牛。由此可见，所谓以神遇者，不外乎就是让庖丁那经过千辛万苦练就的肢体，尤其是执刀的手，与牛的身体结构联合起来一起掌控解牛的动作，从而展现高超的解牛技巧。同样地，轮扁所谓的"……斫轮，徐则甘而不固，疾则苦而不入。不徐不疾，得之于手而应于心，口不能言，有数存焉于其间"①，其之所以能以最适当的不徐不疾的方式去斫轮，也是因为经过训练的手所具有的倾向（disposition）的关系。而在"工倕旋而盖规矩，指与物化而不以心稽，故其灵台一而不桎"②中，所谓的"指与物化而不以心稽"，更与塞尔有关滑雪高手的说法如出一辙；两者同样谈到技艺不依赖认知或规则，而且也同样谈到身体（指）与外在环境（物）的联合互动，让神奇的技巧从中展现出来。

三、技与道的关系：初步的探讨

  我们之前提到，针对文惠君对其解牛技巧的赞美，庖丁有如下的回答："臣之所好者道也，进乎技矣。"问题是，庖丁为什么要在这个时候做出这样的回答？从庖丁所说的话可以看出，他显然认为高超的技艺与道之间有着某种值得注意的关联，而且他还认为道要比技艺更胜一筹。因此为了回答我们的问题，我们需要厘清以下两点：一、技艺与道之间有什么值得注意的关联；二、为什么道比技艺更胜一筹？

  为了说明为什么道要比技艺更胜一筹，让我们先回到梓庆的例子。梓庆在削木为鐻之前做了许多预备的工作。这些工作不外是去除怀庆赏爵禄、非誉巧拙之心，以及忘却四肢形体的存在等。类似的情形也见于下面的文字：

    仲尼曰："善游者数能，忘水也。若乃夫没人之未尝见舟而便操之也，彼视

（接上页）系统（dynamic system）。在这个系统内各个感官与外在环境之间，还是有各种所谓的"讯息"的交流，只是这样的讯息交流是在低于认知作用的层次下进行的。翟志成教授认为正文中我对于"官知止"的陈述有待加强，而促使我做了上面一些现在看来相当必要的补充说明；在此我要特别谢谢他。

① 引自《庄子·天道》，见郭庆藩，《庄子集释》，第491页。
② 引自《庄子·达生》，见郭庆藩，《庄子集释》，第662页。

渊若陵,视舟之覆犹其车却也。覆却万方陈乎前而不得入其舍,恶往而不暇!以瓦注者巧,以钩注者惮,以黄金注者殙。其巧一也,而有所矜,则重外也。凡外重者内拙。"①

善泳者之所以善泳在于不畏水,而善于操舟者则是因为不为深渊或舟船的翻覆所干扰。这些例子都谈到具有某些技艺的先决条件,但它们也与梓庆的例子一样,同样也论及妨碍技艺表现的一些因素:虽然一个人的技巧能力不变,但是因为他对于贵重的赌注有所矜惜,因此其技巧的表现就会受到影响。下面的例子谈到可以影响技艺之表现的另外一个因素:

列御寇为伯昏无人射,引之盈贯,措杯水其肘上,发之,适矢复沓,方矢复寓。当是时,犹象人也。

伯昏无人曰:"是射之射,非不射之射也。尝与汝登高山,履危石,临百仞之渊,若能射乎?"

于是无人遂登高山,履危石,临百仞之渊,背逡巡,足二分垂在外,揖御寇而进之。御寇伏地,汗流至踵。

伯昏无人曰:"夫至人者,上窥青天,下潜黄泉,挥斥八极,神气不变。今汝怵然有恂目之志,尔于中也殆矣夫!"②

这段话同样也可视为在谈技艺之余还放眼于道的一个例子。若论射箭,列御寇的技艺不可谓不高超。但是在伯昏无人看来,列御寇射箭的技巧还是不脱"是射之射"(即有心之射):列御寇还是不免临危而惧,因此箭也就不可能射准了。反观至人则是临危而神气不变,不为危境所困扰。拿至人与列御寇相比有其重要的意义。至人或圣人与列御寇不同的是,列御寇虽然有巧技,但仍然不免临危而惧。因此一个了解何以道比技更胜一筹的方式,就是去看看圣人或至人与只是有技艺的人在修养上的差别。

圣人或至人与一般人有别的是,前者被认为已经达到无为而无不为的境界。③

---

① 引自《庄子·达生》,见郭庆藩,《庄子集释》,第642页。
② 引自《庄子·田子方》,见郭庆藩,《庄子集释》,第724—725页。
③ 有关圣人的无为而无不为,见下面即将出现的引自《庄子·庚桑楚》的一段文字。

要到达这样的境界是有方法的:"心斋""坐忘"等便是方法。这些方法最后的目的就是要达到所谓"虚"的境界:

> 回曰:"敢问心斋。"
> 仲尼曰:"若一志,无听之以耳而听之以心,无听之心而听之以气!听止于耳,心止于符。气也者,虚而待物者也。唯道集虚。虚者,心斋也。"
> 颜回曰:"回之未始得使,实自回也;得使之也,未始有回也;可谓虚乎?"
> 夫子曰:"尽矣。……"①

在这里颜回是以做到忘我而达到了虚的境界。如何达到虚的境界,下面有条理更为清楚的陈述:

> 彻志之勃,解心之谬,去德之累,达道之塞。贵富显严名利六者,勃志也。容动色理气意六者,(缪)〔谬〕心也。恶欲喜怒哀乐六者,累德也。去就取与知能六者,塞道也。此四六者不荡胸中则正,正则静,静则明,明则虚,虚则无为而无不为也。②

在这里我们可以清楚看到,人需要去除二十四项或者会悖志、谬心、累德,或者会塞道的因素,才能到达虚的境界;而达到这个境界之后人就能无为而无不为。下面的一段文字特别提到虚则忧患不能入:

> 故曰,夫恬惔寂寞虚无无为,此天地之平而道德之质也。故曰,圣人休休焉则平易矣,平易则恬惔矣。平易恬惔,则忧患不能入,邪气不能袭,故其德全而神不亏。
> 故曰,圣人之生也天行,其死也物化;静而与阴同德,动而与阳同波;不为福先,不为祸始;感而后应,迫而后动,不得已而后起。去知与故,循天之理。……不思虑,不豫谋。③

---

① 引自《庄子·人间世》,见郭庆藩,《庄子集释》,第147—148页。
② 引自《庄子·庚桑楚》,见郭庆藩,《庄子集释》,第810页。
③ 引自《庄子·刻意》,见郭庆藩,《庄子集释》,第538—539页。

善射的列御寇所不能达到的正是这种忧患不能入的境界。因此列御寇显然还未达到虚的境界。

有技艺的人为了习得技艺或为了求技艺有好的表现，需要做一些类似于圣人为了达到虚的境界而做或避开不做的事。就这一点而言，庖丁拿技与道来相互比较是有其道理的。而因为一个人不需要达到虚的境界也能成为有技艺的人，因此道比技更胜一筹的说法也自然有其道理。而所谓道进乎技的一个意思就是说：成为有道的人所需要的修养，远比只是想习得技艺的人所需的修养要来得更为复杂与严苛。

对于何以道进乎技的说明，其实也部分地回答了我们的第一个问题（即技艺与道之间有什么值得注意的关联）。技与道同样都涉及修养，虽然对于所要求的修养的程度有所不同。另一个技艺与道之间值得注意的关联是，两者皆涉及自然（而然），虽然涉及的自然也有所不同。我们在《庄子·庚桑楚》中看到"圣人工乎天而拙乎人"①。上面引自《庄子·刻意》中也有圣人"循天之理"的说法。这些无非都是在说圣人所作所为都能契合自然。②而圣人之所以能工乎天，是因为圣人达到了虚或静的境界。③但是当庖丁谈到"批大郤，导大窾，因其固然"时之"依乎天理"，其所循者只是牛体自然的纹理。这同时也以不同的方式说明了道之所以进乎技是因为技艺所循的自然比不上圣人（作为所契合）的自然。换言之，由于圣人的自然进乎技的自然，庖丁因此会认为道进乎技。

技艺与道的另外一个值得注意的关联，可以从两者都有不可言传的一面见之。对于道何以不可言传的一个初看起来似乎不太有帮助的解释是："语之所贵者意也，意有所随。意之所随者，不可以言传也……"④《庄子·天运》中对于何以"道而[不]可以告人"，还有另外一个说法："……然而不可者，无它也，中无主而不止……"⑤这也是对道的不可言传不太有帮助的说明。比较有帮助的是轮扁与桓公一段精彩的对话：

桓公读书于堂上。轮扁斫轮于堂下，释椎凿而上，问桓公曰："敢问，公之

---

① 郭庆藩，《庄子集释》，第813页。
② 对于什么是圣人的作为所契合的自然，我们以后会有进一步的说明。
③ 我们在后面会再谈到这里提到的"静"与"虚"。
④ 引自《庄子·天道》，见郭庆藩，《庄子集释》，第488页。
⑤ 《庄子集释》，第517页。

所读者何言邪?"

公曰:"圣人之言也。"

曰:"圣人在乎?"

公曰:"已死矣。"

曰:"然则君之所读者,古人之糟魄已夫!"

桓公曰:"寡人读书,轮人安得议乎! 有说则可,无说则死。"

轮扁曰:"臣也,以臣之事观之。斲轮,徐则甘而不固,疾则苦而不入。不徐不疾,得之于手而应于心,口不能言,有数存焉于其间。臣不能以喻臣之子,臣之子亦不能受之于臣,是以行年七十而老斲轮。古之人与其不可传也死矣,然则君之所读者,古人之糟魄已夫!"[1]

轮扁之所以认为桓公所读的圣人之言只是古人的糟粕,明显是因为道的不可言传:既然道是不可言传的,因此道的精髓也就无法被笔之于书,所以我们也无法从书中读到古人的精髓。值得特别注意的是,轮扁用了技艺的不可言传来说明道的不可言传。这种做法使我们可以从技艺的不可言传这个比较容易掌握的现象,来了解道的何以不可言传这个比较不容易了解的现象。

但为什么技艺是不可言传的呢? 这个问题的答案也不难从赖尔的观点见之。我们知道赖尔认为技能之知不是由规则、规范、规划等所指引的。要是技艺是可以言传的话,那么我们便可透过言传,把技艺化为可以指导人如何去展现技艺的规则、规范或规划等。

我们也可以从技艺的具体例子,来说明技艺的不可言传。轮扁斲轮动作之所以能拿捏得不徐不疾、恰到好处,靠的是手所拥有的灵敏的技巧。有了这样的技巧,手便能够在工作中对于情境的各种要求做出最好的反应,包括对于动作快慢的拿捏等。我们知道,恰当拿捏快慢的能力是存在于(身体与)手的技巧之中,而不是存在于轮扁脑袋中有关如何正确斲轮的方法或规则。况且即使像轮扁这样有巧艺的人,也不可能把他所拥有的技艺完全形诸文字,化为方法或规则。而且即使能够把它化为文字,他人也不可能只透过阅读这些文字就学到技艺,因为技艺的学习还需要透过对于身手长期的训练。技艺之所以无法言传的一个相关的理由是,即使

---

[1] 引自《庄子·天道》,见郭庆藩,《庄子集释》,第490—491页。

像轮扁斫轮的技艺，也往往会遇到事前完全无法预料到的情况，例如用以斫轮的工具的质量，木头的材质、纹路与软硬度等的变化等，都可能有出乎预料的状况，因此即使轮扁的脑袋里事先存有各种方法或规则，这些方法或规则也不足以应付种种意料之外的状况。但是作为巧匠的轮扁，还是可以自如地应付这些状况。由此可见，能够应付无可预料的变化的是轮扁纯熟的技巧，而不是事先存在于其脑袋中的规则。简言之，纯熟的技艺能应付环境的变化，但既有的规则却没有这样的应变能力，因此技艺有其不可言传的一面。

轮扁以技艺的不可言传来说明道的不可言传，其实指向了庄子哲学中一个更为重要的看法。我们知道怀有纯熟技艺的人对于情境的"要求"可以做出适切的回应，从而展现其高超的技艺。而圣人的作为需要合于天理，或即合于道的自然。因此我们可以说，由于圣人达到虚或静的境界，因此他对于所谓天理所提出的"要求"，能给予适切回应。就对于"要求"给予回应这一点而言，有技艺的人与圣人有其类似之处，当然各自所面对的"要求"以及因之而做出来的回应都是不一样的。对于有技艺的人如何能对于情境的"要求"给予回应，我们已经做了说明。但何谓天理对圣人有所"要求"，以及圣人如何回应这样的"要求"等问题，都是需要进一步加以探讨的。

四、圣人的道德知觉

前面引自《庄子·刻意》的一段文字中，有"圣人……感而后应，迫而后动，不得已而后起"的说法。但问题是，圣人所感的是什么？所应的又是什么？圣人如何能感？又如何能应？还有什么叫作迫而后动、不得已而后起？我们认为亚里士多德有关德行（virtue）的一些看法，相当有助于回答这些问题，因此在探讨这些问题之前，我们要先简单介绍亚里士多德的一些相关的看法。这些看法所根据的主要是麦克道尔（John McDowell）对于亚里士多德的诠释。[①]

[①] 见 John McDowell, "Virtue and Reason", in his *Mind, Value and Reality*, Cambridge, Mass.: Harvard University Press, 1998, pp. 50–73; "Incontinence and Practical Wisdom in Aristotle", in his *The Engaged Intellect: Philosophical Essays*, Cambridge, Mass.: Harvard University Press, 2009, pp. 59–76。我们对于亚里士多德的观点只做概略性的介绍。除了极少数地方之外，我们将不特别标明我们所谈到的亚里士多德的观点出自麦克道尔的论文的什么地方。

亚里士多德认为人可以透过品德训练而成为有(品)德的(virtuous)人。① 他因此很重视品德训练。有德的人对于其所面对的情境中所显现的道德要求，有很高度的敏感性(sensitivity)。换言之，当有德者身处于某个(与道德有关的)情境时，他对于这个情境所显现的道德要求都能有正确的知觉(perception)。② 例如当看到一个小孩子就要掉入水井时，他会知道自己需要有什么样的道德上的作为，也就是知道这个情境所显示的道德要求是什么：他必须去救那个小孩，而不是视若无睹，不采取任何行动。有德者有很敏锐的所谓的道德知觉(moral perception)③，因此当其身处于涉及道德问题的情境时，都能觉知到该情境所显现的道德要求为何。不但如此，有德者也会依照其所觉知的道德要求去行动，而不会只是知而不行。对普通的人而言，知道该做什么不表示他就会去做，因为其他考虑、动机或欲望等都可能会阻止他去做该做的事。但是有德的人则会顺应其所觉知到的道德要求，去做该做的事。以麦克道尔的用语来说，有德者所觉知到的道德要求会让那些干扰因素沉寂下来("silencing them")。④ 也就是说，那些干扰不会出现于有德者的考虑之中，因此有德者可以在不需要任何勉强或挣扎的情况下，去依其所觉知到的道德的要求而做该做的事。根据亚里士多德，要是一个人在做道德上该做的事时觉得有任何勉强，或需要经过一番挣扎之后才去做，则此人顶多只是个有节制的(continent)人，而不是真正有德的人。⑤

因此要成为亚里士多德所谓的有德者，一个人需要满足非常严苛的要求。一方面，由于人可能遇到各种不同的情境，因此要能从这些不同的情境中去觉知它们所显现的道德要求，有德者必须要具备非比寻常的敏锐的道德的知觉能力。⑥ 另一

---

① 在此我们且不管亚里士多德是否把妇女与奴隶排除在外的问题。
② "perception"这个词是麦克道尔所使用的，例如见 McDowell, "Virtue and Reason", p. 54。这个词相当普遍地被用来陈述亚里士多德的看法。
③ 有关道德知觉是什么、道德知觉如何可能、道德知觉的说法所可能面临的问题，以及这些问题的可能解决之道等，可参考 Timothy Chappell, "Moral Perception", *Philosophy* 83(2008)：421 - 437。
④ McDowell, "Virtue and Reason", p. 56.
⑤ 见 McDowell, "Virtue and Reason", p. 55；McDowell, "Incontinence and Practical Wisdom in Aristotle", p. 61。
⑥ 这不一定表示亚里士多德认为有德者只要具有非比寻常的道德知觉的能力即可，而不需要也具有好的道德的推理(moral reasoning)能力。但是要如何了解亚里士多德的道德推理，是一件复杂而具争议性的课题。例如道德推理与道德知觉的关系为何，便是一个问题。麦克道尔的相关看法见 McDowell, "Virtue and Reason"。

方面,有德者还需要能不受各种欲望等的干扰,而纯然依德而行。一般人显然很难达到这两个要求,因此麦克道尔认为亚里士多德所谓的有德者是个理想(ideal)。①

此外值得特别一提的是,根据麦克道尔的诠释,亚里士多德是个道德实在论者(moral realist)。换言之,对亚里士多德而言除了有关自然界的事实存在之外,道德事实(moral fact)也是存在的。因此不管情境中显现的道德要求是否被察觉,它们依然还是存在的。② 对于亚里士多德而言,道德训练的一个目的是要让人具有能够觉知到独立存在的道德事实的能力。

有了亚里士多德的一些相关的观点作为背景,我们可以回头去看先前提到的几个问题。对于这些问题,下面有一段很重要的文字:

> ……圣人之静也,非曰静也善,故静也;万物无足以铙心者,故静也。水静则明烛须眉,平中准,大匠取法焉。水静犹明,而况精神!圣人之心静乎!天地之鉴也,万物之镜也。夫虚静恬淡、寂漠无为者,天地之平,而道德之至,故帝王圣人休焉。休则虚,虚则实,实则伦矣。虚则静,静则动,动则得矣。静则无为,无为也则任事者责矣。无为则俞俞,俞俞者忧患不能处,年寿长矣。夫虚静恬淡、寂漠无为者,万物之本也。明此以南乡,尧之为君也;明此以北面,舜之为臣也。以此处上,帝王天子之德也;以此处下,玄圣素王之道也。以此退居而闲游江海,山林之士服;以此进为而抚世,则功大名显而天下一也。静而圣,动而王,无为也而尊,朴素而天下莫能与之争美。③

根据这一段文字,圣人之所以能有所感,乃是因为圣人之心静。而因为"虚则静",所以圣人之静与虚有密切的关系。④ 前面我们曾提到"心斋""坐忘"等皆是用以达到"虚"的境地的方法。所以圣人之心所以能静,与这些修养工夫(或道德训练)是相关的。也就是说圣人之为圣人,乃是因为其修养的工夫能让他的心静,因而能让他的心成为"天地之鉴"与"万物之镜",就如同平静的水能够"明烛须眉""平中准"

---

① McDowell, "Incontinence and Practical Wisdom in Aristotle", p. 68 – 69.
② John McDowell, *Mind and World*, Cambridge, Mass.: Harvard University Press, 1994, p. 91.
③ 引自《庄子·天道》,见郭庆藩,《庄子集释》,第 457—458 页。
④ 我们在这里看到的是"虚则静"。但是在前引自《庄子·庚桑楚》的段落中则有"正则静,静则明,明则虚"。虚与静到底孰先孰后,这两个地方的说法至少表面看来是不一致的。

一样。所以初步说来（但只是初步），圣人所"感"的对象便是天地与万物。

　　静的水与静的心之间的类比颇值得进一步探讨。水在这里有两个作用。一方面，它有如实反映外界真相——如须眉的样子——的作用。另一方面，静的水又可以作为水平面的标准。因此水的例子有事实与规范的两个层面。我们同样也可以看到圣人之静的两个层面。一方面，它能如镜般地反映天地与万物的实情。但这里所说的天地与万物，显然很难说是自然界的天地与万物。要不然认识世界最好的途径便是"心斋""坐忘"等修养工夫，而不是透过观察等的所谓的经验研究了。从引文中谈到的"南乡""北面""处上""处下""退居""抚世"等可以看出，庄子所真正关心的是如何恰当地为君、为臣与自处等问题。我们可以称这些问题为广义的道德问题。所以圣人之"心"所"明"的是各种情境中所显现的具有规范性的道德要求。也就是说，圣人之"心"所"明"的既是道德事实，又是具规范性的道德事实。为什么我们可以将之称为道德事实呢？对于亚里士多德而言，其所察觉到的道德要求是客观存在的道德要求。同样，既然圣人之心是"天地之鉴也，万物之镜也"（强调外加），因此其道德的洞察力所察觉到的自然是（上述限制意义下的）客观存在的天地与万物，或即客观的道德要求。前引《庄子·刻意》中所谓圣人"静而与阴同德，动而与阳同波"，也是指向道德的客观性，如果这里所说的阴与阳是客观的存在或属性的话。

　　如何恰当地为君、为臣、待人与自处等问题，可以说就是关于在不同情境下圣人或一般人应该有什么样的动作、举止或态度等的广义的道德问题。所以如果就个别具体的情境而言，则圣人所"感"的是这个情境对他所显现的道德上的要求。就以前面所提到的小孩就要掉入井的一个具体的情境而言，这个情境即使对一般的旁观者而言，都会显现出特定的道德要求，即应该去救那个小孩的道德要求。圣人之所以不同于常人者，在于他的修养工夫使得他能静，因此在处于各种不同的具体情境时，都能够如镜般反映这些情境所呈现的道德要求。"心斋""坐忘"等致"虚"以得"静"的工夫，因此可以看成为了获得这种非比寻常的道德的知觉能力所需经历的训练。

　　情境中呈现的道德要求对圣人而言有其不可规避性。这就如同亚里士多德的有德者所觉知到的道德要求，能够让其他有碍于顺应这个要求的干扰因素沉寂下来一样，对圣人而言，顺从那个要求便成了唯一的可能性。在这个意义下，那个要求对圣人而言便有其不得不然或"不得已"的一面。圣人之所以能够顺应道德的要求,不为非关道德的各种因素所干扰,与圣人的静有关。因为圣人的静使得"万物无足以铙(其)心",因此他能让情境中所显现的道德要求单一而直接地引导他的行为。而"迫而后动"中的"迫"字,则是显示圣人的行为是被动地因应情境中所显现的道德要求而做的。因此圣人之所以能回应情境中的道德要求而行动,是其所受的严格的道德训练的一个自然的结果。

因为圣人能利用其敏锐的道德知觉去觉知情境中的道德要求,他就可以不必为了因应种种可能的道德问题而去"思虑""豫谋"。① 不但如此,去思虑、豫谋还可能会有负面的结果,因为正如黄帝所说的,"无思无虑始知道"②。圣人这种"不思虑""不豫谋",而只是靠道德知觉去觉知情境中的道德要求,显然可以省去许多的"作为";这与圣人的无为是有关的。另外圣人无须去排除有碍道德行动的各种因素,也与圣人的无为有关。简言之,圣人之所以无为,在于他不需费心于找寻出正确的道德判断,以及不需费心去排除干扰道德行为的各种因素,而只需"感而后应"。所以圣人的无为,不是不作为,而是被动地去作为。由于圣人被动地顺应情境所显现的道德要求而为,所以其所做的当然皆是该做的、符合道德要求的,因此就如上面引文中所说的,其"动则得矣"(强调外加)。圣人既然能无为而却能动而皆得,那么圣人自然也就是无为而无不为了。

从上面可以看出,庄子所谓的圣人与亚里士多德所谓的有德者间,确实有不少的相似之处。亚里士多德的有德者透过道德训练而拥有超乎寻常的道德知觉能力。庄子的圣人也有看来更为繁复而严苛的道德训练:他需要透过心斋、坐忘,以及③"彻志之勃,解心之谬,去德之累,达道之塞"等而达到虚或静的境界,使得自己能够具有特别的道德的洞察力。

庖丁解牛所依的天理,是牛身体内自然的纹理。而圣人所循的天理,则是作为天地之鉴的圣人静的心所掌握或觉知到的客观的道德要求。这两种天理虽有所不同,但皆是客观存在,且同样可以作为行动的指引。庖丁所谈的天理是解牛的动作的指引,而圣人的天理则是(广义的)道德行为的指引。

---

① 在第249页注⑥中我们提到了道德推理。庄子所说的"感而后应,迫而后动,不得已而后起。……去知与故,循天之理"可看成在否认道德推理的必要性。
② 引自《庄子·知北游》,见郭庆藩,《庄子集释》,第731页。
③ "以及"这两个字或许可以改为"或"。这要看这里所提到的几个修养工夫之间有多少重复之处而定。

五、什么是"进乎技"的道？

到目前为止我们对于技与道的一些重要关联，以及对于道何以进乎技等的说明，似乎都是属于间接的说明，而不是直接就技与道本身的关系来回答这些问题。例如我们以透过圣人与有技艺的人各自所需具备的修养的不同、所涉及的天理的不同等方式，来说明道何以进乎技。虽然我们也谈到技与道的不可言传，但也没有因此对"进乎技"的道有任何进一步的讨论。我们因此有必要探讨庖丁所好的道究竟是什么。

刘笑敢认为庖丁"……所好之道则是'依乎天理，批大郤，导大窾，因其固然'……"① 这似乎告诉了我们庖丁所好的道是什么样的东西。在这个引文之后刘笑敢紧接着又说："……这说明庄子思想中确有顺应规律的因素。"② 在谈到庄子所说的道时，他说："贯穿于一切事物之中的道似有规律之意。"③ 因此刘笑敢显然把庖丁解牛的"依乎天理，批大郤，导大窾，因其固然"，认为是庖丁在顺应规律，至少是顺应与解牛有关的规律，因此也就是顺应（某种类型的）道。所以在刘笑敢看来，庖丁所好的就是作为规律的道。其实比起"规律"这个词，"依乎天理"中的"天理"这个词可能更为恰当。其理由是，由于规律的存在需要仰赖不同事物间具有某种足以建立起规律的共同性，但就如同不同的牛体会有各自不同的纹理结构即天理，因此天理的存在可以独立于规律的存在。所以我们认为"天理"一词要比"规律"一词适切，况且"天理"一词原本就是《庄子》一书中的用语。④ 如此一来，说庖丁"……所好之道则是'依乎天理，批大郤，导大窾，因其固然'……"就是说庖丁所好的道便是

---

① 刘笑敢，《庄子哲学及其演变》，北京：中国社会科学出版社，1987年，第108页。刘笑敢这里引自《庄子·养生主》的文字与标点，与先前我们引自同处的略有不同。
② 刘笑敢，《庄子哲学及其演变》，第108页。
③ 同上。
④ 陈鼓应认为老子有所谓规律性的道。他举"反者道之动"作为其所谓规律性的道的一个例子（见陈鼓应，《老子今注今译及评介》，台北：台湾商务印书馆，1998年，第6页）。比起刘笑敢把庖丁解牛所循的"天理"当作规律，陈鼓应把"反者道之动"当作一个规律是一个比较合理的做法。我们之所以认为"天理"一词要比"规律"合适，与伦理学上所谓的"道德的各殊主义"(moral particularism)有关。道德的各殊主义注意个别状况的特殊性，因此贬低道德上的通则的重要性，甚至否认有所谓的道德上的通则存在。亚里士多德被认为是个道德的各殊主义者。我们认为庄子也是个道德的各殊主义者，但是本文不拟对于此点做进一步的说明。有关道德的各殊主义见 Brad Hooker and Olivia Little, eds., *Moral Particularism*, Oxford: Clarendon Press, 2000。

其解牛所顺应的天理。

但是庖丁所好的进乎技的道真的就只是上述这样的道吗？如果只是这样的道，那么我们要问的是，为什么庄子在一些论及技艺的段落中还会有放眼于道的情形呢？为什么他会花那么多的心血去谈圣人的道呢？我们没有理由认为，那么关心圣人所顺应的道的庄子在借庖丁之口说出"臣之所好者道也，进乎技矣"时，作为庄子代言人的庖丁所好的道就只是庖丁在解牛时所顺应的道。况且"依乎天理，批大郤，导大窾，因其固然"，正是庖丁对于自己出神入化的解牛的技巧的描述。既然是对巧技的描述，其所描述的当然还只是技的层次，那又何以能说是已经谈到进乎技的道呢？除非技在这里指的是初学者层次的技，因此相形之下庖丁的技艺当然要更胜一筹，所以庖丁的技艺所顺应的道当然也会更胜一筹。但是严格说来初学者还谈不上拥有技艺，所以谈所谓初学者的技艺，本身就有问题，更不必说初学者顺应了什么足以称之为"道"的东西了。

一个应该不是刘笑敢本意的解读方式就是说，当他认为庖丁"……所好之道则是'依乎天理，批大郤，导大窾，因其固然'……"时，他有可能只是说，庖丁所好的道是透过其解牛所顺应的道（或天理），所能让我们间接一窥其一斑的圣人的道。这也就是郭象在为"臣之所好者道也，进乎技矣"这一句话作注时，所说的"直寄道理于技耳，所好者非技也"。① 我们认为像郭象这样的看法是比较贴切的。尽管郭象的注中没有直截了当地说庖丁所好的道就是其注中所言的"道理"，但是把郭象的注做如是解应该也是合理的。因此可以说庖丁所好的道便是圣人所顺应的"道理"或"天理"。而郭象所说的"寄道理于技"，便是"寄"圣人所顺应的道理或天理于技艺所顺从的天理。依此则我们之前所谓的以间接的方式来说明道何以进乎技，就可以变成直接的说明了：道之所以进乎技，是因为圣人所顺从的道进乎技艺所顺应的道（或天理）。

圣人所顺应的道，如同郭象所说的，是寄于技的道理。这样的道理之所以能寄于技，当然是因为技艺与道有我们之前所论及的一些关联。对于《庄子》一书中所论及的道，刘笑敢将之分为两种：一种是所谓"……道是世界之本根，道产生天地万物，并决定着天地万物的存在和发展"②；另一种道则被描述成"……道是最高的认

---

① 郭庆藩，《庄子集释》，第119页。
② 刘笑敢，《庄子哲学及其演变》，第105页。

识,或曰是对真理的认识"①。他认为"《齐物论》所说的道是人的意识,是需要人有意追求或保持的最高的境界……"②换言之,道是人的最高的意识境界,一种"超物我、超是非、超感情……"的境界。③

　　这种偏重于人的意识境界,而不直接去谈道究竟是什么东西的做法,其实就是把道解释成类似于"知道""得道""体道"的意思。④ 这种解释还进一步把"知道""得道""体道"等词做了一个特定的解读;兹说明如下。"知道""得道""体道"等词可以有两种不同的解读方式。第一个方式就是把例如"老子体道"看成具有如下的逻辑结构:$a\mathrm{R}d$("a"与"d"在此分别指称老子与道)。第二个方式就是把同样的句子看成具有如下的逻辑结构:$\mathrm{P}a$("a"在此的指称同上)。根据第一个方式,道是一个对象、一个东西,就如同前述的情境中所显现的道德要求是一种对象、东西一样。同样以"老子体道"这个句子为例,如果根据第二个了解方式,则句子中的"体道"一词便成了对老子这个人的描述。如此一来,"体道"这整个词就成了一个无须再加以分解的述词(predicate),因此其中的"道"字就不必单独加以处理。如此一来我们也就不必要去担心"道"字是不是指向什么对象,以及这个对象到底是什么东西等问题。当刘笑敢把道看成境界时,他是对"知道""得道""体道"等词采取第二种方式的解读,因此也就可以避免把道看成一个有待进一步说明的一种东西。把道解读为一种境界,可能是学界相当普遍的现象。这样的解读是否合理,与上述的解读所涉及的两个步骤是否合理,有着密切的关系。本文将不探讨把道解读为一种境界是否合理。

　　在两种不同的道之中,刘笑敢把庖丁在解牛时所顺应的天理归为作为世界之本根的道。⑤ 但是很显然,这种天理既不产生天地万物,也很难说与任何东西的存在与发展有关。基于同样的理由,我们所说的圣人的道理显然也不能归为世界之

---

① 刘笑敢,《庄子哲学及其演变》,第 114 页。刘笑敢指出,在他之前张岱年就有这样的区分;见前书,第 119 页。
② 刘笑敢,《庄子哲学及其演变》,第 114 页;强调外加。
③ 刘笑敢,《庄子哲学及其演变》,第 116 页。
④ "知道"与"得道"这两个词见于《庄子·知北游》,见郭庆藩,《庄子集释》,第 729 页;"体道"一词见于《庄子·知北游》,见郭庆藩,《庄子集释》,第 755 页。徐复观也把道看成人的一种境界。他在论及"见独"的"独"这个观念时,认为"……老子所说的是客观的道,而庄子则指的是人见道以后的精神境界"(转引自陈鼓应,《庄子今注今译》,北京:中华书局,2007 年,第 185 页)。
⑤ 见刘笑敢,《庄子哲学及其演变》,第 108 页。

本根的道。把庖丁在解牛时所顺应的天理归为对真理的认识，或许还说得过去，如果我们把这里所说的真理勉强解释成技能之知的话。我们所谈到的圣人所顺应的道理，是顺应情境中所显现的道德要求。知道了道德要求为何可以是一种命题性的(propositional)知识，称这类的命题性知识(的内容)为真理，以及把对于道德要求的觉知看成对这样的真理的认识，在某个意义上也是合理的。这种真理不但是圣人所可以觉知的，也是圣人的道德行为所顺应的。圣人所顺应的道因此不是圣人的一种境界，而是圣人的道德知觉所觉知的对象。因此圣人所顺应的道既不能归类为作为世界之本根的道，也不是圣人的境界。所以如果按照刘笑敢的二重分类，圣人所顺应的道显然不属于其中的任何一类。

而即使圣人所顺应的道有别于作为一种境界的道，圣人之能顺应道，与圣人之具有刘笑敢所说的境界显然是有关的。我们知道，圣人为了能够获得非比寻常的敏感的道德知觉，必须要受严格的道德训练，以至于能达到虚、静，能"休"于虚静恬淡寂漠无为。但是这样的训练既是道德知觉敏感度的训练，同时也是要达到刘笑敢所说的境界的一种必要的训练。

六、以技艺喻圣人之"自然"的重要意义

我们知道《老子》一书中顶多只间接地以自然现象来说明"自然"这个概念，却从未透过技艺去直接或间接地说明圣人的自然。《庄子》一书中也有以自然现象喻自然的情形。例如在《庄子·庚桑楚》中有"夫春与秋，岂无得而然哉？天道已行矣"①。或者像在《庄子·田子方》中我们看到"夫水之于汋也，无为而才自然矣"的说法。②但是我们认为自然现象的自然不足以说明圣人作为所顺应的自然。其理由，简言之，是因为出于技艺的作为以及圣人的作为涉及对与错、正确与不正确、合理与不合理等所谓理性(rationality)的问题，而自然现象则不涉及理性。这也意味着自然现象的自然与圣人或巧匠之自然是很不一样的。在说明圣人的自然何以涉及理性之前，让我们先简单回顾一下什么是圣人的自然。

---

① 郭庆藩，《庄子集释》，第771页。
② 郭庆藩，《庄子集释》，第716页。

在谈到技艺现象时我们曾说,技艺现象中所显现的那种不是经由人的思想、规则或计划等的指导而做出的行为,便可以称之为出于自然的作为。这样的行为是一种因应环境状况而"自然而然"做出的行为。圣人的作为之所以出乎自然而然,是因为他在觉知情境中所显示的道德要求之余,不需要经历任何挣扎或排除任何干扰而能顺应道德的要求,做出合于道德要求的事。因此圣人的作为不是出于个人的思想、规则或计划等的指导而做出的。相反地,其作为是被动地去顺应情境中所显示的道德要求。我们在前面把圣人的作为称之出于无为的作为。因此圣人的自然与无为是相互依存的。

梓庆在做鐻之前至少会有要做鐻的意图或想法。由于梓庆是个巧匠,因此在做鐻的过程有许许多多的动作会是"应"情境的"要求"而做的,因此这些动作是出于自然的作为。但是因为这些动作都是为了做鐻而有的,因此就梓庆做鐻的目的而言,这些动作便会有合不合适、对不对的问题。换言之,基于这些动作是否有助于或有碍于完成做鐻的目的,而可以区分出对或错、适当或不适当、合理或不合理的动作。这些动作也可以因其是否展现了梓庆高超的做鐻的技巧,而被加以评价。譬如说某个动作虽然有助于完成做鐻的目的,却因为动作不够干净利落或不够灵巧,因此会被梓庆或他人归类为不完美甚至是失败的动作。此外,光是工具的选择与使用方式也有其妥当与否的问题。同样地,圣人的作为也会涉及对或错、适当或不适当、合理或不合理的问题。在《庄子·庚桑楚》中有"……有为也。欲当,则缘于不得已,不得已之类,圣人之道"①。这清楚显示,庄子也会谈论圣人的作为是否恰当的问题。前引自《庄子·庚桑楚》中"虚则无为而无不为也"的"无为而无不为",也与圣人之作为是否得当、是否达成目标有关。

圣人的种种作为显然要比有技艺的人的与技艺相关的作为要来得更为复杂。这可以从圣人须能够在"南乡""北面""处上""处下""退居""抚世"等方面都做得尽善尽美、恰如其分见之。就如同庄子也谈圣人作为的是否"当",圣人的作为也会涉及对或错、当或不当等问题。在对此做进一步说明之前,让我们把圣人甚至庄子的思想暂时摆一边,而把注意力放在一般人的道德行为上。就平常人而言,我们对于其有关道德的任何作为,都可以谈它的对错,问他这么做的理由是什么,即使有时候其所能提出的理由只有像"那是该做的事"这么简单的理由,但它依然是一个理

---

① 郭庆藩,《庄子集释》,第815页。

由。一般人也往往会遇到困难的道德抉择。这个时候他便需要衡量许多的因素，然后才采取某个道德上的作为。在这个情况下，他之有其最后的选择，便会涉及许多非常复杂的理由。由上面可见，理由与对错、妥当不妥当等的评价与道德行为是分不开的。

我们知道庄子的圣人与一般人很不一样。圣人可以不思虑、不豫谋，而让自己的道德知觉来指引其行为。圣人看来似乎也不会面临困难的道德抉择。① 也许就因为圣人有特别的道德知觉，以及其能自然地顺其所觉知到的道德要求而行，因此行为的理由（reason）在所谓的圣人的"道德生活"中也许不扮演什么重要的角色。但是对作为普通人的我们而言，我们还是可以谈论圣人的道德行为的理由，尽管因为他是圣人，所以他的理由应该都是好理由。我们也可以对圣人的道德行为做评价，尽管因为他是圣人，因此我们只能有正面的评价。而且即使圣人也可以对于一般人的道德生活加以评价。因此道德生活与理由以及是非、对错等评价是分不开的。

但是谈理由、论是非与对错等，都需要假定人或圣人有思想。戴维森（Donald Davidson，1917—2003）认为人如果要有思想或想法，则人的思想或想法需满足其所谓的理性的要求。② 这也就意味着谈理由、论是非与对错等也需要在一个更根本的层次上满足戴维森所谈到的理性的要求。因此除了上面谈到的与理性有关的理由与各种评价之外，圣人或一般人的道德生活也会涉及戴维森所说的理性的要求。

戴维森认为人的想法或具有命题内容（propositional content）的欲望不能够单独存在，相反每一个特定的想法或欲望，都必须要有许多与之搭配的想法或欲望。譬如说，如果我有"那棵树上有一只松鼠"的想法，那么我对空间、树、算术与松鼠等必须要有许多相关的想法。如果我的"那棵树上有一只松鼠"的想法的确是关于松鼠的想法，那么我还需要有其他想法才行，例如我知道或认为松鼠是种动物、松鼠吃松果、1比2小、树是植物，以及松鼠远比大象小等。虽然很难说我的想法一定需

---

① 困难的道德抉择问题是否能透过诉诸圣人的道德知觉而得到解决，是个值得注意的问题。通常当我们面对道德两难问题时，我们需要权衡各个选择的可能性的利弊得失，然后再从中选出最合适的可能性。这么做当然会牵涉到各种"思虑"。圣人的道德知觉的敏感度是否能避开这些思虑，而直接觉知到那个合适的可能性，是圣人的道德知觉能否解决困难的道德抉择问题的关键。
② 戴维森的看法见于 Davidson 的 "Mental Events" 与 "Psychology as Philosophy"。这两篇文章分别见于他的 *Essays on Actions and Events*，section edition，Oxford：Clarendon Press，2001，pp. 207 – 225，pp. 229 – 239。

要有哪些相搭配的想法，但是如果我缺少了与树、算术、松鼠等的各种相关的搭配的想法，则我不可能有"那棵树上有一只松鼠"的想法。但是那些搭配的想法本身同样也需要有与其相互搭配的其他想法才行，因此如果一个人有"那棵树上有一只松鼠"的想法，那么他必须同时也要有一大堆其他难以计数的想法才行。一个想法如果没有其他想法的支撑，则它不可能有内容；换言之，那个想法根本就不可能存在。

但是如果人要有任何想法或思想，则其所拥有的想法及欲望所构成的网络还需要满足戴维森所说的理性的要求才行。对他而言，所谓满足理性的要求，就是至少这个网络里的各个想法必须大体上相互融贯（coherent）。① 过多的不融贯会让我们无从说一个人是在想什么，因此也就不能说他有什么特定的想法。如果我认为松鼠有四只脚，但松鼠不是哺乳类，以及认为松鼠有翅膀、在海里生活、比大象还大等，那么就很难说我所想的东西真的是松鼠。想法及欲望网络里过多的不融贯，就会导致想法及欲望失去其明确的对象，因此这些想法或欲望也就不成其为具有特定内容的想法或欲望；换言之，这个网络里的想法或欲望也就不成其为想法或欲望了。因此满足戴维森所说的理性的要求，是想法或欲望之得以存在的一个必要条件。

反观自然界，我们就不能说它涉及理性、理由、是非与对错。科学家为了了解自然现象，常会提出各种不同的科学理论。这些科学理论需要满足某些理性上的要求，例如理论内部不能相互矛盾，理论必须要有经验证据的支持等。但是我们不会认为这种理性的要求也适用于理论所探讨的对象，即自然界本身。譬如说，我们不会认为自然界的东西或事实需要满足理性的要求才能存在。像"中央研究院"内的四分溪边有台湾栾树这样的事实，其存在自是存在，并不需要满足任何理性的要求。这个事实或现象要么存在，要么不存在，但其存不存在都不涉及对错或正不正确。自然界的运作当然可以说是典型地出于自然，例如前引的"夫春与秋，岂无得而然哉？天道已行矣"便指向了这样的自然。但是这样的自然不涉及理性或评价，因此要以这样的自然来看涉及理性与评价的人之作为上的自然，是有其不足的。其有所不足处，可以由这两种自然之间的差异见之。自然界的运作没有运作的主

---

① 只要求大体上的相互融贯，是因为一个人想法上局部性而可以理解的不融贯往往是不能免的，而且也不会因此就让人不能有思想或想法。

体(subject),更说不上是出于什么意志、想法或欲望,因此自然界的任何运作皆可说是出于自然。但是人是有意志、思想、情感与欲望的主体。因此如果人的行为是所谓出于自然,那么我们就不能用自然界运行的自然来了解它。相反地,庄子的技艺所涉及的自然,让我们看到了环境有所求,而经过训练的身体有所回应的自然。这里有技艺的人的回应固然涉及理由与评价,但仍不失其为自然。而把圣人的作为与技艺的自然做某种程度上的比拟,我们也能看出圣人(作为上)的自然。或许庄子也可以直接谈论圣人的自然,但毫无疑义地,技艺的自然提供了一个了解圣人的自然的极佳途径。

七、结语

值得特别指出的是,尽管庄子是两千多年前的人,他却能在那么久远的年代里就对技艺现象提出可与赖尔及塞尔等人的观点相互比拟、如此深刻而正确的描述。虽然庄子的道与自然的观念继承自老子,但是在他手上这些观念得到了进一步的充实。其关键在于如郭象所说的,庄子"寄道理于技"。从"寄道理于技"的说法,我们也可以进一步说庄子"寄圣人于有技艺的人":圣人就如同有技艺的人,能对于情境中的事物有所感、有所应,虽然圣人与有技艺的人所感与所应的都有所不同。我们甚至可以说,圣人其实就是一个有高超技艺的人,其所拥有的是(广义)道德生活上的技艺。透过"寄道理于技"以及"寄圣人于有技艺的人",庄子也因此能够对于道何以能作用于人事、能在圣人的道德生活中扮演重要的角色,提出一个言之成理而且十分值得注意的说明。相较于老子的哲学,这样的说明不只是一个新的说明的提出,而是道家哲学的一个重要的创举与发展。从这一点来看,所谓的庄子着迷于技艺现象就不只是单纯的着迷而已,而是庄子深刻地体认到技艺现象对其哲学的重要意义。

必须指出的是,我们在本文中所呈现的道与圣人,只是透过"寄道理于技"与"寄圣人于有技艺的人"的角度所看到的道与圣人。道与所谓体道的圣人显然有着更为丰富的面貌。如果道可以分成几种的话,那么作为圣人的道或即郭象所说的道理,显然也只是其中的一种而已。①

(作者单位:台湾东吴大学哲学系、"中央研究院"欧美研究所)

---

① 本文在修改的最后阶段承翟志成教授很细心地阅读了本文不同的版本,并且提供了有关文章的内容与形式上的宝贵的改进建议。林月惠教授也在本文最后的修改阶段解答了我解读庄子的一些疑惑,她也提出了一些宝贵的修改建议。另外何志青、林从一、邓育仁等三位教授也特别拨出时间来与我讨论本文的内容。李廷绵小姐则提出了一些文字上的修改建议。此外还有其他几位朋友读过本文。在此谨对所有的这些朋友表示由衷的感谢之意。

王弼《周易略例·明象》中的言意观[①]

才清华

《周易略例》是王弼论述作《周易注》主要思路的篇章,旨在阐明他的易学观,其中的《明象》篇集中阐发了王弼关于言、象、意三者关系的思想。理解《明象》篇极为重要,诚如汤用彤先生所言,言意之辨是魏晋玄学的方法论。本文拟围绕这篇内容展开对王弼言意观的梳理和诠释。首先,明确王弼之易学观形成的学术史背景,这将有助于更确切地理解王弼对言与象的真实态度。其次,辨析"忘言""忘象"之"忘"的含义,对理解王弼的言意观亦极为关键。"忘"不能简单作"忘掉"解,而应理解为"不执滞",作为工夫之"忘"强调的是在一种不受特定语词羁绊的澄明之境中来领会意。其三,透过语言行动理论(speech act theory)及隐喻理论,可以揭示王弼对言与象的使用与定位在于更重视其启发、指点之效,因此,相对于仅着眼于语言的描述性功能,王弼俨然已对言与象的运用形成更深刻的认识。

汤用彤先生在著名的《魏晋玄学论稿》中着重讨论了言意之辨,明确指出言意之辨为玄学的方法论,这对于理解汉魏之间的学术转变具有重要意义。要理解言意之辨何以会成为玄学的方法论,首先需要对王弼言意观的内涵有较全面的把握,然而过往相当多研究简单地视王弼为主张言不尽意论的代表。在这一命题统领之下,言与象处于非常弱势甚至被摒弃的地位。笔者却认为有必要结合《周易略例·明象》篇的论述,重新梳理王弼对言意关系的理解,从中以见王弼对言与象的真实理解和定位。

[①] 本文为国家社科基金重大项目"中国语言哲学史(多卷本)"(立项编号 18ZDA019)之子项目"魏晋南北朝语言哲学史"的阶段性成果。

一、王弼易学观的学术史背景

《周易略例·明象》全篇旨在阐述王弼的易学观,全篇大致为一立一破的论述结构,前半部分着重论述言、象、意三者的关系,是为"立";后半部分重点批评汉代象数易学,是为"破"。既往关于王弼言意观的研究,对《明象》的后半部分内容甚少提及,或稍有触及,却未能深入。抛开学术史背景,悬空地理解王弼思想,易造成误解,以为王弼对言、象持鄙弃态度。事实上,王弼并非无视言、象的作用。厘清学术史的出发点有助于理解王弼阐述言、象、意关系的真正着眼点。

据《周易略例·明象》上下文内容,王弼阐发言象意关系的用意,从学术史的角度最可理解,即旨在廓清汉代象数派易学"滞象遗义"之弊。诚如汤用彤先生所言,"吾人解《易》要当不滞于名言,忘言忘象,体会其所蕴之义,则圣人之意乃昭然可见。王弼依此方法,乃将汉易象数之学一举而廓清之,汉代经学转为魏晋玄学,其基础由此而奠定矣"①。

王弼注《易》重在阐发义理,他批评象数派易学说:

> 是故触类可为其象,合义可为其征。义苟在健,何必马乎?类苟在顺,何必牛乎?爻苟合顺,何必坤乃为牛?义苟应健,何必乾乃为马?而或者定马于乾,案文责卦,有马无乾,则伪说滋漫,难可纪矣。互体不足,遂及卦变;变又不足,推致五行。一失其原,巧愈弥甚。纵复或值,而义无所取。盖存象忘意之由也。忘象以求其意,义斯见矣。②

在这段话中,王弼通过论述"(马、牛)象""(刚健、柔顺)义""(乾、坤)卦"三者间的关系来指出象数易的问题所在。前句的意思是说,能够象征刚健之义的不止于"马"这一象;能够象征柔顺之义的也不止于"牛"这一象。言外之意,同一卦义可透过多种"象"加以表征。后一句的意思是说,若某卦卦辞中有"牛"之类的字眼,卦象显示了柔顺之义,却并不表明这一卦中一定即有坤卦卦象;若某卦卦辞中出现了"马"之

---

① 汤用彤,《言意之辨》,《魏晋玄学论稿》,上海:上海古籍出版社,2000年,第25—26页。
② 《周易略例·明象》。

类的字眼,表达了刚健之义,却并不表明这一卦中必定有乾卦卦象。言外之意,"牛""马"等"象",虽然分别表征了"柔顺""刚健"之义,却不必为"乾""坤"二卦所特有,其他卦在某些条件下亦可能显示"柔顺"或"刚健"之义,并可以"牛""马"等"象"表征之。

王弼欲表达的是,表征某特定卦义可取用多种"象";与此同时,一特定之"象"可用来表征不同的卦。由此可见,"象"与"卦义"之间虽然有某种对应关系,但"象"与"卦"之间的种种对应却并非固定不变。例如,乾卦可通过其他"象"表征,又如"牛"象亦非为坤卦所专有。一言以蔽之,种种对应的基础在"义"。若是见到"马""牛"之象,便以为此乃"乾""坤"之卦的象征,甚至视此种关联为必然,甚且不惜通过各种方法强化这种必然性联系,这在王弼看来便是汉代象数易学烦琐的症结所在。

唐邢璹注《周易略例》,曾分别举数卦辅以说明王弼的论述,在"义苟在健,何必马乎?类苟在顺,何必牛乎?"一句下,邢注有言曰:

大壮九三有乾,亦云"羝羊"。坤卦无乾,彖亦云"牝马"。①

"大壮"卦下卦的九三爻辞说"羝羊触藩,羸其角",此即以羝羊(壮羊)之象来表征乾健之义。因此,"义苟在健,何必马乎"。又如"坤"卦,上坤下坤,其卦辞说"利牝马之贞",即以"牝马"(柔顺的马)之象来表征柔顺之义,并未出现"牛"。因此,"类苟在顺,何必牛乎"。

在"爻苟合顺,何必坤乃为牛?义苟应健,何必乾乃为马?"一句下,邢注有言曰:

遁无坤,六二亦称牛。明夷无乾,六二亦称马。②

"遁"卦,乾上艮下,并无坤象,然而其六二爻辞说"执之用黄牛之革",六二为阴爻,有柔顺之义,故以黄牛称之。因此,"爻苟合顺,何必坤乃为牛"。"明夷"卦,卦象为坤上离下,并无乾象,可其六二爻辞说"夷于左股,用拯马壮,吉",此爻虽为阴爻,但

---

① 王弼著,邢璹注,《周易略例》,收入王弼、韩康伯注,陆德明音义,孔颖达疏,《周易注疏》,上海:上海古籍出版社,1987年。
② 同上。

居中位,顺应九三阳爻,以马明之。因此,"义苟应健,何必乾乃为马"。①

王弼是在与汉代象数易对话的背景下阐发"象""义""卦"的关系。《周易略例·明象》中的论述,主要是为了揭示"定马于乾"所引发的弊端。在王弼看来,汉代象数易学"定马于乾",认为"马"与"乾"间存在着必然关联,于是"案文责卦,有马无乾,则伪说滋漫,难可纪矣"。象数派易学以"定马于乾"的原则考察卦爻辞,当出现有马象之辞,却无乾象之卦的情况时,又该如何解释呢?象数派的做法是,立种种伪说,加以附会,以使得其符合取象说的准则。按王弼所举,象数派发明的附会方法计有"互体""卦变""五行"等。总之,一个方法不能说通,便寻求其他方法协助,直至说通为止。如此追踪下去,本源已失,穿凿附会的奇巧之说愈演愈烈,纵然勉强有可以说通的时候,但在意义上已一无可取。

在指出象数派易学症结的同时,王弼的立场亦渐显明朗。按他的归纳,象数派易学失在"存象忘意",他要扭转这一趋势,所以强调"忘象以求其意"。"忘象"并不是"忘记象",而是"不执着""不粘滞"于"象",尤其是在领会了"象"所表征的"义"之后,更应减少象数的纠缠,直奔义理。

在对待"象"的态度上,王弼与汉代象数易学形成了明显分野,这种分野亦表明王弼与汉代象数易学解易体例之根本不同。质言之,汉代象数易学对卦爻辞的解释主取象说②,王弼则主取义说。

对象数派与义理派的分别,余敦康先生的评价较为中肯。他说,"义理派的特征不在于扫落象数,象数派的特征也不在于排斥义理,这两派的分野,关键在于如何处理内容与形式的关系,也就是说,究竟是使内容屈从于形式还是使形式服从于内容"③。更确切地说,王弼"并未扫落象数,而是在处理象数与义理的关系时,把义

---

① 此处解释参考朱伯崑,《易学哲学史》(第一卷),北京:华夏出版社,1995年,第255页。
② 据清代学者惠栋统计,东汉虞翻为卦所取的物象,有乾卦六十、坤卦八十二、震卦五十、坎卦四十六、艮卦三十八、巽卦二十、离卦十九、兑卦九。乾卦象,为王、为神、为人、为贤人、为君子、为善人、为武人、为行人……坤卦象,为妣、民、姓、刑人、小人、鬼、尸、形、身……可见,汉象数易学所取之象是极为繁杂的。参见惠栋,《易汉学》,上海:上海古籍出版社,1987年。诚如戴燕所言,取象的用意本为在卦象与卦爻辞之间搭一座桥梁,使卦爻辞显示的吉凶含义借助于图像更为明确,"象"只是一个中介。但是,由于汉人太信"象"的含义,也太依赖于这个中介,使它变成一个日趋胀大的肿瘤,梗阻在卦象与卦爻辞之间,妨碍了意义的疏通,害得人们晕头转向,陷在复杂"象数"的泥潭里,硬是找不出疏通《周易》义理的关节(戴燕,《清通简要注〈周易〉》,《玄意幽远——魏晋玄学风度》,香港:中华书局,1994年,第46页)。
③ 余敦康,《魏晋玄学史》,北京:北京大学出版社,2004年,第139页。

理摆在首位,使象数服从于表现义理的需要"①。

王弼对取义说的拥护比比皆是。比如,对八卦的解释,以乾为健,以坤为顺,震为畏惧,巽为申命,坎为险陷,离为丽,艮为止,兑为悦。又如,对六十四卦及其卦爻辞的解释,以屯卦为"天地造始之时",以蒙卦为"蒙昧"之义,以需卦为"饮食宴乐"之义,以讼卦为"听讼"之义,以师卦为"兴役动众"之义,等等。②

王弼在注《乾卦·文言》时充分表达了这种重视义理的主张,他说,

> 余爻皆说龙,至于九三独以君子为目,何也?夫易者,象也。**象之所生,生于义也**。有斯义,然后明之以其物,故以龙叙乾,以马明坤,随其事义而取象焉。是故初九、九二龙德皆应其义,故可论龙以明之也。至于九三,乾乾夕惕,非龙德也,明以君子当其象矣。**统而举之,乾体皆龙;别而叙之,各随其义**。③

上述的意思是说,《易经》的哲理用卦象来表现,但卦象的产生,乃以卦义为基础。譬如以"龙"来表现乾健的德性,以"马"来说明坤顺的道理,都是先有"健""顺"之义,然后才取"马""牛"等来象征,此即"象生于义"。这意味着,在"象"与"义"的关系上,王弼将"义"摆在首位。这一思想具体落实到注解《乾卦·文言》时,解释了既然乾卦之义为刚健,何以初九、九二等爻均可以龙象状之,唯独九三以君子为目。王弼的理解是,初九、九二等爻的龙德都符合爻义,自然可以龙象明之。九三爻辞说"乾乾夕惕",与龙德表征之义不符,以君子为其象征更为恰切。乾卦的整体仍以刚健为德,可谓"统而举之,乾体皆龙"。刚健之德因其所处的时位而异,据此各爻称谓也有不同,如初九为"潜龙",九二为"见龙",九五为"飞龙",九三为"君子",此即"别而叙之,各随其义"。解释爻辞应当"各随其义"的立场,再次表明王弼反对将卦象与某些物类做固定不变的牵强比合。这与《明象》的立场极为一致。在《明象》结尾,王弼总结说,"忘象以求其意,义斯见矣",这充分表明他与汉代象数派易学的分野,经他努力,从象数派转为义理派易学的趋势已不可逆转。

---

① 余敦康,《魏晋玄学史》,北京:北京大学出版社,2004年。
② 有关王弼的取义说,朱伯崑于《易学哲学史(第一卷)》论之甚详,可参见是书,第250—256页。
③ 王弼,《周易注·上经》,收入楼宇烈,《王弼集校释》,北京:中华书局,1987年,第215—216页。

二、王弼论言象意的关系

王弼深知若要将象数派易学彻底廓清,必须在理论上论证此举之合理性。为此,他在《明象》的前半部分重点阐发了言、象、意三者的关系:

> 夫象者,出意者也。言者,明象者也。尽意莫若象,尽象莫若言。言生于象,故可寻言以观象;象生于意,故可寻象以观意。意以象尽,象以言著。故言者所以明象,得象而忘言;象者所以存意,得意而忘象。犹蹄者所以在兔,得兔而忘蹄;筌者所以在鱼,得鱼而忘筌也。然则,言者,象之蹄也;象者,意之筌也。是故,存言者,非得象者也;存象者,非得意者也。象生于意而存象焉,则所存者乃非其象也;言生于象而存言焉,则所存者乃非其言也。然则,忘象者,乃得意者也;忘言者,乃得象者也。得意在忘象,得象在忘言。故立象以尽意,而象可忘也;重画以尽情,而画可忘也。①

细绎这段文字,可进一步分疏为两部分:第一部分为"夫象者,出意者也。言者,明象者也。尽意莫若象,尽象莫若言。言生于象,故可寻言以观象;象生于意,故可寻象以观意。意以象尽,象以言著"。余下文字为第二部分。两个部分的主旨分别对应了王弼对言、象态度的两个面向。前一部分肯定了言、象的表意功能;后一部分则在指出言、象与"意"区别的基础上,讨论如何"忘言""忘象"以"得意"。显然,王弼的论说重点在后一部分,即反复申论为何"得意在忘象""得象在忘言"。

(一)肯定言、象的表意功能

在上述文字的第一部分,王弼主要肯定了言、象的表意功能,这可从他使用的一些字眼以见。比如,"尽意莫若象"的"莫若"、"寻言以观象"之"寻"、"意以象尽,象以言著"的"尽"与"著"。透过这些词汇,可体会王弼对言、象的态度。由此确证他并没有彻底否弃言、象的意思。

唐君毅和林丽真都曾从"作者"及"读者"的角度来解读第一个层次中的"言、

---

① 楼宇烈,《王弼集校释》。

象、意三者相孚应"的关系。① 他们指出,就作者表达意义的程序说,必须心中先有某种情意,才能利用象征,形诸文字。此即"意→象→言"次第生起。故"意"为本,"象"与"言"乃由本所生。"言生于象""象生于意",当是这个意思。其次,就读者理解意义的途径来说,须先通过文字,明白象征,以得其本意。此即"言→象→意"的溯求。"寻言以观象""寻象以观意",应该含有这个意思。总之,这第一层的意思是说,作者不能不经由"言"和"象"以"达意",读者也不得不经由"言"和"象"以"得意"。虽然王弼本人并未明确分疏"作者"与"读者"的角度,但唐、林二位的解读实有助于更清晰地领会王弼的言说脉络。王弼承认思想的"传达"与"获得"均离不开语言,充分肯定"言"和"象"的作用,说明他非常明了通常意义上的语言与思想间相交通的关系。这种理解可谓与一般意义上对语言与思想关系的理解无异。

既然王弼已肯认言、象的作用,那么他说"尽意莫若象,尽象莫若言",又说"意以象尽,象以言著",是否便表明言、象没有任何缺陷,可代替"意"呢?亦未尽然。事实上,前贤多以"言不尽意"赅括王弼的立场,恰恰表明这之间存在一定的张力。因此,有必要辨析文本中"尽"字的含义。通观《明象》全篇,使用"尽"字计有五处。其中四处是在讨论言、象的表意功能时使用,余一处为讨论"得意在忘象"时,说"故立象以尽意,而象可忘也"。这五处的"尽"字当属同义。

学者以"言不尽意"归纳王弼的思想或许有道理,但原文中的"尽"字却未必与学者使用的"尽"字同义。原文为理解"尽"字含义提供的线索不多,唯一的也是较为可靠的线索,是"意以象尽,象以言著"一句。若根据文字对仗的文法来理解,则"尽"当与"著"的含义相近。"著"意为"显著""显露","尽"也可从"著"的这一意义上理解,不必一定将"尽"理解为"极尽""穷尽""充分至极"等义。王弼用"尽"字倾向于强调言、象的表意功能。因此,在上述文本的第一个部分,王弼虽然肯定了语言的表意功能,但并未就现代学者经常讨论的"言是否穷尽意"的问题表达明确立场。尤其若我们将原文中的"尽"字全部理解为"表出"或"显示"时,便更不易判断王弼在现代意义上的"言尽意"或"言不尽意"究竟持何种立场。

---

① 唐君毅,《中国哲学原论·原道篇》,台北:学生书局,1986年,第245页;林丽真,《王弼》,台北:东大图书公司,1988年,第78—79页。

(二) 对言、象的辩证态度

王弼虽然肯定了言、象的表意功能,但同时对言、象的限制,或者说,对人们一旦执着于言、象所暴露之弊端亦非常警醒。正如前文一再强调,王弼的反省,首先有其现实因缘,即象数易的流弊刺激他反省言、象的地位。象数易之弊在存象、存言,王弼即提出忘象、忘言以对治。"意"虽需通过"象"与"言"来表显,但"象"与"言"并不能取代"意"。因此,"存言""存象"都会造成"意"的淹没不显。此处,"存"字当作"执着""粘滞"解,与"忘"字的内涵恰相对反。

"忘"的含义尤其值得进一步推敲。有学者将其解释为"忘掉",并由此断定"象"和"得意"、"言"和"得象"为对立关系。这一理解颇可商榷。若暂时假定这一理解正确,那么,或许接着会引发一系列问题:为什么"已经明确了象的意义,可以把语言忘掉","已经得到意,可以把象忘掉"呢?按常识理解,得象、得意之后似乎并不需要忘言、忘象,事实上也未必能真正做到忘掉言和象。因为一旦经过大脑思维,便形成记忆。从生理角度而言,记忆是不能被轻易抹杀的,除非生理或心理创伤导致失忆,否则人不能自主选择记忆内容。更何况,既然象、意已得,"忘掉"言、象又有何必要?如果王弼确以"象"的必须忘掉作为得意的前提,以"言"的必须忘掉作为得象的前提,是否有更深层的考虑?若以"忘象""忘言"为"得意"的前提,何不直接略过"象"与"言"而"得意"?进而言之,如果王弼视"象"与"得意"、"言"与"得象"的关系为对立,那么又如何解释他在原文开头以相当肯定的语气说"尽意莫若象,尽象莫若言"呢?

1. 为何须"忘言""忘象"

在深入探讨"忘"这一"得意"工夫的内涵前,需对何以要"忘象""忘言"的问题做一交代。这便需首先辨析言、象、意究何所指。

首先,紧贴《周易略例》和《周易注》脉络理解言、象、意的内涵。在这一脉络中,"言"指卦爻辞,即将由"象"所显示的义理形诸文字。

关于象,《易传·系辞上》有言曰:"夫象,圣人有以见天下之赜,而拟诸其形容,象其物宜,是故谓之象。"由此,"象"乃是对"天下之赜"的拟议、模仿,而"天下之赜"是道之发用、呈显,因此,"象"实际上是对道的发用、呈显之体现。象的制定,取决于要表达的易理。或者说,正因此,"象"之中总是蕴含了易理。于是,经由象便可体会到深奥的易理。

"象"通常既包括抽象符号,即阴爻(--)、阳爻(—)、乾卦(☰)、坤卦(☷)等,又包括由具体事物构成的物象,如"以马象乾""以牛象坤"的"马""牛"。又,王弼批注"《乾卦·文言》上九"时说,"夫易者,象也"。说明王弼所理解的"象"不仅是卦爻等符号以及具体事物,或许还包括一卦中爻与爻、卦与卦间的关系,甚至可以说整个六十四卦就是一种图像性的显示。然而,王弼对象数易在六十四卦的抽象符号间做运算、排列全无兴趣,他所感兴趣的是各种卦象、爻象、卦与卦间、爻与爻间的关系以及物象等所表显的易理。《明象》驳斥象数派易学"存象忘意"之弊时,即是透过说明物象与义理的关系来阐发,足见王弼认为"象"乃从属于义理。

在"言"与"意"之间插入"象",说明从《周易》的作者始,即认为在达"意"方面,"象"比"言"更优越。相较于"言","象"在蕴涵易理方面更为直接。"象"的制定,是通过观察易道呈显、发用的"天下之赜"而来,"言"则是对"象"的进一步解说,显然同易理间之隔膜更大。就"象"是一种象征性之显示言,其作用在于借着一种符号或物象来展现,这是一种图像式思维,而不是概念性思维。就"象"与"言"的功能都在于表显、传达"意"而言,在讨论言意关系时,我们不妨将"象"作为一类特殊的"言"看待。

"意"有两方面含义。一为六十四卦的卦义和爻义,此为具体之理;一为贯穿于每一卦中的总体性思想,亦即《明象》所言"物无妄然,必由其理。统之有宗,会之有元"之理。实际上,这两方面的"意"是相贯通的。对于六十四卦的产生,《易·系辞下》说:

> 古者包牺氏之王天下也,仰则观象于天,俯则观法于地,观鸟兽之文与地之宜,近取诸身,远取诸物,于是始作八卦,以通神明之德,以类万物之情。

这是说,六十四卦为圣人仰观俯察、观象取物后所得之理趣。《周易》的卦爻符号系统尽涵天地之道,包容了整个世界之理,传达了圣人借象、辞所阐发的深远意旨。一方面,六十四卦卦义表达的是具体的人事变化之理;另一方面,易理由人事变化之理所体现。六十四卦的卦义即与"天下之至赜"的易理相通,六十四卦中都蕴含着易理,也即是说,每一个卦义中都贯穿着一个总体性的思想。六十四卦表达的具体之理与易理间的关系有体用一如的味道。

那么,"意"有何特质呢?对此,前贤已做了许多阐释,如 Cheung Chun-yue 指出,此"意"乃一"持续驱动生化过程"的"活意"(living meaning),即一呈现为动态貌之意(ongoing meaning)。① 或可言,这体现的是《周易》文字总是透显着在过程中的生生不已,于此过程中创造始有意义。因此,这种哲学即有别于柏拉图传统的二元论哲学形态。《明象》各处"意"字的含义一致,乃贯通形上形下言。"言不能尽意"乃因为王弼认为意是活意(living meaning, ongoing meaning),而语言、象都是相对固定的死物。换言之,当"意"被符号化时,它的生命过程即被忽略,而成了一静止的对象。所以在语言符号的操作中,人们往往因此而对活动过程中的"意"更为疏远。② 易理的呈显、发用多端而无穷,通过某一确定的言、象所了解到的只是其呈显、发用之一端而已。因此,任何具体的言、象都难以尽"活意"之深奥。

理解了"意"的含义,即能够理解王弼主张"言不尽意"的真正原因,在于"意"的无限性,而不仅仅是"言""象"的有限性。

总结而言,王弼的意思是说,"言"和"象"对于"意"皆属"权便","意"具普遍性、超时空,一旦"意"通过特定的"言"或"象"来表显,便被拘囿于特定的时空,无法超脱出来,"活意"遂变为"死意"。因此,"忘言""忘象"之"忘",就是将"意"从特定的言、象中解放出来。

上述讨论表明,从更根本的意义上而言,在言、象、意三者关系问题上,王弼始终将"意"置于首位,以"得意"为目的。在他看来,作者与读者虽然都须借助言、象而实现传达或领会的目的,但言、象并非"意"本身,因此不能取代"意"。以象数易为例,一旦滞于"象"或"言",以言、象为"意"本身,便有"意"淹没不显的危险。因此,固然"尽意莫若象""尽象莫若言",但在以"得意"为终极目标时,便应该适时地"忘象""忘言"。这便自然过渡到如何做"忘"这一工夫的问题。

2. 如何"忘"

在语言与思想的关系问题上,王弼并非持纯粹反映论立场。王弼对言、象的态度的确有工具论倾向,但他并未彻底摒弃语言的功用与价值,亦非主张略过言、象,而是主张经过言、象,再超越言、象。如若以为王弼有否定或忽视言、象的倾向,无非是"忘言""忘象"等字眼以及"筌蹄之喻"造成的误解。

王弼曾引庄子的"筌蹄"之喻,来比况"意""象""言"的关系。这一比况虽然传达出王弼论证的基本逻辑,却同时将对"忘"的理解导向"忘掉""舍弃"等含义。"蹄"与

---

① Chun-yue Cheung, *The Metaphysics of Wang Pi*(226-249), Ann Arbor, Mich.: University Microfilms International, 1981, pp. 78, 83.
② 蔡振丰,《王弼的言意理论与玄学方法》,台湾大学中国文学研究所硕士论文,1993年,第111页。

"筌"作为捕捉"兔"和"鱼"的工具,在获得猎物之后,自可置之不理,但通过"象"与"言"得"意"后,"忘象""忘言"之"忘"的过程却远非"忘记"或"扔掉"那么简单。原因在于,"蹄"与"兔"、"筌"与"鱼"明为二物,除了工具与猎物的关系,再无其他联系可言。"言"与"象"、"象"与"意"却不止工具与目的关系。首先,言、象生于"意",三者因"意"的内容而始终有所关联。其次,言、象的功能,不止于对"意"的表显,还在于经由言、象将人引向"意"之深邃处。因此,从"忘言""忘象"出现的脉络来理解,是不执滞于言、象。"不执滞"的内涵包括"不固守",或不以言、象取代"意"本身。更深层言,从追求"意"所蕴含的深邃内涵来理解,"忘""不执滞"或许还包含"以无滞累之心,去意会、去观照那言外之意、象外之真"[①]。因此,"忘"要达到的是一种不为任何特定语言和理解羁绊的无滞累之境,这则有似于《老子》所说的"虚其心"(第三章)、"致虚极,守静笃"(第十六章)。

通过忘言、忘象所求之"意",已不是"言内之意",而是"言外之意"。王弼确实对"意"做了某种区分,但却并非以"有形世界"和"无形本体"来划分,而是以"言内之意"与"言外之意"来划分。"忘"为从"言内之意"到"言外之意"之所以可能提供了保障。

循上述思路揣思,主体实践"忘"的工夫,并非空无依傍。诚如上文所言,实际上可从两个面向阐释"忘"的工夫:一方面,是强调"不执滞"于言、象;另一方面,要真正实现"忘"的工夫,首先要认识到言、象的作用在于指点、启发(heuristic),而不在指实。"忘"的过程即主体由"言"或"象"处得到某种启发,言、象对主体产生"启发"等效果后,主体便进入一体认阶段,此时主体经过言、象,又超越了言、象,不再因言、象拘囿于固定范围,而是以创造性的理解为依归。这种状态与"意"之特质极为契合。就意的深邃性而言,"忘"实际上是一种可永远持续进行的工夫。

与其说言、象之中意味着、蕴含着"言外之意",毋宁说言、象在由"言内之意"到"言外之意"的过程中扮演了特殊角色。王弼对言、象功能的认识与西方语言哲学中的隐喻理论若有契合处。

3. 借隐喻理论进一步阐释言、象、意关系

《明象》篇主旨在探讨如何"得意",由探讨"得意"出发,王弼对"象"与"言"的功能予以定位。这一定位让人联想到隐喻理论有助于进一步诠解王弼对语言功能的

[①] 林丽真,《王弼》,第77页。

认识。

　　隐喻理论是西方语言哲学的议题之一。较有代表性的，如 John Searle 探讨隐喻问题时指出，在运用隐喻时说者未能说出他所意谓的，那么他怎样与听者交流？Searle 认为在隐喻的字面意思（sentence meaning）之外还存在一个说者的意向意思（intentional meaning, speaker's meaning）。理解隐喻的过程，或者说，说者与听者交流的过程，就是试图循各种不同的法则去寻求说者所意谓的过程。换言之，Searle 围绕隐喻如何起作用的角度措思，探讨说一件事而意谓的是别的事是如何可能的。

　　与 Searle 的理论极不相同，Donald Davidson 在"What Metaphors Mean"一文中指出，"隐喻的含义无非就是其所涉及的那些语词的最严格的字面上的解释"，"隐喻完全依赖于这些语词的通常含义"。① 如果说一个隐喻所用的语词隐含着另外的意思，那么，隐喻本身就会消失。我们是无法对隐喻加以释义（paraphrase）的，因为隐喻中根本上没有需要进行释义的东西。② 因此，Davidson 不同意 Searle 提出的隐喻除了字面上的含义之外还有另外的含义的说法。Davidson 强调隐喻与其他言说的差别在于**使用**而不在意义有别。他说，隐喻仅仅属于语言使用的范围。隐喻是通过对语词和语句的富于想象力的运用而造就出的某种东西，隐喻完全依赖于这些语词的通常意义，从而完全依赖于由这些语词所组成的语句的通常意义。③ Davidson 认为，隐喻的使用在于设法唤起隐喻使我们注意的东西。换言之，隐喻给了听者某种可特加领悟的东西。在 Davidson 看来，隐喻让我们去注意的那些东西一般是没有界限的，并且一大半不是命题性的。当我们试图说明一个隐喻的"含义"时，很快就会认识到我们想要提到的东西是无穷的。若试图将隐喻改述，则改述的过程中势必会失去一些东西。Davidson 把改述隐喻比作解释一幅图画、一个曲子，在这里，"语言不是适当的货币"。④ 最后，Davidson 的结论是，既然在大多数场合下隐喻促成或引发的东西并不完全是要识别出某个真理或某件事实，那么，企图对隐喻内容给予按严格字面解释的表述，乃是完全误入歧途。

---

① Donald Davidson, "What Metaphors mean", in *Inquiries into Truth and Interpretation*, Oxford: Oxford University Press, 1997, p. 245. 此篇部分译文曾参考牟博译，《隐喻的含义》，收入马蒂尼奇编，牟博等译，《语言哲学》(北京：商务印书馆，1998 年)。
② Donald Davidson, "What Metaphors mean", p. 246.
③ Donald Davidson, "What Metaphors mean", p. 247.
④ Donald Davidson, "What Metaphors mean", p. 263.

按 Searle 在研究语言行动理论时归纳出的四种言语行为[①]，据 Davidson 对隐喻的使用之论述，隐喻作为言语行为的一种，主要应属于"以言取效行为"（perlocutionary act）。即说者以隐喻的方式说出一个词或一句话，与其说是在预期听者能够将隐喻完全释义，毋宁说隐喻的主要作用在于期望对听者起到某种效果或影响。这种效果或影响，可以表现为唤起听者的注意，或引导听者进入更深邃的思考等等。按 Davidson 的说法，这种"注意"是没有界限的。某种程度而言，理解一个隐喻，是想象的产物，是一项创造性的工作。

那么，Davidson 对隐喻理论的阐释，如何有助于我们进一步理解王弼对言、象、意关系的论述呢？一言以蔽之，我们认为王弼所阐发的"言"与"象"、"象"与"意"的关系恰如隐喻中的"字面文字"与"喻体"的关系。王弼视言、象在"得意"过程中的作用近于启发、指点性。换言之，此时的"言"和"象"不仅有表述或断言的言后之力（illocutionary force），还具有一种警策或唤发人心的言外之力（perlocutionary force）。

王弼曾在注《周易·下经》"姤"卦之"姤之时义大矣哉"一句时说："凡言义者，不尽于所见，中有意谓者也。"按此，要透悟那无穷无限的义理，便不能固守于"言"和"象"，而需经过言、象，再超越言、象。恰恰在此，王弼对言、象的使用和定位极富隐喻意味。以王弼曾引用的"乾""坤"二卦情形为例，"马""牛"等"象"相对于"乾""坤"二卦的义理而言，都是有限的，因此若以为"马""牛"等"象"已经将"乾""坤"二卦的义理体现殆尽，又或孜孜不倦于尝试通过掌握"马""牛"等"象"所象征之内涵，以期获得"乾""坤"的全部内涵，这种取向无异于以为隐喻背后存在一个可以被释义出的内涵。事实上这完全是一种误解。正如隐喻的意义不在其意义而在于使用一样，引用"马""牛"等象或卦、爻辞也不在于这些"象"与"言"的背后蕴含了全部义理，而在于对"象"与"言"的这样一种使用，可以对追寻义理的人产生某种启发、指点之效。据此，六经的作用也不在于蕴含更深刻的含义，而在于六经文字对读者所

---

① 四种言语行为：一、表述/发话行为（utterance act），即通过说出一连串的话，亦即说出字词（words）或语句（sentences）等而完成的行为；二、命题行为（propositional act），指通过从事指称或断定来完成的行为；三、以言行事行为（illocutionary act），指说者在说话的过程中实施的行为，例如承诺、请求、命令等；四、以言取效行为（perlocutionary act），指语句在被说出后产生了一定的效果，即说者说出某句话对听者或说者本人产生了某种作用或影响，例如通过言说令人受到启发、熏陶、领悟或理解等。John Searle, *Speech Acts: an Essay in the Philosophy of Language*, London: Cambridge University Press, 1969, p. 25.

起到的启发、指点、转化之效。若一味地执着于六经中之文字,以为其中蕴含了全部义理,无疑是犯了方向上的错误。王弼所言的那个"活意"是无穷无尽的,因此我们不可能对其加以彻底地释义。一旦"意"可以被释义,那么它便不是那个广大而深微之"意"了。

三、结语

言意之辨作为魏晋玄学时期的主要论题,既具有如汤用彤先生所言方法论的地位,又可以视作一现代意义上的语言哲学议题来加以考察。作为反映魏晋时期语言哲学思想的核心议题,对它的考察大致可以沿如下问题框架展开:一、分疏言是否尽意。二、如果言不尽意,则是在什么意义上说言不尽意,以及声称言不尽意的具体理据为何?三、如果言尽意,则是在什么意义上说言尽意?言相对于意的作用与功能为何?

以上述问题框架来整理《周易略例·明象》中的思想,大致可得出如下结论:《明象》原文字面虽并未明确"言不尽意"的立场。但深究"忘言""忘象"的理据,则"言不尽意"之义实为原文所当涵。在王弼看来,言之所以不尽意,是因为意虽为六十四卦的卦义,但同时亦与天下之赜相通,也即为"易理"。"易理"广大悉备、发用多端,乃一"活意",因此,不可能通由单一的象以为表显。《明象》未明说却隐含的意思是,思想的深刻与复杂非单一的语言或物象可资表显,一旦执着于某一面向,便以失去另外更丰富的内涵为代价。

王弼未花大量篇幅说明"言不尽意"之旨,是因为他的理趣本不在此。过于纠缠"言是否尽意"的问题,意义不大。①《明象》的宗旨,在于警告人们不可执着于外在的语言与物象,而忽略了内在的义理。在如何体得义理方面,王弼试图表明语言除具备描述功能外,导引功能亦不容忽视。语言所起的启发、指点之效,远比纯粹

---

① 实际上,在《老子指略》及《老子注》中,王弼对"言不尽意"的命题有更集中的论述。目前很难考证王弼作《周易注》和《老子注》之先后。王葆玹认为王弼作《老子注》当在《周易注》前。①不过从《老子注》表达的言意观看,其确可作为《周易略例·明象》所阐发的一系列命题的思想前提。换言之,在《周易略例·明象》中论述得不是很深入的命题,在《老子注》或《老子指略》中论述得更为深入。正因为"言不尽意"的立场已在《老子注》中被反复阐论,《周易略例·明象》才可视这一命题为理所当然,而直接证得"得意忘言"。若从此角度推断,《老子注》作于《周易注》之前,有一定的道理。

的描述更为有力。从这一角度而言,"忘言"还意味着不固执于语言的描述性功能,自由地发挥语言的指点、启发功用,从而将语言由其所指称客体的约束中解放出来。人的思维定式总是将语言与外在的事物相关联、对应,然而王弼试图说明,"意"往往没有外在的指示性,因此我们不可能循文本内容,在外在的世界中寻求事与物来同"意"对应。

"得意忘象""得象忘言"是《明象》的基调,"言不尽意"为此基调下涉及的问题。王弼要反驳的是将终极意义依附于言、象之上的过度崇拜。[①] 王弼并不认为言象本身能尽意,而是认为个人的主观修养和境界是尽意的关键。此即他所强调的"忘"的工夫,亦即他在答裴徽问时所说的"圣人体无"的境界。

(作者单位:复旦大学哲学学院)

[①] Alan Chan, *Two Visions of the Way: A Study of the Wang Pi and the Ho-shang Kung Commentaries on the Lao-Tzu*, Albany: State University of New York Press, 1991, p. 34.

佛教思想的现代诠释

从现象学还原法试探佛教五重唯识观的哲学意涵

刘宇光

本文是借喻自现象学的超越论还原法,探讨佛教唯识宗的宗教方法:瑜伽行(yogacara)所可能具有的哲学意涵。采用的案例是汉传唯识宗的五重唯识观①。全文由五节组成。现代人文学科内的不同领域普遍倾向把禅观简化为"神秘主义",以示其非关智性,由于有关观点过于根深蒂固,若不先做清理,难以公平讨论禅观,所以第一节运用系谱的分析先从"外围"解除这种偏见。第二节在印度佛教禅观思想史的脉络中,透过与根本佛教、阿毗达磨佛教、大乘佛教等禅观思想的对比,辨别唯识宗禅观的特色。第三节依荷兰宗教心理学家汉·德威特(Han F. de Wit)的内观心理学(contemplative psychology)定位五重唯识观在唯识宗的解脱论(soteriology)构思,即五道位中的角色与位置。第四节尝试从现象学借取多个方法论概念,阐释佛教唯识宗用于对无明(avidya)做病理学式分析之禅观法,即五重唯识观的哲学意涵。结语一节扼要指出本文的结论、局限及进一步的研究方向。

一、现代文明、佛教禅观与神秘主义的系谱学

早期的唯识宗被称为瑜伽行派(Yogācāra)②,其行者称瑜伽师,透过修止(samatha)

---

① 虽然相关资料的原文是古汉语,但其思路属印度佛学一脉,因而继承印度哲学在结构上的某些基本特性(见本文第四节),与中国佛学在义理上的联系相对薄弱,故本文更倾向以印度佛学甚至印度哲学为参照。

② 瑜伽行(Yogācāra)是现代日本学者的新译,专用于指"唯识宗",依早期唯识宗论集名称《瑜伽师地论》及其践行法而立。此一提法的原创者是宇井伯寿,其次是向井亮,见高崎直道,《瑜伽行派的形式》,氏编,《唯识思想》(原《讲座大乘佛教》第八册,东京:春秋社,昭和56年;今用李世杰同名中译(转下页)

成就定(samādhi)，修观(vipasyanā)成就慧(prajñā)。这在佛教非唯识宗独有，无论根本佛教①、部派佛教②及大乘佛教③皆如是。但现代文明往往无法对禅观做出适当的定位与处理④。一方面，在现代学术体制内，以西方哲学为原型的哲学研究对佛教义理的探讨大都冷待止、观，理由有二：首先，是依发现脉络(discovery context)和证成脉络(justification context)二分的预设，宗教践行轻则无关于义理的证立，重则以神秘主义侵蚀义理的智性纯度与自主性⑤。其次，瑜伽行的操作内容本身不具什么重大哲学价值。

另一方面，宗教研究(religious studies)则认为宗教的核心现象是宗教体验(religious experience)，那是以独特的情感经验表现出来，超越智性以外的⑥。再

（接上页）本，台北：华宇出版社，1999年），第10—14页。但近年一些西方学者质疑其适切性，因"瑜伽行"一词只是一极空泛的通称，指任何教派、学派及阶次的"如理实践"，有时甚至连"禅观"也不是，见 J. A. Silk, "The Yogācāra Bhikṣu," in *Wisdom, Compassion and the Search for Understanding* (UHP 2000), pp. 286-288, 303-306。日本唯识学专家胜吕信静曾指出，瑜伽不单指个人生活中观行的实践，广义上指包含社会实践的一般宗教行为，借以表示菩萨行的组织化实践之意。见胜吕信静著，许洋主译，《印度的佛教》，第六章"瑜伽佛教"，台北：法尔出版社，1988年，第168页。同时，Yogācāra 一字的另写 Yogavacara 也用于南传上座部，见 K. Crosby, "History versus Modern Myth: The Abhayagirivihara, the Vimuttimagga and Yogavacara Meditation", *JIP* 27(6), 1999, pp. 504-505, 508-509。因此根本不代表任何特定义理立场。印顺法师亦有类似看法，见《说一切有部为主的论书与论师之研究》，台北：正闻出版社，1968年，第611—612页。但为方便讨论起见，仍依约定俗成以此词专指唯识宗。

① 根本佛教解脱道三学中的定慧二学，八正道当中的正定、正见与正思惟都入止、观。《杂阿含经》卷十七曰：修习于止，终成于观……止观俱修，得诸解脱界。(《大正藏》, Vol. 2, p. 118b)
② 部派佛教论典阿毗达磨(Abhidhamma)原义指对法、现法，即无中介地面对面直观对象。
③ 中观的观就是指慧观。
④ G. Dreyfus, "Meditation as Ethical Activity", *JBE* 2, 1995, p. 29.
⑤ J. N. Mohanty, "The Nature of Indian Philosophical Thinking", in *Reason and Tradition in Indian Thought: An Essay on the Nature of Indian Philosophical Thinking*, Oxford: Clarrendon Press, 1992, pp. 283-284。慕瀚谛指出，胡塞尔基于一系列理由，认为西方哲学比印度哲学更具理论的纯粹度及智性自度，其中包括：一、悬搁一切实践兴趣；二、观察者与对象之间没有情感或兴趣上的联系，因而观察者是其对象的局外旁观者；三、真理宣称得受智性监察。反之，印度哲学只代表宗教-神秘态度(religious-mystical attitude)，对世界的兴趣首先是实践性的，欠缺纯粹的理论态度，因而并非真正哲学。
⑥ 黎志添，《宗教研究与诠释学：宗教学建立的思考》，香港：香港中文大学出版社，2003年，第13—24、91—96页。准此不难推测宗教研究大体也视禅观为"宗教经验"一类，因而亦是非关智性的情感体验。又见 R. King, "The Power of Definitions: A Genealogy of the Idea of the Mystical", in *Orientalism and Religion: Postcolonial Theory, India and "the Mystic East"*, London: Routledge Press 1999, pp. 21-23。典型例子是宗教心理学认为宗教的"一手"课题是宗教经验，其他（如宗教教义、典籍及体制等非个人侧面）只是宗教的"二手"课题，这种心理学式的进路其实预设了宗教纯是个人内心私域经验的现代观点。见威廉・詹姆斯(William James)著，蔡怡佳、刘宏信译，《宗教经验（转下页）

者,宗教社群亦普遍认为如禅观等宗教践行无关智性,且智性甚至有碍践行①。其中,最大的误会是把这种支离破碎的禅修观现状当作传统禅观的完整延续②。

对于以上的误解,印裔学者慕瀚谛(J. N. Mohanty)曾做出澄清。首先,有关西方哲学界视实践的动机恐侵蚀理论的智性纯度之顾虑,他指出这仅属偏见、误解与臆测③,因为只要动机没有左右理论判准,就不必然侵蚀理论纯度④,而所谓实践,即加行(prayoga),不外指在具体事态中展示理论的可应用性或可实现性,并非理论外另有实践⑤。其次,对于学院宗教研究及宗教社群内有观点视宗教体验非关智性之议,慕瀚谛确指出,"实践"经验之感受根本不是内容真理宣称的判准所在⑥,何况禅观的体验虽是把理论思维嫁接在异质的另一状态上而成,但智性仍然是构成有关体验不可或缺的条件⑦。

尽管以上诸说对禅观等宗教践行评价正反各异,但正如罗伯特·吉梅洛

(接上页)之种种》(*The Varieties of Religious Experience*),台北:立绪文化,2001 年,第 34—36 页。当然,笔者并不满意于对宗教经验的这种狭窄理解,事实上即使搁置教义在宗教经验中的角色不谈,也不见得就只能诉诸感受,没有理智可言,见关子尹,《意向性与宗教感:从现象学的观点看宗教问题》,收于《现象学在中国:胡塞尔〈逻辑研究〉发表一百周年国际会议》(上海译文出版社,2003 年),尤其第 52—53 页论宗教感的价值内容。

① R. King, *Orientalism and Religion*, pp. 12 - 14, 21 - 23. 现代(modern)的其中一个首要指标是世俗化(secularization),即政教分离及其伸延效应,它使宗教与包括教育、学术体制在内的一切公共领域及附带的公权力分离。现代的降临把宗教的公共角色边缘化,其公共功能的大幅流失使宗教全面私域化(privatization),进而使其意义日益单薄与贫瘠,造成个体层次的宗教践行(例如禅观)孤立于主要智性领域外,切断了在传统内与智性的密切互动,本来在传统宗教文明体系内对禅观的意义与实践起着结构性支撑作用的各种配套环节相继瓦解或脱钩。生活世界的这种深刻转变使宗教面临被迫退出公共领域,并只能萎缩于私人领域之强大压力,包括禅观在内的宗教实践遂被割断传统上与宗教智性体制(即经院系统)丰富土壤的深厚联系。

② 见 B. K. Matilal, "Yoga, Meditation and Mantras: The Oceanic Feeling", in J. Ganeri (ed.), *The Collected Essays of B. K. Matilal: Ethics and Epics*, Oxford University Press, 2002, p. 319; G. Dreyfus, "Meditation as Ethical Activity", pp. 30 - 31 的类似观察。

③ J. N. Mohanty, "Theory and Practice in Indian Philosophy", in B. Gupta (ed.), *Explorations in Philosophy Essays by J. N. Mohanty*, Vol. I Indian Philosophy, Oxford University Press, 2001, p. 24. 又见 J. N. Mohanty, "Nature of Indian Philosophical Thinking", p. 280。慕瀚谛在后者的第 284 页反驳胡塞尔,指解行之间的截然二分即使在西方也是现代观点,古代西方哲学(例如苏格拉底)即肯定哲学是要实现善的人生。

④ J. N. Mohanty, "Theory and Practice in Indian Philosophy", p. 19, 26, 29.

⑤ J. N. Mohanty, "Theory and Practice in Indian Philosophy", pp. 24 - 25, 27 - 28.

⑥ J. N. Mohanty, "Nature of Indian Philosophical Thinking", pp. 280 - 281.

⑦ J. N. Mohanty, "Theory and Practice in Indian Philosophy", pp. 29 - 30. 对此较深入的佛教说明见下文。

(Robert M. Gimello)在其探索神秘主义与禅观一文中指出,不管哲学家、宗教史家或心理学家,现代学人在讨论神秘主义时,总或明显或隐晦地预设,禅观大体就是一种神秘主义[1]。对于何谓神秘主义?可以有两种讨论的进路,一种是正面讨论它,但在此笔者暂搁这方式,先采取迂回的途径,依据理查德·琼(Richard King)对该词的系谱学式(genealogical)分析,探讨现代世俗文明的脉络中使用"神秘主义"这一卷标时,所反映卷标者对双方之间关系的态度。作为一标签,神秘主义常被用于直接指在公共领域外的私域中,对内心平静的追寻,隐晦地与离群、反社会、他世性、被驯化、非理性相连[2]。因此当禅观也被拨归"神秘主义"时,无疑也被视之为非理性(non-rational)、无理性(irrational)、偏离现代主流生活外的反常或小众经验[3]。既然与日常世界相乖离,自亦不存在经常困扰日常生活的伦理抉择,因而也摆脱善恶,非关伦理[4]。

但这与禅观理论及操作明显不符。佛教禅观一般是由异质的止与观合作组成,观(vipasyanā)之特殊而重要之处在于它带有明确的理性分析成分,要求从事教理及经验的详尽辨析,当中包括批判与质询[5]。而那种因为暂搁常态时、空、意识感受,但却被误为佛教禅观的全体或核心的"神秘"经验充其量只近于止(samatha)一类[6]。佛教禅观明确警诫,片段的禅修感受不具提出任何存有论真理宣称的廉价权威资格,尤其批评借"神秘"经验的感受逃避日常的伦理抉择[7]。故此现代学人透过把禅观等同神秘主义来指控禅修无关伦理,乃犯扯脱脉络之谬误(fallacy of decontextualization),单凭现代伦理学视野实无从解读传统佛教教义中的伦理关怀,连带亦无法理解禅观与伦理的密切关联,才误视禅观为非关伦理[8]。以上俯拾

---

[1] R. M. Gimello, "Mysticism and Meditation", in S. T. Katz (ed.), *Mysticism and Philosophical Analysis*, Oxford University Press, 1978, p. 170, 179.

[2] R. King, *Orientalism and Religion*, pp. 21, 24 - 25. 有关系谱学概念,见 H. L. Dreyfus and P. Rabinow, *Michel Foucault: Beyond Structuralism and Hermeneutics*, University of Chicago Press, 1983, pp. 104 - 117. 指下定义是利益的伸延与权力的实践。

[3] G. Dreyfus, "Meditation as Ethical Activity", p. 30.

[4] G. Dreyfus, "Meditation as Ethical Activity", p. 31.

[5] R. M. Gimello, "Mysticism and Meditation", pp. 188 - 189.

[6] R. M. Gimello, "Mysticism and Meditation", pp. 181, 189.

[7] R. M. Gimello, "Mysticism and Meditation", pp. 193 - 194.

[8] G. Dreyfus, "Meditation as Ethical Activity", pp. 32 - 33. 虽然德赖弗斯对西方伦理学史的阅读在细节上并不精准,但以功效抉择、理性、外在行为界定当代伦理学视野,仍揭示了人格德性、情感、内心态度等典型传统德性伦理学议题的被遗忘,使其失却合理理解禅观伦理意涵的前提,只贬之为"非关伦理"的神秘经验。

皆是的对比,可显示神秘主义与禅观之间的差异远比想象中为大,理应被明确分别对待①。

然而,单纯点列两者之间的差别还不足以充分厘清这种误解所反映的全部问题。前文主要是从传统宗教社会与现代世俗社会的对比及公共领域与私人领域的对比两个角度,说明把禅观化约为神秘主义之谬误。但文化差异及夹缠在其中的权力关系也微妙而积极地推动此一谬误的深化与广化。

慕瀚谛在一篇追悼另一著名印裔哲学学者马提拉(B. K. Matilal)的文章中指出,西方哲学界把禅观化约为"神秘主义",这不单在给印度哲学定性,也是以此为手段间接对西方传统本身做自我定义,亦即透过二极对立的方式,以西方所不是来定义何谓印度或东方(Oriental),反之亦然。从而还排出系列据称可总括双方特性的对偶概念,包括灵性(spiritual)与唯物、直观与理性、体验与思辨、实践与纯粹理论、宗教与世俗、内省与公共、返祖与成熟、循环时态与线性时态、感受与理智、出世与入世等②。诚如理查德·琼(Richard King)指出,这遂使"理性与神秘主义"的优劣对比,由古今之异伸延为东西方之别③。

然而让慕瀚谛等印裔学人最感不安的还不止此,而是印度学界竟然接受西方对印度哲学的定型,依此构想做自我定义,观点与胡塞尔等如出一辙。唯一的差异只在,印度学人出于民族主义观点,反过来把被西方贬为"东方"标志的种种"神秘主义"元素,例如实践、解脱(moksa)、密契合真谛之灵性等标榜为"东方"优越于西方唯智论之关键,言下之意印度学界无疑也默认禅观等确非关智性。正是这种由东西方智识界透过对对方的偏见所共谋虚构的陈词滥调(clichés)④,以一种简化

---

① R. M. Gimello, "Mysticism and Meditation", p. 170,173.
② 慕瀚谛与马提拉的观察都做出类似结论,见 J. N. Mohanty, "Introduction", in J. N. Mohanty and P. Bilimoria (ed.), *Relativism, Suffering and Beyond: Essays in Memory of B. K. Matilal*, New Delhi: Oxford University Press, 1997, p. 6; B. K. Matilal, "On Dogmas of Orientalism" and "Images of India: Problems and Perceptions", in J. Ganeri (ed.), *The Collected Essays of B. K. Matilal: Mind, Language and World*, Oxford University Press, 2002, p. 374,413.
③ R. King, *Orientalism and Religion*, pp. 25-28,31-34. 其系谱学分析说明东方神秘主义如何被建构成与西方理智对立的他者(Other)。
④ J. N. Mohanty, "Introduction", in *Relativism, Suffering and Beyond*, pp. 5-6. 实际上此一过程与关系正是典型的东方论述(Orientalism)现象,通常在被殖民到后殖民(post-colonial)过程中形成。对于印度学界在独立前后形成这种状态的文化环境之分析,可见 A. Nandy, "Preface", in *The Intimate Enemy-Loss and Recovery of Self Under Colonialism*, Dehli: Oxford University Press, 1983, pp. xiii-xv. 中译有林霭云译《亲内的敌人》,收于香港岭南学院翻译系等编《解殖与(转下页)

的、对立的二元架构淹没了如下事实：包括佛教在内的印度哲学，虽然有实践、禅观、密契体验等宗教相关侧面，但这无违于可以同时在理性上具备高度认真的思辨分析之要求[1]，两者并非必不相容。

二、佛教禅观史脉络中的五重唯识观

（一）佛教禅观的渊源：小乘与大乘

无可否认，不论在印度哲学或佛教，对禅修的角色确存在着广泛的两极化争议，强调直观主义的一方认为密契体验不单是教理的来源，它本身更是教理妄实的判断基础，从而拒绝教理可供智性评估；另一方则坚持智性是密契体验内容的塑造者与判断者，从而在密契体验外另立审查体验内容真理宣称的独立标准，此即心解脱与慧解脱、体验与认知之别[2]。但佛教内由论藏（sastra）、见（darsana）及论师所组成的经院传统必属后者。依唯识佛学，瑜伽行由定、慧或止、观共同组成。原则上止归定所摄，因止是尚在修习阶段的定，定是修止所成；观归慧所摄，因观是尚在修习阶段的慧，慧是修观所成。止（samatha），音译奢摩他是心住一境性（cittassa-ekaggata），内心相续于境不散乱，观（或音译毗钵舍那）是"正思择、最极思择、周遍

（接上页）民族主义》（*Decolonization & Nationalism*），香港牛津大学出版社，1998年，第93—96页。同样情况也见于受现代或西方冲击后的部分佛教对禅修的自我理解，见 K. Jones，*The Social Face of Buddhism：An Approach to Political and Social Activism*（WP 1989），p. 193，即被殖民的佛教文明依殖民者凝视佛教的角度做自我认知及自我模塑。

[1] J. Mohanty，"Introduction"，p. 6. 慕瀚谛提及对上一代印度学人这种陷身民族主义窠臼之治学态度的失望与不满。这后来反而成为他与马提拉的学术原动力，以完成以下目标为终生使命：重新正视包括佛学在内的印度哲学中被西方及上一代印度学人依二元架构不合理地抹掉的智性内涵。为此慕氏留欧习现象学，马氏留美习分析哲学，中年后再回头治印度哲学。曾被慕、马二氏点名批评为此负责的上一代包括前印度总理暨著名印度教吠檀多一元论哲学家拉达克里希南（S. Radhakrishnan）。拉氏的这种对立主张不单被批评为错误，且更是不忠实、不真诚、误导、无意义的及涉及政治考虑。见 B. Gupta（ed.），*The Empirical and the Transcendental：A Fusion of Horizons*，Rowman and Littlefield Publ.，2000，pp. 3 - 4。

[2] 印度哲学可见 C. Ram-Prasad，*Knowledge and Liberation in Classical Indian Thought*，Palgrave Press，2001，pp. 1 - 6；佛教可见伊利亚德（M. Eliade）著，武锡申译，《不死与自由：瑜伽实践的西方阐释》（*Yoga：Essai sur l'origine de la mystique Indienne*），北京：中国致公出版社，2001年，第194—195页，213；R. E. Buswell and R. M. Gimello（ed.），*Paths to Liberation*（UHP 1992），"Introduction"，p. 13，提出见（darsana）与修（bhavana）之别；另 P. Griffiths，*On Being Mindless：Buddhist Meditation and the Mind-Body Problem*，Open Court Publ.，1991，pp. xiii - xv。

寻思、周遍伺察"。修止成熟所得的定是"等持心",修观成熟得慧或般若(prajna),即胜解抉择或简择。而一般而言,"观"依"止"成就,故心智训练上有先后次序之分。

虽然止观双修或定慧均等才构成完满的瑜伽行实践,但在性质上佛教历来都把两者清楚区别①。单纯止或定本身纯属调养身心的中性技术,不直接具重大教理意涵,因此佛教的修止或定境与外道或世俗禅法差异不大,更非关键②。由于本文不是对禅修的心理学研究③,所以在此对止之讨论,并无意如佛教禅籍般详尽描述各层次静虑(dhyana,巴利文 jhanas,音译禅那),即四禅八定的细节④。反之只会循止与观之间的关系探讨"止"在佛教禅修内的角色,以便支持对"观"的理解。佛教认为一般众生的日常心智都因散乱而使身心俱欠缺堪任精进之能耐,因此修"止"的目的是在具备基本戒行的预备下⑤,依据两种原则⑥设定诸类修止的所缘⑦,透过把念住安住⑧而明确⑨系于该境的训练,增强心智的专注能力,并借助五停心观对治

---

① 小乘的三学,定慧分为二,大乘六般罗蜜多中静虑与智慧区分为二。
② 佛教(尤其早期阶段)禅法与外道禅法之间的差别是一个复杂而又有趣的课题,尽管就修止或定境来说是双方禅法差异程度较低的领域,佛教亦大体接收外道四禅八定的论述,但由于双方对禅修的态度、目的、意义与方向有颇不相同的规定,因此即使双方同举四禅八定为修"止"的标准程序,也不见得真的毫无分歧。伊利亚德(M. Eliade)在其研究印度瑜伽行的论著《不死与自由》(武锡申中译本)第2,3 页指出"冥想在众多印度哲学及默契践行教派中各有不同的评价……从根本上说,瑜伽行这词本身允许多义的存在"。例如早期佛教与耆那教在禅法上的差异可见 J. Bronkhorst, *The Two Traditions of Meditation in Ancient India* (MBP 1993), pp. 22, 24-25;佛教与婆罗门教世界观的差别也使双方对同一组定境的引申意涵有分歧,见 W. King, *Theravada Meditation: The Buddhist Transformation of Yoga* (MBP 1992), pp. 6-11, 14-16。
③ 现代精神科医学(Psychiatry)及临床心理学对禅修的研究颇丰富与深入,尤其对佛教不同禅法的跨传统对比,可参考哈佛大学医学院两位资深临床心理学家的研究,见 D. Brown and J. Engler, "The Stage of Mindfulness Meditation" 为标题的三文,刊于氏著 *Transformations of Consciousness: Conventional and Contemplative Perspective on Development*, Boston: Shambhala Publ., 1986, Chs. 6,7,8, pp. 161-283. 现代心理学进路的禅修研究状况,见释惠敏,《戒律与禅法》(台北:法鼓文化出版社,1999 年)第十章《美国禅定与教育博士论文之剖析》,第 255—314 页。
④ R. S. Bucknell, "Reinterpreting the Jhana", *JIABS* 16(2), 1993, pp. 375-409. 更详尽的描述与分析,可见 Henepola Gunaratana, *The Path of Serenity and Insight: An Explanation of the Buddhist Jhana* (MBP 1985), Chs. IV-VI, pp. 49-120。
⑤ 依"三学"践行中戒与定两者之间的前后次序,修"止"或"定"前须具备立志饶益众生的慈心及守持净行,因唯此方可"无悔"(热恼追),不障生"定"。
⑥ 设所缘时依的二原则是一能净治惑障,二契顺正理,因若以淫、怨或无义事为缘则反增烦恼。
⑦ 有净行、善巧、净惑及周遍四种所缘,但尽管用于起"止"的对象有多种,但"止"或"定"只有一种。
⑧ 安住(vihara)是对治如风烛般摆动不定的散乱或掉举。
⑨ 明确是对治无力及昏沉不明。

五欲或五盖①,使心智经历九住心②成就正定③,特别指身心轻安（passaddhi）并堪能精进④。

对止的修习到"正定"告一段落,但它仍与"慧"完全无关。虽然慧是嫁接在定上才可使闻、思二慧过转为修所成慧,但"慧"并非由"定"所生。更重要的是,佛教与婆罗门教等外道或世间的禅法之间的真正差别,乃在于佛教非常重视观或慧,可说是重慧不复位。"止"仅能从情绪上治标,"观"才从认知上治本,因此佛教向来都主张禅修应受智性,甚至是经院佛学式的理性所规管,自佛陀在世,历上座部觉音《清净道论》、有部世亲《俱舍论》到唯识宗,莫不如此⑤。佛教对止或定最特殊的态度,甚至是承认有纯观行者（Sukkhavipassaka）,即有行者可以完全跳过修止或得定,直接修观,称"无定慧解脱"。这足以反映定或止甚至不是必要条件,虽然也有传统上座部观点指出,不需要专题修止,不等于观没有定的支持,毕竟定是修观的必要条件⑥。

下文先讨论能观的"慧",再循大小乘之别的线索讨论所观的差异,以见唯识观法在整个佛教慧学传统中的角色与特性。慧（般若,prajna）、智（阇那,jna）及观（毗钵舍那）三者基本上是同义,但生熟、深浅、广狭程度各异。慧的含义最广,由因位的修学到圆满证果的整个历程皆摄于慧。历程的初阶名观,即分别、寻伺、抉择、思择。熟习后则称现观,即知法、现法、正观、正见、如实知等,"现观"虽入心智上的密契状态,但因佛教特重理智,以此牵制宗教体验,故未入现观前先经多闻、寻伺、思择、简择,指对教理从事纯理智分析的判断审察,以此为"现观"的必要条件,即三慧（tisrah prajnah）依次深入,绝不能躐等。当修所成慧（bhavanamayi prajna）圆满成

---

① 修"止"主要对治的是各种使心随根境转的欲及烦恼,以不净、慈悲、光明、缘起及数息等五观对治五欲或五盖,即贪、瞋、昏沉、掉举及恶作。虽然这已用上最低度的"观",即思择（尤其"缘起"）,但因为尚未涉及佛教义理,故未入"慧"。当中对"数息观"的探讨可参考释惠敏《鸠摩罗什所传"数息观"禅法之剖析》,收于《戒律与禅法》第九章,第 215—253 页。
② "九住心"是心住、等住、安住、近住、调顺、寂静、最极寂静、专注一趣、等持。
③ "正定"通常是"第四禅"。佛教不与外道共的是,佛教不会如外道般继续循"止"或"定"的方向无了期地发展下去,只要定境足够稳定支持慧观的平稳操作,佛教就维持该水平的定境。
④ "正定"与"堪任精进"之间的关系是指定境的心智状态的余势能够不散,稍加力度即可维持定境,并在这定境上进行慧观。
⑤ 伊利亚德,《不死与自由》（中译本）,第 195—196、214—215 页。
⑥ 温宗堃《汉译〈阿含经〉与阿毗达磨论书中的"慧解脱"》,《正观佛学研究杂志》第 26 期（南投:正观杂志社,2003 年 9 月）,第 5—51 页。且尽管有某些纯观行者可以在不修止的情况下直接成就初阶的"观",但若要成就更高水平的"观",仍应修习与高水平的"观"相应的"定",否则仍难以再深入。

就时,易名智指一切智,即萨婆若(sarvajna,又称熟般若)。思所成慧与修所成慧之间无论在义理、抉择、如理作意及一切加行上皆毫无差异,唯一差别只在修所成慧以正定为条件,因而修所成慧与定心所相应,思所成慧处散心位①。

唯识宗慧观在内容上的特色应放在大乘慧学的背景中来理解,同时大乘慧学也是在与小乘慧学的对比中被定位。以大、小乘对慧学做分类,这是依行者根器,尤其悲愿的广狭而提出。因此不应把大、小乘理解成相互无关,甚或对立不容者,事实上就两者同观无常、无我性这一点来说,双方是同质的,何况所谓"小乘慧"实际上是"三乘共慧",大乘慧指"菩萨乘不共慧"。二乘根器差异在慧观上使他们选择不同的观境。小乘慧直接取有情自我的身、心为缘做观察,不注意外境;大乘慧除一己外,亦遍取身、心以外一切境,最终虽以观无我、无我所而趋解脱,但在此以前却广观一切法②。大乘观法的特色是无著的金刚杵喻,即两端粗中央细,即先广观一切法,通过遍一切的法性(即空性)后,再起广泛无边方便缘起,所谓就事入理,依理起事。故大、小乘慧之差别可总括为一、悲愿广狭有别③;二、题材的幅度有别:小乘唯观有情的内缘起(即四圣谛)与大乘兼观一切法的外缘起,即身心有限范围④与遍法界无量一切法之别⑤;三、重点有别:三法印与空义;四、大乘慧更兼遍事相的生起⑥。

唯识宗既是大乘佛学双轨之一,其慧观自然也是以杂多的一切法和遍一切法

---

① 要求把"思慧"过转为"修慧",是包括佛教在内之印度哲学对知识或真理的一种特殊看法,见伊利亚德(M. Eliade)著,武锡申译《不死与自由》:"真理本身并不珍贵,它由于其救赎(或解脱)功能才变得珍贵……拥有真理并非至上目的,解脱才是"(第2页);"如果知识无关于解脱,任何知识都无价值……因为唯有形上学知识,即有关究竟实在的知识(prajna)能带来解脱,故它才值得被追求……思慧到修慧的过渡,形上学过渡为解脱论。在印度,甚至连因明或正理也与解脱论有关"(第12—13页)。
② 此一转变是随着印度佛教由早期阶段进入大乘阶段后,由相对素朴的智性教理过渡为哲学型的,尤其与经院哲学型的教理有关,后者视认知一切是宗教作为文明担纲者的使命之一,见 J. I. Cabezon, *Buddhism and Language*: *A Study of Indo-Tibetan Scholasticism*, SUNY Press, 1994, pp. 19-22。
③ 在此只说悲愿的差别在广狭、深浅,不在有无,因而是程度的不同,却非性质上有根本差异。毕竟即使"小乘"觉者,也不是全无悲心,只是较被动而已。
④ 此一"止观"传统到今天仍然作为主要禅法广泛践行于南传上座部佛教,例如四念住(catta ro sati-patthanani)的"身、受、心"三项及"法念住"中五蕴、十二根识皆直接以行者本人身体觉受为题材,占内容的绝大部分,见 Ven. U Sila nanda, *The Four Foundations of Mindfulness*, Wisdom Publications, 1990。
⑤ 这点不无可保留之处,毕竟《杂阿含经》卷十三有颂云:"若于一法不遍知,不作证,即不得解脱。"(《大正藏》,Vol. 2, p. 91a-b)
⑥ 见《瑜伽师地论》卷四十三:"普缘一切五明处转……当知即是菩萨一切慧之自性。"(《大正藏》,Vol. 30, p. 528c)另同册 p. 529 有论"菩萨慧"八种,即"法无碍、义无碍、释词无碍、辩才无碍、摧伏他论、成立自论、正训营为家属家产处及善解种种王正世务"八种慧。另相关讨论见释体韬著,《六度四摄与〈瑜伽论·戒品〉之关系》,台北:法鼓文化出版社,1997年,第91—96页。

的普遍法性"空性"为其所缘,就这一点来说唯识宗确与中观相通而又异于"小乘"慧学。但唯识宗实际上是经历过中观扫荡与淘汰后说一切有部的延续①,所以它一方面接收了有部论述一切法的整个范畴系统,另一方面则主张遍一切法的空性是以能-所或识-境关系此一特定缘起为依处。这无疑是在有部以一切法依十二处、十八界而立,离十二处无一切之基础上推进,提出"先观似现为离心的一切诸法,再观其不离八识四分及赖耶缘起的唯识性"之观法,即依唯识性来阐明空义之"唯识观",而这是唯识宗或瑜伽行派禅观的特有观法②,即扣着寓于认知(cognition)活动中的意向关系来揭示妄(自性执)实(空性)。

虽然到提出五重唯识观,唯识宗特有观法的系统陈述才告完整建立,且还能与玄奘的识四分说呼应配套,但较早阶段的唯识宗论典也都在不同侧面上流露端倪。在义理方面,对"唯识无境"主题的哲学论述由《解深密经》的简朴口号到《摄大乘论》《二十颂》《三十颂》等即告完成,且还能依此整合阿赖耶说、三性说等唯识理论的其他环节,但作为观法则仍然模糊,例如《解深密经》及《瑜伽师地论》虽有类若"唯识"之语③,却基本上只视之为纯属禅修技术层面事,未与传统有根本差别,尚未充分彰显其哲学意涵④。故为便讨论起见,下文直接以五重唯识观作为唯识观法的典型做探讨,略去酝酿阶段的思想史进程不谈。

---

① 见高崎直道,《瑜伽行派的形成》,收于《唯识思想》(中译本),pp. 2, 16, 35 – 36, 46。一直以来唯识研究经常强调有部与唯识之间的断裂,但却过度漠视两者之间的延续性,幸好近年已有改善,见 R. King, "Vijñaptimatrata and the Abhidharma Context of Early Yogacara", AP 8(1),1998, pp. 5 – 13;另见"唯识法相佛教学会"(Yogacara Buddhism Research Association)的论坛"The Yagacara Agenda"(http://www.acmuller.net/yoga-sem/tsn/Spring99.html) p. 3,沃尔德伦(W. Waldron)指唯识是阿毗达磨回应中观抨击的产物。
② 见《解深密经·分别瑜伽品》:"佛告慈氏菩萨:诸毗钵舍那三摩地(按:即"止观")所行影像,彼与此心当言无异。何以故?由彼影像唯是(表)识(vijñapti)故……识(vijñana)所缘,唯(表)识所现故……"《大正藏》,Vol. 16, p. 698a)唯识观是唯识宗独有观法之立论,可见高崎直道《瑜伽行派的形成》一文"第二节"(中译本,第16、20页);另见释惠敏,《止观之研究:以〈解深密经·分别瑜伽品〉为主》,《中观与瑜伽》,台北:东初出版社,1990 年,第102、117—119 页,及释惠敏、关则富合著,《大乘止观导论》,台北:法鼓文化出版社,1997 年,第155—156 页。唯识宗修"定"的观点可见世亲的《六门教授习定论》,在此不冗述。
③ 见释惠敏的两篇文章《声闻地中"唯"之用例考察》,《中华佛学学报》第七期,1994 年,第 19、26、34—35 页;《佛典中"唯"的二类否定意义对中国佛学研究的提示》,刊宗教研究委员会编《佛教与中国文化国际学术会议》中辑,台北:中华文化复兴运动总会,1995 年,第 401—404 页。笔者对释惠敏低调处禅定意识所缘(即"相似影像")与散心意识所缘之间的可能同类关系,乃至回避瑜伽行的可能哲学意涵颇有保留,见笔者博士论文第五章的分析。
④ 高崎直道,《瑜伽行派的形成》,《唯识思想》(中译本),第 18—19 页。

(二) 五重唯识观：解释

今依《大乘法苑义林章》卷一末及《成唯识论》，先摘录相关段落，对要义稍加勾勒后，再做综合评论。五重唯识观分别是，一、遣虚存实。据《大乘法苑义林章》：

> 观遍计所执唯虚妄起，都无体用，应正遣空，情有理无故。观依他、圆成诸法体实，二智境界，应正存有，理有情无故……"遣"者空观，对破有执；"存"者有观，对遣空执。今观空、有，而遣有、空；有、空若无，亦无空、有；以彼空、有相待观成，纯有纯空，谁之空、有？……说要观空方证真者，谓要观彼遍计所执空为门故，入于真性；真体非空。此唯识言，既遮所执；若执实有诸识可唯，既是所执，亦应除遣。①

即三性中，遣"遍计所执"而存"依他起"及"圆成实"二性，因"遍计所执"是无明颠倒所执常、我实自性，全属虚妄不实，故入所遣一类；依他及圆成二性因属真实，故不破。虽然，所遣的"遍计所执"明显指"常、我"执，但实际上也包括断、灭二执。其次，尽管这一禅观主题是依三性架构，分辨实存（existential）与价值性的（axiological）妄实，但仍借"执"的问题之便，在最后一句为唯识宗特别关注的能所关系留下线索。表明妄执是借识的能所关系显现出来。

二、舍滥留纯。《大乘法苑义林章》云：

> 虽观事理皆不离识，然此内识有境、有心。心起必托内境生故，但识言唯，不言唯境。《成唯实》言，"识唯内有，境亦通外，恐滥外故，但言唯识。又诸愚夫迷执于境，起烦恼、业，生死沉沦，不解观心勤求出离；哀愍彼故，说'唯识'言，令自观心，解脱生死；非谓内境如外都无"。由境有滥，舍不称唯；心体既纯，留说唯识……心、意、识所缘，皆非离自性。故我说一切，唯有识无余。②

前项只处理妄实之分，能所对列架构原封未动。今在能所对列中舍表识外之（滥）境，只保留见分与识内相分，即内境。唯识宗意义下的一切法、万法都不是客观、中

---

① 窥基，《大乘法苑义林章》卷一《唯识义林第三》（《大正藏》, Vol. 45, p. 258b - c）。
② 窥基，《大乘法苑义林章》卷一《唯识义林第三》（《大正藏》, Vol. 45, p. 258c）。其中双引号内一段文字转引自《成唯识论》卷十（《大正藏》, Vol. 31, p. 59a）。前后文尚有一段没被引述但相关的文字："识相、见等从缘生，俱依他起故，虚实如识。唯言遣外，不遮内境……"

立的事物自身,因为落在能所,尤其能诠、所诠①关系外的"外境"是无记(avyakrta)的②,根本不成其为一个课题。唯识宗拒绝讨论在能、所关系外事物的性质,这叫舍滥,但这并非从存有论角度否定事物的存在。《成唯识论》卷九有相当篇幅是探讨唯识宗的五道位解脱论,其中在讨论到加行位时,提及总称为"顺抉择分"的暖、顶、忍、世第一法四位的基本共通性质:

> 四寻思者,寻思名、义(artha)、自性、差别,假有实无,如实遍知此四离识及识非有……观所取名等四法皆自心变,假施设有,实不可得……既无实境,离能取识,宁有实识离所取境? 所取、能取相待立故。③

上述一段引文是指任何事物,举凡能够在识(vijnana)或能缘的视野下呈现的,都是以对象的身份出现,而且这对象是专指由名言所建立、确认及承载的对象,亦即名言尤其句一级所载的意义内容,即语义(artha)、句义(padartha)或所诠义。从文本解读上来说,上述引文中所出现的几乎所有关键术语都一贯地表明这里的相分或所缘绝对不是指所谓客观的对象或事物自身,却是指经过名言所诠的语义。因为言义(artha)一词是唯识宗独有对象概念,专指语义对象(semantic object),只用于句一级。句者指在一主题上含义完整可解的单位,而"句义"只与显现(pratibhasa)连用,专指经历过一次对句子的解读动作后,其所载义被领会了一次或绽放了一次。引文中其余如假有、自性、差别、施设有等全部涉及建构语义的不同操作工序,例如自性与差别二词是指因明学比量中,一个句子的主词(subject)及谓词(predicate),而这两者在佛教语言哲学中是用于说明词与句之间在语义构成上的关

---

① 能诠、所诠实际是分别指能诠声(梵:vacaka,藏:rjod byed kyi sgra)与所诠义(梵:vacya,藏:brjod bya)。诠(梵:vac,藏:rjod pa)是"说、讲、论,指能诠事物的语词、文字、语言(rjod tshig)及说法、措辞(rjod lugs)",见《藏汉大辞典》,北京:民族出版社,2000年,第919页。而"能诠声"指"以名号、语文论述对境事物时可以听闻之声,如一切词、语句等",见《藏汉逻辑学词典》,成都:四川民族出版社,1989年,第113页。另有观点补充谓:"能诠声是对有情表示之声,谓于自境由名言力得理解之所闻。""所诠"指"叙述的内容。从名言、符号所了知之含义……依名称所了解其所指对象之一切所知事物"(《藏汉逻辑学词典》,第114页)。可说是依名言所理解之性相(mtshan nyid,即"定义")。
② R. King, *Indian Philosophy: An Introduction to Hindu and Buddhist Thought*, Georgetown University Press, 1999, pp. 161 - 162.
③ 《成唯识论》卷九(《大正藏》,Vol. 31, p. 49b)。

系,此即名诠自性、句诠差别①。另假有或施设有(prajnapti)同样是指经历名言诠释的操作而确立的意义。可知这些相分或所缘基本上是依第六意识的活动而显现,因为第六意识在一切八识中具有最广阔的活动空间②,所以一切法一词也每多是第六意识,而不是前五根识的对象用语③,第六意识的对象实际上就是语义或所诠义了。

在此也许可借助伽达默尔(H. G. Gadamer)哲学诠释学的观点说明之。伽达默尔指出对象所以能够成为对象,在于它首先须被理解④,故世界内外的一切事物皆包含于我们在转移着的能理解性中⑤。而一切理解都在语言中⑥,所以对象或世界是在语言中才成为对象,透过语言,对象或世界以被理解项的身份无从脱离与使用语言从事理解的语言用户之关联⑦。同样,唯识宗认为一切法等都首先是在能-所关系内,作为受心识意向所系的对象而呈现于经验,因此对它进行认知、理解与描述之际,同时也在依认知者的经历、记忆、情感及态度,即业(karma),构作对象的意义⑧。借助现象学的观点,可以说唯识宗意义下的"法"是意向对象显现的方式(Erscheinungsweisen)意义下的现象,即事物作为心识意向所指的对象及其依之显现或被给予的方式,从而也把意义动作及其对象显现的方式与程序相提并论⑨。至于"见分",在此:

有种种,或量、非量,或现或比,多分差别⑩。

---

① 《成唯识论》卷二(《大正藏》,Vol. 31, p. 6b)。
② 《成唯识论》卷七(《大正藏》,Vol. 31, pp. 36c - 37a)。
③ 《瑜伽师地论》卷八十五:"五识身以五别境为所缘,第六识身以一切法为所缘。"(《大正藏》,Vol. 30, p. 755c)
④ H. G. Gadamer, *Philosophie-Hermeneutik*, English translated by D. E. Linge, *Philosophical Hermeneutics*, University of California Press, 1976, p. 30.
⑤ H. G. Gadamer, *Philosophical Hermeneutics*, pp. 24 - 25.
⑥ H. G. Gadamer, *Wahrheit und Methode*, English Translation: *Truth and Method*, New York: Seabury Press, 1975, p. 384.
⑦ H. G. Gadamer, *Truth and Method*, p. 387.
⑧ D. Lusthaus, *Buddhist Phenomenology: A Philosophical Investigation of Yogacara Buddhism and the Chung Wei Shih Lun*, London: Routledge Curzon, 2002, p. 9.
⑨ H. Spiegelberg, *The Phenomenological Movement*, Kluwer Academic Publ., 1981, p. 703.
⑩ 《成唯识论》卷二(《大正藏》,Vol. 31, p. 10c)。

但最重要的,却是见分也不离相分:

> 诸心、心所,依他起故,亦如幻事,非真实有。为遣妄执心、心所外实有境故,说唯有识。若执唯识真实有者,如执外境,亦是法执①。

所以,不管识、境,其性质俱不能在双方关系外独立理解:

> 依斯二分,施设我、法;彼二离此无所依故……内识所变似我、似法虽有,而非实我法性……外境随情而施设故,非有如识;内识必依因缘生故,非无如境。由此便应遮增、减二执。境依内识而假立……识是假境所依事。②

唯识宗禅观是在一特殊意义下,继承并参与印度哲学的知识论转向(epistemological turn)历程,并以它独特的方式贯彻这一转型。这一重要的哲学史背景,有助说明唯识宗禅观的基本哲学考虑。慕瀚谛指出,与由存在问题主导的西方哲学相比,经历过佛教洗礼后的印度哲学,普遍以认知作为哲学的首出课题③。梵文的 darsana 一字,佛典中文常译作见,见是印度哲学用于指义理系统的典型用语。一个组织完整的见(darsana)由两个部分合成,分别是对实在性质(nature of reality)的理论说明及对达成此见解的认知性质(nature of cognition)的理论说明,前者是略近于存有论的所量(prameya)论,后者是略近于知识论的量(pramana)④论,双方

---

① 《成唯识论》卷二(《大正藏》,Vol. 31,p. 6c)。
② 《成唯识论》卷一(《大正藏》,Vol. 31,p. 1a-b)。相同的意思,但重点放在"舍滥"的有同上卷七:由此正理,彼实我、实法,离识所变,皆定非有,离能、所取,无别物故;离二(见、相)故,非有实物……所妄执实我、法性……彼所分别实我、法性,决定皆无……一切皆唯有识……唯既不遮不离识法……由斯远离增减二边,唯识义成,契会中道(Vol. 31,pp. 38c-39a)。Sallie B. King, "Two Epistemological Models for the Interpretation of Mysticism", *JAAR* LV/2,1988,pp. 270-277.
③ J. N. Mohanty, "The Hindu Philosopher's Criticism of Buddhist Philosophy", in B. Gupta (ed.), *Exploration in Philosophy: Essays by J. N. Mohanty: Vol. I Indian Philosophy*, Oxford University Press, 2001, p. 115; J. N. Mohanty, "Phenomenology and Indian Philosophy: The Concept of Rationality", *JBSP* 19(3),1988,p. 271. 事实上早期佛教是印度哲学史上这一"认知论转向"的原动者,而唯识宗则把这一转向推向高峰,迫使印度哲学所有学派把发展认知分析视为哲学首务。慕瀚谛指出,若欠佛教的冲击,难以想象印度哲学会变成什么样子。
④ 从字源学来说,darsana(见)这名词虽是指对"所量"的阐述,但它的字根 dar 却是动词。J. N. Mohanty, "Remark on the Pramana Theory: General Observations on Pramana-Prameya Theory", in *Reason and Tradition in Indian Thought*, p. 227; J. N. Mohanty, "Nature of Indian Philosophy:(转下页)

以能所关系的方式共同构成见（darsana）。尽管哲学立场不一，但这仍是每一学派在义理组成上的共通结构，因此每一学派都有与其存有论立场相呼应的量论，而不同学派之间都是在认识论问题上，而不是存有论上首先爆发辩论①。乔治·德赖弗斯（Georges Dreyfus）在其巨著《证知真实》（*Recognizing Reality*）一书中对作为印度哲学其中一脉的佛教有以下看法：

> 决定义理系统的存有论基础，这本身不是终极目标，他们不觉得搞出一套形上学是他们最重要的贡献，他们只是出于知识论上的需要才会涉足存有论问题……这种对存有论的古怪态度并非因逻辑混乱或欠缺逻辑所造成，却是来自他们的研究特性。对他们来说，存有论是从属于知识论……尽管他们的知识论实蕴涵一定的存有论考虑。②

对于这种与西方传统哲学刚好相反的从属关系，慕瀚谛的学生悦家丹（Dan Lusthaus）在《佛教现象学》（*Buddhist Phenomenology*）一书中曾借助西方哲学用语解释过其理由：

> 印度哲学是以认知，而不是以存有作为一切论述的起点，认知机制牵制着形上学的真理宣称，在做出任何宣称以前，应先证立此一宣称赖以提出的合理基础，故存有论依知识论而立，知识论比存有论更具优先性……尤其佛教的着眼点是观看（seeing），而不是存在（being）……故唯识的缘起是在认知的能所关系中提出，却不是形上学地讲。③

虽然这种结构是佛教出现后，大部分印度哲学的共法，但佛教，尤其唯识宗却以它

（接上页）Theory of Pramana", in *Exploration in Philosophy：Indian Philosophy*, p. 6.

① 有关这方面的研究，不论着眼于佛教或其他印度学派，可说得上汗牛充栋，专书与论文等项目以百千计，无法冗述，笔者多年前曾以佛教量论为题编过一目录，见刘宇光编撰，《西方的印度佛教量论译、研论著撮述》，刊于《哲学与文化月刊》总295期，1998年12月，第1160—1173页。涉及佛教与多个印度教学派及耆那教之间的知识论激辩。

② G. Dreyfus, *Recognizing Reality：Dharmakirti's Philosophy and its Tibetan Interpretations*, SUNY Press, 1997, pp. 5-6.

③ D. Lusthaus, *Buddhist Phenomenology*, p. 9.

独特的方式省思这议题。慕瀚谛在其并论佛教与现象学的一文内,特别谈及以唯识宗为例的佛教与印度哲学其他学派在何谓认知对象上的重大分歧。大部分印度哲学学派都属不同程度的实在论,依指涉(referential)检证认知,即以对象为认知因,唯一例外的是佛教唯识宗采取的意义(sense)建构说,以表识(vijnapti)为认知因①。这遂把对象挂在表识名下,因为一切认知的活动与对象都发生在表识范围内,表识从而成为所量(prameya)与量(pramana)这既有结构的共同呈现基础。表识作为显现、揭示一切的场域,同时也是一切对象的最终条件,若欠表识则亦无"量"可言,从而使表面上的知识论过转为更根本的识论(vijnanavada),即心识哲学②。

慕瀚谛在悦家丹以知识论一语概括之的问题上分解出单纯的认知与认知背后的心识。慕瀚谛用现象学的意向性(Intentionality)观念与能意(noeis)、所意(noema)之结构阐释表识(vijnapti)所指的能-所结构及指向对象;这一结构内在于每一认知的动作内,不因外境有无而异③。慕瀚谛指出,包括唯识佛学在内的全体印度哲学在探索认知关系内之心智(jnana)的性质时,皆围绕以下三大课题做探讨。它们分别是一、心智是有相(sakara)或无相(nirakara);二、心智自照(svaprakasa)或他照(paraprakasa);及三、心智具境(savisaya)或不具境(nirvisaya)④。

"有相"指心智属于识之观念为意向内容(intentional content)⑤;"自照"指认知活动既揭示对象,同时也揭示心智本身正在从事对对象之认知活动⑥;"具境"指心智以架设对象为本性,即以意向(intentional)为性⑦。在这三个基本问题上,唯识宗

---

① J. N. Mohanty, "Buddhism and Phenomenology", in *Explorations in Philosophy: Indian Philosophy*, pp. 165 - 166.

② J. N. Mohanty, "Consciousness and Knowledge in Indian Philosophy", *PEW* 29(1), 1979, p. 3; J. N. Mohanty, "Consciousness and Knowledge", in *Reason and Tradition in Indian Thought*, p. 33.

③ J. N. Mohanty, "Buddhism and Phenomenology", in *Exploration in Philosophy: Vol. I Indian Philosophy*, p. 166.

④ J. N. Mohanty, "Consciousness and Knowledge in Indian Philosophy", p. 3. 在佛教的脉络 jbana 有时是作正面的"智"或广义的"慧"来使用,强调的是妄、实之间的对比,但在此不直接牵连妄实课题,反而主要是有关认知的能-所关系,故用"心智"一词。慕瀚谛在文中还提到另两项次要课题,即(4)心智是有(dravya)德(guna)、业(karma)否;(5)心智是自量(svatahprama)、他量(paratahprama)。

⑤ J. N. Mohanty, "Buddhism and Phenomenology", in *Exploration in Philosophy: Essay by J. N. Mohanty: Vol. I Indian Philosophy*, p. 166; J. N. Mohanty, "Consciousness and Knowledge in Indian Philosophy", p. 6.

⑥ J. N. Mohanty, "Consciousness and Knowledge in Indian Philosophy", p. 8.

⑦ J. N. Mohanty, "Consciousness and Knowledge in Indian Philosophy", p. 9.

都采取肯定的立场,因而心智(jnana)及其连带的表识(vijnapti)概念所指的能-所关系,称为意向性(intentionality)①。若意向性仅限于指心智被动地察觉对象,后者并作为认知因发动认知,则没有对象在场时,心智理应不起作用,但这不合实情,因为心智能断定不存在具体对象,或以"无"为对象,不管那是指过去、未来或幻想而不是真实存在的对象。除非意向性指心智本身所具的主动性与自发性,否则这不可理解。以心智认知活动为例,它对其对象所做的判断与外境的在场与否并非直接相连,因为认知固然指已知的内容及对此之自知,但也指对不知的内容的自知,即知其不知。一项对象内未知的内容并非真正对其一无所知,否则亦不成其为对象,即使是不知,也首先已是一对象才能说是不知,所以对象在心智(jnana)之呈现,是透过心智的"具境"性而发生的。对一对象有所认知的同时即已察觉到有关认知的边缘与限制,心智以此未明的内容为对象,逐渐使先前模糊不明、在视线之外的背面被翻出进入视野,甚而成为焦点,因此即使未做认知的隐蔽部分事实上与已知的部分同属心智的对象,能被察觉为未知者已是对象②。

三、摄末归本。《大乘法苑义林章》云:

> 心内所取境界显然,内能取心作用亦尔。此见、相分俱依识有。离识自体,本末法必无故……诸识所缘唯识所现,摄相、见末归识本故③。

见、相二分俱为自证分末,故皆依自证分有,可同归自证分摄。所谓"自证分",依《成唯识论》卷二,指:

> 相、见所依体……此若无者,应不自忆心、心所法,如不曾更境,必不能忆故……心、心所一一生时……各有三分,所量、能量、量果别故,相、见必有所依体……所量、能量及果,此三体无别。④

---

① J. N. Mohanty, "Consciousness and Knowledge in Indian Philosophy", p. 10. 与现象学意向性概念稍异的是,在佛教唯识宗,"表识"具有其特殊的贬义,即意向性的源头是无明(avidya),它误把"识"性的相(akara)视为"外在、客观、中立"者。这一点见下文讨论。
② J. N. Mohanty, "The Dialectic of Knowledge and Ignorance", in *Exploration in Philosophy: Essay by J. N. Mohanty*, Vol. I *Indian Philosophy*, pp. 127–128.
③ 《大乘法苑义林章》卷一,(《大正藏》,Vol. 45, p. 258c)。
④ 《成唯识论》卷二(《大正藏》,Vol. 31, p. 10b)。另卷一, p. 1a–b: "识体转似二分,见、相俱依自证起故。"

应加注意的是,"自证分"也属广义的见分,因下文指:

> 后三通二,谓第二分……如是四分,或摄为三,第四摄入自证分故;或摄为二,后三(指见、自证、证自证三分)皆"见分"摄……是"能缘"义……或摄为一……此"一心"言,亦摄心所……"了别"即是识之见分。①

《成唯识论》主张八识都有能缘、所缘两分,能缘进一步分为见、自证及证自证三分②。《成唯识论》卷七的解释:

> 诸识者……皆能变似见、相二分,立转变名。所变见分说名"分别",能取相故;所变相分名"所分别",见所取故。③

分别是见分,所分别是相分,但见、相二分同属"所变",皆由能变诸识及其附带心所等"转变"出来,见、相二分同为所变,都被称为行相(akara),即《成唯识论述记》所说,行相有二,一者见分……二者影像相分,名为行相。④ 而专就能变是八识见、相二分的共同基础这一角度来说,又以自证分称谓之。自证与见、相二分合共三者构成一缘起关系,《成唯识论》卷一就三者关系说明如下:

> 变谓识体转似二分,相、见俱依自证起故。依斯二分,施设我、法;彼二离此无所依故。⑤

《成唯识论》直接把自证分与识变现其相分挂钩。《成论》在卷二讨论陈那识三分说,即相、见及自证三分,采取的进路与术语都是量论式的,因此三分依序分别等同所量(prameya)、量(pramana)及量果(pramana-phala),并特别引述陈那《集量论》颂文:"似境相所量,能取相、自证即能量及(量)果,此三无别体。"⑥因此起码在陈那

---

① 《成唯识论》卷二(《大正藏》,Vol. 31,p. 10b)。
② 《成唯识论》卷二(《大正藏》,Vol. 31,p. 10b – c)。
③ 《成唯识论》卷七(《大正藏》,Vol. 31,p. 38c)。
④ 《大正藏》,Vol. 43, p. 317b。
⑤ 《成唯识论》卷一(《大正藏》,Vol. 31,p. 1a – b)。
⑥ 《成唯识论》卷二(《大正藏》,Vol. 31,p. 10b)。

身上,量果与自证分是等同的,陈那对自证分的定义:

> 相、见所依自体……即自证分,此若无者,应不自忆心、心所法,如不曾更境,必不能忆故。①

这说明自证分是对所更境自忆的能力,因而是在过去、现在、未来三世中相续,并明显有经验成分的流程。只是据《成论》所述,陈那的识三分说重点是放在现在与过去两世上,而玄奘则在这基础上把自证分或量果的角色进一步由现在推向未来,解释现在的自证分生起下一刻的见、相二分②。当识或能缘的本、末关系以量果及自证分为基础,则其亦一并继承了其经验性格。

这在逻辑上难免有循环自闭之嫌③,此一疑问遂带出经验的基本结构在时间向度上的立体性,即唯识宗对流转(samsara)问题的特殊理解。本来,以过去行径与经验决定现在的心智及存在状态并不是唯识宗独有见地,却是佛教内部广泛共许之业(karma)论,但唯识宗独特之处在于,不单过去行径决定现在心智状态,且过去行径所涉及对象也参与现在活动所涉及对象的意义构成过程,故构成眼下经验的能所关系是过去以相同的基本关系形成之经验在时间上的结构性伸延④。在能所关系中,时间在意识经验中的伸延所以可能,实端赖唯识宗对识(vijnana)的理解除了强调它是"具境"者,因而本质上就是指向对象外,更涉及它是有相(akara)及"自照"者,因而也就是反思的(Reflexion)⑤,即它是"自证"的。

---

① 《成唯识论》卷二(《大正藏》,Vol. 31,p. 10b)。
② Z. H. Yao(姚治华),*Knowing that One Knows: The Buddhist Doctrine of Self-Cognition*,Ph. D. Dissertation,Boston University,2003,pp. 211-240 论陈那与护法自证分的差异。
③ J. N. Mohanty,"A Fragment of the Indian Philosophical Tradition-Theory of Pramana",*PEW* 38,1988,pp. 258-259.
④ R. King,"Vijbaptimatrata and Abhidharma Context of Early Yogacara",p. 11.
⑤ J. N. Mohanty,"Consciousness and Knowledge",in *Reason and Tradition in Indian Thought*,pp. 49-50.慕瀚谛指出"自照"就是对经验者正在经验之自知,其角色有强、弱两种程度的不同界定。较强的提法是,每项意识状态都有"我知"相伴,但慕氏指出此说太明显与日常经验不符。反之较弱的提法被视为较接近经验,即"我知"是构成经验之必然可能性,虽由事后反省才明显浮现,但在前反省的经验中已具此可透明性。

四、隐劣显胜。《大乘法苑义林章》云：

> 心及心所俱能变现，但说唯心非唯心所，心王体殊胜，心所劣依胜生，隐劣不彰，唯显胜法……虽心自体能变似彼见、相二现，而贪信等体亦各能变似自见、相现，似心胜故说，心似二。心所劣故隐而不说。①

见、相二分所归之本或所唯的心是心王（即"八识"），而不是"心所"。识别或理解的功能主导着附从的情绪心理范畴。前文"舍滥留纯"从量论到识论的过转所以可成功连接，还涉及印度哲学，特别唯识宗佛学对"认知"的理解。印度哲学中的量（pramana）概念并非西方哲学意义下的知识（knowledge），而严格来说量论（Pramanavada）也不尽是西方意义下的知识论（epistemology）②。慕瀚谛的另一学生比利莫里亚（P. Bilimoria）在其以智（jnana）与量（pramana）二概念为线索来讨论认知之道的一篇论文中指出，印度哲学对命题态度（propositional attitude）的重视不下于命题本身的真假③，因为态度或意向本身的诸多样态④介入命题意义的形成，所以认知（cognition）虽然以量（pramana）为充分条件决定命题，但却以识（vijnana）或智（jnana）为必要条件，后者包括涉及实存（existential）态度的大量心绪（mood）概念⑤。对命题态度在意义建构及认知活动中角色的正视，遂进一步把识论以认知问题为主导的外表剥开，展现出与认知一体相连的价值（axiological）及实存（existential）向度⑥，说明认知对象不单不离存在或价值问题，甚至是后者的伸延或

---

① 《大乘法苑义林章》卷一（《大正藏》，Vol. 45，p. 259a）。
② G. Dreyfus, *Recognizing Reality*, pp. 285 - 288，即指出西方佛学界的量论研究近年有两种不同路线：知识论与现象学式的进路。又见 J. N. Mohanty, "Nature of Indian Philosophy: Theory of Pramana", in *Exploration in Philosophy: Indian Philosophy*, p. 5. 事实上笔者倾向以"带有实存意涵的认知现象学"（phenomenology of cognition with existential implication）来理解包括量论在内的佛教认知研究，而不大愿采用英美意义下的知识论（epistemology）之概念。
③ P. Bilimoria, "Jnana and Prama: The Logic of Knowing — A Critical Appraisal", *JIP* 13, 1985, pp. 74 - 75. 西方知识论关心的是独立于意向之外数学式命题的"客观"真假，能被量化则更佳，但从事认知活动时的心态向不受理。
④ P. Bilimoria, "Jnana and Prama: The Logic of Knowing", p. 73, 76, 枚举了众多例子，部分与唯识宗所列的"心所"，尤其烦恼心所略近，而唯识宗清楚指出，这些心所都是有意义对象的态度。
⑤ P. Bilimoria, "Jnana and Prama: The Logic of Knowing", p. 76.《成唯识论》卷六："诸烦恼皆有相分，而所仗质或有或无。"（《大正藏》，Vol. 31，p. 33a）
⑥ S. Bhattacharyya, "Phenomenology and Indian Philosophy", in J. N. Mohanty (ed.), *Phenomenology and Indian Philosophy*, SUNY Press, 1992, p. 56, 指出印度哲学不大有像康德对主体二分的预设。意识在认知、感受、行动等不同活动方式上是一体多面地互相扣叠。

派生的支体①,因此认知对象也不可能在与意向态度脱钩的情况下被独立讨论。也许可借胡塞尔(E. Husserl)一位日籍学生北山淳友(J. Kitayama)的现象学式唯识宗研究对对象(Gegenstand)的理解来做说明:

> 佛教意义下的认知对象不只是思维者的对象,同时也是感受者的对象、欲望者的对象及行动者的对象,最后也是观看者的对象及喜好者的对象……对象不仅在认知层面上存在,却更可在实存层面上被了解和被触及。②

五、遣相证性。《大乘法苑义林章》云:

> 识言所表具有理事,事为相用遣而不取。理为性体应求作证……见圆成遣依他。③

在前一重的隐劣显胜中,已显存心王,但心王仍有事、理之别,今遣依他相用以证圆成之实性。若以唯识宗的"五位百法"来说,心王、心所、色法、不相应行法及无为法中,前四位属所遣相,证第五项。另一方面,五重唯识观当中唯此离"二取"相,依《成唯识论》:

> 入"通达位,其相云……'若时于所缘,智都无所得,尔时住唯识,离"二取"相故'……此智见有相无。说无相取,不取相故。虽有'见分',而无分别,说非能取,非取全无。虽无'相分',而可说此带如相起"。④

---

① J. N. Mohanty, "The Dialectic of Knowledge and Ignorance", in *Exploration in Philosophy: Indian Philosophy*, p. 126; R. King, *Early Advaita Vedanta and Buddhism: The Mahayana Context of the Gaudapadaya-karika*, SUNY 1995, p. 172 – 173.
② J. Kitayama(北山淳友), *Metaphysik des Buddhismus: Versuch einer philosophischen Interpretation der Lehre Vasubandhus und seiner Schule*, Stuttgart: Verlag von W. Kohlhammer, 1934, s. 61. "Der Gegenstand der Erkenntnis im buddhistischen Sinn ist nicht nur der Gegenstand des Denkenden, sondern zugleich des Fyhlenden, des Wollenden und des Handelnden und zuletzt des Schauenden und Liebenden ... Der Gegenstand ist nicht nur erkenntnismassig vorhanden, sondern auch existenziell erfasst und ergrif."引文由笔者中译。
③《大乘法苑义林章》卷一(《大正藏》,Vol. 45, p. 259a – b)。
④《成唯识论》卷九(《大正藏》,Vol. 31, pp. 49c – 50a)。

以八识心王的缘起相为依处而见其自性空：

> 尔时，乃名实住唯识真胜义性，即证真如。智与真如平等平等，俱离能取、所取相故；能、所取相，俱是分别有所得心戏论现故。①

在整个五重唯识观里，从众生存在处境的妄实或解脱论角度而言，"遣虚存实"是总相，即方向，余四是别相，即内容；从缘起与空性之间关系而言，前四是唯识的缘起相，称"唯识相"，最后一项是以缘起为依处而见的空性，即"唯识性"。前四称方便唯识观，观一切法依虚妄分别心重现，体不可得，唯观所取外境无，皆唯有识起。最后一项称真实唯识观，观内部虚妄心识亦无实体，证所取、能取皆依缘而起，故自性空。传统称此禅观进程是"重重别明，如剥芭蕉，至最后归无所得"，前四重是有漏观境，唯最后一重才是无漏观境，至此方证空性；近代学者梅光羲称前者为所观唯识，后者是能观唯识②。

其实在五项当中，"遣虚存实"是以唯识语言讲出全体佛教作为宗教所共持的解脱论方向，而"遣相证性"以八识这一特定缘起为依处，表述大乘中观在存有论上的观点，即空性。所以实际上属唯识独特观点的只是舍滥留纯、摄末归本及隐劣显胜三项，扼要言之谓"摄境归识"。当中摄末归本、隐劣显胜两项用摄-归、隐-显等不带否定性质的概念安排见、相及自证等分的结构，突显其虽有从属，却是并存的关系，而与遣虚存实、舍滥留纯两项以遣-存、舍-留所表的否定或遮除有异，从而表明唯识直接相关的三项之间是以统合性作为彼此差异的基础。

从唯识宗解脱论的五道位来看，除最后的"遣相证性"列见道位（darsana-marga）③外，余者未越加行位（prayogarastha）④，故五重唯识观的受众以凡（prthag-jana）位为主，甚至"遣相证性"亦只是修道位（bhavanamarga）⑤那漫长转依（asrayaparavrti）⑥历程的起步点。若以根本佛教四谛来定位之，虽浅涉道谛，即"遣相证性"，但主要属苦、集二谛。《成唯识论》卷十提到，凡有漏识上所变现者，同能

---

① 《成唯识论》卷九（《大正藏》，Vol. 31，p. 49c）。
② 梅光羲编，《五重唯识观注》，台北：广文书局 1977 年，第 1 页。
③ 《成唯识论》卷九（《大正藏》，Vol. 31，pp. 49c—50c）。
④ 《成唯识论》卷九（《大正藏》，Vol. 31，p. 49a—c）。
⑤ 《成唯识论》卷九（《大正藏》，Vol. 31，pp. 50c—54b）。
⑥ 《成唯识论》卷十（《大正藏》，Vol. 31，pp. 54c—57a）。

变识皆是有漏,纯从有漏因缘所生,是苦、集摄,非灭、道故。① 指出这一点有助理清唯识宗观法在内容与主题上的重心所在,免除混淆。

三、"五重唯识观"在唯识宗五道位解脱论内的角色

(一)认知真实:密契体验与证空

故此,笔者委实无法同意像芬兰学者派赛尼(I. Pyysiainen)一类的观点,举凡涉及禅修,即不问情由地滥用神秘主义(mysticism)标签包括唯识宗在内的所有佛教教义②。这高度歧义的语词,若欠严格界说,则只会造成更多混淆误导。其混淆乃在于把不同性质与阶段的"禅观"混为一谈,其误导则如河村澄雄(L. Kawamura)一篇讨论佛教脉络下的神秘主义的论文指出,制造缘起与空性、日常生活与宗教体验、凡与圣是相斥的断层关系之错觉,不合实情地夸大智性与宗教禅观之间的距离,并错误地切断两者应有的延续性③,故应采取更审慎的态度定位唯识宗瑜伽行与所谓佛教密契体验之间的关系。

对"真实"的直观固然是宗教经验最精纯及透彻的形态④,但由于宗教经验的内容实难脱特定教义的角度,难做中性处理,故有宗教心理学家主张:宗教经验在心理层次上的共通性或可沟通性高于教理的其他环节⑤,故从心智机制入手是一避开

---

① 《成唯识论》卷十(《大正藏》,Vol. 31,p. 59a)。
② 见芬兰赫尔辛基大学宗教学系 I. Pyysiainen, *Beyond Language and Reason*:*Mysticism in Indian Buddhism*(Helsinki, 1993),对唯识宗下"神秘主义"论断的章节在 pp. 116 - 124,151,153,155。派赛尼粗糙、生硬而简化的推论实源自他对佛教思想的理解有欠精确,对该书的类似批评见以下书评:R. Jackson, "Review Article:How Mystical is Buddhism?", *AP* 6(2),1996, pp. 151 - 152。
③ L. Kawamura(河村澄雄), "Mysticism in a Buddhist Context", in D. H. Bishop(ed.), *Mysticism and the Mystical Experience*:*East and West*, Associated University Press, 1995,pp. 261 - 262,尤其 pp. 268 - 269。河村氏最重要的观点是指出宗教经验中言之距不过是日常经验中相同关系之伸延,所谓不可说、不可思议本属日常的语言常态,非宗教体验独有。其次,密契体验所揭示的"真实"在日常世界中并非毫无迹象可寻。
④ 杜普瑞(L. Dupre)著,傅佩荣译,《人的宗教向度》(*The Other Dimension*),台北:幼狮文化出版社,1986 年,第 471 页。
⑤ Han F. de Wit, trans. by M. L. Baird, *Contemplative Psychology*, Pittsburgh:Duquesne University Press, 1991, p. 29。

内容歧义的进路,着眼于觉受(feeling)或认知,提出如顶峰体验(peak experience)①或密契直观(mystical intuition)②等观念。其特性:一、从能知来说,指不依语言、文字、概念为媒介的直接认知经验;二、从所知来看,密契体验的对象通常被目为具有存有论意义上的终极或究竟(ultimate)性质。故密契体验之特性是"认知真实"。依此,"五重唯识观"当中唯最后"遣相证性"一项略近密契体验,因"证"指心智进入无分别之瑜伽现量(yoga pratyaksa)③的认知状态,所证之性乃指诸法究竟性,即空性④。但即使如此,瑜伽现量也不见得真的完全与智性无关⑤。而"遣相证性"亦不过是唯识五道位的见道位,仅属初证真如。从解脱论的角度来说,证性只是修道的初入门槛⑥,

---

① 顶峰体验(peak experience)是存在主义心理学的概念,由马斯洛(A. H. Maslow)提出。见彭运石著,《马斯洛的人本心理学》(汉口:湖北教育出版社,1999年),第五章《高峰体验》,第166—192页。最经典的心理说明当然出自詹姆斯(W. James),见蔡怡佳、刘宏信译《宗教经验之种种》(*The Varieties of Religious Experience*),台北:立绪出版社,2001年,"密契主义"两章,特别是第458—459页。

② 笔者在 W. T. Stace, *Mysticism and Philosophy* (London, 1960),首章第五(V)节(pp. 32-33)的观点之基础上再做修改,明确区分以下两个表面上意义似乎相近的观念:mysticism 与 mystical intuition/experience。前者沿用通俗而略带贬义的中译"神秘主义",后者用较中性的中译"密契直观/体验"。前者不单涉及存有论层次的真理宣称,更重视禅修等有关宣称的认知来源、裁判及证成基础等多种不同角色,因为有关真实"超越"概念思维、智性与语言的思考、理解与描述范围以外,禅修是完全异质于以上机制的另一层次认知能力。但"密契直观/体验"则只是心智的一种特殊认知状态,它本身既不能负责裁判其对象的妄实,因而在禅修外另有独立标准审查内容能否证立,而且此一认知状态与概念思维、智性及语言等功能之间有着一定的延续性。

③ 有关"瑜伽现量",见 C. McDermott, "Yogic Direct Awareness as Means of Valid Cognition in Dharmakirti and Rgyal-tshab", in M. Kiyoto (ed.), *Mahayana Buddhist Meditation*, UHP, 1978, pp. 144-166; J. Woo, "Dharmakirti and his Commentators on Yogi-pratyaksa", *JIP* 31, 2003, pp. 439-448。

④ G. Nagao, "What Remains in Sunyata: A Yogacara Interpretation of Emptiness", in *Madhyamika and Yogacara: A Study of Mahayana Philosophies*, SUNY, 1991, pp. 51-60。长尾雅人指出,从唯识宗的角度来看,"证空"不单在心智上有其动态的侧面,且对象亦是意涵明确,远非笼统的一无所有或一片空寂,不应与修"止"的某些觉受片段混为一谈。

⑤ 这指以分别思维或比量方式运作的"思所成慧"是以现量(专指"瑜伽现量")方式运作的"修所成慧"的正因,故此概念理解远不只是在密契体验过后提供对它的诠释,毋宁说概念理解本身直接参与建构该等体验的内容,见 J. I. Cabezon, *Buddhism and Language*, p. 97, 118, 191 等。这种关系引申的另一个更广阔的层面是肯定日常散心位与宗教定心位之间的可延续性,见 A. Klein, *Knowledge and Liberation: Buddhist Epistemology in Support of Transformative Religious Experience*, New York: Snow Lion Publ., 1986, p. 219。另可见河村澄雄(L. Kawamura)前文。

⑥ P. Williams, "Non-conceptuality, Critical Reasoning and Religious Experience: Some Tibetan Discussions", in M. McGhee (ed.), *Philosophy, Religion and Spiritual Life*, Cambridge University Press, 1992, p. 205。单纯"证空"的密契体验在佛教整个解脱实践中只是一必要但却未完成的宗教半制成品。"证空"本身根本不是修道的目的,却只是真正实践的起步点,见 J. Hopkins, "Ultimate Reality in Tibetan Buddhism", *CBS* 8, 1988, p. 120。

更不要说在唯识宗观法五重唯识观当中,最骨干或最具唯识宗特色的环节都非关密契体验。

故此,尽管同作禅观,但唯缘空性,并于心智上入瑜伽现量状态,才称密契体验,因此是否密契体验之判准不只在现量,更在所缘是否属究竟性。佛教禅观是一由观虚妄到观真实之移转过程,这延续体(continuum)是以互相逐渐消长的方式形成的。认知虚妄之构成乃是认知真实的序幕,未经此清理,真实认知无从着手;反之,最隐晦的虚妄,亦唯有在圆满证知真实后才可能被彻底对治。而在五重唯识观,真正富唯识宗特色的三项观法皆偏重观虚妄之构成,这清楚显示唯识观法的重心基本上不直接涉及空性或密契体验。

何况,《成论》甚至指出,即使"见道位",亦分为真、相二层见道,前者依"无分别智"起,后者是依比量或概念而起的认知[①],因此就算在见道位,对真实的认知也不必然是密契体验,即瑜伽现量。故此从佛教内的观点来看,五重唯识观虽然是宗教意义下的禅观,但近乎全部未涉及无分别智或瑜伽现量,既未触及真实,其经验的性质亦绝非密契体验,因此绝对不应以它是超越理性为借口而拒绝对它的内容做理性说明的要求。

(二)认知虚妄:病理分析

划下这界线后,便可完全排除把唯识禅观视为"神秘主义"之可能,并另行引用荷兰宗教心理学家汉·德威特(Han F. de Wit)的概念内观心理学(contemplative psychology),考察唯识宗观行在尚未入密契体验阶段以遣相证性前的禅观性质,即认知虚妄或有漏观境。依德威特,内观心理学是:

> 宗教传统内的心理洞察力、心理知识与心理方法……它悉力锻炼心智,旨在首先,辨察我们对世界之经验方式及它如何与行为相连,不管这些经验模态是污染的或是清净的;其次,辨察那些在修道历程上有助行者转变对世界之经验模式及相关行为方式的灵修方法或操练……此等心理上的洞察力、知识与方法把焦点放在与灵性生活特别相关的那些心理侧面上……内观心理学不是

[①] 《成唯识论》卷九(《大正藏》,Vol. 31,p. 50a)。

立场中立的知识描述，却是规范禅修及日常实践所用的灵修指引。①

依德威特，内观心理学是宗教内部用于自我认知及自我转变的系统心理知识与心理方法②，由于其问题焦点是无明、虚妄等众生处境的构成、维系与转变，所以探讨心智机制要比从任何其他领域入手来得直接。虽然，内观心理学包括上述两项课题，但作为宗教践行，认知心智现况只为转变这现况做预备，因而要旨乃在促使心智的转变，即唯识宗所说的"转识成智"或"转依"。据此回头考察佛教的禅观或瑜伽行时，才能理解为何现代佛学研究会用"转变心智"这一动态概念来定义貌似静态的禅观或瑜伽行的本质，例如格里菲斯（P. Griffiths）在其讨论印度佛教禅修的一文内，把禅修（meditative practice）定义为自觉地依系统而一贯的方式转变行者的知觉、认知及情感意识体验之技术③。这明显是依修观（vipasyana-bhavana）而不是修止（samadhi）成就④，因此禅观之目标是转移错误认知及知觉，却不是把意识内容化约为一无所有，毕竟"止"在实践上并无独立意义及价值⑤，同时"观"也不是单纯的自我认知，却有其主动从事对治及透过建立新经验以改变、取代旧经验之作用，使行者的人格与佛教教义共延（coextensive）⑥。

当然，促使现状转变，还先要理解现状的构成，若欠此前提，转变亦无从入手，因此佛教认为需要系统地认知无明的心智机制。格里菲斯尤其指出，因为这认知是由不满现况、要求转变的动机所推动，并以此为目标，故此要求自我认知就已是转变，认知虽非完整的转变，两者却也不是无关的⑦。内观心理学虽然承认成长或转变的可能性，但同时兼持一现实态度正视众生堕落之事实⑧。因此内观心理学意

---

① Han F. de Wit, *Contemplative Psychology*, pp. 1–2.
② 有书评指德威特的"内观心理学"概念并非旨在勾勒他所发明（create）或创制的心理学大计，而只整理他所发现（discover）的在不同宗教间仍具共通性的修行用心理知识，见 *JJRS* 20(1),19, p. 84.
③ Paul Griffiths, "Indian Buddhist Meditation", in Y. Takeuch（武内义范）(ed.), *Buddhist Spirituality*, SCM, 1993, pp. 34–36.
④ P. Griffiths, "Indian Buddhist Meditation", pp. 36–37.
⑤ P. Griffiths, "Indian Buddhist Meditation", p. 60; G. Dreyfus, "Meditation as Ethical Activity", p. 45.
⑥ P. Griffiths, "Indian Buddhist Meditation", p. 50. 例子是修慈、悲、喜、舍观。
⑦ P. Griffiths, "Indian Buddhist Meditation", pp. 38,49. 作者举的例子是"四念住"，虽然念住的主旨是观察与认知，但当把心念由其正在参与之某一情绪内抽拔出来，反身观察该心绪的生灭起伏，这心念角色的转移无可避免地将减弱炽烈心绪的强度。
⑧ Han F. de Wit, *Contemplative Psychology*, p. 18.

义下的认知,并非指认知外在实况,却是认知众生内在心智上的无明、愚痴、虚妄、颠倒的构成,所以不是对知(knowing)的知识论分析,却是对不知(not knowing)的知识论分析,德威特称此为无知的认知论(an-epistemology)①,也可说是对烦恼、所知二障做病理学式(pathological)的探讨。

上述的分疏说明了佛教禅观有三层次序虽相续但性质却不同的功能,分别是认知虚妄、认知真实及转妄为实三项。依唯识宗解脱论用语,第一是五重唯识观内除"遣相证性"外的前四项,即加行位;其次是证空的见道位;第三是转识成智的修道位。此一对禅观三层功能的划分亦大体与临床心理学(Clinical Psychology)对上座部内观(vipassana)目标的三分不谋而合②,可见其发展是一脉相承的。若以四谛架构或医喻来说,认知虚妄就是认知"相续由内因缘,不待外缘,故唯有识⋯⋯三际轮回不待外缘,既由内识"③,约略四谛中苦、集二谛或病理剖析,密契体验及转妄为实的修道则略近四谛的道谛或治疗④。

依此结构考察唯识宗的观法,则在"五重唯识观"中除"遣相证性"一项与密契直观相关,并隐然涉及五道位中修道位的转依课题外,真正具唯识宗特色的舍滥留纯、摄末归本、隐劣显胜三项是旨在认知构成虚妄的心智要素,连较主动的对治也还算不上,因此五重唯识观显然只相应于德威特内观心理学的"无知的认知论",以病理学式的分析,揭示构成无明虚妄的心智要素⑤。

四、五重唯识观与现象学方法

以上主要是从佛教教理内部,尤其禅观思想的脉络说明五重唯识观的性质,然而本文的目的不在讨论禅观本身,却是要探讨禅观作为一个宗教方法,背后所具的哲学意涵,所以第四节将引入现象学讨论,说明五重唯识观除了作为禅法外,可以如何作为一个哲学方法来理解。

---

① Han F. de Wit, *Contemplative Psychology*, p. 93.
② J. Engler, "Therapeutic Aims in Psychotherapy and Meditation", in J. Engler and D. P. Brown, *Transformations of Consciousness*, p. 21.
③ 《成唯识论》卷八(《大正藏》,Vol. 31, p. 45a-b)。
④ 本文未及处理以上三种功能中的第三项,即唯识五道位中修道位的"转识成智"或"转依"。
⑤ Han F. de Wit, *Contemplative Psychology*, p. 6.

到目前为止,我们已依四谛、五道位等架构定位(locate)唯识宗特有观法的确切角色,并从内容上剖析唯识观法的实质意涵。下文将借助胡塞尔现象学方法的部分观点进一步阐释五重唯识观作为宗教方法的哲学意义。在当代佛学界,循先验哲学、现象学线索探讨唯识宗乃是一有悠久渊源而到近年特别受倚重的进路,其中视"瑜伽行"为印度版本的现象学还原亦非罕见,只是专题以唯识宗禅观为个案者则较少见。大多都较笼统地讨论印度瑜伽行,实际上几乎全指婆罗门教的瑜伽派禅修[1]。而从"实践现象学"讨论佛教慈悲观的修法则更多偏重前文所述禅观三类功能中的第三类,即"转识成智"一类[2]。但本节的目的却是借助现象学的方法概念(Methodenbegriff)[3],在态度及方法两方面为内观心理学对"无明"的病理学式知

---

[1] 就笔者手上搜集得的论文而言,全都以婆罗门教瑜伽派行者巴丹阇梨(Patanjali)的《瑜伽经》(*Yogasutra*)为题,与胡塞尔或梅洛-庞蒂(Merleau-Ponty)现象学做对比,尤其集中在舍(nirodha)与还原、悬置等现象学概念的对比上。虽然在义理上婆罗门教、佛教差异甚巨,但若审慎处理,婆罗门教禅观与现象学方法之间的对比,仍可为理解佛教禅观的哲学意涵带来一定启发。见 R. Sinari, "The Method of Phenomenological Reduction and Yoga", *PEW* 15(3-4), 1965, pp. 217-228; R. Puligandla, "Phenomenological Reduction and Yoga Meditation", *PEW* 20(1), 1970, pp. 19-33; A. C. Paranjpe and R. K. Hanson, "On Dealing with the Stream of Consciousness: A Comparison of Husserl and Yoga", in A. C. Paranjpe (ed.), *Asian Contributions to Psychology*, NY: Prager, 1988, pp. 215-230; I. Whicher, "Nirodaha, Yoga Praxis and the Transformation of the Mind", *JIP* 25, 1997, pp. 1-67; J. Morley, "Inspiration and Expiration: Yoga Practice Through Merleau-Ponty's Phenomenology of the Body", *PEW* 51(1), 2001, pp. 73-82; S. Sarukkai, "Inside/Outside: Merleau-Ponty/Yoga", *PEW* 52(4), 2002, pp. 459-478。

[2] 实践现象学主要从交互主体性(Intersubjektivität)方面讨论佛教"慈悲"观,例如 I. Yamaguchi(山口一郎), "Phänomenologie des Du"及 N. Depraz, "Empathy and Compassion"。前文以日本禅宗为例,后文以早期藏传佛学的印度中观论师寂天及阿底峡为例。以上两文分别中译为《"你"的现象学》及《作为体验实践的同感与同情:现象学分析与佛教教义之比较》,同刊于《哲学译丛》2001 年第 4 期,北京:中国社会科学院哲学所,第 9—23 页。至于从现象学角度探讨第二类佛教禅观,即"认知真实"或"证空"者,可见 N. Depraz 另一文章"Coping with Death before Death",中译为《死亡之前应对死亡——基要现象:神性放弃与无之间的空性》,刊于《现象学在中国》,上海:上海译文出版社, 2003 年,尤其第 440—445 页。

[3] H. Spiegelberg, *The Phenomenological Movement*, Kluwer Academic Publ., 1981, p. 679。方法是现象学内部较具一致共识的课题。笔者此一安排除参考现象学界本身对现象学"下定义"时所采取的态度外,也同时参考佛学界运用现象学讨论佛学时所理解的"现象学"。见 G. Kopf, "Toward Transcendental Relativism: Reading Buddhist Non-Dualism as Phenomology", in B. Gupta (ed.), *The Empirical and Transcendental: A Fusion of Horizons*, Rowman & Littlefield Publ., 2000, p. 120,区分"现象学"作为专有名称与通称,前者指现代西方哲学一个特定传统,后者指可通用于不同课题或内容上的特定哲学方法。另见 Paul Griffiths, "Pure Consciousness and Indian Buddhism", in R. K. C. Forman (ed.), *The Problem of Pure Consciousness: Mysticism and Philosophy*, Oxford University Press, 1990, p. 73,区分"现象学态度"与"现象学的内容"。笔者借用科普夫(G. Kopf)与格里菲斯(P. Griffiths)二氏的理解,兼取态度与方法二义。

识论分析提供启发。现象学悬置(epochu)有助于说明烦恼、所知二障作为无明的症候(syndrome)是如何被承认的;现象学还原法(phänomenologische Reduktion)有助于阐明唯识宗用作逆观烦恼、所知二障构成的宗教操作(五重唯识观)所依赖之准(quasi-)超越论的(transzendental)进路。前者是唯识宗与一切佛教禅观的共通起步点,后者是唯识宗观法的特定进路。

(一)佛教禅观、现象学态度与现象学还原法

盖伊·沃森(Gay Watson)在其当代心理治疗及佛教修道理论的比较研究中指出,佛教最基础性的禅观,如"念住"是旨在揭示不做禅行便不易被察觉(虽不是什么潜意识或意识外)的身心反应,重新察觉到名言、智性的省思判断与情感、体验、行为之间的原初联系①。禅修的初阶是学习在不附带价值判断或判断性情绪的情况下对出现的任何觉受进行纯粹观察,既暂搁与该觉受相关的背后缘由事件之联系,亦与兼起的其他情感脱钩②。透过纯观察,既对任何陌生或受抗拒的觉感保持开放,不做压抑、拒绝或否认,但也不放纵、执求之而陷身其中,失去距离③。唯察受、想、行等的刹那生灭成败相续相,把心智定在接收(receptive)而非反应(reactive)状态中,借助观察觉受的出现,理解其缘起,从而摆脱半强迫的模式化惯性身心反应及隐藏在内未经检讨的世界观或价值态度④。以便熟悉、接纳、重估及扩大个人可承受(bearable)的经验空间,而不以逃避、压抑的方式否认异己经验的存在。因此不沿用既有态度下判断及观察觉受的生灭过程遂成为基础禅观的守则⑤。

现象学方法的基本步骤是悬置(epochu)或借数学为喻的"加括号"。对于一切未经

---

① 见其伦敦大学博士论文改写的专书:Gay Watson, *The Resonance of Emptiness: A Buddhist Inspiration for a Contemporary Psychotherapy*, London: Curzon Press, 1988, Ch. 6,尤其 pp. 161-162,作者在此借海德格尔的现身状态(Befindlichkeit)一语概括之。
② G. Watson, *The Resonance of Emptiness*, p. 160.
③ G. Watson, *The Resonance of Emptiness*, pp. 251-252.
④ G. Watson, *The Resonance of Emptiness*, p. 152. 作者借海德格尔"以随意(Gelassenheit)替代思维(Andenken)或思虑(Besinnung)"一语指以接收代替反应。另见 G. Dreyfus, "Meditation as Ethical Activity", p. 47,指"念住"此一禅观专以感官经验及意识为对象,其特性是"倾听"或"接纳",而不是"反思"与"探索"。
⑤ G. Watson, *The Resonance of Emptiness*, pp. 155-158,这是佛教众多烦恼范畴指的状态。

检讨、习以为常的价值观或判断,现象学称之为自然态度(naturliche Einstellung)①,俱依信仰态度而立。悬置或加括号是对既有成见有效或真确与否中止判断(Urteilsenthaltung)、存而不论,并拒信(Glaubensverweigerung)②之,引申的无立场性、无倾向性及无前提性揭示了现象学的头号宗旨,即排除或排斥既有判断。悬置并无意否定任何对象,只是透过改变态度,把对象从自然看法之掩饰中解放出来,以为对对象的新经验做预备,支持直观。故悬置是以中立转变(Neutralitätsmodifikation)达成以下目标:扩阔及加深直接经验之范围,以便更充分、更如实地倾听现象,尤其关切被化约主义简化前经验的原初样态,所以对经验的真正认知是以宽宏与尊重,却不是简化与征控为起点③。

特别在实施现象学描述的最基本探讨时,无权以任何价值审查、忽视或隐匿经验,从根基上损害经验的完整度④,真正的哲学无理由也无权忽略任何现象⑤,特别对不见容于既有判断的异己经验,现象学尤重视以平等、公正的态度把它放在与其他经验同等的水平上看待之⑥。现象学悬置的这一切态度皆与禅观初阶的目的类似,但却又能以更具哲学敏感度的方式揭示做此禅修背后的原委。上述借助现象学观念对佛教禅修最基本宗旨的补充,固然适用于唯识宗,也是佛教整体在禅修上的基本共通起点⑦。

另一方面,禅修标准操作的第一步是始自调身及蓄意暂时悬置,或起码尽力降低外感官活动,以实现感官活动的中立化,落实分隔心智不同功能环节的第一步,中止意识无定向地不断被外感官牵扯的被动状态,并作为后续系列再分隔的起

---

① 依胡塞尔的助手奥伊根·芬克(Eugen Fink)对自然态度(naturliche Einstellung)的补充是"主体性的被世界化过程中的自我外化之自忘性,特质是持信仰态度"。见 F. Fink, "Reflexionen zu Husserle Phänomenologischer Reduktion", 1971,靳希平译,《对胡塞尔现象学还原的反思》,收于倪梁康编《面对实事本身:现象学经典文选》,北京:东方出版社,2000年,第572页。
② 芬克对"拒信"的补充是"与其说是否定或毁坏之,倒不如说是反身地观察……因为我们作为厕身经验中的人,根本不能制止经验,却只可自我分裂为经验与观察经验的旁观者,以反身方式理解原素朴经验"。见他另一文章 E. Fink, "Operative Begriffe in Husserls Phänomenologie",黄文宏译,《胡塞尔现象学的操作概念》,收于《面对实事本身:现象学经典文选》,第596页;这一点尤其与佛教禅修的基本观法例如"念住"等观法的操作方式类近。
③ H. Spiegelberg, *The Phenomenological Movement*, pp. 679 – 681.
④ H. Spiegelberg, *The Phenomenological Movement*, p. 689.
⑤ H. Spiegelberg, *The Phenomenological Movement*, p. 703.
⑥ H. Spiegelberg, *The Phenomenological Movement*, p. 709.
⑦ 不单唯识宗,即使是南传上座部或藏传佛教,在这一点上也是共通的。例如宁玛派(Nyingma)行者即以对一己经验保持"开放、坦诚、无欺、负责"的态度作为禅修的基本精神,见 Tarthang Tulku, *Gesture of Balance*: *A Guide to Awareness*, *Self-healing and Meditation*, Dharma Press, 1988, pp. 17 – 36。

步点①。意识与感官在日常状态中的联合运作为认知无明、虚妄的心智机制带来障碍,因复杂的动态处境对未经训练者而言根本不堪理解,故此调身实际上就是透过从操作上分隔两种功能,降低意识的运动幅度与复杂程度,以便观察。格里菲斯的《印度佛教禅修》一文指出,即使以成就"定"为目标的整个修"止"进程(四禅),同样在逐层分隔(viveka)不同意识功能,使意识透过逐渐降低动态幅度之方式,在静态(或半、低动态)中呈现其多层次结构,例如初禅首先分解出爱欲(kama)及五障(nivarana),留下完整的思维及二类情感;二禅分解出寻(vitarka)、伺(vicara)两类思维活动,留下喜(priti)、乐(sukha)情感;三禅分解"喜",留下"乐";四禅则连"乐"也脱落。尽管这是修"止"或定,但仍然会维持最起码的认知,自知每一阶段透过分隔所留下的活动类型,同时被分离出来的成分并非被否定,却只是理解到它在整个系列内身处何位②。

虽然"四禅"只属佛教禅修中的"止"或"定",但已隐约透露出构成众生经验之心智多层活动的端倪。真正逆观经验,明确揭示构成经验之层层心智环节,自非早期佛教的观缘起莫属,无论这是指三支(惑业苦)、五支、七支、九支或标准化的十二支。由于此间所观缘起,主要是指内缘起,而未明确处理外缘起③,故而是从苦谛出发逆观构成流转(samsara)缘起之心智或意识条件之心理还原。

(二) 从缘起观之心理还原到唯识观之准超越论现象学还原

就经验者对构成经验之内在条件做自我认知这一特定意义来说,唯识宗观法在佛教内绝非毫无前例或渊源可言。唯识宗观法一方面毫无疑问是继承并接收早期观缘起的还原,但另一方面唯识观法却把这方法贯彻于早期佛教尚未顾及的领域。五重唯识观明确地在还原(Reduktion)④中采取准(quasi-)⑤超越论

---

① 伊利亚德(M. Eliade)著,武锡申译,《不死与自由》,第58—59页。
② P. Griffiths, "Indian Buddhist Meditation", pp. 39—40.
③ 水野弘元著,释如实译,《原始佛教》,台北:慈心佛经流通处,1989年,第25页。
④ 还原(Reduktion)一概念借用自胡塞尔现象学,是一种面对物事本身(Zu den Sachen)的方法,扼要言之是一种看(Sehen)同时又是不看(Absehen)的方式,透过系列被还原(被排斥)项揭示还原剩余(被保留)项。
⑤ 笔者称唯识宗的进路仅是准(quasi-)超越论的/先验。"准"具有"拟似、仿似",因而也是伪冒(pseudo-)的即假(Trug-)之意。欧陆超越论/先验哲学意义下的"超越论的/先验"有时带有先天(a priori)特性,强调某些形式(Form)的内容及功能是纯粹的(reine),从而相对于经验来说,是完全独立的,并具严格意义下普遍性、必然性及客观有效性。这一切不单非唯识宗所主张,且从佛教缘起无我的观点来看,还隐然带有形式及功能性本质主义之嫌。

的(transzendental)①进路，把外缘起、境、一切法等摄入内缘起。

如前已述，五重唯识观内的真正唯识元素主要是舍滥留纯、摄末归本及隐劣显胜三项。三者都与准超越论的进路有着直接或间接的密切关系，当中舍滥留纯是最关键一步。"舍滥"中的舍(upeksa)指弃、除、不关心②，近于中止判断的悬置多于否定，"滥"指外境实有之设定，"舍滥"遂指悬置相信对象是超越(transzendent)③意

---

① 超越论的/先验(transzendental)一概念是借用自康德先验哲学及胡塞尔超越论的现象学之间既继承又发展的一脉相近哲学设想。即以既与人类经验(不论是认知、道德、审美、宗教等)为起步点，层层递进地做逆溯，以揭示构成此等经验的主体内在条件之结构与功能；再带着对有关条件前所不知的理解顺推而下地做动态的功能反复综合，既揭示上述经验如何形成，亦解释经验中的对象如何被构成及呈现。此一带有循环特性的哲学方法遂成为康德与胡塞尔之间的桥梁。尽管康德的哲学后裔起码还另有黑格尔古典唯心论、叔本华唯意志论及实证主义分析哲学三条线，但由于胡塞尔虽然一方面在其《现象学的观念》(*Die Idee der Phänomenologie*)一书中指出康德对其方法的彻底性上欠缺充分自觉(英译见 translated by L. Hardy, *The Idea of Phenomenology: A Translation of Die Idee der Phänomenologie Husserliana II*, Boston: Kluwer Academic, 1999, pp. 40-41；中译见倪梁康译，《现象学的观念》，上海译文出版社，1987年，第44页)，然而他在《纯粹现象学通论》，(*Ideen zu einer reinen Phänomenologie und Phänomenologischen Philosophie*, Neu Herausgegeben von Karl Schumann, Kluwer Academic Publishers, 1976)一书 s. 118-119 又认为康德在《纯粹理性批判》A版所从事的先验演绎(transzendentale Deduktion)实际上已是现象学领域内的工作，因为先验演绎的目的就是要解决范畴与对象的先验逻辑关系，使对象在范畴的构造中被建立，而康德的形上阐释(metaphysische Erörterung)与胡塞尔的本质直观(Wesenschau)或先验阐释(transzendentale Erörterung)与现象学构造(Konstition)概念之间都富对比意义。从更广义上讲，康德由感性开始，上推致知性，并完成于理性的整个对认知构成的分析也都反复使用与悬置(epochu)相近的孤立分析法，以掌握意识的自发性(Spontaneität)或主动性(Aktivität)。所以，胡塞尔是在对康德哲学方法的批评与不满的前提下，提出他认为比康德更彻底与一贯的进一步发展与使用，因此本文是从这一特定角度，有选择性地把康德与胡塞尔归为方法论上的同类。当然，笔者尽管做出此一安排，但对于康德与胡塞尔之间的巨大差异却仍然不敢掉以轻心，所以笔者在此采纳了刘国英教授的建议，分别以两个不同译词翻译康德与胡塞尔的 transzendentale，康德意义下的 transzendentale 沿用既有中译"先验"，而胡塞尔意义下的 transzendentale 采用刘国英教授建议的"超越论的"，以示区别。康德的"先验"是先于(prior to)经验而使经验及认知活动成为可能的先天(a priori)形式，这一点刚好是胡塞尔不同意康德的地方，现象学意义下的"超越论的"是指在我们既予经验内来探讨其先天(a priori)结构，因此胡塞尔才在超越论的还原之效应后谈超越论意义下的体验。当然，限于主题与篇幅，笔者无法在此对康德与胡塞尔在这一课题上的差异做太多讨论，对此的出色讨论有胡塞尔助手芬克在1933年的另一篇文章，见 E. Fink, "The Phenomenological Philosophy of Edmund Husserl and Contemporary Criticism", translated and edited by R. O. Elveton, *The Phenomenology of Husserl: Selected Critical Studies*, Quadrangle Books, 1970。上述有关胡塞尔与康德之间在"超越论的/先验"问题上的差异之说明，诚蒙刘国英教授指正，谨此致谢。
② 《汉译对照梵和大辞典》上，第279页右。
③ 借用自胡塞尔现象学的概念，与内在(Immanenz)对扬。意识通过统摄能力而超越感觉材料构造起一连同其世界视域之对象，然后又把这对象看成超越意识之外、与意识相对立的东西。见英译 E. Husserl, L. Hardy (trans.), *The Idea of Phenomenology*, pp. 31-32；中译见倪梁康译，《现象学的观念》，第33页。扼要的定义可见倪梁康著，《胡塞尔现象学概念通释》，北京：生活·读书·新知三联书店，1999年，第459页。

识的；"纯"指内在(Immanenz)①于与意识相连的关系内，作为与见分相系的相分。"境"之角色的转移把讨论的焦点从对象自身变为对象作为经验如何显现(Erscheinung)②，因此唯识宗对境/言义(artha)③所做的讨论不应依文解义地读作否定"境"或外在世界，却应理解为悬置对"境"的客观性质之确信，重新问及检讨"境"是什么，或识在"境"的意义构成中所起的作用④。故在这一特定角度下，我们可以说唯识宗透过瑜伽行揭示心识的建构取向，这乃是佛教落实到个体经验的层次，在禅行中从事现象学还原的操作⑤。

从哲学方法，或更精确地说，从"观"作为富于哲学意涵之宗教方法来看，十二缘起观与五重唯识观也都同样在运用悬置与还原法，即早期佛教的逆观流转缘起与唯识宗的舍滥留纯等三步。但两者意义并非完全相同，在此可借用胡塞尔以下两个对比的概念：现象学心理学的还原(phänomenologische-psychologische Reduktion)及超越论的现象学还原(transzendentale-phänomenologische Reduktion)来说明双方的差别。十二缘起观是偏重内缘起的心理还原，而五重唯识观是兼内外缘起的现象学式准超越论的还原。两者之间的差别在于前者只把还原集中用于主体范围内，对对象的客观性置之不论，因而仍然为一般外在世界实在性留下抱持"自然态度"的可能性；而"超越论的现象学还原"则在心理还原的基础上

---

① 借用胡塞尔现象学的概念，与超越(transzendent)对扬。就此一特定的应用脉络来说，指感性内在，是所有认识论认识的必然特性。胡塞尔《现象学的观念》中译本，第35页；扼要定义见《胡塞尔现象学概念通释》，第239页。

② 借用自胡塞尔现象学的概念，见 K. Held, "Husserls Ruckgang auf das phainomenon und die geschichtliche Stellung der Phänomenologie". 德文 Erscheinung 与希腊文 phainomenon(现象)同样有双重意思，既指在显现中的显现者(das Erscheinende in seinem Erscheinen)，又指显现者之显现(das Erscheinen des Erscheinenden)。因此依现象学的"显现"义解现象时，所关注的不只是显现的事物，却是物事作为意向对象之显现方式(Erscheinungsweisen)，故与现象物相连的是现象被给予或显现之方式的知识论问题，但不与物自身相连，见 H. Spiegelberg, *The Phenomenological Movement*, pp. 703, 710.

③ 虽然无法在此详谈，但佛教包括唯识宗对对象(object)的讨论既详尽、复杂而又极重要。不管在梵文、藏文及古代佛教汉语中，各有多个术语指"对象"，但意义并不相同，例如境/界(梵：visaya，藏：yul)、义(梵：artha，藏：don)、事(梵文字尾：dhya，藏：bya)、所缘(梵：alambana，藏：dmigs pa)等。其中义(artha)一字是"被意向着的对象"，首先指在思维的意识中透过名言与语句的编织所给予的意义对象，其次也含有效益、利欲所指对象之意，例如孔雀王朝知名政治思想家考提拉(Kautilya)的名著《实利论》的梵文便是 *Arthawastra*，总之与主体的意欲相连不离。"义"(artha)是唯识宗的独特用语。

④ R. King, *Early Advaita Vedanta and Buddhism: The Mahayana Context of the Gaudapadayakarika*, SUNY Press, 1995, p. 168.

⑤ R. King, *Indian Philosophy: An Introduction to Hindu and Buddhist Thought*, Washington D. C.: Georgetown University Press, 1999, pp. 98-99.

讨论对象在意识中如何被构作及显现，后者是前者的彻底化。因此两者主要差别在于有否显题化地把包括一切法在内的对象，以能-所意向架构纳入识的范围内。

由于要说明摄境归识如何可能，亦连带使唯识宗在识（vijnana）的理解上揭示了未见于十二缘起的新侧面。十二缘起主要是在个体范围内处理更多表现在伦理处境上的实存问题，认知问题只是点到即止。但唯识宗的禅观却把伦理的认知侧面带了出来，当然此一背景下的认知异于现代或西式意义下的"纯"认知，近于感知（cognition），而不是知识（knowledge）。因为佛教视认知是实存或伦理的伸延领域，所以认知活动永远不能与其心绪态度割裂为二[1]，虚妄的认知亦是"无明"或"贪、瞋、痴"的表现方式之一，意即对无明的完整理解，必须在涉及心绪、伦理的烦恼障（kleavarana）外另立所知障（jneyavarana），用以说明透过认知所表现出来对世界或自他关系的虚妄投想。而唯识宗的禅观就是尝试辨析出纠缠于认知建构中的心绪元素或联系。

两种还原在规模上的量变还进一步造成还原法的质变。停滞在有限度的心理还原不只是哲学上逻辑不一致，却为"实事见"回潮倒灌提供缺口。由于早期佛教集中关切有情自苦与系缚中解脱，偏重从五蕴及内缘起解无我，罕谈器世间的外缘起，故到部派佛教时，即有如说一切有部等对器世间持实事见。此一理解上的倒退刚好例示了上述心理还原的不彻底，同时唯识对有部缺点的补救亦近乎超越论的现象学还原，是心理学还原的彻底化。这一彻底化除了源自单纯哲学对逻辑一贯性的要求之外，更与大、小乘不同的世界视野与宗教悲愿有关。

如前文已述，唯识宗作为大乘佛教的宗义，由于带着大乘的实践前提，从而把一切可能众生与法门具纳入其视野。换言之在唯识宗，最广义的"境"实际上是指"一切法"。正由于在宗教上此一大乘背景，使唯识宗的还原并不停留于个体范围为主的缘起观式心理还原，却把寓于名言、识（vijnana）并现（pratibhasa）于能所表识（vijnapti）关系中的一切法具纳进五重唯识观的还原操作内，由以个体为视野的心理还原过转为以众生世界为视野的现象学式超越论的还原。

有两种途径可用作理解从十二缘起观到五重唯识观之过转的性质，一者是如前文所述，指心理还原未及超越论还原在面对世界的客观性上来得彻底，因而不单留下唯识宗所说的法执及所知障（略近于现象学的自然态度）伺机复发的潜在危

---

[1] G. Dreyfus, "Meditation as Ethical Activity", pp. 46–47.

机,且亦会作为维持我执或烦恼障的燃料,此即《成唯识论》多处反复强调的"我执必依法执起"①或"烦恼障依所知障为所依"②。上述这种对过转的理解,其局限乃在于仅着眼除执是否务尽。除此颇见被动的角度之外,从心理还原到超越论的还原之过转尚有另一种更具主动性及开创性的向度。这涉及大、小乘佛教在提出阿罗汉(Arhat)与菩萨(Bodhisattva)两类不同宗教理想人格的标准时,连带论及对法执或所知障性质的不同态度。首先,对小乘佛教而言,法执或所知障根本不是无明,或充其量只是非染污无明(aklista-ajnana)③,这是由于它没有把筹措众生的觉悟解脱作为一己解脱之充分条件或前提,因此单纯以个人为规模的十二缘起观或心理还原已经足够。

但唯识宗作为大乘佛教却把筹措全体众生的觉悟作为一己觉悟的充分条件,因而与小乘单纯旨在消除一己我执不同的是,他们更讲究主动承担为一切众生当引路人的宗教使命。然而这宏愿须以成就对一切法的知识,即一切智(sarvajna)为条件才可能落实,而不致流为空洞愿望,在这一愿景下,唯识宗进而区分了虽然有关但性质却稍异的数层不同的法执和所知障。基层的所知障指遗忘能所关系是对象世界的显现条件,从而形成对象世界客观性的不实预设,并进一步以此为我执的所依,使我执得到壮大,蒙昧于能所关系对对象世界的结构性制约,是方向性的错谬或颠倒。但高层所知障则是指未能穷尽地认知在能所关系内对象世界的一切细节性相,在已充分认知此一制约关系的前提下,对对象世界具体事相细节的理解仍欠充分及熟练,属技术层次的不足,但仍无损其对能所关系这一原则已取得及成就的理解,从而虽有不足,但这一意义的所知障并非颠倒或虚妄,不会成为我执或烦恼障的所依。高层所知障若是缺憾,其缺憾只出在对空性的理解尚未能巨细无遗地兼顾与对象世界的缘起细节的认知做结合。

因而两层所知障是依据两种性质不相同的对反项被分别界定:基层所知障以"能、所二取"作为对反项,高层所知障却是以一切智(sarvajna)为对反项,即尽其可能地以名言丰富一切能有助众生趋向解脱与觉悟的法门,当中包括一切有关对

---

① 《成唯识论》卷五:"补特伽罗我见起位、彼法我见亦必现前,我执必依法执起。"(《大正藏》,Vol. 31, p. 24b)
② 《成唯识论》卷九:"烦恼障中,此(所知)障必有,彼(烦恼障)定用此(所知)障为所依故。"(《大正藏》, Vol. 31, p. 43c)
③ Bhikkhu K. L. Dhammajoti(法光法师), *Sarvastivada Abhidharma*, Sri Lanka: Center for Buddhist Studies, 2004, pp. 270 – 273, 对非染污无明(aklista-ajbana)的讨论。

象世界的体系知识,如五明(panca vidya)的建立。也就是带着无执的现象学态度在流动与开放的更高水平上重新肯定、开展及成就一切以众生的觉悟为目的的对对象世界的知识。

在此与五重唯识观直接有关的,是基层所知障以及法执。至于高层所知障则与唯识宗转识成智或转依(Asraya-parivrtti)问题有关,这已超出本文范围。

此一带有伦理意涵的转变,亦随之大幅改变或扩阔唯识宗所面对之问题的性质。本来在早期佛教缘起观所处理的是围绕个体规模的烦恼障,大体限于较直接的我执问题,即烦恼及苦,但唯识宗的大乘宗教视野与承担把众生身上可能与无明挂钩的一切皆列入议程,因而从烦恼障中分出所知障独立成项,表示对无明的理解已从相对较简朴,仅表现为个体的存在困境,大幅深化为与认知、语义纠结成一体的复杂状态。由于一切法、境(artha)或世界在能所关系内的显现是以名言、分别及句义等为基础,所以五重唯识观的准超越论的还原在入遣相证性前(也是在进入转依阶段前)的最后一步,即第四的隐劣显胜中所显的"胜"就是名言、分别的依处,即心王或八识,因此名言或八识遂成为理解唯识宗要旨"唯识所现"的入手处。而这种对名言及其角色的高度重视,实非早期缘起观可稍及,属唯识观独特倾向,因为一切法或世界就是在名言中开展的。

前文指出,区分缘起观与唯识观是以有否把"对象构成"显题化作为两种观法之间的根本差别,唯识观以识境之间的表识(vijnapti)关系为焦点,因此依见分、相分、自证分等为还原的基本单位。可见唯识观既如缘起观般,对烦恼障之构成做出病理学式的探讨,同样也剖析无明的横向(识境)侧面,即众生对所处世界(境、一切法)的所知障之构成。这清楚表明唯识观之超越论的还原是在已消化或整合心理还原的基础上提出的,那是以内缘起各支或五蕴既有功能项目为基础,再伸展为能所、识境的意向架构。唯识观作为兼顾能所关系之缘起观,是从烦恼及所知二障之既予经验出发,逆观造成此人、法二我执的内在条件。故此唯识宗禅观之准超越论的还原,可以说是早期佛教心理还原的彻底化。

以上借助表识(vijnapti)为线索,说明五重唯识观的哲学考虑。事实上五重唯识观的剖析方向是自外而内,刚好与表识(vijnapti)由内而外所彰显的能所意向关系①形成相辅相成的反向对称,这遂使五重唯识观具备了基本条件,可以作为唯识

---

① 有关表识(vijnapti),见笔者博士论文第三章《表识:唯识宗的"意向性"分析》。

宗哲学主体部分,即识(vijnana)或表识(vijnapti)成素论(Elementlehre)[①]的方法论雏形。毕竟唯识宗"表识"或"识转变"概念中,心识自内而外推出对象世界时,最核心的是八识心王及其内部互动关系;其次是附带但却不可或缺的系列心所,尤其凡位众生所必不可免的大批烦恼心所;再者是过去、现在、未来的时态关系(即日本唯识学界口中的异时因果);最后是见、相或能缘、所缘之间的关系(即日本学界口中的同时因果)及对此缘起关系的错误理解。而这四步的前推(progressive)与唯识观的五重内溯(regressive)基本上是一一对应的,显然这种对应不是意外的巧合,却是有其理论上的内在必然呼应,因为五重唯识观就是识(vijnana)论的方法论说明。

五、结语:差异、局限与展望

本文目的既不是要全面比对唯识宗与现象学的方法论,也不是要论证"五重唯识观"可被化约为佛教版本的现象学还原法,却只是借"现象学方法"概念之启发(inspiration),阐明以下论旨:首先,虽然"五重唯识观"处在佛教脉络,从而成为宗教方法,但不能说因此就与智性相违或无关。事实上禅观的安排、操作及内容等方面都有其理智上的周详考虑,能合理正视哲学对可理解性的要求,远非任意一句"神秘主义"便能随便打发掉。其次,唯识禅观与唯识宗学说之间透过表识(vijnapti)彰显密切的内在理论联系,故此禅观并非无关理论的确立。

当然,在另一方面,双方的差异及因此为对比所带来的局限也是一不争的事实。无容否认,五重唯识观与现象学还原法在内容的详略、繁简、精粗上高下立判。五重唯识观难以在不抽调唯识义理内非直述禅观的部分作补充的情况下,仍与现象学对方法概念的详尽陈述匹敌,但这种援引又不可免地造成反客为主的局面,盖掩掉禅观或方法议题的单薄论述,改变课题之性质。

双方在方法议题上的繁简之别并非纯属偶然,乃是源于各自不同的态度与目

---

① 成素论(Elementlehre)一概念借用自康德《纯粹理性批判》(*Kritik der reine Vernuft*),成素(Element)指透过还原式逆观,分解出所有曾在对象构成程序中胜任一道完整工序的基本功能单位,每一层凭功能来定义的单位被称为成素。笔者的唯识宗研究把整个成素系列的设项、次序、作用、关系等由单项到复项的整体综合论述称为识(vijnana)或表识(vijnapti)的成素论(Elementlehre)。

标。传统唯识宗依解脱论（soteriology）的构想，其宏观的视野在于凡性的具体"转舍"及觉者人格的真实成就上，即传统所谓"转识成智"。而务实的目标则在于依瑜伽现量对唯识性（即空性）生起现观的体证，因而只会纲领性地为方法提供必需的基本架构及程序，属方向性的规定，但不会在"方法"层次或范围内直接讨论或注入太多理论细节①，也不会在这个阶段显题化（thematize）地对方法提出后设（meta-）层次的理论反省，即禅观首先是作为一个宗教方法（method）被践行，而不是作为方法论（methodology）题材而被反省。但反观现象学，却把"方法"本身直接提到新的高度上，作为一个重要而独立的理论课题，即体系的骨架，来严肃处理，这似乎更偏重"方法"作为一门客观的哲学议题②，而不是它在解脱论意义下所带来的个人转变。现象学在方法问题上的这种角度，看在印度哲学眼里则只算是模拟还原（mock reduction），而非"真正的还原"③。

然而，实事求是地看，五重唯识观除了以简洁的纲领见之于少数汉传唯识宗的文献外，既欠缺操作层面的细节指引，亦欠缺实践记述④，故若唯识宗凭此讥讽现象学方法是模拟还原，实欠说服力。对笔者来说，在现代脉络借现象学还原法的启发，重新探讨五重唯识观，虽然仍愿意对禅观作为宗教践行方法之意义保持开放的态度⑤，但在此最关心的反而是厘清其可能的智性成分与哲学意涵，而不是单纯作为一种禅修法门来"复兴"，毕竟单纯从禅修的角度来看，比之于已累积丰富经验的既有活传统，如上座部或藏传佛教等，五重唯识观在今天的佛教传统中，它的可操

---

① 这当然不是没有理论细节，依传统唯识的义理表述方式，主要放在识（vijnana）论中，但那已不再是方法论的脉络。虽然原则上可以透过对唯识义理内的不同组件进行重新排位，把"五重唯识观"由宗教方法重构为更具哲学内涵的理论，但这已不复再是单纯的禅观法。
② 现象学对方法的严格要求涉及另一课题，即现象学，尤其胡塞尔对主体性（Subjectivity）的特殊态度，见 J. N. Mohanty, *Reason and Tradition in Indian Thought*, p. 271. 胡塞尔所追求的彻底理性化目标，即一切日常及知识概念原则上皆能植根于意识结构中，故这种超越论的现象学（transcendental phenomenology）的彻底命题永未见于印度思想。如前已述，对印度思想来说，根本识（foundational consciousness）是明证识（evidencing consciousness）或／及基础识（grounding consciousness），但不大是一从事普遍建构的主体性（a universal constituting subjectivity）。
③ S. Bhattacharyya, "Phenomenology and Indian Philosophy", in J. N. Mohanty (ed.), *Phenomenology and Indian Philosophy*, SUNY Press, 1992, p. 70.
④ 由于唯识宗在唐朝只传三代，因此已是一个根本无人依之践行的死传统，所以除了少数述及基本纲领的段落外，既不存在操作层面的指引手册，也没有依之从事实质禅修践行的过来人留下的自传式记录。但若观乎藏传或南传上座部等佛教寺院—禅观活传统，则普遍存在上述两类文献。
⑤ 禅观作为在个体层次省思身心状态的手段，有其极为独特、不能轻易被抹杀的重要角色，故禅观作为方法的意义虽可由宗教扩大或转移到更广阔的处境或场域，但这最原初的意义不应因此而被消除。

作性其实只是停在禅观的沙盘推演,甚或纸上谈兵阶段,它才是模拟禅观(mock meditation)。

另一个必须考虑的角度是近年学界对于应如何看待佛教禅观理论或佛教对禅观进阶的理论陈述,逐渐形成一种更为客观的态度,而有别于早期的现代学者顺着其研究对象,即佛教禅观理论本身所做的信仰性自我表述,而被牵着鼻子走,失却应有的研究距离。过去对佛教禅观理论的研究每多预设那是有文本作者个人宗教经验依据的实践记述,因而有关的陈述似应有其对应的原初体验。

但近年,不管是田野调查[①]还是学理研究[②]皆充分指出这不是事实,在传统佛教的不同教理体系中,每多使用禅观的术语作为信仰修辞(rhetoric)从事义理的系统叙事(narrative)。这种方式广泛应用于佛教内部性质差距颇大的不同理论课题上,广为人知的自然是佛教宇宙观,但佛教内众多传统的不同学派也每多如是[③],当中一部分更把这种方式用在比宇宙论更富哲学意义的佛学课题上。

换言之,我们可以说,部分禅观理论恐怕是饰之以宗教外衣的哲学课题,汉传唯识宗即为例子之一,所谓宗教性的禅观方法,当解除或剥落其宗教外表,往往能更清晰地呈现它作为一个哲学方法的根本性质;当它过度夸大或神秘化的"不可说"外衣被剥除后,我们才发现其肌肉筋骨往往带着出乎意料的合理结构。

另一方面,从五重唯识观作为潜在哲学方法来看,在现有观点上可在来日再做发展的有两方面:一是从方法论作为一个理论课题之角度,尝试注入新元素,把它发展为更具理论周延性与精确细致度之方法;二是把这方法做不同方式的实践,应用于不同脉络来处理不同的课题,迫使佛教哲学向现代世界的各种课题开放;同时也透过在不同脉络中的反复实践,把"唯识观"从传统单纯供禅观使用的宗教方法扩阔为在智性上更成熟及应用脉络更多样的哲学方法。这无疑是把具潜在哲学意

[①] Georges B. Dreyfus, *The Sound of Two Hands Clapping*:*The Education of a Tibetan Buddhist Monk*, University of California Press, 2003, pp. 168–182.

[②] Robert H. Sharf, "Buddhist Modernism and the Rhetoric of Meditative Experience", *Numen* 42, 1995, pp. 228–270; M. Stuart-Fox, "Jhana and Buddhist Scholasticism", *JIABS* 12(2), 1989, pp. 79–105; R. E. Buswell Jr. and R. M. Gimello, "Introduction", of *Paths to Liberation*, pp. 13–19.

[③] 典型例子可见之于东亚佛教的天台、华严等宗派,每多有与其教理(包括教判理论)对称,并声称是教理合法性来源的禅观理论。另藏传佛教各种修道次第(lam rim)理论及南传巴利佛教如《清净道论》等的陈述亦多属此类。

涵的宗教方法改造为虽不排斥用于禅修,但更寄望于向各种新议题保持开放的世俗性哲学方法,而本文则是这一转型尝试中的第一步。

(作者单位:复旦大学哲学学院)

荆溪湛然《金刚錍》"无情有性"论探析

赵东明*

一、前言

荆溪湛然,唐睿宗景云二年(711)生于常州晋陵荆溪(今江苏宜兴),唐德宗建中三年(782)寂于天台国清寺佛陇道场,被天台宗后人尊为天台宗第九祖,又被尊称为荆溪尊者或妙乐大师。① 湛然在《金刚錍》一书中提出的"无情有性"论,是中国佛学在佛性论上的一大创见。

不过,在中国佛教史上,湛然并不是第一位提出"无情有性"的思想家,远在晋宋之际的竺道生(355—434),其思想中就含藏着"无情有性"的说法;隋净影寺慧远(523—592)亦有类似于无情有性的观点;到三论宗的祖师嘉祥吉藏(549—623),才正式提出"草木有性"这种"无情有性"的说辞。② 天台宗第五祖章安灌顶(561—632)在《大般涅槃经疏》中亦有"瓦砾是佛性"之说。③ 不过,湛然是最早以"无情有性"作为自家之标志,并对它作有系统的论证者。所谓的"无情有性",简略地说,乃

---

* 台湾大学哲学研究所博士(2011年6月)。台湾"中央研究院"中国文哲研究所博士后研究员(2012年1月—2013年8月)。2013年9月开始在华东师范大学哲学系任教。
① 释志磐,《佛祖统记》,《大正藏》册49,第188页下—189页中。
② 赖永海,《湛然》,台北:东大图书公司,1993年,第62—65页。
③ 章安灌顶以为《涅槃经》是站在维护后代根机较差之众生的立场,故未说明"瓦砾是佛性",这可说是湛然"无情有性"思想的直接先驱。《大般涅槃经疏》卷第三十一:"只为将护末代权机者,不宜闻于生死是涅槃、二乘是如来、瓦砾是佛性,忽有机缘,不可不说。"(释灌顶,《大般涅槃经疏》卷三十一,《大正藏》册38,第212页上)

是指无情之物也有佛性,而这样的论调,乍听起来,自然会让人觉得怪异,而让湛然在宣传天台思想上起一定的作用。①

本文将以《金刚錍》为主轴,论述湛然"无情有性"论的哲学思想。② 本文以为,湛然"无情有性"说的提出,其实是建构在天台宗实际创始者智𫖮(538—597)之"一念三千"说上;湛然以为此"一念三千"说,是智𫖮的"终穷究竟极说"③。沿着智𫖮"一念三千"说的理路,湛然无情之物有佛性的思想,其实就没有什么可怪之处了,④这是本文要说明的重点。

二、荆溪湛然《金刚錍》"无情有性"之论证

湛然在《金刚錍》中对"无情有性"的论证是严密而有结构的,他的论证大致上可归纳为以下三点:(一)教分大小、权实:解释《涅槃经》中无情无佛性之说。(二)以"唯心"的立场,说明:1."佛性"=法性=真如,故佛性遍情与无情;2.引用法藏解释《大乘起信论》时所使用的"真如随缘不变、不变随缘"之说,以说明佛性遍一切处;3.以天台"性具"思想,说明由烦恼遍一切到佛性遍一切。(三)以四十六问的设问方式说明只有主张"无情有性"才能完满地回答。下面将分别说明这三点:

(一) 教分大小、权实

湛然对于《涅槃经》经文无情无佛性的解释,判摄《涅槃经》为"带权说实"("兼权带实")之经。他在《金刚錍》一书的一开头,就开宗明义地说明,在佛学的教义之中,他最关心的是"佛性"(*buddha-dhātu* 或 *buddha-gotra*)这一问题:

> 自滥沾释典,积有岁年,未尝不以"佛性"义经怀,恐不了之,徒为苦行,大

---

① 赖永海,《中国佛性论》,台北:佛光文化,1997年,第322页。
② 湛然在其他著作中亦曾述及"无情有性"的观点,如《止观义例》《十不二门》《止观辅行传弘决》等。
③ 湛然言:"故至《止观》,正明观法,并以三千而为指南,乃是终穷究竟极说!"(释湛然,《止观辅行传弘决》卷五之三,《大正藏》册46,第296页上)
④ 关于此点,湛然自己说:"'仁何独言无情有耶?'余曰:'古人尚云一阐提无,云无情无,未足可怪……'"(释湛然,《金刚錍》,《大正藏》册46,第781页中)

教斯立，功在于兹。①

湛然他以为，关于阐述"佛性"一义的经典，莫过于《大般涅槃经》（以下称《涅槃经》），是以湛然乃假立宾、主，对"佛性"这一问题阐述了自己的看法。而"金刚錍"这一名称，也是引自《涅槃经》：

> 佛言：善男子，如百盲人为治目故，造诣良医。是时良医以金錍抉其眼膜，以一指示，问言见不？盲人答言，犹未见，复以二指、三指示之，乃言少见。②

只是《涅槃经》中提到的是"金錍"③这一古印度医师用于治疗眼睛的工具，湛然则再加上一"刚"字，象征他所说的教法如金刚般坚固，可以将偏、权的教法和疑问都碾碎；以挑除肉眼、天眼、慧眼、法眼这四眼的无明之膜，使一切处皆能见到毗卢遮那佛的"佛性"之指，而成就佛眼、佛道。湛然自己如此说道：

> 圆伊金錍，以抉四眼无明之膜，令一切处悉见遮那佛性之指；偏权疑碎，加之以刚；假梦寄客立以宾、主，观者恕之。④

然而，南本《涅槃经》卷三十三《迦叶菩萨品》第二十四之三，曾明言"无情无佛性"："非佛性者，所谓一切墙壁、瓦石无情之物；离如是等无情之物，是名佛性。"⑤这种说法湛然当然是知道的，所以他才假立宾、主，以他人的名义提出问难，再对此一问难进行回答，以论证其"无情有性"的主张：

> 仍于睡梦忽见一人云："仆野客也。"容仪粗犷，进退不恒，逼前平立，谓余曰："向来忽闻无情有性，仁所述耶？"余曰："然！"客曰："仆忝寻释教，薄究根源，

---

① 释湛然，《金刚錍》，《大正藏》册46，第781页上。
② 释慧严等编，《大般涅槃经》卷八，《大正藏》册12，第652页下。
③ 玄应《音义》卷二曰："'錍'，宾弥切。金中精钢为錍，抉其眼膜也。经文多作'椑'，假借耳。"（转引自丁福保，《佛学大辞典》，台北：佛陀教育基金会，1998年，第1346页）
④ 释湛然，《金刚錍》，《大正藏》册46，第781页上。
⑤ 释慧严等编，《大般涅槃经》卷三十三：《大正藏》册12，第828页中。

盛演斯宗,岂过双林最后极唱究竟之谈,而云佛性非谓无情,仁何独言无情有耶?"①

湛然假立的野客提出,对于佛性这一问题说明得究极的经典应该非《涅槃经》莫属(相传释迦在拘尸那揭罗城的沙罗双树林入灭,而《涅槃经》则是释迦入灭前宣讲的经典;湛然说的"双林最后极唱究竟之谈"即是指《涅槃经》),而《涅槃经》则明文说"无情无佛性"。面对野客这样的质疑,湛然如何回答呢?他的方式很简单,就是说明《涅槃经》此说乃是一种方便说,是为了对治众生的烦恼而作的权便之说。《金刚錍》:

余曰:"古人尚云一阐提无,云无情无,未足可怪。然以教分大小,其言硕乖,若云无情,即不应云有性;若云有性,即不合云无情。"客曰:"《涅槃》部大,云何并列?"余曰:"以子不闲佛性进、否,教部权、实,故使同于常人疑之。今且为子委引经文,使后代好引此文证佛性非无情者,善得经旨,不昧理性,知余所立,善符经宗。"②

湛然指出,一般人对佛性的看法乃是无情之物没有佛性;若提到无情则不会说有佛性,若说到佛性则无法和无情相合。然而佛教的教理是有大小、权实之分的,"无情有性"是大教、实教的说法;"无情无佛性"则是小教、权教的看法。然而野客又质疑说《涅槃经》乃是大教,经文却明白说到"无情无佛性",这岂不是矛盾吗?湛然则回答,这是因为对佛性的概念以及佛教教理的权便和真实分不清楚所致;并引用《涅槃经》的经文,说明《涅槃经》对佛性的说法是一种方便说,而《涅槃经》的经文是含有权、实的,只要知道这权、实之分,就不会引经中提到"无情无佛性"的说法,来怀疑"无情有性"说的正确性了。

湛然以为佛陀在《涅槃经》中曾明言"众生佛性犹如虚空"③,而"虚空"是遍一切处,"佛性"(指正因佛性)自然也要遍一切处。然而《涅槃经》中迦叶菩萨却质疑佛

---

① 释湛然,《金刚錍》,《大正藏》册46,第781页上一中。
② 释湛然,《金刚錍》,《大正藏》册46,第781页中。
③ 释慧严等编,《大般涅槃经》卷三十一,《大正藏》册12,第809页上。

陀的比喻，以为若言"佛性犹如虚空"，但"涅槃、如来、佛性"是"有"，那么"虚空"应当也是"有"才对？这岂非和一般认为"虚空"是"无"的认知相违背吗？湛然认为，此处佛陀是为对治"有为烦恼、阐提二乘、墙壁瓦砾"才暂说"三有"（即"涅槃、如来、佛性"）以驳斥"三非"（即"非涅槃、非如来、非佛性"，也即分别是"有为烦恼、阐提二乘、墙壁瓦砾"）；实际上世间是不存在着"非虚空"对"虚空"，所以"非涅槃、非如来、非佛性"实际上也不存在，只是一种对治方便而已。① 迦叶菩萨则以地、水、火、风"四大"为例，对佛陀提问说世间无有"非四大"相对于"四大"，而"四大"是"有"；同样地，亦无"非虚空"和"虚空"相对，"虚空"为何不是"有"呢？佛则舍弃譬喻直接说明道理，并强调涅槃是不同于虚空这种概念的，既然涅槃不同于虚空，如来、佛性亦不同于虚空。②

而佛陀之所以说"如来、佛性、涅槃"是"有"（"三有"），湛然认为这乃是因为"如来是智果，涅槃是断果，故智、断果上，有缘、了性。所以迦叶难云：'如来、佛性、涅槃'是'有'"③。即若以"虚空"比喻"正因佛性"，则无法很完善地将缘、了二因佛性的定义显示出来，故仍有局限。因此在《涅槃经》中，迦叶菩萨便质疑道："世尊！'如来、佛性、涅槃'，非三世摄，而名为'有'。'虚空'亦非三世所摄，何故不得名为'有'耶？"④ 佛陀则解释这"三有"（"涅槃、如来、佛性"）说，只是一种对治问题的方便说，

---

① 《金刚錍》："故迦叶云：'"如来、佛性、涅槃"是"有"，"虚空"应当亦是"有"耶？'佛先顺问答，次复宗明空，先顺问云：'为"非涅槃"，说为"涅槃"；"非涅槃"者，谓"有为烦恼"。为"非如来"，说为"如来"；"非如来"者，谓"阐提、二乘"。为"非佛性"，说为"佛性"；"非佛性"者，谓"墙壁瓦砾"。'今问若瓦石永非，二乘、烦恼，亦永非耶？故知经文寄方便教，说三对治，暂说"三有"，以斥"三非"。故此文后，便即结云：一切世间，无'非虚空'对于'虚空'，佛意以瓦石等三，以为所对，故云对于'虚空'，是则一切无'非如来'等三。"（释湛然，《金刚錍》，《大正藏》册46，第781页中—下）
② 《金刚錍》："迦叶复以四大为并，令空成有，故迦叶云：'世间亦无"非四大"对"四大"是"有"，虚空无对，何不名"有"？'迦叶意以空无对，故有之大也。佛于此后舍喻从法，广明'涅槃'不同'虚空'。若'涅槃'不同，余二亦异。故知经以正因结难，一切世间何所不摄，岂隔烦恼及二乘乎？'虚空'之言何所不该，安弃墙壁、瓦石等耶？"（释湛然，《金刚錍》，《大正藏》册46，第781页下）
③ 释湛然，《金刚錍》，《大正藏》册46，第782页上。
④ 《涅槃经》此段经文为：
"迦叶菩萨白佛言：世尊！'如来、佛性、涅槃'，非三世摄，而名为'有'。'虚空'亦非三世所摄，何故不得名为'有'耶？"
"佛言：善男子！为'非涅槃'名为'涅槃'；为'非如来'名为'如来'；为'非佛性'名为'佛性'。云何名为'非涅槃'耶？所谓一切烦恼有为之法，为破如是有为烦恼，是名'涅槃'。'非如来'者，谓一阐提至辟支佛，为破如是一阐提等至辟支佛，是名'如来'。'非佛性'者，所谓一切墙壁瓦石无情之物，离如是等无情之物，是名'佛性'。善男子！一切世间无'非虚空'对于'虚空'。"
"迦叶菩萨白佛言：世尊！世间亦无'非四大'对，而犹得名是'有'。虚空无对，何故不得名之为'有'？"（释慧严等编，《大般涅槃经》卷三十三，《大正藏》册12，第828页中—下）

实际上是不存在"非涅槃、非如来、非佛性"的。湛然并认为若就顿教实说,则不只正因佛性如虚空遍一切处,缘、了二因佛性也是如此,所以其言:"若顿教实说,本有三种,三理元遍,达性成修,修三亦遍。"①这样湛然不止解决了《涅槃经》中明言"无情无佛性"之说,还证明了"三因"("正因、了因、缘因")佛性②都是遍一切处。就此段论证言,湛然的主张其实只是认为《涅槃经》是"带权说实"("兼权带实")之经,所以《涅槃经》中明言"无情无佛性",只是一种方便权说,而不是究竟实说。

亦即湛然认为《涅槃经》是为小机众生权便地说"无情无佛性",若实说、顿说,则正因佛性就像虚空遍一切处一样,是不可能不包含无情的,所以"无情有佛性"是实说。而且不仅是正因佛性,缘因、了因佛性,也都遍一切处,方成实说、顿说。湛然又运用《涅槃经》中本身存在的对佛性之不同说法,说明《涅槃经》中关于佛性的说法有很多种,若不能分辨权、实,会很容易错解佛意。由此也可得知,正因为《涅槃经》中存在着许多对佛性的不同解释,因此湛然的这种说法也确实有其成立的理由。此外,湛然还费了一些篇幅引《涅槃经》中佛驳斥关于虚空的十种说法,此"十法"③皆以因缘所生法说明虚空;既是因缘法,故是无常,而为三世所摄,所以无法说明虚空是常住及遍一切处的。此乃借由探讨"虚空"一词的定义,来明了为何要使用"众生佛性犹如虚空"这样的譬喻,以表明正因佛性的常住义。④

总之,湛然以为:"故知不晓大、小教门,名体同异,此是学释教者之大患也。"⑤他批评主张"无情无佛性"者拘泥于经文章句,不知佛法有大小、权实之分,乃是"迷名而不知义"⑥。在解释了《涅槃经》中"无情无佛性"的说法是权教之说后,湛然接着论证"佛性"一词和"真如""法性"完全相同,所以必然遍一切处,并引用法藏解释《大乘起信论》时提出的"真如随缘不变、不变随缘"之说,为其论点背书。以下将接

---

① 见释湛然,《金刚錍》,《大正藏》册46,第782页上。
② 关于天台的"三因佛性",一般而言,"正因"佛性,指诸法实相之理体;"了因"佛性,指由正因佛性所开显的照了之智;"缘因"佛性,则指一切了、了二因之功德善根。可参《法华玄义》卷十上:"故知法性实相,即是正因佛性;般若观照,即是了因佛性;五度功德资发般若,即是缘因佛性。"(释智𫖮,《妙法莲华经玄义》卷十上,《大正藏》册33,第802页上)
③ 这"十法"是(1)无色、无对、不可睹见;(2)光明;(3)住处;(4)次第;(5)不离空、实、空实三法;(6)可作法;(7)无罣碍处;(8)与有并合;(9)在物中;(10)指住之处。(详见释慧严等编,《大般涅槃经》卷三十三,《大正藏》册12,第828页中)
④ 参考戴裕记,《湛然〈金刚錍〉无情有性论思想研究》,台北:淡江大学中国文学研究所硕士论文,1999年,第31页。
⑤ 释湛然,《金刚錍》,《大正藏》册46,第783页中。
⑥ 释湛然,《金刚錍》,《大正藏》册46,第783页上。

着说明此点。

(二) 论证"佛性"同"真如""法性"遍一切处

湛然以佛教的教法分大小、权实,解释《涅槃经》中为何有"无情无佛性"之经文后,更进一步地认为,在大教、实教绝对"唯心"的立场下,"佛性"和"真如""法性"有着相同的含义;并将法藏解释《大乘起信论》时提出的"真如随缘不变、不变随缘"之说,引来论证其"无情有性"的主张。

1. 以"唯心"之立场说明"佛性"="真如"="法性"

被天台宗后人尊为第十七祖的四明知礼(960—1028)著《四明十义书》云:

> 荆溪立于"无情有性",正为显圆妄染即佛性,旁遮偏指清净真如。①

上面四明知礼的这句话,可说为湛然的《金刚錍》做了一提纲挈领的说明,其意为荆溪湛然"正"是为了显示天台视"妄染即佛性"的圆融互具之深意,以有别于(旁遮)他宗的"偏"指众生有清净佛性,只局限于有情而不遍于无情。而他宗之所以有这种谬见,是因为不能明了万法"唯心"及"性具"(心具)之理。② 湛然言:

> 若不立唯心,一切大教全为无用;若不许心具,圆顿之理乃成徒施。信唯心具,复疑有无,则疑己心之有无也。故知一尘一心即一切生、佛之心性,何独自心之有无耶? 以共造故,以共变故,同化境故,同化事故。故世不知教之权、实,以子不思佛性之名从何教立;无情之称,局在何文,已如前说。余患世迷,恒思点示,是故呓言"无情有性"。何谓点示? 一者示迷,元从性变;两者示性,令其改迷。是故且云"无情有性"。③

湛然说得很明白,唯有接受"唯心"和"心具"(即"性具")的说法,才是最圆满的教理;如果接受"唯心"和"心具"的说法,却又怀疑无情无佛性,不啻是怀疑自己也无佛性。这里湛然运用了天台哲学"性具唯心"的观点,清楚地说明提倡"无情有性"的

---

① 释知礼,《四明十义书》卷上,《大正藏》册 46,第 846 页中。
② 释恒清,《佛性思想》,台北:东大图书公司,1997 年,第 267 页。
③ 释湛然,《金刚錍》,《大正藏》册 46,第 782 页下。

理由,乃是在"唯心"和"心具"的立场,一切万法互融互摄,共造共变,即便是任何一尘、一心,都无非是一切众生、诸佛的心性。而世人因不知教法有权便、真实之分,不曾思索过"佛性"之名是依何教而立,"无情"的名称是指何义,因而不知"无情有性"之理。他之所以要提出"无情有性"的观点,乃是一来为指出众生的迷误之处,说明一切万法无非心性所变所造;二来则为显示出佛性为何,以让众生能改正迷误之说。

"佛性"一词,又作如来性、觉性,即佛陀之本性,为如来藏之异名,指"成佛之可能性"。① 而"真如"(*bhūta-tathatā* 或 *tathatā*)一词,指布于宇宙中之真实本体,为一切万有之实际本体,又作如如、如实、法界、法性、实际、实相等,早期汉译佛典[如支娄迦谶(147—?)译之《道行般若经》②]中译作"本无"。"真"指真实不虚妄之意,"如"谓不变其性之意,即大乘佛教所说之万有本体;然佛教各宗派所说的"真如"一词,含义各异。③ "法性"(*dharmatā*)一词,指诸法之真实体性,亦即宇宙一切现象所具之真实不变本性,又作真如法性、真法性、真性,为真如之异称;法性乃万法之本,故又称法本。④ 一般言之,"真如"和"法性"皆是指宇宙万有之真实本体、不变真性,是相等的语词;而"佛性"则是指成佛的可能性,和"真如""法性"是不相同的。

---

① "佛性"一词,梵语为 *buddha-dhātu* 或 *buddha-gotra*。*dhātu* 中文译作"界",是以"佛性"一词,亦可称作"佛界"。小川贯一在其所著的《佛性と buddhatvā》,《印度学佛教学研究》第 11 卷第 1 期,第 544—545 页)中比较汉译与梵本的《宝性论》,发现"佛性"一词译自 *buddhadhātu*, *tathāgata-dhātu*, *gotra* 或 *garbha*。筱因正成则认为 *buddha-dhātu* 才是佛性的原语,因 *dhātu* 除了有"因"义(*dhātu = hetu*)之外,还有"性"义(*dhātu = dharmatā*),参阅《佛性とその原语》,《印度学佛教学研究》第 11 卷第 1 期(1963 年),第 223—226 页。高崎直道亦有同样的看法(参阅"Dharmata, Dharmadhātu, Dharmakāya and Buddhadhātu-Structure of the Ultimate Value in Mahayana Buddhism", *Indogaku Bukkyogaku Kenkga* 14, March, 1966, pp. 78 - 94。转引自释恒清,《〈大乘义章〉的佛性说》,《佛学研究中心学报》第 2 期,台北:台大佛学研究中心,1997 年 7 月,第 29 页注 10)。

吕澂则认为 *buddha-gotra* 的"性",即 *gotra*(乔多啰),是指姓、种类、种族,在某一意义上反映了当时印度社会种姓阶级的不可变状况,而这也是造成印度瑜伽唯识学派五种种姓之佛性说盛行的原因。(吕澂,《印度佛学思想概论》,台北:天华出版事业公司,1982 年,第 199 页)

② 《道行般若经》为东汉灵帝光和二年,即公元 179 年译出,同本异译有(1)三国吴支谦译《大明度无极经》;(2)姚秦鸠摩罗什译《小品般若波罗密经》;(3)唐玄奘译《大般若波罗密经》第四会 538—555 卷。

③ "真如"一词,梵语为 *bhuta-tathatā* 或 *tathatā*。从梵文结构来看 *tathatā* 是副词 *tathā*(这样地、如此地)+抽象名词尾-ta(性质)之合成语,乃指事物之所以为此而不为彼的那个性质。(参见郭朝顺,《湛然"无情有性"思想中的"真如"概念》,《圆光佛学学报》第 3 期,中坜,圆光佛学研究所,1999 年 2 月,第 46 页)

④ "法性",梵语 *dharmatā*,巴利语 *dhammatā*。(释慈怡主编,《佛光大辞典》,高雄:佛光大藏经编修委员会,1988 年,第 3358 页)

然而，湛然继承天台智顗的源流，认为"佛性""真如""法性"这三个词汇是相同而无差异的。他站在上述"唯心"和"心具"的立场认为：

> 是则无"佛性"之"法性"，容在小宗；即"法性"之"佛性"，方曰大教。①
> 佛之一字，即法佛也，故法佛与"真如"，体一名异，故《佛性论》第一云："'佛性'者，即人、法二空，所显'真如'，当知'真如'即'佛性'异名。"②

如上引文这样，他就得出"佛性"＝"真如"＝"法性"的观点。而既然佛性和真如、法性是同一意义的词汇，因真如、法性遍一切处所、情与无情，所以，必然会得出"佛性"也是遍一切处所、情与无情的"无情有性"之说了。湛然更以为只有这样才配称作大教、实教，否则便是小教、权教。

2. 引用法藏解释《大乘起信论》真如"随缘不变"与"不变随缘"之说

湛然除了运用天台哲学"性具唯心"的观点，说明他"无情有性"的理由外，更引用了法藏解释《大乘起信论》（以下称《起信论》）的观点，论证"无情有性"的主张。《起信论》对"真如"一词的说法为：

> 显示正义者，依一心法，有二种门。云何为二？一者，心"真如"门；两者，心生灭门。是二种门皆各总摄一切法，此义云何？以是二门不相离故。心"真如"者，即是一法界大总相法门体，所谓心性不生不灭，一切诸法唯依妄念而有差别，若离妄念则无一切境界之相。是故一切法从本已来，离言说相、离名字相、离心缘相，毕竟平等，无有变异，不可破坏，唯是一心，故名"真如"。以一切言说假名无实，但随妄念不可得故；言"真如"者，亦无有相，谓言说之极，因言遣言，此"真如"体无有可遣，以一切法悉皆"真"故；亦无可立，以一切法皆同"如"故。当知一切法不可说、不可念故，名为"真如"。③

《起信论》的主要架构是"一心开二门"，即众生心中开出"真如门"和"生灭门"，此二门皆各总摄一切法，这是因此二门不相离之故；意即"心真如"是就"心生灭"而如

---

① 释湛然，《金刚錍》，《大正藏》册46，第783页上。
② 释湛然，《金刚錍》，《大正藏》册46，第783页中。
③ 真谛译，《大乘起信论》，《大正藏》册32，第576页上。

之,心真如即是心生灭法的实相,而非离开生灭法之空如性而别有一心真如。如上文"心真如",就是"一法界大总相法门体",亦即一整法界的大总相而又同时为一切法门之体。按牟宗三的解释:每一法是一个门,故称"法门";心真如是一切法之体,此体是就空如性而言,亦如言以空为性;心真如之真心就是一切法门之如性、真性、实相,此"体"字乃是就此如性、真性、实相而言,是一虚意的体,并非有一实物曰体。① 而之所以名为"真如",是因为一切法"唯是一心",此一心即一众生心,是从妄念而深入内在的本净心,即大乘法体;之所以名为"真",乃因众生心不可破坏;之所以称为"如",则因众生心毕竟平等而无变异。因此平等义、真实义,所以此一心名为"真如"。② 而此真如亦无有固定的相状,真如自体亦是言语所无法说明的,而且因一切法皆是同一真如自体,故也没有此真如自体可建立的东西。

而将《起信论》之"真如"一语,解释成"不变""随缘"二义的,则要推华严宗的创始人贤首法藏(643—712)了,他在《大乘起信论义记》中解释道:

> 谓"真如"有二义:一,不变义;二,随缘义。"无明"亦二义:一,无体即空义;二,有用成事义。此真妄中,各由初义,故成上真如门也;各由后义,故成此生灭门也。③

法藏认为"真如"有两种意义,即"不变义""随缘义";"无明"亦有二义,即"无体即空义""有用成事义"。由真如之不变义及无明之无体即空义,构成真如门;而真如之随缘义与无明之有用成事义则构成生灭门。这样就充分解释了《起信论》中真如虽清净无染,但却能摄一切万法之说;这样的真如,不同于玄奘所开创的瑜伽唯识学派之真如仅凝然不动的说法。法藏此说,相对于瑜伽唯识学派的说法是一种前进,让真如之说更具创造性。而湛然则是在此基础上,往前更进一步。

湛然在《金刚錍》中则引用了法藏将真如分成不变、随缘的说法,以证明他的"无情有性"之说,并且认为只有主张真如"随缘不变"才是大教:

> 若分大小,则"随缘不变"之说出自大教,"木石无心"之语生于小宗。……

---

① 牟宗三,《佛性与般若》上册,台北:台湾学生书局,1997年,第455—457页。
② 释印顺,《大乘起信论讲记》,台北:正闻出版社,1992年,第73页。
③ 释法藏,《大乘起信论义记》卷中本,《大正藏》册44,第255页下。

故子应知,万法是真如,由不变故;真如是万法,由随缘故。子信无情无佛性者,岂非万法无真如耶？故万法之称宁隔于纤尘？真如之体何专于彼我？是则无有无波之水,未有不湿之波,在湿讵间于浑澄？为波自分于清浊,虽有清有浊,而一性无殊。纵造正、造依,依理终无异辙。若许随缘不变,复云无情有无,岂非自语相违耶？①

宋代天台沙门时举在《金刚錍论释文》中解释此段文道:

> 此文乃用彼所立,而斥于彼也。良由《起信论》于一心门中开真如、生灭二门,藏师于《藏疏》中却以真如门,明不变、随缘二义。彼虽立随缘之义,但以一理随缘；而性具随缘,非彼所知。②

文中提到藏师(法藏)于《藏疏》(《大乘起信论义记》)中将真如分成不变、随缘二义,然而却又说法藏立随缘义这样的做法,只是真如理随缘("一理随缘"),对于天台的"性具随缘"之义则不知道。

时举接着又说:

> 谓《藏疏》既明真如随缘,是则随缘为万法处,当体不变。万法既该依、正,依、正无非佛性,复云无情有无者,岂非自语相违耶？③

按照湛然的思路,《金刚錍》文中所谓"万法是真如,由不变故；真如是万法,由随缘故",其实和他在《止观大意》中所说的"随缘不变故为性,不变随缘故为心"④是一致的。其意乃是认为:以无明为相的万法因真如随缘而起,其当体是恒常不变而可变

---

① 释湛然,《金刚錍》,《大正藏》册46,第782页下。
② 释时举释,释海眼会,《金刚錍论释文》,《卍续藏经》册100,第313B页。
③ 释时举释,释海眼会,《金刚錍论释文》,《卍续藏经》册100,第313C页。在这里,时举所批评的是法藏主张"真如""不变随缘、随缘不变"而又主张"无情无佛性"是自语相违的说法。关于法藏"无情无佛性"的见解,载于《大乘起信论义记》卷上:"法性者,明此真体普遍义,谓非直与前佛宝为体,亦乃通与一切法为性,即显真如遍于染净,通情、非情深广之义。《论》云:'在众生数中,名为佛性；在非众生数中,名为法性。'"(释法藏,《大乘起信论义记》卷上,《大正藏》册44,第247页下)
④ 释湛然,《止观大意》,《大正藏》册46,第782页下。

化万端的真如法性,故言"万法是真如,由不变故",此即是"随缘不变故为性",此"性"乃指佛性、法性或真性而言;反之,真如法性虽然恒常不变,却可变化造作万法,故云"真如是万法,由随缘故",此亦是"不变随缘故为心"。①此"心"非指清净之如来藏心,乃指众生带有杂染的妄心而言。因真如是万法,万法是真如,所以若认为无情(属于万法)无佛性(就湛然言即真如),就等于是说万法无真如,这岂不是自语相违?

而时举的解释则更清楚,因为依报(指无情)、正报(指有情)皆属于万法,既然万法是真如,而如果正报之有情有佛性,那依报之无情岂会无佛性?湛然并以波、水比喻万法和真如的关系,以说明他所陈述的道理。照湛然此理路,法藏的"唯心"显然不够彻底,因为既然属于正报的有情众生有佛性,为何属于依报的无情会无佛性呢?依报、正报在理体上讲都是真如法性,是无异辙的,所以只有主张"无情有性","唯心"的立场才能达于极致,否则便会有矛盾产生而造成自语相违了。依时举的说法,法藏的解释仅说明了真如理这"一理随缘",而他并不了解天台"性具随缘"之理,故会犯下自语相违之病,而无法认识到"无情有性"之说。所以,以下将接着说明天台的"性具"思想。

3. 以天台"性具"思想论证"无情有性"——由烦恼遍一切到佛性遍一切情与无情

元代天台宗僧人怀则曾说道:

> 只一"具"字,弥显今宗。以性具善,他师亦知,具恶缘了,他皆莫测。是知今家"性具"之功,功在"性恶"。②

怀则的这一句话充分说明了天台"性具"(或"心具")的思想,亦即天台宗所谓的"性具"是指"性具善恶",即不但心性中含具着善法,同时也含具着恶法;而心性中含具恶法的"性恶说",更是天台宗的标志。③ 天台宗人称"性具"时,有时亦称"性具十

---

① 参考金希庭,《湛然〈金刚錍〉的"无情有性"论之研究》,台北:中国文化大学哲学所博士论文,1997年,第85页。
② 释怀则,《天台传佛心印记》,《大正藏》册46,第934页上。
③ "性恶"一说,一般皆以为出自智顗的《观音玄义》:"问:'阐提与佛断何等善、恶?'答:'阐提断修善尽,但性善在;佛断修恶尽,但性恶在。'问:'性德善、恶,何不可断?'答:'性之善、恶,但是善、恶之法门,性不可改,历三世无谁能毁,复不可断坏。譬如魔虽烧经,何能令性善法门尽;纵令佛烧恶谱,亦不能令恶法门尽。如秦焚典,坑儒,岂能令善、恶断尽耶!'"(释智顗,《观音玄义》,《大正藏》册34,第882页下)

界""性具三千"①等;其所要表达的就是心性之中含具着善、恶一切诸法之意。"性具"一词,并未出现在天台宗的开创者智𫖮的著作中,这一词是湛然之后才使用的。② 就湛然言,"性具"和"心具"是同义词;而智𫖮在说明"一念三千"时已用过"心具"一词("一心具十法界"③),而且智𫖮之思想确实也可用"性具"一词来说明。④ 在《金刚錍》中,湛然亦曾提到:"只是一一有情心遍、性遍,心具、性具,犹如虚空,彼彼无碍,彼彼各遍,身土因果,无所增减。"⑤而湛然如何运用"性具"这一观念,说明他的"无情有性"呢?《金刚錍》:

> 以由烦恼心性体遍,云佛性遍。故知,不识佛性遍者,良由不知烦恼性遍。故唯心之言岂唯真心?子尚不知烦恼心遍,安能了知生死色遍?色何以遍?色即心故。何者?"依报"共造,"正报"别造;岂信共遍,不信别遍耶?能造、所造,既是唯心,体不可局方所故,所以十方佛土皆有众生理性、心种。⑥

湛然以智𫖮"性具"的思想为基础,批判一般人之所以认为佛性不是遍一切处所、情与无情,乃是因为不知道烦恼性遍这"性具"的道理所致。按智𫖮"性具"实相"一色一香,无非中道"⑦以及《观音玄义》"性恶"说的思路,可推论出色法、烦恼法遍一切处;也就是若将"唯心"说到极致,因心性本具色法、烦恼法(恶法),色法、烦恼法亦是心之变化所造作成的,则色法、烦恼法亦遍一切,故亦可言"唯色""唯香"等。

宋代天台山外派的孤山智圆(976—1022)在解释此段时就说:

> 是故即心之言,该真、妄也。当知诸文,凡言唯色、唯香等,其义皆尔。只由色、香皆由心造故,心性本具色、香故。所以色、香即心,心外无法,故言唯

---

① "十界"是指佛、菩萨、声闻、缘觉、天、人、阿修罗、畜生、饿鬼、地狱这"十法界"。"三千"则是"十法界"互具成百法界,再乘以"十如是"(相、性、体、力、作、因、缘、果、报、本末究竟等)及"三种世间"(众生世间、五阴世间、国土世间)共成三千法,"三千"意指一切法而言。
② 〔日〕安藤俊雄著,苏荣焜译,《天台学——根本思想及其开展》,台北:慧炬出版社,1998年,第361页。
③ 释智𫖮,《摩诃止观》卷五上,《大正藏》册46,第54页上。
④ 〔日〕藤井教公,《智𫖮から湛然へ—性具説の場合—》,《印度哲学佛教学》第12期,札幌:北海道大学文学院印度哲学佛教学会,1997年10月,第1、17—20页。
⑤ 释湛然,《金刚錍》,《大正藏》册46,第784页中—下。
⑥ 释湛然,《金刚錍》,《大正藏》册46,第783页中。
⑦ 释智𫖮,《摩诃止观》卷一上,《大正藏》册46,第1页下。

色、唯香等。①

既然属于共造"依报"的色法遍一切处,属于别造"正报"的个别众生之心法怎能不遍一切处所呢?因为能造、所造皆是"唯心"②,所以十方佛土必然含具于每个众生的心性、理性之中。如此无情之物(属于"依报"),必然被众生的心性、佛性所含具(此是湛然继承智𫖮的"心具"或"性具"之思想),而可以得出"无情有性"之说。这里我们也可看出湛然的"无情有性"说,并非指无情众生真能造作修行之事而成佛,而是其将"佛性"等同于"法性""真如",这样每个众生的心性中便含具着"情"("正报",即每个有情自身)与"无情"("依报",如我们生存其中的器世间、草木土石等)等一切宇宙万法。

所以,湛然他甚至认为,存在着"无情"的说法是不对的,究其实只有有情众生的心性遍一切处所才是,这点在《金刚錍》中他反问野客的对话里就可以看出:

余曰:"子何因犹存无情之名?"
客曰:"乃仆重述初迷之见,今亦粗知仁所立理,只是一一有情心遍、性遍、心具、性具,犹如虚空,彼彼无碍,彼彼各遍,身土因果,无所增减。……"③

这样,湛然便在智𫖮"一念三千""性具"说的基础上,提出了奇特的"无情有性"论。

(三) 以"四十六问"之设问结构论证"无情有性"

所谓的"四十六问"④,是指湛然在《金刚錍》中提出之为他"无情有性"背书的

---

① 释智圆,《金刚錍显性录》卷三,《卍续藏经》册100,第271D页。智圆这种解释确实将湛然的"性具""唯心"之思想解释得很好;然而因他不承认色法也具三千法(指一切法),故对"性具"思想中"唯色""唯香"的解释是基于"唯心"的立场言,忽略了"性具"思想中色法本身即具三千法的思路,而遭到山家派知礼(960—1028)等人严厉的抨击。而从智圆接着上引文这段话时说的"他(指山家派知礼等人)昧由心之旨,便谓草木自具,悲哉!伤哉!"(同上书),亦可知当时山家、山外是互有偏颇、互不相让的意气之争。
② 用"唯心"解释"无情有性"是智圆独特的说法。([日]岩城英规,《'金刚錍论'の解釈について》,《天台学报》第30期,东京:天台学报刊行会,1998年10月,第166—167页)
③ 释湛然,《金刚錍》,《大正藏》册46,第784页中—下。
④ 此"四十六问"为:"(1)问:佛性之名,从因,从果? 从因非佛,果不名性。(2)问:佛性之名,常、无常耶? 无常非性,常不应变。(3)问:佛性之名,共耶、别耶? 别不名性,共不可分。(4)问:佛(转下页)

46个问题。他以为这"四十六问",除非主张"无情有性",否则无法有圆满的回答与解释。这样,他就以这"四十六问",成功地论证其所主张的"无情有性"论了。

此"四十六问"依湛然之弟子明旷(?—623)及孤山智圆、柏庭善月(1149—1241)的注解,可分成九段,即(1)佛性五问;(2)无情五问;(3)唯心五问;(4)众生五问;(5)佛土五问;(6)果成(佛成身土)五问;(7)真如五问;(8)譬喻五问;(9)攻行(观心)五问。① 而宋代时举则解释此九段的次序道:

> 此四十六问,不无生起次第。(一)佛性是所立之宗,故先征之。(二)无情是所破之执,故居其次。(三)以上情性,既皆唯心,故次示心法。(四)心法属自(接上页)性之名,大、小教耶? 小无性名,大无无情。(5)问:佛性之名,有权、实耶? 对体辩异,其相何耶? (6)问:无情之名,大、小教耶? 大教大部,有权、实耶? (7)问:无情无者,无情为色? 为非色耶? 为二俱耶? (8)问:无情色等,佛见尔耶? 为生见耶? 为共见耶? (9)问:无情败坏,故无性者,阴亦败坏,性亦然耶? (10)问:无情是色,法界处色,为亦无耶? 为复有耶? (11)问:唯心之言,子曾闻耶? 唯只是心,异不名唯。(12)问:唯心之言,凡、圣心耶? 若圣若凡,二俱有过。(13)问:唯心名心,造无心耶? 唯造心耶? 二俱有过。(14)问:唯心唯心,亦唯色耶? 若不唯心,色非心耶? (15)问:唯心所造,唯依与正、依、正、能、所,同耶异耶? (16)问:众生量异,性随异耶? 不尔非内,尔不名性。(17)问:众生惑心,性遍、不遍? 神我四句,为同、异耶? (18)问:众生有性,唯应身性? 亦法性耶? 亦报性耶? (19)问:众生本迷,迷佛悟耶? 佛既悟已,悟生迷耶? (20)问:众生一身,几佛性耶? 一佛身中,几生性耶? (21)问:佛国土身,为始、本耶? 始、本同耶? 为复异耶? (22)问:佛土佛身,为一、异耶? 一无能所,异则同凡。(23)问:佛土界分,生亦居耶? 为各所居,佛无土耶? (24)问:佛土所摄,为远近耶? 何土与生,一、异共别? (25)问:佛佛土体,为同、异耶? 娑婆之处,为共、别耶? (26)问:佛成道时,土亦成耶? 成广狭耶? 不成有过。(27)问:佛成见性,与生见处,为同、异耶? 离二不可。(28)问:佛成土成,与彼彼成,彼彼不成,为一、异耶? (29)问:佛成三身,与彼彼果,及彼彼生,为一、异耶? (30)问:佛成身土,成何眼智? 见自、他境,初、后如何? (31)问:真如所造,互相摄耶? 不相摄耶? 二俱如何? (32)问:真如之体,通于修性,修性身土,等、不等耶? (33)问:真如随缘,变为无情。为永无耶? 何当有耶? (34)问:真如随缘,随已与真,为同、异耶? 为永随耶? (35)问:真如本有,为本无耶? 与惑共住,同、异如何? (36)问:波水同、异,前后得失,真妄同、异,法譬如何? (37)问:病眼见华,华处空处,同、异存没,法譬如何? (38)问:镜像明体,本、始、同、异,前后存没,法譬如何? (39)问:帝网之譬,唯譬果耶? 亦譬因耶? 果无因耶? (40)问:如意珠身,身有土耶? 唯在果耶? 通因如何? (41)问:行者观心,心即境耶? 能所得名,同、异如何? (42)问:行者观心,一耶? 多耶? 一、多心境,同、异如何? (43)问:行者观心,为唯观心,亦观身耶? 亦观土耶? (44)问:行者观心,在惑业苦,内耶? 外耶? 同耶,异耶? (45)问:行者观心,心内佛性,为本净耶? 为始净耶? (46)问:行者观心,心、佛、众生,因、果、身、土,法相融摄,一切同耶?"(释湛然,《金刚錍》,《大正藏》册46,第783页下—第784页中;()及数字为笔者所加)

① 分别见释明旷记,释辩才会,《金刚錍论私记》卷下,《卍续藏经》册100,第241B—243C页;释智圆,《金刚錍显性录》卷三,《卍续藏经》册100,第273D—278D页;及释善月《金刚錍义解》卷中,《卍续藏经》册100,第298C—302B页。

生,佛属他,故次心问生。(五)心生在因,佛法在果,故次生问佛。(六)佛是正报,佛既属悟,依正兼明,故次问土。(七)成道之别,心、佛、众生不出变造,十界诸法并属所随之缘,而能随者全是真如,故次之真如之问。上之七义,皆属法说,利根虽解,钝根未明,故更以譬问。前四十问,乃约教开解为问,对前不了教旨之失。后之六问,依约解立行为问,对前不观心具之失。若约总、别言之,前四十五问是别,后之一问是总。①

关于以上之"四十六问",金希庭在其博士论文《唐·湛然〈金刚錍〉的"无情有性"论之研究》中对比智圆的《金刚錍显性录》、善月的《金刚錍义解》和时举的《金刚錍论释文》,并引湛然《十不二门》中之"依正不二门""性修不二门"而认为湛然此"四十六问"是在"十不二门"的理论上建立"无情有性"论的。②

三、关于湛然《金刚錍》"无情有性"论的问题

湛然的"无情有性",乍听之下,可能会让人以为湛然真的主张无情如草木之类,也可修行成佛。然而,通过上面的解析,我们知道,这并非湛然"无情有性"之真意。他的"无情有性",是要说明有情众生的心性(即湛然之佛性、真如、法性)是遍一切凡、圣与处所的。所谓的"无情",不过是有情众生心性所含具的"依报"(如我们生存其中的器世间、草木土石等)。而湛然此论点,正是智顗"一念三千"说逻辑发展的结果。③由此,我们可以知道湛然的"无情有性",其实是为突出智顗"一念三千"说之"性具"思想而有的特殊论调,而非真指无情如草木之类也能修行成佛,更非是受道家学说道无所不在之思想的影响。以下分别详述。

---

① 释时举释,释海眼会,《金刚錍论释文》,《卍续藏经》册100,第317C—D页。
② 金希庭,《唐·湛然〈金刚錍〉的"无情有性"论之研究》,台北:中国文化大学哲学研究所博士论文,1997年,第208—209页。"十不二门"指色心、内外、修性、因果、染净、依正、自他、三业、权实、受润这十组不二相即之关系。(详见释湛然,《十不二门》,《大正藏》册46,第703页下—第704页下)
③ 此语借用自潘桂明,《论唐代宗派佛教的有情无情之争》,《世界宗教研究》1998年第4期,北京:中国社会科学院出版社,1998年11月,第53页。潘氏此文中虽出现此语,却未见到任何的解释。这个论点是笔者研读湛然《金刚錍》后的看法,其后才看到潘氏此语,故称借用。

（一）荆溪湛然"无情有性"论是对天台智𫖮"一念三千"说的发展——非指无情之物可修行成佛

依湛然《金刚錍》之意，他确实是有正、缘、了三因佛性遍情与无情的说法。这样便产生了一个问题，既然正、缘、了三因佛性遍情与无情，那么无情众生可否修行成佛呢？依湛然之意，答案应是否定的。他在《金刚錍》中曾假借野客的问话，说明实教、大教才有正、缘、了三因佛性遍一切处所，情与非情的说法："何故权教不说缘、了二因遍耶？"①然而，湛然的此说是站在《法华经》开权显实、发迹显本、一切不隔的立场，立性具圆教心遍、性遍、色遍，故般若、解脱、法身三德亦遍一切之意，而说无情之物亦"含具"在"佛格"（即众生之佛性、心性）之内，并非说草木瓦石等无情之物能实践地表现缘、了二因而修行成佛。②

《金刚錍》中有："当知一乘十观，即法华三昧之正体也，普现色身之所依也；正因佛性由之果用，缘了行性由之能显，性德缘、了所开发也。"③文中之"一乘十观"是指智𫖮《摩诃止观》一书第七章《正修止观》"十境"之"十乘观法"（亦称"十法成乘"）④。智𫖮在说明"十乘观法"的"观不可思议境"时，阐述了"一念三千"，这个湛然称为天台哲学的"终穷究竟极说"。而我们只要仔细地比较湛然《金刚錍》的"无情有性"论和智𫖮的"一念三千"说，就可以知道：湛然的"无情有性"，其内涵正是智𫖮所指的众生之一念心在中道佛性的立场下同时含具凡圣十法界、十如是、三种世间，所构成的"一念三千"之说。《金刚錍》中的"故知一尘、一心，即一切生、佛之心性，何独自心之有无耶！"⑤这句话，即充分显示这点。所以我们可以说，湛然的"无情有性"是智𫖮"一念三千"说逻辑发展的结果。此点也让我们明白，湛然的"无情有性"说并非指草木、瓦石等无情之物能修行成佛，而是要说明智𫖮的"一念三千"

---

① 释湛然，《金刚錍》，《大正藏》册46，第782页中。
② 参考牟宗三，《佛性与般若》下册，台北：台湾学生书局，1997年5月修订六版，第906页。牟氏用"沾溉"地具有"佛格"（佛之位格，即众生之佛性、心性）来解说，笔者以为说成"佛格"（即众生之佛性、心性）"含具"无情之物似较符合湛然之原意。
③ 释湛然，《金刚錍》，《大正藏》册46，第785页下。
④ "十境"是指(1)观阴入界境；(2)观烦恼境；(3)观病患境；(4)观业相境；(5)观魔事境；(6)观禅定境；(7)观诸见境；(8)观增上慢境；(9)观二乘境；(10)观菩萨境。而"十乘观法"则是指(1)观不可思议境；(2)真正发菩提心（起慈悲心）；(3)巧安止观；(4)破法遍；(5)识通塞；(6)修道品；(7)对治助开；(8)知次位；(9)能安忍；(10)无法爱。（详见释智𫖮，《摩诃止观》卷五上，《大正藏》册46，第48页下—第49页中、第52页中）
⑤ 释湛然，《金刚錍》，《大正藏》册46，第784页中。

说,即众生一念心,或一色、一香即含具情与无情的三千世间法(一切法)之意。

湛然在《金刚錍》有云:

> 即知我心,彼彼众生,一一刹那,无不与彼遮那果德,身心依正,自他互融互入齐等。我及众生皆有此性,故名佛性;其性遍造、遍变、遍摄。世人不了大教之体,唯云无情,不云有性,是故须云无情有性。①

上面的这句话,即可以充分证明湛然承继智颉"一念三千"之意。他是为了"中兴天台",才将智颉"一念三千"的"性具"思想,用特殊、怪异的"无情有性"这个论点表达出来。

而关于湛然的"无情有性"并非指草木等无情之物能修行成佛,在《金刚錍》中他亦借野客之言道:

> 客曰:"仁所立义灼然,异仆于昔所闻。仆初闻之,乃谓一草一木、一砾一尘,各一佛性,各一因果,具足缘、了;若其然者,仆实不忍,何者? 草木有生有灭,尘砾随劫有无,岂唯不能修因得果,亦乃佛性有灭有生。世皆谓此以为'无情',故曰'无情不应有性'。仆乃误以世所传习,难仁至理,失之甚矣! 过莫大矣!"②

所以,我们可以知道,若像日本天台宗学人所以为的草木可发菩提心修行成佛,③其实是不符合湛然"无情有性"的说法的,只能说是日本天台宗后人对湛然"无情有性"的误解所引发的创见。

(二) 受道家学说之影响?

陈寅恪在冯友兰的《中国哲学史》《审查报告三》一文中称:

> 天台宗者,佛教宗派中道教意义最丰富之一宗也。④

---

① 释湛然,《金刚錍》,《大正藏》册46,第784页下。
② 释湛然,《金刚錍》,《大正藏》册46,第782页下。
③ 关于此点,可参考《草木发心修行成佛记》,《大日本佛教全书》24,东京:名著普及会,1986年,第345—346页。
④ 陈寅恪,《审查报告三》,收于冯友兰,《中国哲学史》(下册),上海:华东师范大学出版社,2000年,第440页。

陈氏此语是就天台宗先驱南岳慧思的《南岳思大禅师立誓愿文》一文中,慧思曾发愿求得神丹药草,以外丹修内丹这些道教术语而下的判断。① 陈氏此语其实非常值得商榷,若仅就天台宗先驱南岳慧思言,可能有一些道理;然而就整个天台宗,或就天台宗的开创者智𫖮而言,都是不正确的。在天台宗的历史上,可能除了慧思之外找不到第二个这样受道教影响之人,而慧思会受道教的影响,约莫是和其所处的时代背景有关。智𫖮本人则明白地批判道家、道教的学说,不太可能有所谓道教意义最丰富这种状况。除非陈氏此语是指智𫖮的著作中常出现道家或道教的语词,否则很难成立。然而智𫖮的著作中之所以出现不少道家或道教的词语,应该多少有着"格义"佛教的余风以及受魏晋南北朝佛、道之争的影响,而并不是认同道家、道教之说。若仅凭著作中运用许多道教词汇就认为是道教意义最丰富,恐怕许多佛教大师都有此迹象,如华严宗第四祖清凉澄观(738—839)在《大方广佛华严经疏》中大量引用《庄子》《老子》二书,为何不说华严宗才是道教意义最丰富之一宗呢？故陈氏说天台宗是道教意义最丰富之一宗,实是值得商榷。②

同样地,这种误解亦发生在湛然身上。有学者以为湛然的"无情有性"是受《庄子·知北游》这段关于道体无所不在的对话之影响③：

> 东郭子问于庄子曰："所谓道,恶乎在?"庄子曰："无所不在。"东郭子曰："期而后可。"庄子曰："在蝼蚁。"曰："何其下邪?"曰："在稊稗。"曰："何其愈下邪?"曰："在瓦甓。"曰："何其愈甚邪?"曰："在屎溺。"东郭子不应。④

---

① 《南岳思大禅师立誓愿文》载慧思云："我今入山修习苦行……愿诸贤圣佐助我,得好芝草及神丹,疗治众病除饥渴,常得经行修诸禅,愿得深山寂静处,足神丹药修此愿,借外丹力修内丹。"(释慧思,《南岳思大禅师立誓愿文》,《大正藏》册46,第791页下)
② 陈寅恪用"天台宗"一词可能有笼统之嫌,据现今学者考证"天台宗"一词是至唐朝荆溪湛然时才出现的。(见蓝日昌,《天台宗是否为中国人最早建立的佛教宗派?》,《普门学报》第6期,台北:佛光山文教基金会,2001年11月1日,第111—133页)而蓝吉富则以为"天台宗"一词的正式行世,似在中、晚唐之间,唐文宗(827—840)时,日僧圆仁在《入唐求法巡礼行记》中才有"天台法华宗"一词的出现。(蓝吉富,《隋代佛教史述论》,台北:台湾商务印书馆,1993年10月二版第一刷,第184页)
③ 此如萧登福《道教与佛教》(台北:东大图书公司,1995年,第102页)言："湛然的解释万物皆有佛性,颇煞费苦心。但他的用意和庄子的道体无所不在,意义是相同的,只不过湛然不敢直接用庄子说,只好刻意诘诎缭绕地用佛家名相来谈าย。"此外,潘桂明《论唐代宗派佛教的有情无情之争》(《世界宗教研究》1998年第4期,北京:中国社会科学出版社,1998年11月,第51页)亦言："'无情有性'说……它的理论来源和哲学思辨,还可以上溯到《庄子》所谓'道'在稊稗、瓦甓、屎溺之说。"
④ 引自郭庆藩,《庄子集释》第三册,北京:中华书局,1995年,第749—750页。

然而，只要详细研读湛然的《金刚錍》就知道，湛然的"无情有性"论，其实是建立在智𫖮"一念三千"的"性具"哲学上的。湛然只是为突显智𫖮的学说，才使用"无情有性"这样奇特、怪异的语词，而实在看不出源自庄子哲学之处，最多也只能说湛然这种思想和庄子道无所不在的哲学思想相似才是。① 况且智𫖮在《摩诃止观》中曾严厉地批评庄、老，②湛然师承智𫖮之说，亦写了《止观辅行传弘决》为《摩诃止观》注释，实是不太可能以庄、老道家之哲学作为其思想之根源。会造成这样的误解，应是对佛教哲学的来龙去脉不熟悉所致，这就如傅伟勋针对冯友兰《中国哲学史》的批评一般：

> 对于天台家的观心，冯友兰在早年完成的《中国哲学史》中等同了台贤二宗的观心为真心论，固属荒谬（他在最晚年匆促完成的《中国哲学史新编》卷4，则干脆不谈天台宗，可见他从未真正研读过）。③

四、结语

（一）对华严宗的批判

荆溪湛然的《金刚錍》一书，是专门为阐释"无情有性"论而写作的。湛然"无情有性"论的提出，吕澂在《中国佛学思想概论》中认为乃是针对华严宗而发："金錍"（"刚"字为湛然自己所加）是古印度眼科医师为治疗盲人眼膜所用之器具，比喻为开启众生迷惑心眼的利器；湛然借此讽刺贤首宗人由于无明蒙蔽看不清问题，也需要用金刚錍刮治一下。④

此种说法，宋代天台后山外派的从义（1042—1091）就曾言：

> 《金錍》之作，正为破于清凉观师，旁兼斥于贤首藏师耳。⑤

---

① 本文认为湛然的"无情有性"论，上承智𫖮"一念三千"的"性具"思想，有天台学自身的传统，以及源自《妙法莲华经》的踪迹，而非源自中国传统的老、庄思想。
② 可参考释智𫖮，《摩诃止观》卷五下，《大正藏》册46，第68页中—下。
③ 傅伟勋，《从中观的二谛中道到后中观的台贤二宗思想对立——兼论中国天台的特质与思维限制》，《中华佛学学报》第10期，台北：中华佛学研究所，1997年7月，第389页。
④ 吕澂，《中国佛学思想概论》，台北：天华出版事业，1982年，第185页。
⑤ 释从义，《摩诃止观义例纂要》，《卍续藏经》册99，第653页。

然而华严宗是否真是完全主张"无情无佛性"呢？前面曾提及华严宗创始人法藏"无情无佛性"的看法,而曾拜在湛然门下修习止观的华严四祖清凉澄观在《大方广佛华严经疏》中解释《华严经·十回向品》之"譬如真如,无有少法,而能坏乱,令其少分,非是觉悟。善根回向亦复如是,普令开悟一切诸法,其心无量,遍周法界"①,说道:

> 九十六云:"无有少法,而能坏乱,令其少分,非觉悟者。"如遍非情,则有少分,非是觉悟。况《经》云:"佛性除于瓦石。"《论》云:"在非情数中,名为法性;在有情数中,名为佛性。"明知非情,非有觉性,故应释言:以性从缘,则情、非情异,为性亦殊,如《涅槃》等;泯缘从性,则非觉不觉,本绝百非,言亡四句;若二性互融,则无非觉悟。②

这里我们可以看到澄观引用了《涅槃经》和《大智度论》中"无情无佛性"的说法③,说明"无情无佛性"的主张。然而这样就很难解释《华严经》之经文:"无有少法,而能坏乱,令其少分,非是觉悟。"所以澄观虽然认为"无情无佛性",但他却在法藏"真如随缘不变、不变随缘"的基础上,以"以性从缘""泯缘从性""二性互融"这三种角度,说明:(1)若真如之性从万法之缘,则情、非情必然相异;(2)若泯却万法之缘以从真如之性,则一切都归于无可言说的法性真如;(3)而若真如与万法二性相融,则"无非觉悟"。从(3)之"二性互融"的角度言,恐怕澄观的思想中,亦可推得"无情有觉悟之性(佛性)"的说法。这是澄观在不愿违背《华严经》经文的原则下所做的解释。由此看来,天台宗人对华严宗"无情无佛性"的批评,恐怕不见得能完全成立。

---

① 实叉难陀译,《大方广佛华严经》卷三十《十回向品》第二十五之八,《大正藏》册10,第164页上。
② 释澄观,《大方广佛华严经疏》卷三十,《大正藏》册35,第726页中—下。
③ 《大智度论》中无此文,应为澄观之误(法藏亦曾引用此误,见本文注)。湛然在《金刚錍》中亦曾设对答言:"仆曾闻人引《大智度论》,云:'真如在无情中,但名法性;在有情内,方名佛性。'仁何故立佛性之名? 余曰:'亲曾委读,细检论文,都无此说;或恐谬引章疏之言,世共传之,泛为通之。'"(见释湛然,《金刚錍》,《大正藏》册46,第783页上)此或可知湛然很可能是针对法藏或曾拜在他门下的澄观而发(针对华严宗人应是可信的);不过关于此问题学界至今还提不出可靠的证据证明。(金希庭,《唐·湛然〈金刚錍〉的"无情有性"论之研究》,台北:中国文化大学哲学所博士论文,1997年,第7页)

(二) 中兴天台、抬高天台宗自家之学说

湛然所身处的时代背景,乃是中国佛教华严、唯识、禅等宗派争妍竞美、风起云涌的时代。宋代天台僧人志磐在《佛祖统纪》中即记载:

> 智者破斥南、北之后,百余年间,学佛之士,莫不自谓双弘定、慧,圆照一乘,初无单轮只翼之弊。而自唐以来,传衣钵者,起于庾岭,谈法界、阐名相者,盛于长安。是三者皆以道行卓荦,名播九重,为帝王师范,故得侈大其学,自名一家。然而宗经、弘论判释无归。讲《华严》者,唯尊我佛;读唯识者,不许他经;至于教外别传,但任胸臆而已。师(案:指荆溪湛然)追援其说,辩而论之,曰《金錍》,曰《义例》,皆孟子尊孔道、辟杨墨之辞,识者谓荆溪不生,则圆义将永沈矣。①

意思是说随着禅宗(传衣钵者、教外别传)、华严宗(谈法界、讲《华严》者)、唯识宗(阐名相、读唯识者)的兴起,各自"侈大其学",使天台宗的优势丧失殆尽,因此湛然乃决定学习孟子"尊孔道、辟杨墨"的做法,"中兴天台"教学。② 而他《金刚錍》"无情有性"论的提出,就是要让人对天台圆教有更深刻的印象与更清楚的理解,这在"中兴天台"、抬高天台宗的地位上,无疑是有利的。就此点言,湛然的"无情有性"论,可以说是为"中兴天台"、抬高天台宗自家之学说而立论的。③ 就中国佛教思想史言,湛然的"无情有性"说,上承竺道生孤明先发的"一切众生皆有佛性"之说,以及三论宗嘉祥吉藏"草木有性"之论;发展、丰富了中国佛教之佛性理论,也使中国哲学史上的心性论向前迈进了一步,具有实质的贡献与价值。

(作者单位:华东师范大学哲学系)

---

① 释志磐,《佛祖统记》,《大正藏》册49,第188页下—第189页上。
② 潘桂明,《智顗评传》,南京:南京大学出版社,1996年,第490页。
③ 参考赖永海,《湛然》,台北:东大图书公司,1993年,第68页。关于湛然是否真有"中兴天台",已有学者重新提出辨析,详见俞学明,《湛然研究》,北京:中国社会科学出版社,2006年,第7—123页。该书第一章"湛然中兴天台"辨析、第二章《"中兴说"的成立》,即专门探讨此问题。但因此问题并非本文重点,故只点出而暂不评述。

会议综述

儒学与时代

——复旦大学上海儒学院首届年会综述

何益鑫

2017年9月23日至24日,复旦大学上海儒学院首届年会在复旦大学光华楼隆重举行。本次年会由复旦大学上海儒学院、复旦大学哲学学院共同主办,来自海峡两岸暨香港各高校及若干境外高校的60余位学者参加了会议,共收到58篇学术论文。

大会开幕式由上海儒学院执行副院长吴震主持。在开幕致辞中,哲学学院院长孙向晨指出"儒学与时代"是儒学发展的一个时代命题,我们应当抱有一种开放的姿态,才能更好地推进儒学的发展;杜维明指出儒学是具有全球意义的地方性知识,应当与世界各大文化传统进行积极对话;张学智指出儒学的发展既包含对传统的继承、阐释和弘扬,也包括对传统的自我批判;朱杰人指出儒学复兴已是大势所趋,儒家学者肩负着任重道远的使命。

随后,上海儒学院院长陈来以《回应后殖民的儒学批评》为题的大会主题演讲中,针对美国学者德里克基于后殖民的立场对儒学复兴的批评进行了反批评,指出:"替代现代性"反映了人们对欧美现代性的不满,谋求既符合自己国情,更符合人类要求的现代性是无可厚非的合理要求;中国现代化的道路选择以及传统文化的复兴,都是出于国情的内部要求和自身的发展逻辑;儒家学者对西方现代性应保持警觉,但也要关注儒学价值资源对解决世界问题、时代问题的意义。

在接下来的两天会议中,与会学者围绕"儒学与时代"的主题,从多方面、多层次展开热烈的讨论。

儒学与现代性。现代性与现代化是我们的时代处境。关于儒学与现代化,黄玉顺认为儒学本然地蕴涵着现代性,儒学的现代性不仅源于中国社会的现代转型,而且基于儒学自身的基本原理。姚新中认为儒学必须经过现代转换,而儒学的复兴与现代性的洗礼是一个双向互动的过程,儒学要成为批判现代性、重塑现代性的有力工具。个体性是现代性的基本特征。孙向晨认为儒家心性之学具有个体自律的思想,若能确立起个体权利的前提意识,则儒学的发展将会更有生命力。吴展良认为现代性的核心特质是将"个体存在"做充分而自由的发挥,由此必产生各种异化问题,然而注重整体的中国文化传统则能充分应对这类问题。

儒学的宗教性。儒学的宗教性问题是近代以来一直争论的问题。谢遐龄指出儒学研究具有守护中华民族的精神命脉和指引全球各民族的精神安宁的价值,中华文化对天道的信仰,正说明中华文化具有宗教性特征。董平认为儒学信仰具有"类宗教性",即具有类似于宗教的性质与功能,孔子的功绩在于重建了价值的人道世界与生活的神圣世界。赵法生认为殷周之际的宗教变革极大地推动了西周人文精神的发展,并为西周以降的中国传统社会带来了人文主义精神的曙光。

儒家德性与公共理性。对德性的强调是儒学的基本特征。倪培民认为儒家的终极目标是实现具有欣赏性和创造性的审美境界,而道德的实践方法(功法)则是实现这一理想目标的重要途径。林宏星认为道德动机包含道德情感和道德欲求,荀子化性思想所蕴含的道德动机涉及性恶之人道德转化如何可能的问题。杨泽波认为儒家生生伦理学以内觉为逻辑起点,我们可以以此方式确认自己的智性和欲性。关于儒家德性概念是否具有公共性维度,吴震认为儒家核心价值的"仁"不仅是个体德性的表现,也是构筑社会性道德的基础,而儒家仁学可以成为沟通公德与私德这一"两德论"的哲学基础。高瑞泉指出传统儒家的信德不只是私德,同时也是公德或社会美德,而信德之重建则需从信用、信任、信念、信仰等四个层面展开。范瑞平提出了"重构主义儒学公共理性"的构想,涉及政府与公民的适当关系,以及公民之间以德性为基础的相互关系。

家、国、天下及儒家政治哲学。《大学》"齐家治国平天下"体现了儒学的社会关怀。曾亦依据古代的礼制规定,考察了孔子以孝道为中心对古礼进行的创新性发展,认为从对儒家孝道的反思或许能找到一条不同于西方的人类发展道路。刘增光指出熊十力区分了道德之孝与政治之孝,进而对儒家孝道思想提出了崭新的理解与诠释,涉及道德心性与政治生活的根本问题。干春松认为梁启超20世纪20年代开始关注儒家关于政治哲学的思考,而这些思考对于现代儒家政治哲学的研究具有重要的启发意义。陈迎年指出牟宗三对"社会主义"有持续而深入的思考,反映了他的政治哲学的特殊性,可为今天的社会主义建设提供借鉴。陈赟指出在气化论脉络下气化世界乃是唯一的世界,圣人关注这个人物共处的气化世界,身在其中既是同胞关系又有伦常差等之序。

儒学的国际视野。以他者为镜像可以预示儒学的未来发展。陈卫平指出中国传统的致知之道具有民族性特征,从先秦儒学到宋明儒学形成了认识活动与德性修养融合为一的传统,是西方意义上的认识论或伦理学的结合。黄勇指出解决从事实推出价值的"休谟问题",美德伦理学是一个好的角度,朱熹通过将仁义礼智确立为人的独特性,给出了儒家式的解决方案。张学智指出阳明的致良知是一个双向结构,王阳明与海德格尔存在主义可以会通,然而两者在前提与视域上又有所不同。陈乔见指出借助进化论和生物学的研究成果,可以为儒家基于性善论的普遍主义价值论说提供辩护。李晨阳指出儒学研究须具备国际视野和世界关怀,"以中释中"的研究方式已不可取,比较研究正成为一种"准范式"。

儒学新知。先秦儒学及经学方面,方万全批评了芬格莱特的《论语》"无选择说",认为后者更接近于庄子的道德心理学而非孔子。杜保瑞从孟子去齐的分析入手,集中讨论了孟子的为官与入仕之道。朱承认为礼乐制度及其生活由于顺应了天道而具有合法性,又因为是天道的人间体现而具有必然性。杨少涵认为《中庸》升经不是佛道回流的结果,其原因在于《礼记》的两次升格以及《中庸》自身的思想性。史甄陶指出朱公迁从理学的观点解释"兴",为后朱子学的《诗经》研究开出了新的可能性。王阳明研究是一个热点。郭晓东指出阳明心学的《春秋》观在《春秋》学史上独树一帜,对全面认识阳明的学术与思想有所助益。贡华南指出透过王阳明对心、目关系的思考,既可以更好地把握其思维方式,也可以深入理解其心学的内涵。陈畅认为阳明学对主体修养的注重不是对知识的忽视,蕺山学派是阳明心学道问学开展途径的主要代表。李卓从是非无定、无善无恶、重悟轻修等三种流弊,分析了东林学派对王学末流的批评。船山研究方面,孙钦香以船山理一分殊论为例,重新反思了所谓传统儒家政治哲学的泛道德化问题。韩振华围绕毕来德和朱利安的一场争论,介绍了欧美船山学研究的状况。戴震研究方面,吴根友指出戴震在名学上第一次明确提出了表述事实与表述价值的划分,在认识论上提出了"光照论"与"大其心"的认知方式。冯耀明认为儒学研究必有哲学的分析,由此对戴震思想中所谓"知识化"的观念做了批判性的反思。现代新儒学方面,何俊指出马一浮《群经统类》反映了其对传统中国学术的根本认识,提示了理解宋明儒学的别样路径,对于中国传统学术思想的创造性转化具有重要启发意义。李清良认为汤用彤所说的《新唯识论》第四稿即《新唯识论》文言文本的未定稿,校正了熊十力思想发展的轨迹。韩星认为徐复观的"形而中学"思想继承了先秦心性之学以及宋明心学思想,对于中国文化和儒学的传承创新具有重要的学术意义。徐波考察了现代新儒学思潮中的佛学潜流,认为其在西学东渐背景下对彰显中国传统文化发挥了重要作用。此外,李若晖考察了汉代丧服决狱对传统礼俗的破坏,以此对"法律儒家化"的说法做了重估。周可真认为勇是集中体现君子人格的正义行为方式,也是君子文化的本质特征。张子立认为儒商应当力求商品服务的不断改良与创新,同时做到利以义制、以利行仁。余治平考察了日本明治维新时期脱亚入欧的思潮,以及批判儒学的历史。

此外,同期举行了"中日韩博士生儒学国际论坛",来自复旦大学、清华大学、中山大学、台湾大学、东吴大学等高校的18名博士生发表了论文报告。

会议闭幕式及"圆桌论坛"由上海儒学院副院长徐洪兴主持,与会学者结合会议主题,就儒学未来发展、儒学价值与世界意义、儒学如何面对现代社会等等问题,展开了热烈的讨论。最后,陈来院长做了总结,对本次会议的成功召开及其所取得的学术成就给予高度评价,认为这是近年来以儒学为主题的一次重要会议,对于推动文化复兴必将产生积极影响。

(作者单位:复旦大学哲学学院)

2018 上海儒学院"首届青年儒学研习营"在复旦举行

唐青州

2018年8月17—22日,由复旦大学上海儒学院、哲学学院主办的"首届青年儒学研习营"在复旦大学哲学学院成功举行。"首届青年儒学研习营"营员共25人,其中包括来自各高校的副教授和讲师7人,以及来自北京大学、清华大学、复旦大学等高校的博士生和博士后18人。本次儒学研习营的活动包括开营仪式、学术讲座、参加FIST课程、提交学术论文、论文获奖者报告和结营颁奖仪式。

8月17日上午,儒学研习营举行了开营仪式。开营仪式由复旦大学上海儒学院执行副院长吴震主持,复旦大学哲学学院副院长张双利致开幕辞。张双利首先代表哲学学院对各位学员的到来表示热烈欢迎,并祝贺"首届青年儒学研习营"成功举办。她指出,儒学营的重要目标是给国内青年儒学研究人才提供互相学习和交流的平台;并介绍了哲学学院的基本情况,指出中国哲学专业作为双一流学科的建设方向,具有一个重要特点,就是以宋明理学为重点研究对象,尤其重视思想性的研究和国际化的交流,而中国哲学与儒家思想的研究对哲学学院的发展非常重要。她强调哲学学院一直重视博士生以及青年学者的培养,而哲学学院与上海儒学院在这方面做出了许多努力。张副院长最后希望各位学员能够利用这次机会,加强彼此之间的交流,并预祝"首届青年儒学研习营"取得圆满的成功。

在开营仪式中,上海儒学院执行副院长吴震向学员们介绍了本次青年儒学研习营的规划、召集方式和活动重点。他特别指出,青年儒学研习营与博士生论坛略有区别,因为青年儒学营的教学对象不仅包括在读博士生,也包括各高校的青年老师,一方面为了提升博士生的学术素养,同时又是为了满足某些青年学者在儒学教学方面的需求;而此次上海儒学院主办的首届青年儒学营既是一次尝试,又是一次创举,活动重点放在宋明理学研究方面,并特意邀请到这一领域的国际顶尖学者,

海报

2018 上海儒学院"首届青年儒学研习营"在复旦举行

学员老师合影

如陈来、包弼德、田浩等著名教授,所以希望学员们能够充分利用这一难得的机会,加深对宋明理学乃至中国哲学的理解和研究。

开营仪式结束后,台湾"中研院"中国文哲研究所钟彩钧研究员为全体学员做了一场题为《恽日初思想研究》的精彩学术讲座,讲座由吴震教授主持。钟教授从鲜为人知的《刘子节要》以及《恽日初集》的文本着手,对恽日初的思想及其蕺山学派的问题进行了深入而详尽的探讨。学员们从中学到了诸多如何深入解读文本、发现问题、辨析概念等重要研究方法,得到了很大的启发。

8月17日下午至21日晚,"首届青年儒学研习营"的营员们全程参加了由复旦大学哲学学院主办的FIST课程。此次FIST课程的主题是"宋明理学系列专题研究",由陈来、包弼德、田浩等国内外顶级专家主讲。在为期六天的课程中共有十次课,每次课将近三小时,而儒学营的学员们都十分珍惜这一难得的机会,主动与各位专家进行深入的交流。

8月22日上午,各位学员按照"首届青年儒学研习营"的要求向组织方提交了一篇正规学术论文。当天下午,经过由吴震教授、郭晓东教授等组成的专家组评审,北京大学的博士生李震获得一等奖,清华大学的博士生刘昊与中国人民大学的博士生陈石军获二等奖,湖南大学的博士生杨超、陕西师范大学的博士生李睿和中山大学的博士生李琪慧获得三等奖。

随后,青年儒学营召开了论文获奖者报告会,由徐波和何益鑫老师主持与点评。在论文报告会上,六位论文获奖者分别做了报告。在提问环节,各位学员对李震《邵雍体用论发微》、陈石军《朱子编〈上蔡语录〉考》、刘昊《理气不曾相离,亦不曾相杂——明代中期"理气不离"论的一项新了解》等论文进行了提问,并就论文主题、写作方法、文献版本等问题进行了深入的交流。

8月22日晚,"首届青年儒学研习营"举办了结营仪式,由郭晓东教授主持,上海儒学院院长陈来为论文获奖者颁奖。在结营仪式上,论文获奖者作为"首届青年儒学研习营"的代表发表感言。代表们都表示非常感谢这次活动,能够有机会聆听

2018 上海儒学院"首届青年儒学研习营"在复旦举行

宋明理学系列专题研究

（复旦大学哲学学院FIST(Fudan Intensive Summer Teaching)课程）

上课地点：光华西辅楼103教室

8月17日（周五）
14:25-17:05　再论为什么要重写宋明理学史？
　　主讲人：吴震（复旦大学教授）

8月18日（周六）
09:55-12:30　《伊川易传》的诠释方法
　　主讲人：何俊（复旦大学教授）
14:25-17:05　《近思录》的思想体系
　　主讲人：何俊（复旦大学教授）

8月19日（周日）
09:55-12:30　南宋道学的演变（上）
　　主讲人：田浩（亚利桑那州立大学教授）
　　主持人：何俊（复旦大学教授）
14:25-17:05　二程思想研究
　　主讲人：徐洪兴（复旦大学教授）

8月20日（周一）
09:55-12:30　南宋道学的演变（下）
　　主讲人：田浩（亚利桑那州立大学教授）
　　主持人：吴震（复旦大学教授）
14:25-17:05　朱子气论研究
　　主讲人：郭晓东（复旦大学教授）

8月21日（周二）
09:55-12:30　《历史上的理学》作者与中文译者对谈
　　主讲人：包弼德（哈佛大学教授）
　　对谈人：王昌伟（新加坡国立大学副教授）
　　主持人：徐波（复旦大学讲师）
14:25-17:05　吕祖谦的师道
　　主讲人：包弼德（哈佛大学教授）
　　主持人：徐波（复旦大学讲师）
18:30-21:05　朱子的《太极解义》
　　主讲人：陈来（清华大学教授）
　　主持人：郭晓东（复旦大学教授）

注意事项：
1：请选课学生于每次课程前15分钟，签到入座。
2、课程开始前5分钟，向旁听人员开放。

陈来院长为论文获奖者颁奖

高水平学者的学术讲座并参加各种形式的学术活动,收获颇多。最后,陈来院长为结营仪式致辞。陈来院长认为,本次青年儒学研习营对青年儒学研究人才的培养和儒学研究的发展很有意义和价值,值得借鉴和推广。

今天我们为什么要重写《宋明理学史》

陈 瑜 吴 姝

30年后新编一部《宋明理学史》,"我们将力图打破以往的通史性或断代史研究中以平衡人物对象为原则的研究进路,基于以问题研究为主、以人物个案研究为辅的考虑,把重点放在朱子学以及阳明学的理论研究上,以此两点为主轴,上下打通,力图对宋明理学思想发展做出整体性以及多元性的全面展示"。

"为天地立心,为生民立命,为往圣继绝学,为万世开太平。"——"横渠四句"奠定了宋明理学的核心话题、宗旨和目标,指明了天人合一、民胞物与、尊礼贵德的社会、学术使命,以及为万世开太平的价值理想。宋明理学在西方学界有"新儒学"之称,这一说法也早已被中国学界认同。今天,在弘扬中华优秀传统文化的新时代,对儒学发展史上起到承上启下作用的宋明理学加以深入研究,具有重要的学术意义和当代意义。

随着2017年度国家社科基金重大项目"多卷本《宋明理学史新编》"的成功立项,对20世纪80年代的《宋明理学史》和原有研究方法进行反思和总结,摆脱各种历史原因所造成的局限,让宋明理学紧扣时代主题、增强问题意识、助推中国哲学发展,就成了学者们的当务之急。近日,以该项目为依托,"宋明理学国际论坛"在复旦大学哲学学院召开,来自美、日、韩等国家以及海峡两岸暨香港的约九十位学者与会,针对上述问题展开了讨论。

一、理学研究是跨文明的交流史

宋明理学不仅仅是中国的——正如介绍世界各国汉学研究史的纪录片《纽带》

想要展现的那样,对宋明理学不同路径的研究是不同文明与中国对话的纽带。因此,理学研究也是一部跨文明的交流史。此次研讨会上,各国学者的思想碰撞首先体现在研究路径的差异与融合中。美、日、韩以及中国港台地区对宋明理学的研究一定程度上都经历了"在地化"的过程,并随着其历史发展而不断沿革。

日本对宋明理学的研究可以追溯到17—19世纪的江户时代,以朱子学和阳明学为内容,兼采考据学的方式,还试图将宋明理学和日本传统神道结合,发展出日本自身的学派。近代以来,以井上哲次郎为代表,许多学者开始用西方哲学的方法论解释日本朱子学和阳明学;大学的汉文学科也开始建立哲学、历史和文学分科的现代学科体系,研究宋明理学的重镇转移到"中国哲学"学科。基于江户的汉学传统和近代的哲学思维,现如今日本对宋明理学研究呈现出以下特点:一方面,他们重视文献阅读。例如,东京大学已故汉学家沟口雄三教授从20世纪90年代就致力于《朱子语类》的全文翻译,这个遗志如今交由后继者们合力完成。另一方面,日本学界普遍接受内藤湖南(1866—1934)著名的唐宋变革说,把宋明理学视为影响中国唐宋以后"近世"经济文化形态的关键。

美国对宋明理学的研究相对日本虽起步较晚,但在20世纪后来居上。美国亚利桑那州立大学田浩(Hoyt Tillman)教授以自己的学习经历展现了美国宋明理学研究路径的变化过程。他说:"50年前,24岁的我开始对中国思想产生兴趣。在过去,美国对中国的研究多从宗教史、哲学史的视角进入,比如哥伦比亚大学已故教授狄培理(William Theodore de Bary),就侧重解释'理'是什么意思。但我觉得过去的研究缺乏对历史、政治、文化的了解,因此我写了《朱熹的思维世界》。书中我强调,'道学'与政治有密切关系,在宋代有复杂的演变。但是该书的研究路径还是受到了余先生的批评,他说我'不够历史学家,是一个受到哲学史影响的人'。之后余先生就从更历史学的角度写成了《朱熹的历史世界》。"说到思想史与观念史、哲学史的差别,哈佛大学包弼德(Peter K. Bol)教授主张从宋明思想史的视角进入,强调这些思想家都是"历史的"人物。近年来他的研究也代表了一种趋向,即把思想史与地方社会史结合起来,他在大会上发表的文章《金华诸先生是如何与众不同的》就是一例。

港台新儒家对宋明理学的研究始于20世纪中叶。在当代新儒家"三代四群"的分期中,港台新儒家是第二代的代表。中华人民共和国成立后,唐君毅来到香港,牟宗三、徐复观到了台湾。因共同怀着对中华传统"花果凋零"的忧思,上述三位学者与张君劢一起在1958年元旦签署发表了《为中国文化敬告世界人士宣言》(以下简称《文化宣言》),其中把道德心性之学视作中华文化的道统。从道德哲学和政治哲学的角度看待宋明理学,在很长一段时间内成为这一领域主流的研究方法。

"现如今,中国内地已经掌握着全世界关于宋明理学研究的'情报'。"日本中国学会理事长、早稻田大学东洋哲学会会长土田健次郎对记者说。作为这次大会的主办方,上海儒学院执行副院长、复旦大学哲学学院吴震教授在谈到国内对宋明理学的研究方法时说:"研究宋明理学的路径和方法是可以变化、提升和丰富的。自1987年侯外庐主编的《宋明理学史》出版以来,已经过去了30多年,当时最前沿的研究方法到如今也自然发生了巨大的变化。不过,方法只是工具,而对理学思想之问题的把握和自觉才是理学研究得以成功的关键。"

二、力图全面展示宋明思想史

过去,中文学界对于宋明理学的研究对象主要还是集中于一些"大人物",如程、朱、陆、王;问题也相对集中于一些大概念,如理、气、心、性。当然,基于他们本身的思想内容和历史地位,将研究视角聚焦于这些人物及观念本无可厚非,但如果仅仅用这些人物及观点的角度去试图涵盖和描述整个宋明理学思想史,就难免会有"化约论"之嫌。对此,与会学者们认为,宋明理学研究缺乏通贯性的理论视野和整体性的理论勇气,要突破这个局限,就必须加强整体性研究和问题史研究。

田浩教授在《宋代思想史的再思考》一文中指出:"如果我们能够更好地了解朱熹同时代儒者,包括张九成、胡宏、张栻、吕祖谦、陈亮、陆九渊等,这就有助于增强我们对作为哲学家的朱熹的认识,并进一步了解在其所处的时代他扮演的角色。甚至,当我们思考我们自身所处时代的难题与问题时,与朱熹自身的观点相比,有些朱熹同时代其他儒者的观点或许更加有用。"比如,人们通常认为,帝王们之所以更容易接受朱熹的哲学,主要是因为对于皇帝本人的自身修养,其学说有着伦理、哲学与政治上的关注,具有合乎皇帝身份的优点。而台湾政治大学哲学系副教授马恺之指出,与之相反,吕祖谦看到了这种注重伦理上个人修养的不足,他提出通过制度来改善治理,并对皇权加以制约的思想。因此,他是像黄宗羲这类儒者的前驱者。

"从学术史的角度看,宋明理学的称呼只是一种方便法门,因为在严格意义上,'理学'一词难以涵盖整个宋明时代的儒学思想发展,更难以穷尽宋明时代的思想文化发展。只是由于习以成俗,我们不妨采用'理学'一名,但在我们的意识深处,确实需要有一种自觉。"在吴震看来,理学作为儒学的一种发展形态,其理论形态是多姿多彩的:从类型学来看,分为道学、理学、心学、气学等;从"义理性"问题上看,又有"性与天道""天人合一""万物一体""理气问题"等等;从创新性来看,它是对先秦儒学、两汉经学、隋唐佛教哲学等思想的批判性转化……这些丰富的内涵难以用"理学"一词加以统摄。

正是出于对上述这些问题的自觉意识,吴震谈及《宋明理学史新编》工作的努力方向:"我们将力图打破以往的通史性或断代史研究中以平衡人物对象为原则的研究进路,基于以问题研究为主、以人物个案研究为辅的考虑,把重点放在朱子学以及阳明学的理论研究上,以此两点为主轴,上下打通,力图对宋明理学思想发展做出整体性以及多元性的全面展示。"

三、以创新性转化回应时代关切

"传统文化如何回应时代关切,如何实现自身的创新性转化,是我们重写《宋明理学史》的一个重要问题意识。"吴震这样说。在他看来,作为中国传统儒学思想发展史上第二次高峰的宋明理学起到了继往开来的作用,它不仅是对先秦以来传统儒学的创新性转化,也是近现代新儒学得以兴起的思想土壤。儒学和理学作为一种文化,作为近世中国的价值体系、观念体系,是中国人思想智慧的体现。正是在这个意义上,宋明理学的深入研究对于中国哲学的未来发展、增进我们的文化自信必然起到积极正面的作用。

60年前,《文化宣言》的作者们为中国文化而奔走疾呼,批评了当时西方学界对中国文化的许多错误认识。《宣言》罗列了几种西方研究中国的典型范式,如传教士模式、考古学家模式和国际政治模式,其共同点就是"对象化"的研究,因而难以真正了解中国文化的生命力所在。直至今日,这种研究偏好依然存在于国际学界,在部分国外学者看来,宋明理学只是"古董",它仅仅代表着过去,与现在和未来无关。

儒释道思想的现代诠释

土田健次郎教授就对当下日本学界将宋明理学"对象化"的研究路径予以批评："研究宋明理学中所蕴含的普遍性的哲学思想和价值,长期以来一直是中国学界的主流,但相较之下,日本学者对此却'漠不关心'。他们更乐于去还原宋明理学的整体面貌,将其作为一种纯粹客观的对象来进行研究。在中国的学术会议上,学者们会探讨类似儒学的现代意义之类的题目,但在日本却几乎没有。"土田教授认为,儒家传统在日本看似已经消失,但其实已经渗透至生活的方方面面,"日本的普通民众很喜欢读《论语》,他们更能从实际生活中寻找儒学的现代意义,我也经常以这样的人为对象开设讲座,但大部分知识分子们却很少这样做"。

"年轻人应在当代的实际情况中思考传统儒学的价值,因为'道统'不是一个纯粹的既定的东西,它具有非常复杂和丰富的内涵。当代年轻人应当有更多思考的自由和空间,自己决定接受道统的哪一方面,并重新定义道统,这是让它真正保持活力的方式。"今年已74岁高龄、即将退休的田浩教授坦言,此次复旦之行可能是他参加的最后一次国际研讨会,他对未来致力于宋明理学和儒学研究的青年学者们提出了这样的厚望。

如今,人类面临着诸多全球性危机,在这样的背景下重新思考儒学的价值,尤其是它对人与人之间相互依存的"关系性"理念的强调,或许是一剂缓解时代困境的良药。"现在世界范围内不断兴起的民族主义,其根源在于过分地夸大了各个民族之间的差异和矛盾。对于许多美国学者来说,研究宋明理学是我们了解中国的一扇窗口。当你深入研究一个国家的历史和文化,你会发现我们有相似的人性、共同的基本需求、接近的价值观和立场,也会找到不同文化之间那些差异的根源,这些都有助于我们用更加多元、开放的心态去理解并尊重彼此。"田浩这样说。

(原载《文汇报》2018年9月14日"文汇学人"版)

宋明理学研究进入新时代的六个新动向

——复旦大学"宋明理学国际论坛"综述

张天杰

2018年8月22日至23日,复旦大学哲学学院、上海儒学院主办的"宋明理学国际论坛"如期召开,来自美、日、韩等国家以及海峡两岸暨香港的约九十位学者与会。在大会总结上,中国哲学史学会会长、上海儒学院院长陈来指出,在复旦大学哲学学院以及中哲同仁的共同努力下,以国家社科基金重大项目"多卷本《宋明理学史新编》"为依托,成功举办此次规模空前的宋明理学会议,展现出复旦大学宋明理学研究的新气象,而就参会学者的代表性以及参会论文的高水平等来看,本次大会堪与1981年"杭州宋明理学会议"相媲美,充分表明经过近四十年的研究积累以及几代人的学术传承,宋明理学研究已进入一个新时代。

宋明理学代表了中国古代哲学的最高思维水平,被西方学界称为"新儒学"。海内外现代新儒学的产生以及东西方哲学的对话,也往往与如何审视和判定宋明理学存在历史与理论的关联。在弘扬中华优秀传统文化的新时代,对于儒学发展史上起到承上启下之作用的宋明理学研究加以深入拓展,具有重要的学术意义和当代意义。下面从六个方面,来简要地概述本次会议所展现出来的宋明理学研究新动向。

一、基本术语与路径之再思考

宋明理学的研究历史悠久,然而就基本术语与路径而言,依然存在诸多不同看法。

田浩《宋代思想史的再思考》力图澄清"理学""道学""新儒学"以及"Neo-

Confucianism"等概念,希望用更加细致、具体的方式对待儒学不同圈子或世系,并以此来增强研究的明确性,如对朱熹同时代思想家的研究,摆脱朱熹的非难与丑化,注意存在差异的同时还有相同意见。包弼德《理学与理学家》强调区分"理学"与"理学家"这两个术语,关注历史文献中的思想观念还是创造文献或观念的人,不同选择会带来不同后果。

杨国荣《理学的哲学取向》也讨论了新儒学、道学、理学三个概念,认为"新儒学"强调外在历史传承的新形态,"道学"强调内在"性与天道"问题的理论联系,而"理学"概念则更能通行。从形上层面来看"理一分殊",研究理气、理与心性,也就是研究普遍之理与特殊之理以及当然、实然、必然、自然的关系。李存山《宋代的新儒学与理学》则辨析了广义与狭义的"新儒学"以及两者的关联,指出追溯理学先驱要从范仲淹和"宋初三先生"讲起,"新儒学"要"改革政令"延续儒学"内圣外王",而"孔颜乐处"的价值取向则是儒家区别于佛、道的安身立命之地,然后才有理气心性的思想体系。

二、细读重要文献的创新性研究

拓展宋明理学的研究,必须从全面掌握原始文献入手,近年来各类全集、丛书的出版极大地推动了学术发展。而对重要文献的深入解读,则是创新的根本所在。

本次论坛上,陈来《朱子〈太极解义〉的成书过程与文本修订》看似属于一般文献研究,其实则是以《太极解义》成书相关文献细读为基础,特别是吕祖谦《太极图义质疑》所引朱熹原文、癸巳定稿与《太极解义》定本的比较,为从文献角度重新考察道学之形成提供了某种典范。唐文明《朱子论天地以生物为心》结合对《仁说》与《太极图说解》两篇文献的仔细梳理提出新观点,认为"乾道成男,坤道成女"的确切含义是《周易》八卦命名的家庭人伦秩序。太极图也可称作天地之心图,而朱熹特别重视天地之心的主宰含义。天地之心的理论功能在工夫论层面是心统性情,宇宙论层面是心统理气。

类似的研究还有许家星《"〈近思录〉,四子之阶梯"说之重思——以朱子〈四书〉与〈近思录〉的比较为中心》,从陈淳一句话的语义辨析出发,对《四书》与《近思录》关系正本清源,认为从所涉《四书》范围以及朱子当时的《四书》水平来看,《近思录》

不足为阶梯,当视《论孟精义》为《四书集注》阶梯。张天杰《吕祖谦与张栻交游考述——兼谈不在场者朱熹以及"东南三贤"之由来》则从吕祖谦、张栻与朱熹的往还书札的深入解读,探讨了吕、张的严州、临安之会对吕、张、朱的学术影响以及"东南三贤"提法的由来。

三、理学与经学相结合的研究

经学与理学之间存在着天然的联系,故有多位学者进行了两者结合的研究。

《四书》与《周易》对理学而言最为重要。朱汉民《宋儒道统论与宋代士大夫主体意识》以分析宋儒的《四书》诠释为主,指出《四书》学建构的道统论回答了道统与政统、儒生与君王共治结构中该由谁来主导国家秩序的问题,这正是士大夫主体意识的表达。林乐昌《论〈中庸〉对张载理学建构的特别影响》则是《中庸》与张载理学建构的个案研究,强调《中庸》对其理学纲领的确立和理学体系的建构产生了持续、多面、深刻影响,特别是"《太和》四句"与其天论、道论、性论、心论体系的关联。

张学智《〈周易〉诠释路向的演进——从王弼到程颐、朱熹、王夫之》注意到王弼由象到义,程颐解易的"理一分殊"、朱熹返回卜筮而强调联想、引申、类比扩大诠释的场域,王夫之则以理学与经学结合看重学易用易的人格修养。何俊《再论洛学向心学的转化——〈童溪易传〉对〈伊川易传〉的延异》认为程颐推天道明人事的诠释方法以及理学本有发生产生延异的空间,王宗传《童溪易传》接着程颐讲却正好构成了《伊川易传》与《慈湖易传》的中间环节。

还有对朱子学与《书》《礼》二经的专门讨论。陈良中《朱子"求二帝三王之心"〈书〉学宗旨讨论》研究朱子学与《尚书》学的关系,认为《尚书》学的重要观念"求二帝三王之心"涉及朱子思想之心性论、修养论、道统说以及治道,深入发掘此观念可以阐明朱子《尚书》学根本精神及其经解的现实取向。殷慧《朱子三〈礼〉学体系的形成和价值》指出其礼学体系是在大的经学变革传统和"后王安石时代"中形成的,并在礼学体系上由《周礼》转向以《仪礼》为本经。

四、朱子学、阳明学及其后学的新研究

宋明理学研究的细化,也是本次会议所体现的重要特点,研究热点还由朱子学、阳明学而延伸至朱子后学、阳明后学。

先看朱子学。土田健次郎《朱熹的帝王学》认为朱熹区分政权的正统与道统,皇帝在道德性上得不到保证,故必须与士大夫一样去修养《大学》八条目,这是从士大夫的角度构建帝王学,显示了士大夫的存在感。黄勇《理想类型的美德伦理学家——朱熹而不是亚里士多德》站在中西比较视野,进行美德伦理学的比较与分类,指出如以理想类型为标准来考察,朱熹的伦理学是美德伦理学而亚里士多德的则不是。东方朔《"反本而推之"——朱子对〈孟子·梁惠王上〉"推恩"问题的理解》结合具体文本与西方概念讨论"推恩"也即道德反应的推广问题,认为"理一分殊"的诠释比西方更能显示理论的整全一致。郭晓东《因小学之成以进乎大学之始:浅谈朱子之小学对于理解其〈大学〉工夫的意义》对朱熹与门人合编的《小学》一书做了研究,指出"小学"对于理解"大学"的工夫论具有重要意义,是培养"端绪"、提供"下手处"。

就朱子后学的研究而言,杨柱才《朱子门人后学研究刍议》认为,相对阳明后学研究的兴盛,朱子门人后学研究显得过于沉寂,于是提出要以南宋中后期至元初为中心,依从学先后及代际传承选取代表人物开展个案研究,同时对朱子及门、再传、三传做总论性研究、思想与经学研究。王锟《"朱学嫡脉"王柏的理学及其地位》对号称"朱学嫡脉"的北山四先生之王柏做了专门研究,指出其学在宋元之际浙江朱学、吕学和陆学的交互影响下形成,在道统论、理一分殊论、天道论、心性工夫论及对《四书集注》护翼等方面对朱子有继承、有阐发。史甄陶《气服于理——许衡理学思想研究》则从本体论、心性论和工夫论三个面向探讨许衡的理学思想及其继承与发展程朱的特点。

再看阳明学。吴震《作为良知伦理学的"知行合一"论——以"一念动处便是知亦便是行"为中心》从仅见于《阳明先生遗言录》未被注意的"一念动处便是知亦便是行"句探讨"知行合一"。"知"非见闻之知而是德性之知,又指作为"心知"的意愿、意志、意向,与一念发动而展现出来的"行"互相涵摄互动,因此知行合一是良知伦理学命题而非知识论或认识论命题。崔在穆《王阳明的肖像、肺病及恻怛之心的相

关性》注意到王阳明略带病容的肖像画,认为从某种角度上,因为肺病的身体语言而影响其哲学思想构成,特别是其"真诚/诚爱恻怛之心"。邓国元《王阳明思想"最后定见"辨证——兼论"四句教"与"致良知"之间的思想关系》将问题集中在如何正确理解和定位龙溪《滁阳会语》中"逮居越以后"一段文字,从而梳理王阳明思想的变化以及钱绪山、王龙溪和黄梨洲的不同解说。

阳明后学研究则是新的热点。永富青地《关于白鹿洞书院在明代的出版情况》以日本九州大学收藏的孤本白鹿洞本《传习录》为例,探索白鹿洞书院以及阳明后学从事王学著作出版的真实状态。李丕洋《略论王龙溪哲学与佛道思想的本质区别》强调把龙溪之学和佛老之学混为一谈并不符合其本来面目,认为龙溪心学与佛道有着本质区别,特别是"内圣外王"贯通的"明体达用"与"从人伦事变上深磨极炼"。陈㮒《岭南王学领袖薛侃思想略论》从工夫论、图书易学、儒释之辨三者探索薛侃思想,指出其良知阐发着重强调虚明觉照义,而工夫论则以研几、无欲为核心,注重静敛收摄存养心体体现出涵养本源、立体达用的风格。张昭炜《胡直的主静与仁觉》认为阳明后学胡直,近承江右王门而远绍周敦颐、程颢,代表了濂洛之学在阳明学背景下的新发展,其道体论依次为独知、仁、性命,其工夫论开阔圆融使阳明学展开新的维度。王格《耿定向的"不容已"说及其卫道意识》说耿定向像一位思想界的"为政者",斡旋于政治与学术之间,更斡旋于心学思潮之下异彩纷呈的流派和风格之间,既要为阳明心学争取足够发展空间,又要致力于守护着儒门矩镬以名教羁络之。

朱子学与阳明学的比较也值得特别注意。向世陵《闻见与德性——朱子、阳明"知"论辨析》指出,朱子学与阳明学的主要争议在可否经由闻见知识进入内在德性的自我觉醒,打破自然生理与至善伦理的障壁,而阳明从根本上改变了穷究物理以使心明觉的知识进路,人情、物理与良知融合为一则圣人境界不再遥不可及。曾亦《论王阳明对朱子学说的批评及其流弊——以〈大学〉"至善"概念的诠释为中心》结合经学中的礼制与人情之关系,特别是"大礼议"事件来考察朱子与阳明的学术差别,认为二人的区别与对《大学》"至善"概念事和心的不同理解有关。游腾达《朱子学思历程考察与年谱编写——论"朱陆异同论"之学术史义涵》不再停留在朱、陆的文献,而以明清之际的魏校、高攀龙、秦云爽、陆陇其、童能灵,以及朱泽沄《圣学考》与王懋竑《朱子年谱》之间的关联来进行历史考察,突显"朱陆异同论"正面价值。

五、濂学与蕺山学、梨洲学、船山学的新研究

理学研究的细化还表现在北宋的濂、洛、关学以及晚明的蕺山学、梨洲学与船山学上。

对洛学与关学的讨论上文已有提及，而对濂学则有独特的研究。辛正根《周濂溪的生态学探析——"窗前草不除"故事为中心》认为，面对地球生态危机，儒教的"万物一体"说值得关注，被程颢、王阳明诠释过的"窗前草不除"故事可结合"圣"和"诚"从生态学观点来重新阐发。翟奎凤《"主静立人极"断章取义源流考论》研究《太极图说》则将注意力集中在牟宗三等学者论及"主静立人极"有意无意把"中正仁义"四字漏掉而导致对周的误解，利用数据库全面考察后发现断章取义源于朱子，而刘宗周则有进一步强化。

蕺山学、梨洲学的研究，注意到与阳明学发展困境的关联。高海波《试论刘宗周的"格物"思想》认为，刘宗周"格物"思想存在客观文本与诠释立场的矛盾而有其独特性，如吸收王艮"格物"与"物有本末""物"内涵的一贯，又将"物"解释为"物则"，而"格"字却采取朱子"至"字之训。徐波《从刘蕺山"幽暗意识"看宋明理学研究进路的不同》通过对《人谱》"过、恶"思想的渊源重新梳理，指出张灏曾强调刘的"幽暗意识"与现当代新儒学所坚持的儒家性善论传统并不冲突，两者不同的进路与超越意识在其立人极的统摄下相辅相成。陈畅《个体性与公共性之间——论〈明儒学案〉道统论的形上学结构及其当代意义》指出刘宗周慎独哲学蕴涵的个体性与公共性恰当平衡之辨，贯穿并构成《明儒学案》作为理学政教之书的基本结构，刘、黄的全新理解就是由心学内在困境所催生的。早坂俊广《论刘宗周思想的意与知——从与史孝复的争论来看》以刘、史"意"与"知"的往复讨论为中心，来看其晚年的思想飞跃以及从刘到黄思想史的变动。郭美华《气化、工夫与性善——黄宗羲〈孟子师说〉对孟子道德哲学的诠释》认为黄对本体-宇宙论模式的诠释加以限制，而气化、工夫强调生机流行主体自为地展开善本身，故区别于朱、王而有新的诠释。

船山学也是热点。陈赟《人性与物性之辨——朱熹思想的内在张力与船山的检讨》从朱熹对于《中庸》"性—道—教"纲领的解释张力出发，比较其与王夫之对人性、物性同异的分辨，认为朱在形气层面论证仁义礼智的普遍性，王则更注意思考人之为人的特性。谢晓东《互藏交发说的困境及出路——王夫之人心道心思想新

探》研究王之人心道心思想,指出以《尚书引义》为文本的人心道心互藏交发说构成其前说,以《读四书大全说》为文本的人心通孔说构成其后说,而互藏交发说面临性情不分的困境,其出路则是回归人心通孔说。

六、港台新儒家的《宣言》以及宋明理学研究的贡献

　　港台新儒家特别重视儒学的现代价值,对宋明理学的研究起步较早、贡献较多,对唐君毅、牟宗三等的学术遗产,也到了一个总结的时候。本次大会的热点之一便是纪念《为中国文化敬告世界人士宣言》发表六十周年。朱建民《对于中国文化宣言的几点省思》指出,1958年唐君毅主导并主笔,与牟宗三、徐复观、张君劢联名发表《宣言》,受到的关注与发挥的效果局限在华人圈,故中国人应把中国文化当成活的文化,把自己当作活文化的一员。倪培民《心性之学与当代儒学的世界化》指出,《宣言》将儒家心性之学作为中国文化的本源,对于当代西方主流而言显得独断,学说处于"飘零"处境故不被重视,如今儒学面临复兴但心性之学尚未能在与西方的交流中充分显示其内在合理性。干春松《从1958年的〈宣言〉看港台新儒家的问题意识》考察了为什么钱穆拒绝署名的问题及其与狭义新儒家的差异。《宣言》作为里程碑文献唤醒对儒家生命力的认可、阐发儒家心性之学的资源,堪称有"续命"功用,但受制于"五四"民主和科学使得儒家修己治人体系被拆解,《宣言》没有讨论儒家经典的现代地位,故失去了制度上的可能性。

　　还有杨泽波《牟宗三心性之学的三个问题意识及其遗留的课题》强调《宣言》所突显心性之学的重要以及新儒家第二代在心性之学研究上的贡献。牟宗三心性之学始终贯穿着三个问题意识:其活动论解决道德学说如何能够具有动能的问题,形著论解决如何杜绝心学走向弊端的问题,存有论解决道德之心除决定个人成德成善之外对宇宙万物能否以及如何发生影响的问题。杨祖汉《再论程朱、陆王二系的会通》结合牟宗三、唐君毅对此问题的解决,并借用康德道德法则与自由意志互涵的讲法来讨论朱陆会通,强调这两种义理形态与工夫理论的互相涵蕴、彼此支持,都是儒学的成德之教,也都是意志自律的伦理学。郑宗义《比论唐君毅、牟宗三对朱熹哲学的诠释》指出唐不满牟的朱子研究,从朱子成学历程中的困惑、格物与主敬的工夫、由工夫而言心的存在三个方面对比了唐、牟截然异趣的诠释,最后认为

牟的"预定"说为非,而唐求诸外而明诸内的解读能得朱子实义。

总之,因为本次论坛的与会学者大多已有宋明理学相关的研究专著出版,故而提交大会的论文都基于各自的深厚基础,基本代表了当下宋明理学研究的主要成就。特别值得重视的有两个鲜明特点:一方面是对文献的重视,特别是新文献的发现及其点校整理,进而再对旧文献重新解读,为宋明理学研究奠定坚实的基础;另一方面则是对具体问题的深入挖掘,经过近四十年的研究,由人物个案、学术流派的分疏和研究,进而对人物思想以及学派内部诸问题进行更深入细致的全面探索,反映宋明理学研究的新发展。

(作者单位:杭州师范大学)

编　后　记

儒家精神与思想如何在当前社会中寻求新的体现？此问题自从清末民初以来已成为关注之重点，历经五四运动之冲击，乃至现代新儒学思潮之推波助澜，时至今日，更成为儒学相关研究热议数十载之焦点，并逐渐在全球华人学术圈乃至国际学界显题化。经过众多学者之努力，在此领域实已累积相当可观之成果。其中尤以海峡两岸暨香港为发展的大本营，不断出现富有新意之著作。本着汇集当今华人哲学领域高水平研究成果之目标，我们希望集结海内外聚焦于儒学之现代诠释的代表性学者，借由定期的深入交流对话，促成相互之了解。在此了解基础上，进而相互交融；再以交融中所得，共同深化对儒学之现代诠释与开展，力求在不断的时代变迁中赋予其鲜活之生命力。本期所收录的文章，作者多为港台学者，或是具备港台学术训练背景而在大陆地区执教的学人。我们也可从中掌握港台地区学术研究相对于大陆地区的特性，并借以相互截长补短。

当吾人在进行哲学上的探讨时，有一个应当注意但往往容易被忽略的向度，此即某个学说之论点与其理论性之区分。以儒学为例，我们可以在儒学的论点与儒学的理论性之间做出区分。所谓儒学的论点，指涉儒学在历史上曾经出现的各种思想内容，例如四书五经、先秦儒、两汉儒、宋明儒所提出的各式各样观点，这些观点可能涉及政治思想、形而上学、伦理学或知识论等等不同领域。至于儒学的理论性，则在探讨这些历史上出现过的论点其理论效力如何。这两项工作实具有差异。例如我们可以指出，儒家思想蕴含了丰富的政治思想与伦理学说，并整理出这些理论的内容，赋予各种现代诠释。而这所涉及的是儒学的具体论点问题。然而，这些论点与诠释是否能成立？其理论效力又如何？相对于西方哲学在相关领域的理论发展，这些观点的长短优劣又如何？以上所追问的就是儒学之理论性问题。就哲学研究而言,论点的整理与理论性的检视这两个面向必须齐头并进。而真正的哲学探讨,应该同时涵盖这两个面向。本期《现代儒学》文章的主轴,即重在同时对中国哲学思想的既有论点与其理论性进行检视,并探索推进其理论性的可能发展向度。所收录文章皆从某个侧面体现了这个精神。须予以说明的是,所收录的文章并不局限于儒学之研究,并兼及道家与佛教的理论探讨。我们可以看到,非仅儒学,道家与佛教义理的研究同样也有论点与其理论性并重的趋势。

最后,编者首先要感谢吴震教授邀请个人担任此《现代儒学》第四辑的主编,让我在此过程中获益良多!再来必须向撰写本期收录文章的师友们致上深挚的谢忱,由于他们惠赐大作,才能同时集结众多高质量学术文章,使本期刊物顺利出版。另外,生活·读书·新知三联书店杨编辑在出版过程中提供诸多协助,在此一并致谢!本辑刊前三辑曾获得贵阳孔学堂资助,在此特表感谢。

张子立

稿约与稿例

《现代儒学》由复旦大学上海儒学院主办,以发表有关现代儒学研究领域的重大问题及前沿话题的文章为主,兼及传统儒学领域的研究,以及中外学术与思想的比较研究,旨在为国内外儒学研究者提供高水平的学术思想交流平台。

本丛书编辑委员会由国内外知名学者组成,严格执行双向匿名评审制度。每年出版一到两辑,每辑30万字左右。欢迎学术界专家、学者踊跃投稿。来稿一经采用,稿酬从优。具体要求详见如下事项:

一、篇名。论文篇名要求简洁、精练、准确,一般不超过20字。

二、作者简介。来稿请注明作者单位、出生年月、职称职务,以及联系方式。

三、摘要和关键词。来稿须于正文前附有中文摘要和关键词。

四、正文。

    1. 正文篇幅以 10 000 至 30 000 字为宜。

    2. 正文采用宋体小四字体,行距为1.5倍,请勿使用繁体字。

    3. 正文中的独立引文需另起一段,字体为仿宋五号字。引用出处以脚注形式标出。

示例:

关于媒介对于个人和社会的影响,有另一种观点:

> 任何媒介(即人的任何延伸)对个人和社会的任何影响,都是由于新的尺度产生的;我们的任何一种延伸,都要在我们的事务中引进一种新的尺度。①

五、注释格式。本刊采用脚注形式。

注释放置于当页下(脚注)。注释序号用①、②、③……标识,每页单独排序。

适用于在正文中征引近现代学人研究成果、古籍、说明性注释等。

1. 著作示例:

赵景深,《文坛忆旧》,北新书局,1948年,第43页。

任继愈主编,《中国哲学发展史(先秦卷)》,人民出版社,1983年,第25页。

唐振常,《师承与变法》,《识史集》,上海古籍出版社,1997年,第65页。

2. 期刊文章示例:

何龄修,《读顾诚〈南明史〉》,《中国史研究》,1998年第3期,第56页。

3. 古籍示例:

毛祥麟,《墨余录》,上海古籍出版社,1985年,第35页。

4. 再次引证时的项目简化。 同一文献再次引证时只需标注责任者、题名、页码,出版信息可以省略。示例:

鲁迅,《中国小说的历史的变迁》,《鲁迅全集》第9册,第416页。

六、来稿请寄电子稿件,格式为word及pdf各一版,邮件地址为 xiandairuxue@163.com。

七、本刊编辑将对采用的稿件进行必要的技术处理,一般不删改内容,如有需要将与作者联系。

复旦大学上海儒学院

《现代儒学》编辑部